U1003967

河北省高等学校人文社会科学重点研究基地经费资助

近代汉字研究（第四辑）

河北大学传世字书与出土文字研究中心 编

河北大学出版社
·保定·

JINDAI HANZI YANJIU DI-SI JI

近代汉字研究（**第四辑**）

出 版 人：朱文富

责任编辑：韩立霞

装帧设计：张彦琪

责任校对：兰彩红

责任印制：常 凯

图书在版编目（CIP）数据

近代汉字研究．第四辑 / 河北大学传世字书与出土文字研究中心编．-- 保定 ：河北大学出版社，2024.3

ISBN 978-7-5666-2254-9

Ⅰ．①近… Ⅱ．①河… Ⅲ．①汉字－近代－文集 Ⅳ．① H12-53

中国国家版本馆 CIP 数据核字（2024）第 057915 号

出版发行：河北大学出版社

地址：河北省保定市七一东路 2666 号 邮编：071000

电话：0312-5073033 0312-5073029

邮箱：hbdxcbs818@163.com 网址：www.hbdxcbs.com

印 刷：保定市北方胶印有限公司

幅面尺寸：185 mm × 260 mm

印 张：20.5

字 数：390 千字

版 次：2024 年 3 月第 1 版

印 次：2024 年 3 月第 1 次印刷

书 号：ISBN 978-7-5666-2254-9

定 价：80.00 元

如发现印装质量问题，影响阅读，请与本社联系。

电话：0312-5073023

目　　录

近代汉字的构形*

赵家栋

摘　要：“汉字构形学”研究是探讨汉字的形体依一定的理据构成和演变规律的研究。“近代汉字构形学”则主要研究隶楷阶段的汉字形体依一定的理据构成和演变的规律。由于文字载体的形制不同，近代汉字的研究材料主要分为从汉魏至明清时期的简帛、石刻、写卷、刻本四类，在这其中，俗字材料最为突出。因此，对近代汉字构形的研究中，俗字构形占据着核心地位。对近代汉字构形特点及类型的阐述，当以俗字构形研究为重点。本文认为近代汉字构形主要有改换构件、移位构件、增减构件、讹变构件四大类型，并从石刻、写卷、刻本用字进行解读分析。

关键词：近代汉字　俗字　构形

一、汉字构形学基本概念及研究范畴

（一）汉字构形学的概念及内涵与外延

“构形学”这一名称，刘钊先生早在1990年以“古文字构形学”的概念就提出来了，“本意是用其包容涵盖关于古文字构成原则和演变规律的一切研究”。刘钊先生主要对汉代以前的汉字展开了系统分析，是古文字研究工作的基础理论。[①] 20世纪90年代中期，王宁先生在《说文》小篆构形系统研究的基础上，进一步构建了“汉字构形

* 本文是国家社科基金重大项目“东汉至唐朝出土文献汉语用字研究”（21&ZD295）及国家社科基金一般项目“敦煌西域写本文献疑难字词释证及相关理论研究”（18BYY157）成果之一。在本文写作过程中，我的研究生程萧林、朱夏蔚、卢佳琦及刘宇舒帮忙查找核对了部分文献语料，在此感谢！

① 参见刘钊《古文字构形学》，福建人民出版社2011年。

学”这一研究汉字本体的基础理论，从纯文本学的角度探讨了汉字的形体依一定的理据构成和演变的规律，为汉字构形系统的描写提出了可操作的原则和方法。随着汉字研究的进一步深入，在对西周和春秋金文、楚文字、马王堆帛书、小篆、秦隶、西汉与东汉碑刻文字、敦煌写本文字、明清刻本文字等大批不同时代、不同形制的文字材料进行处理的基础上，汉字构形学的有关理论和方法日趋成熟、完善。

目前学界通用的汉字构形学理论，主要源于王宁先生创建的体系。① 因此，我们认为，“汉字构形学”是指：探讨汉字的形体依一定的理据构成和演变的规律的研究。对于这一表述，我们需要从其内涵与外延两部分展开如下说明：就其内涵来说，它将构件作为汉字的构形单位，以此为基础来分析汉字的组合类型与构形模式，探讨汉字的形体依一定的理据构成和演变的规律——包括个体字符的构成方式和汉字构形的总体系统中所包含的规律；就其外延来说，它与汉字字体学、汉字字源学、汉字文化学共同组成了汉字学体系，是其中的枢纽和基础。

汉字字体学主要研究不同时代、不同用途、不同书写工具、不同书写方法、不同地区所形成的汉字书写的大类别与总风格。研究汉字构形需要在历时演变的观念下，把握各个时代的字体变化，并分析其中的构形理据。

汉字字源学主要探究形源的规律和汉字最初的构形方式。在汉字发展的过程中，汉字的构形与构意也在发生变化，与之字源产生了区别，为求汉字演变的真实面貌，需将汉字构形学与汉字字源学结合起来分析。

汉字文化学从宏观和微观两方面出发，研究作为文化事象的汉字与其他文化事象的关系，以及汉字个体字符构形和总体构形系统所携带的文化信息。科学的汉字文化学必须建立在对汉字构形科学分析的基础上，二者联系极为密切。

字形是汉字研究的核心，探究汉字构形的特点及规律，是开展各个方面汉字研究的首要和必要步骤。我们在汉字研究的实践中，需要时刻把握好汉字构形学理论，将其与汉字实际相结合，为构建全面系统的汉字研究体系打好基础。

（二）近代汉字构形的特点与类型

在对近代汉字构形内容进行阐述之前，我们需要明确，什么是“近代汉字”。关于“近代汉字”的名称确立与时段界定，各家观点不一。唐兰先生最早在其著作《古文字学导论》中将隶书以后的汉字称为“近代文字”②，以此与“古文字”中的小篆相区别，为汉字史的分段工作提供了思路。20 世纪 80 年代末，费锦昌先生首次将汉字史分为三

① 参见王宁《汉字构形学导论》，商务印书馆 2015 年。

② 参见唐兰《古文字学导论》，齐鲁书社 1981 年。

个阶段：古代汉字、近代汉字和现代汉字，进一步明晰了“近代汉字”的定义问题。①90年代中期，张涌泉先生在《汉语俗字研究》中深入分析了近代汉字的核心问题——俗字②，后又于《大力加强近代汉字的研究》中指出，近代汉字学与古文字学共同构成了汉语文字学体系③，由此，近代汉字研究的重要地位逐渐确立下来。

综合先辈前贤观点，我们认为，“近代汉字”应指隶楷阶段的汉字，具体而言，即为“秦汉以后至20世纪初叶使用的以隶书和楷书为主体的汉字”④。因此，“近代汉字构形学”则主要研究隶楷阶段的汉字形体依一定的理据构成和演变的规律。由于文字载体的形制不同，近代汉字的研究材料主要分为从汉魏至明清时期的简帛、石刻、写卷、刻本四类，在这其中，俗字材料最为突出。因此，对近代汉字构形的研究中，俗字构形占据着核心地位。下文对近代汉字构形特点及类型的阐述，也将着重以俗字构形为代表。

近代汉字构形的特点，可从俗字构形这一大类展开讨论。张涌泉先生在《汉语俗字研究》中将俗字特点归纳为通俗性、任意性、时代性、区别性和方域性五条，分析细致，总结全面，不仅为俗字学奠定了坚实基础，而且推动了近代汉字学的发展。近代汉字构形特点大体等同于俗字构形特点，但在具体适用情况、变化方式等方面亦有微殊。

1. 通俗性。近代汉字分布的文献材料中，俗字、异体字遍布，构形简洁明了，字体浅近通俗，其通俗性特点不言自明。

2. 任意性。近代汉字常常任意变换形体，使得汉字演变过程中产生大量“同形异字”“异形同字”等情况，由此不仅导致了汉字形体的复杂多变，而且造成了汉语字词关系的错杂难辨。

3. 时代性。随着时代的不断更替，近代汉字构形往往带有鲜明的时代性特点，例如一些汉字在不同时代变化不同构件从而产生新字；一些汉字的形体彼时为正体，但此时却为俗体，汉字间的关系亦具有时代印记。

4. 区别性。近代汉字的一些产生与分化过程，主要是为了区别字形或字义，在实际构形过程中，常见这一区别性特点。

5. 方域性。近代汉字总是在较小的范围内开始使用，而后扩大到更大的范围，因此其构形又具有方域性特点。

---

① 参见费锦昌《汉字研究中的两个术语》，《语文建设》1989年第3期。

② 参见张涌泉《汉语俗字研究》（增订本），商务印书馆2010年。

③ 参见张涌泉《大力加强近代汉字的研究》，《浙江教育学院学报》2003年第6期。

④ 梁春胜：《“近代汉字学”刍议》，载《近代汉字研究》（第一辑），河北大学出版社2018年。

近代汉字构形的类型，可从俗字构形的类型中窥见一二。张涌泉先生在《汉语俗字研究》中提出俗字类型共有增加意符、省略意符、改换意符、类化、改换声符、简省、增繁、音近更代、变换结构、异形借用、书写变异、全体创造、合文十三类，每一类型下又根据具体使用情况进行了细分。张先生对俗字构形的阐述进一步为近代汉字构形的分析提供了方向，在其基础上，我们认为，近代汉字构形的类型主要有如下四种：

1. 改换构件。汉字的构形单位是构件，在具体使用过程中汉字常常通过改换构件进行构形。根据构件所表达的构意性质的不同，改换构件这一类型又分为如下三小类。

（1）改换形符。形声字中表示字的意义范畴部分叫作形符，也叫形旁、义符、意符等，凡是用同一形符的汉字表示的类属意义或者关系意义相同或相近。近代汉字中常常通过改换意义相近的形符进行构形，如形符“纟”“衤”均可表示衣物义，因此“绷”改换形符可得“䙖”，表示“小儿包被”义。《龙龛·衣部》：“䙖，比争反。小儿衣也。与绷同。”

（2）改换声符。形声字中表示字的读音部分叫作声符，也叫声旁、音符等，与形符相对，凡是使用同一声符的汉字均具有相通的古音传承。近代汉字中常常通过改换读音相近的声符进行构形，如声符“孛”“弗”古音分属于并纽物部和帮纽物部，古音相近，因此“悖”改换声符可得“佛”，表示“违背”义。《史记·太史公自序》：“五家之文佛异，维太初之元论。”唐司马贞索隐：“佛亦悖也。言金木水火土五家之文，各相悖异不同也。”

（3）改换构意不显构件。汉字是表意文字，其形体必须包括构形与构意两部分，而在长时间的演变过程中，一些汉字的构意变得不明，在此基础上又通过改换这一构意不显构件进行新的构形。如“薅”义为“除草”，改换声符且省写形符而得“茠”。《说文·蓐部》“薅”条云：“薅或从休。《诗》曰：既茠荼蓼。”此时“茠”之形符“艹”实为构意不显构件，在此基础上改换该构件为“木”可得“休木”。《广韵·豪韵》：“薅，除田草也。茠、休木，二同。”

2. 移位构件。通过变换各个构件在整字中的不同位置，由此产生新的近代汉字构形类型。如“蟇”义为“虾蟆”，通过移位而将上下结构变为左右结构，从而得到“蟆”。《广韵·麻韵》：“蟆，虾蟆。亦作蟇。”

3. 增减构件。近代汉字构形时，常出现增加、增繁、减少、简省构件等情况，具体分为如下四小类。

（1）增加构件。如“觚”，义为古代酒器，因其棱角之形，引申而指用以书写的竹简。为明确字义，在此基础上增加构件“竹”可得“箛”。《骈雅训纂》卷四上《训纂八·释器》："觚，通作觚。"

（2）增繁构件。近代汉字中，常见用笔画较多、较繁的构件代替笔画较少、较简的构件的现象。如"弦"义为弓弦，将构件"玄"繁化为"系"可得"弦"。《字汇补·弓部》："弦，与弦同。见《汉景君碑》。"

（3）减少构件。与增加构件相对，一些由多个构件组合而成的汉字会减少一些不影响词义的构件，从而构成新的汉字。如"膔"义为"肥肉"，将构件"鹿"减少下部"灬"可得"膔"。《司牧安骥集》卷六："肥伤者，因马膔大力得之。"其中"膔"，《新刊纂像素亨疗马集》卷一引作"膔"。

（4）简省构件。与增繁构件相对，当汉字的某些构件较为烦琐时，为追求简便，便会出现简省的现象。如"尊"义为"盛酒器"，将构件"廾"简省作"寸"可得"尊"。《集韵·魂韵》："尊，同尊。"

4. 讹变构件。汉字在演变发展的过程中会发生各种变化，随之而来也会产生各种讹误现象。根据构件的不同的构意性质，讹变构件这一类型又分为如下三小类。

（1）讹变形符。由于形体相似，一些汉字的形符常会发生讹变。如"稗"义为"稗子"，由于形符"禾"与"耒"在形体上极为相似，因此"稗"讹作"粺"。《正字通·耒部》："粺，稗字之讹。"

（2）讹变声符。由于形体相似，一些汉字的声符常会发生讹变。如"遄"义为"迅速"，由于声符"端"与"箭"在形体上极为相似，因此"遄"讹作"遾"。《字汇·辵部》："遾，遄字之讹。"

（3）讹变构意不显构件。由于形体相似，一些汉字的构意不显构件常会发生讹变。如"遯"义为"逃走"，由于声符"豚"与"豙"字形相近，故"遯"讹变声符可得"遂"。此时，"豙"为构意不显构件。在此基础上，由于字形相近，构件"豙"进一步讹变为"逯"。《汉书·匈奴列传》："遂逃窜伏。"唐颜师古曰："遂，古遯字。"清毕沅《经典文字辨证书·辵部》："遯，正。逯，俗。"

（三）近代汉字构形的传承与发展

由于处在上承古汉字、下启现代汉字的特殊时段，近代汉字在字源、字形、结构与用字等各个方面均处于汉字系统的中间位置。因此，作为研究基础的构形部分，既承接了古文字构形体系，又提供了现代汉字构形方向，始终发挥着传承与发展的作用。

首先，在传承方面，古今汉字处于一脉相承的链条上，近代汉字构形的一些特点及类型，早在古汉字中就已经出现，并在此基础上加以发展变化。如甲骨文中存在繁化、简化的构形方式，这正是近代汉字"增减构件"类型中的增繁与简省小类的来源。另外，近代汉字构形进一步在古汉字以笔画为构形单位的基础上，发展为以构件为构形单位，以此来适应于其所处的使用环境。因此，近代汉字构形传承了古汉字构形的相关特点及规律，研究时需要爬梳其源，连接古今，从而建立一个完整的汉语文字学体系、汉字史研究路径。

其次，在发展方面，从近代汉字到现代汉字的延续过程中，汉字的简化规律起着巨大的推动作用。近代汉字构形始终秉承着由繁到简的主体方向，在秦汉简帛、六朝碑刻、敦煌写卷以及宋元以来的刻本当中，大量简体俗字的产生显示了汉字简化的必然趋势。而在汉字简化脉络中，许多简化字如“乱”“辞”“庄”等亦可在历代俗字中找到依据。因此，在现代汉字推行简化字形的全局中，近代汉字构形中的简化规律能够为其提供有益的参考。

近代汉字构形具有传承与发展的双重属性，是我们研究古汉字与现代汉字的必经之路，在具体实践过程中需要充分认识并全面发挥其中的桥梁作用。

二、近代汉字的构形与构意

汉字构形是探讨汉字形体依一定的理据构成和汉字形体变化规律的研究。汉字是表意文字，汉字构形的最大特点是它根据所记录的汉语词或语素的意义来构造形体，即汉字的形体构造总是携带着可供分析的意义信息，因此汉字构形的研究包括汉字形体构造（即构形）和汉字形体构造的理据（即构意）两个方面。下面我们试从该角度分三部分（增加构意、减少构意及改换构意）讨论近代汉字构形与构意的特点。下面我们分别从石刻用字、写本文献用字及明清刻本用字三个方面举例分类说明其构形与构意关系及特点。

（一）增加构意

增加构意类俗字即在原字基础上增加表意构件，增旁俗字往往与字义变化及上下文语境有关，增加表意构件以明确俗字本身含义。

1\. 石刻字例

【骚骚—⿰木蚤⿰木蚤】

北魏《咨议元弼墓志》：“骚骚墟垄，密密幽途。”

隋《苏顺暨妻蘧氏等墓志》：“烟野绵邈，松柏骚骚。”

隋《薛宝墓志》：“⿰木蚤⿰木蚤陇树，永谢春光。寂寂兰灯，长辞风月。”

按：“骚骚”，俗写作“⿰木蚤⿰木蚤”。“骚骚”作象声词，仅记音，指风吹树木声，故

"骚"字仅体现构形，声符"蚤"表音，形符"马"无构意，整字亦与构意无关。"骚骚"俗写作"榁榁"，因受上下文语境影响，改换形符为"木"，与构意有关，在表音之时，亦可表义，即指树木。唐徐凝《莫愁曲》："玳瑁床头刺战袍，碧纱窗外叶骚骚。"唐李德裕《述梦诗四十韵》："花光晨艳艳，松韵晚骚骚。"可比参。"骚"俗写作"榁"，实为改换形符，增加构意。

2. 写本字例

【妬—㜊】

津艺《文选注》："'心或怀㜊'，考，验也，言我旧来所得之，何处来也。"

按："心或怀㜊"乃为简引刘子骏《移书让太常博士》之"或怀妬疾，不考情实"，故下有"考，验也"之训语。可知原卷字形"㜊"，乃是在"妬"的基础上增加构件"心"。"妬"乃"妒"字异体，本义是妇女忌妒丈夫，"女"旁表示构意。自秦简"妒"改换声符从"石"，《说文·女部》："妒，妇忌夫也。"桂馥义证："妒，俗作妬。""妒""妬"后引申泛指妒忌他人。妒忌是一种心理活动，"妬"下增加构件"心"，以明确后起之义。

3. 刻本字例

【巴—肥、吧、汜】

《集成》清刊本《野叟曝言》第十回："先摆的兔脯、獐干、鹿肥、虎肉，后献上蒸猪、蒸羊、烧鸡、烧鸭。"

《集成》清刊本《大清全传》第六十九回："欧阳德、徐胜等一啃，这人身高六尺，面目紫黑，短眉圆眼，身穿紫花布褂裤，青布靴子，项短顶平，说话带结吧。"

《集成》清刊本《跻春台》卷一《仙人掌》："奴家也不知得何病患？黄泥汜入裤裆有口难言。"

按："肥""吧""汜"皆为"巴"之俗写。"巴"增加表意构件"肉"作"肥"，如这里的"鹿肥"是鹿肉的一种，因与动物的肉有关，故"巴"增"肉"旁作"肥"。"巴"也可增加表意构件"口"俗作"吧"，如此处结合语境，因结巴与口有关，故俗写从"口"为"吧"。"巴"或可增旁形作"汜"，如从上文语境可知，此处取"泥巴"义，"泥巴"与水有关，遂增"氵"旁作"汜"。

（二）减少构意

减少构意即在原字基础上简省了表意构件。俗字具有通俗性的特征，这种通俗性很大程度上是通过形体简化表现出来的，表意构件的简省大多数只是单纯为了便于书写因而简省了笔画，对原字的意义并无太大影响。

1. 石刻字例

【劉—釗】

北魏《孙秋生等造像记》："唯那程道起、孙龙保、卫伯珎、孙祖德、卫辰、釗俱、韩买、贯念超、高□、高双、高后进。"

按："釗"，原拓作""，当为"劉"之俗字。"劉"，从金，从刀，丣声，其构形与构意统一。"劉"为姓氏，出自陶唐氏。据文意，罗列数人之名，故此处当为"劉"。东魏《刘强墓志》作""，北魏《刘贤墓志》作""，北魏《刘阿素墓志》作""，字形演变，声符"丣"早已不显，成记号构件，后直接省略。"釗"当为"劉"字省简声符"丣"而来，失去声符，成为会意字，从金，从刀，于构意无影响，构形层面缺少了声符，易造成误读，将其与磨损义的"釗"同形，当属减少构意。

2. 写本字例

【颠—𫝜】

S. 161《礼忏文》："乖背二谛，执相烦惱；於苦集灭道生颠倒烦惱。"

按：其中"颠"字，原卷字形作"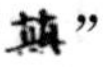"。"颠"为"头顶"义，从页、真声构形，形符"页"即为"头"义，构意清晰。然其俗写""作"真＋真"构形，"颠"右边意符构件"页"因俗写而失去。又 S. 1674《礼忏文》："由斯颠倒心，故沉沦生海。""颠"进一步俗写作""。

3. 刻本字例

【鹤—寉】

《集成》本《珍珠船》卷一第二回："止有白云一片，时同野寉回翔。"

按："寉"乃"鹤"之俗写。"鹤"，《集成》明刊本《二刻拍案惊奇》俗作"鶴"，"寉"为俗书"鶴"省减表意构件"鸟"后所造成的俗写形式。《说文·鸟部》："鹤，鸣九皋，声闻于天。从鸟寉声。”《净土三部经音义集》卷四：“白鹄，《经音义》云：‘《涅盘经》云“白鹤”。今作寉同。’”“鶴”简省形符即俗作“寉”。“鹤”的声符“寉”在字书中亦有解释，《说文·冂部》：“寉，高至也。”《集韵·觉韵》：“寉，寉然，心志高也。”有“高志”义的“寉”俗讹作“寉”，即“寉”或为“寉”的进一步变异后的俗书，《篆隶万象名义·冂部》：“寉，空卓反，高至也。”但在上揭刻本文献中“寉”并不是“高志”义的“寉”，而是“鹤”的意符构件简省的书写。

（三）改换构意

改换构意即表意构件由部件 A 改换作表意部件 B，因表义构件承载着汉字的主要语义信息，具有指示语义类别及属性的功能。属于同一语义类别及属性的形符，这类形符的含义是相同或相近的，意近的形符俗书往往不别，可以换用；有的字本身有表意构件，但随着字义引申，承载了一些其他意义，这些新产生的意义，与原字往往没有直接联系，于是俚俗便改换了另一个表意构件以示后起意义，从而形成俗字。兹选取典型字例进行阐述：

1. 石刻字例

【凰—鳇】

北齐《高叡修定国寺塔铭碑》：“蹑虺虵而尾虎豹，窥乌鹊而养凤鳇。”

按：“鳇”，原拓作，当为“凰”之俗字。“凤凰”，亦作“凤皇”，《汉语大词典》第 12 卷：“古代传说中的百鸟之王。雄的叫凤，雌的叫凰。通称为凤或凰。”《诗·大雅·卷阿》：“凤皇鸣矣，于彼高冈。”唐韩愈《与崔群书》：“凤皇、芝草，贤愚皆以为美瑞；青天，白日，奴隶亦知其清明。”明王世贞《钦䲹行》：“飞来五色鸟，自名为凤凰。”据文献材料可知，上古汉语只有“皇”，因受“凤”的影响类化而加形作“凰”，六书无法对其分析。南北朝时期另造“鳇”，从鸟皇声，当为形声字。《正字通》：“鳇，同凰。本作皇。”《扬雄·蜀都赋》：“鸾鵔鸲鳇。”又作殿名，如鳇仪，见于《晋书·刘聪载纪》。“凤凰”是一个联绵词，因其为百鸟之王，从而得名。“皇”，《说文》：“大也。从自王。”“皇”本为会意字，构形与构意统一，在此基础上，增加表义构件“鸟”，造成新字“鳇”，“皇”作声符，强化构意。

2. 写本字例

【壁—礕】

P. 2160《摩诃摩耶经》卷上：“去来迅疾，石礕无阂。”

按：“礕”为“壁”之改换形符俗字。《说文·土部》：“壁，垣也。”即指墙壁。“石”“土”均可作为墙壁的材质，意近换用。此形目前仅见一例，历代文字均未复见此形者。

3. 刻本字例

【遲—刷】

《集成》清经国堂本《后七国乐田演义》第四回：“宣王见其无话，遂命刑人带出凌刷处死。”

按：此处“凌遲”之“遲”，字形作“刷”。“刷”为“遲”之俗写。“遲”为形声字，《说文·辵部》：“遲，徐行也。从辵犀声。”“遲”字最早的字形是“治”，“治”古音读作“chí”，古书中“治鱼＝迟鱼”，“迟”和“治”是同音假借。有时由于时地的变迁，许多汉字在本义的基础上产生了引申义，为了准确反映新的意义，则通过改换表意构件的方式来加以调整。“迟”在“迟鱼”这个词里，只有表音功能，而不具备表意功能，但是俗写形式“刷”，出现构件“刀”，改换了构意，这时“刷鱼”之“刷”具备了表音表意双重功能。

三、近代汉字异体构形

俗字并不是杂乱无章不可究诘的。《荀子·正名》云：“名无固宜，约之以命，约定俗成谓之宜，异于约则谓之不宜。”文字是语言的书写符号，俗写的“任意性”不能不受到文字社会性的制约。表面上杂乱无章的俗写文字能够在社会生活中广泛流传开来，遵循着一些渊源和规律。汉字通过改换和变异的方式产生俗字，大致有形符改换及变异、声符改换及变异、构件移位及构件省简四种情况。

（一）形符改换及形符变异构形

改换形符是汉字分化的常见方法，也是俗字产生的有效途径。它由具有特定构意的构件按照一定的组合模式层次组装而成，在实现记词功能的同时，也体现构件的功能类别。故近代汉字的形符改换及变异，能够提供其共时、历时层面的构形信息，呈现出其构形随着音义的演变而不断调整、适应的具体现象。常见原因包括形符义近换用、形近换用、改旁便写、改形符为声符等。

1. 形符改换

（1）石刻字例

【湎—⿰酉面】

按：北魏《元谭墓志》：“中山岂⿰酉面，汲冢遗笺。”“⿰酉面”，当为“湎”之俗字。“湎”，《说文·水部》：“沈于酒也。从水面声。”《玉篇·酉部》：“⿰酉面，饮酒失度也。或作‘湎’。”构形与构意统一，形符“氵”改换为“酉”，因沉湎之物往往是酒色，故使构意更饱满清晰。

【馘—⿰國或】

按：北周《若干云墓志》：“公忠诚奋勇，斩馘千数。”“馘”，原拓作“⿰國或”。“馘”，《说文》：“从耳或声。馘，聝或从首。”段注曰：“（聝）军战断耳也。《大雅》‘攸馘安安。’传曰：‘馘，获也。不服者杀而献其左耳曰馘。’《鲁颂》：‘在泮献馘。’笺云：‘馘所格者之左耳。’”“馘”，形符“首”改换为“國”，“國”无法体现构意，不作形符。“馘”，《广韵》音“古获切”，“國”，《广韵》音“古或切”，故“國”作声符，“或”已为声符，新造字成为双声符字，示音功能更显，但构意丧失。

（2）写本字例

【曜—燿】

按：北图ZSD013号：“窈窈冥冥，不见日月光明之燿。”“燿”原卷作“燿”，为“曜”改换形符俗字，《敦煌俗字典》未收此形。“日光”与“火”均可用来照明，故意近替换。《说文》有“燿”而无“曜”：“燿，照也。”但唐代前后“曜”通行作正字而“燿”少见。又唐时“曜”与“燿”在光照义上为同义词，“日”“光”均可表照明义，故混用，颜元孙《干禄字书》：“燿曜，上通下正。”后“曜”“燿”混同不别，“炫耀”义也可以写作“燿”，见于《明清小说集成》本《连城壁》：“怎奈他炫燿乡里之念轻。”“燿”原刻本字形作“燿”。

【髑—⿰蜀頁】

按：敦研309《修行本起经》卷下：“骨节解散，髑髅异处。”“髑”原卷作“⿰蜀頁”。《说文·骨部》：“髑，髑髅，顶骨也。从骨蜀声。”“髑”，指死人的头骨，俗写改换形符为表“头”义的“页”，改变构意。敦煌写本文献中常见表示身体部位的形符构件互换者，如“牙”“身”互换，敦研105（5-1）《妙法莲华经》：“如人渴须水，穿凿于高原。”“穿”原卷作“⿱穴身”。S. 6825V想尔注《老子道经》卷上：“衣弊履穿，不与俗争。”“穿”原卷作“⿱穴身”。穿，《说文·穴部》：“穿，通也。从牙在穴中。”以牙咬出穴来会意打洞、穿透之义。形符以“身”替换“牙”，强调“打洞”的是“人的身躯”。又“耳”“身”互换，如P. 2537《春秋穀梁经传》：“廿有三年春，公至自齐。祭叔来。”

“荆人来聘。”“聘”原卷作“⿰身甹”。“聘”，《说文·耳部》：“聘，访也。从耳甹声。”用“身”替换“耳”说明来访问的主体是“荆人”。又如“身”“骨”互换，颜元孙《干禄字书》：“軆体：上俗，下正。”

【祥—⿰歹羊】

按：S.318《洞渊神咒经·斩鬼品》：“和喻家亲、太祖、父母、内外犹祥，及祠之者、不应祠者，悉为分别遣之。”又：“持铜戟斩煞耶鬼，收世间一切强祥。”“厕上守吏奴之，道上守吏尸供；内外大鬼，宅中强祥，男女客民，水火金木之所煞害者，各各自约。”其中“祥”字均写作“⿰歹羊”，即为“⿰歹羊”。“⿰歹羊”字，《可洪音义》卷二十三《陀罗尼杂集》第八卷音义：“⿰歹羊，女鬼也，女未嫁而死曰⿰歹羊。”与写本文义不合。此处“⿰歹羊”实为“祥”的改换形符俗字。吉凶的征兆统称“祥”，徐锴《说文系传·示部》：“祥，祥之言详也。天欲降以祸福，先以吉凶之兆，详审告悟之也。”段玉裁《说文解字注·示部》：“凡统言则灾亦谓之祥，析言则善者谓之祥。”“祥”从“示”，《说文·示部》：“示，天垂象，见吉凶，所以示人也。从二；三垂，日月星也。观乎天文，以察时变。示，神事也。”意即“示”表示上天垂下天文图像，体现凶吉，用来昭示世人。包含吉凶、福祸、正反两个方面。而替换“示”的“歹”则多与死亡、凶灾有关，《字汇·歹部》：“歹，好之反也，悖德逆行曰歹。”俗书用“歹”替换“示”，强调不吉利的征兆。

（3）刻本字例

【桃—⿰禾兆】

按：“⿰禾兆”为“桃”改换形符“木”作“禾”之后的俗写形式。明刊本《修文记》第四十六出形作“⿰禾兆”。《说文·木部》：“桃，果也，从木兆声。”“木”与“禾”皆属植物，俗书中“木”“禾”换用的情况时有发生，如“柳”或俗作“⿰禾卯”亦为此类，如明世德堂刊本《陈情记》第十一出形作“⿰禾卯”。

【策—⿱艹朿】

按：有的形符，相互之间形既有异，意亦不同，但为了书写便捷，俗书也常常换用。“⿱艹朿”乃“策”之俗。《说文·竹部》释“策”：“马棰也。从竹朿声。”“⿱艹朿”为改换“策”原有表意构件“竹”为“艹”后的俗书。如《集成》明刊本《西洋记》第六十回：“元帅道：‘你有了破敌之⿱艹朿没有？’”“竹”与“艹”两形符虽意义无关联，但在明清刻本中相互换用的情况较为多见，又如“简”之俗“蕑”，“箭”之俗“葥”，皆将形符“竹”旁换作“艹”旁。也有俗书将“艹”旁换作“竹”旁的，“荐”之俗“⿱⺮廌”是其例。

【绑—挷】

按：两个形符的“意”也许并不相近，但由于人们观察事物的角度不同，或者所反映的事物质地发生了变化，于是人们便改用不同的形符来表示含义，形符的改换与语义质地的变化是相联系的，若有从不同角度表达汉字语义的需要，在一定情况下也可以替换使用。“绑”，也可俗作“挷”，“绑”将表意构件“纟”改换作“扌”。如《集成》清刊本《金云翘传》第四回：“因将王观扯过来，去了镣肘，脱尽衣服，将绳缚定二足大指，紧挷庭柱上。”盖在此处语境中，“绑”为动词，故将“纟”旁改为表示动作的“扌”旁，故形符的改换与语义的变化是密切相连的。又如《集成》清刊本《云钟雁三闹太平庄全传》第二十四回：“那大王听了，忙忙离坐，亲解其挷，纳头便拜。”

2. 形符改换及变异

下面我们所举的字例，形符皆经历了“有理”的改换，在改换的同时，正字的其他部分又进一步出现有理或无理的变异。

（1）石刻字例

【解—鲜】

按：北魏《陶浚墓志》：“辞不就职，即日鲜去印绶。”“鲜”，原拓作“鲜”，当为“解”之俗字。《说文·角部》：“解，判也，从刀判牛角。”“解”为会意字，从角，从刀，从牛，会以刀解牛之意，其构形与构意统一。俗字“鲜”，当为“解”之构件讹混字，省简形符“刀”，形符“牛”讹变为“羊”，导致构意残缺。与“鲜”之俗字成为同形字，因其形符“鱼”与“角”形近讹混，如《明少林寺住持嗣法沙门第二十七代从公无方碑铭》作“鲜”，《王世隆诗》作“鲜”。判断“鲜”之正字，当从文意入手。“鲜”常作形容词、名词，动词意为“缺少”；“解”常作动词，意为“剖开”“解除”“解开”等。此处“即日鲜去印绶”，显然当为“解开印信和系在印信上的丝带”，即“解除官爵”，照应前文“辞不就职”，而非“缺少官爵”。明冯梦龙《警世通言·皂角林大王假形》：“太守知其所在，即上章解去印绶。”清吴伟业《梅村集·送林衡者还闽序》：“有解去印绶不通官阀北面称弟子者矣……”文献皆有“解去印绶”之说法，而无“鲜去印绶”，故此处“鲜”为“解”之俗字。

【弄—卡】

按：北魏《吊比干文》：“执垂益而谈卡兮，交良朋而卢苦。”“卡”，当为“弄”之俗字。“弄”，《说文·𠬞部》：“玩也。从廾持玉。”会意字，由形符“廾”“玉”构成，会用手把玩之义。以“玩弄”义为中心，改变造字思路，改换为形符“上”“下”，造出新的会意字“卡”，以形会意的程度丝毫未减，但“用手把玩”之义丧失，弱化构意。后在新造字“卡”的基础上，增加形符“扌”，作“挊”，形符“上”“下”的横画交重，见于北魏《杨乾墓志》作“挊”。或在新造字“卡”的基础上，增加形符“玉”，作“[illegible]”，说明把玩的物品是玉，见于北魏《乞伏宝墓志》作“[illegible]”。“挊”“[illegible]”中形符“扌”“玉”的增加，使新造字“卡”的构意更加丰满，在重构理据的过程中强化了构意。经过竞争，文字系统内部优选，最终以“弄”为现代规范汉字。

（2）写本字例

【顋—腁、腮】

按：胡适藏本《降魔变文》：“六师闻请佛来住，心生忿怒，颊帐（胀）顋高，双眉斗竖，切齿冲牙，非常惨醋。”“颊帐（胀）顋高”之“顋”，原卷作“腁”。“腁”实为“顋”之俗字，“顋”首先改换形符作“腮”。《广韵·咍韵》：“顋颔，俗又作腮。”Φ. 96《双恩记》：“一过啼多血满顋，肝肠寸断几千回。”“顋”原卷作“腮”。“腮”之右半“思”被“斯”替换作“腁”，即改换形符后又发生变异。S. 2049《唐诗丛钞》之《老人相问嗟叹诗》：“莫言我独今如此，汝等须臾还若斯。”其中“斯”字，P. 2129卷作“思”，“思”为“斯”之音借也。

【岸—堓、垾、[illegible]、圻、浒】

按：《说文·屵部》：“岸，水厓而高者。从屵干声。”“厓”是山崖、水涯之“崖”或“涯”的古本字，“岸”指水边高地、水边陆地，则增形加“土”旁。由于已有义符“土”，义符“屵”的表意作用降低，其上部构件“山”便简化为“丶”，使得字形更紧凑，敦研220《妙法莲华经》卷一：“通达大智，到于彼垾。”或则直接省略作“圻”，如津艺5《大方广佛严华经》：“令一切众生，于诸佛法得到彼圻。”在此基础上，构件“厈”又讹俗简化作“斤”，P. 3056＋P. 4895《佛家诗曲集》：“身心和同安隐，即是涅盘彼圻。”又受到上下文字形的影响，“圻”再次改换义符，S. 2144《韩擒虎话本》：“来到金陵江浒，虏劫舟船。”

（3）刻本字例

【婦—媍】

按：“婦”俗或作“媍”。《说文·女部》释“婦”：“服也。从女持帚，洒扫也。”“媍”或为“妇”先改换了表意构件“帚”，形符“帚”改换作声符“负”，或因“婦”与“负”在《广韵》中的音韵地位相同，皆属奉母有韵上声开口三等字。改换后，声符“负”或因书写原因上部构件“⺈”发生讹变，俗书“媍”于明清刻本中惯见，再如《集成》本《明镜公案·周按院判僧杀妇》：“媍人贞心激烈，即将酒盏丢破僧人之面。”

【箋—牋、䏼】

按："牋""䏼"皆为"箋"的俗书。"箋"改换形符"竹"为"片"，俗作"牋"。"箋"，《说文·竹部》："表识书也。从竹戔声。"《玉篇·片部》："牋，表也，亦作笺。""箋"之形符"竹"旁、"牋"之形符"片"旁，皆可用于书写材料的载体，在意义上相互联系，故换之。"䏼"又是俗书"牋"讹变形符后的俗写，表意构件"肉"与"片"在传达意义上并无太大关联，或可认为是形符"片"的无理据讹变。俗书"䏼"在明清刻本中多见，如《集成》清刊本《品花宝鉴》第十三回："正面挂着六幅金䏼的小楷，却是一人一幅，写得停匀娟秀。"

【貔—⿰犭毘】

按："⿰犭毘"为"貔"之俗。明高石山房刊本《目连救母劝善戏文》卷下"貔"形作"⿰犭毘"。《说文·豸部》释"貔"："豹属，出貉国。从豸㲋声。""貔"从"豸"表示动物属类，"貔"也可俗作"⿰犭毘"，《正字通·犬部》："⿰犭毘，同貔。"《龙龛·犬部》："⿰犭毘，正作貔。"《广韵·脂韵》："貔，兽名。""⿰犭毘"形符从"犬"，"貔"形符从"豸"，说明"犬"与"豸"在表动物之类的情况下或可互换使用，"犬"的笔画较"豸"更为省简，改旁或与便写也有一定关联。"貔"之俗书"⿰犭毘"亦遵此法，但"⿰犭毘"的形符换作"犬"后又有了一定程度上的形讹，"犬"再讹变为不出头的"犭"。

（二）声符改换及声符变异构形

声符是汉字中承载传递语音信息的构件，但时有古今，音有转移，原来的声符逐渐与它所代表的字音拉开了距离，俗书往往会以音同或音近的构件替代原声符，以求声符重新与字音取得一致。

1. 声符改换

（1）石刻字例

【橛—⿰木⿱入土】

按：北魏《韩显祖等造塔像记》："邑子平马橛……""橛"，原拓作"⿰木⿱入土"，《八琼室》谓："同'橛'，木入土也。""橛"，《说文》："弋也。从木，厥声。一曰门捆也。""橛"为形声字，构意来源于"木"，未从构形解释。"⿰木⿱入土"当为"橛"之俗写，改声符"厥"为形符"入""土"，构形当取木入土为小木桩意，构意更加丰富，较正字会意性更强，即强化构意。

【憐—怜】

按：北魏《元谭墓志》："玄夜莫艾，黄鸟徒怜。""怜"，原拓作"怜"，当为"憐"之俗字。"憐"，《说文·心部》："憐，哀也。从心粦声。字亦作怜。"《干禄字书》："怜憐：上俗下正。”俗字“怜”当为正字“憐”之声符“粦”替换为“令”而成，笔画省简许多，更便于据形辨读和书写。“憐”，《广韵》音“郎丁切”，“粦”，《广韵》音“力珍切”，“令”，《广韵》音“郎定切”。“令”“怜”同属山摄，在构形不变的基础上，改换表音更接近的声符。

【動—】

按：北齐《唐邕刻经记》：“水音发而觉道，风响動而悟物。”“動”，原拓作“”，当为俗字。“動”，《说文》：“作也。从力重声。”当为形声字。“動”，《广韵》音“徒揔切”，“重”，《广韵》音“丑凶切”，“童”，《广韵》音“徒红切”，“童”与“重”同音，改换声符后仍可作声符表音，构形与构意均不变。

（2）写本字例

【啖—噉】

按：P.2438《太玄真一本际经卷五》：“众生更相食。”“”当为“啖”之俗写，声符“炎”改换为“敢”。“炎”“啖”均属谈部，但中古时期，“炎”属盐韵，“啖”属敢韵，改“啖”的声符为“敢”，更符合语音实际。《说文·口部》即有记载：“啖，噍啖也。从口，炎声。一曰噉。”西晋《徐义墓志》已见“噉”：“皇后所珍奇异物，美人悉蒙之。”《正名要录》：“啖噉。”“右字形虽别，音义是同。古而典者居上，今而要者居下。”

【臊—䐬】

按：《维摩诘经讲经文（一）》：“忽被个泥秋（鳅）之鱼，抛入水池之内，浑身不净，遍体腥䐬，满池之清水浑浊，彻底之澄泉臭秽。”其中“䐬”，《广韵》“昨劳切”，从母平声豪韵。《广韵·豪韵》：“䐬，䐬脃。”《集韵·豪韵》：“䐬，脆也。”清桂馥《札朴·乡里旧闻·杂言》：“脃败曰䐬。”又《集韵·豪韵》：“䐬，腹鸣。”“脆”义与“腹鸣”义均于讲经文句意无取，“䐬”当为“臊”之声旁替换字。“曹”与“喿”声母分别为从、心母，唯有清浊之别，韵分别为豪、号韵，唯有平去之别，二者音近。

【逍—】

按：P.4660《敦煌阴处士邈真赞并序》：“以公禀性清廉，志高物外；逍遥别业，留意池亭。”“逍遥”之“逍”，原卷字形作“”，楷定字形当作“⿺辶霄”，然“⿺辶霄”字，字书未见。今谓“⿺辶霄”为“逍”改换声符“肖”为“霄”。

（3）刻本字例

【箇—；个—】

按：“”乃“箇”之俗。《说文·竹部》释“箇”：“竹枚也。从竹固声。”“箇”的声符从“固”，但在中古时期“固”已经不能准确表示“箇”的读音了。“箇”“固”

在《广韵》中韵部不同，“箇”属见母个韵，“固”属见母暮韵，故“箇”的表音构件需要改换为与其读音更相近的字。俗书“⿱⺮个”，将原有的声符“固”换作“个”，“个”在《广韵》中属见母歌韵，由此表音更加清晰准确。如明姑苏叶氏刊本《新刊原本王状元钗记》第四出作“⿱⺮个”。“箇”也或作“个”，《集韵・箇韵》：“箇，或作个，通作個。”“⿰亻个”是“个”的俗书，声符“固”亦换作“个”。如《集成》明刊本《西洋记》第五十回：“番王起来，再三陪⿰亻个不是。”

【祸—⿰礻戈】

按：“祸”或可俗作“⿰礻戈”。《说文・示部》释“祸”：“害也，神不福也。从示呙声。”“祸”改换声符“呙”为“戈”，俗作“⿰礻戈”。盖“祸”“戈”在《中原音韵》中皆属于歌戈韵，仅有声调之异，“祸”“戈”读音相近，故换之。俗写“⿰礻戈”在明清刻本中习见，如《集成》明刊本《天妃娘妈传》第四回：“速则变小，迟则⿰礻戈大。”

【瘢—⿸疒⿰身殳】

按：声符改换与表意有关，声符不仅承担一定的示音功能，同时还会承载一定的字义，改换声符有时是为了更好地传达字义的相关信息。“⿸疒⿰身殳”为“瘢”之俗。《说文・疒部》释“瘢”：“痍也。从疒般声。”徐锴系传：“痍伤处已愈，有痕曰瘢。”《玉篇・疒部》：“瘢，疮痕也。”《汉语大字典》：“瘢，创伤或疮疖等愈后的疤痕。”由上可知，“瘢”的含义与身体有关，“瘢”之俗“⿸疒⿰身殳”是将声符“般”的“舟”旁换作“身”旁，表示意义与身体相关。如《集成》明刊本《广艳异编》卷一《黄苗》：“县令呼苗具疏事，覆前后所取人，徧问其家，并符合焉。髀为戟所伤，伤⿸疒⿰身殳尚在。”

2. 声符改换及变异

有的形声字声符形体较为繁复，不便于据形辨读，也不方便书写，因而俗书往往用简省笔画的声符来代替。

（1）石刻字例

【慮—[illegible]】

按：北齐《赫连子悦墓志》：“除开府长史，寻兼吏部郎中，仍转林慮太守，除京畿长史。”“慮”，原拓作“[illegible]”，当为“虑”之俗字。又如东魏《隗天念墓志》中“慮”作“[illegible]”，声符“虍”存在各种变体，是“慮”字产生一批异体字的主要原因，特别是“虍”变“[illegible]”，再变“[illegible]”，形体改变很大，构字理据消失，而且各种变体可以类推。

【體—躰】

按：北齐《傅丑、傅圣头姊妹二人造像记》：“若非體解三乘，无以归依正路。”“體”，原拓作“躰”，当为“體”之俗字。“体”，《说文》：“从骨豊声。”由形符“骨”

和声符“豊”构成，当为形声字。形符“身”与“骨”意义相关，替换构意；声符“本”与“豊”音异，属于无理替换声符。改换后的新字为会意字。后“本”变异为“夲”，作“躰”，构形与构意不再统一。

（2）写本字例

【湧—涌、⿰氵用】

按：S. 343《都河玉女娘子文》：“天沐高（膏）雨，地⿰氵用甘泉。”“⿰氵用”，原卷字形作“⿰氵用”，当为“湧”之改换声符字“涌”进一步俗写变异，省去上部构件“マ”而来。

【暱—昵、⿰日⿸尸止】

按：《说文·日部》：“暱，日近也。从日匿声。”“匿”，《广韵》女力切，泥母职韵入声。“尼”，《广韵》女夷切，为泥母脂韵平声，二者音近，“暱”改换声符作“昵”，唐石经有“昵”字。敦煌写本中多将改换的声符“尼”进一步俗写变异，S. 388《正名要录》：“暱、⿰日⿸尸止：右字形虽别，音义是同。古而典者居上，今而要者居下。”

【驅—駈、⿰馬北、⿰馬斤】

按：P. 2383《太上洞玄灵宝净土生神经一卷》：“常制断妖精，駈除温疠，守护境界，消駈耶魔。”又 73TAM509：8/5（a）《唐西州天山县申西州户曹状为状无场请往北庭请兄禄事》：“被吕将军奏充四镇要籍駈使，其禄及地子合于本任请授。”驅，声符“驅”改换为“丘”，“區”“丘”声母同为溪母，韵母侯之旁转相通。陆德明《经典释文》：“丘与區，并去求反。”“區”改换声符作“駈”敦煌西域写本中习见，唐代前后普遍，S. 388《正名要录》：“驅駈”“右字形虽别，音义是同，古而典者居上，今而要者居下。”颜元孙《干禄字书》：“駈驅，上通下正。”《五经文字·马部》：“驅，音區，作駈讹。”改换声符“丘”后，“丘”又变异为“北”或省写下部一横作“斤”，S. 1440《治道集》卷四：“迨于□先⿰馬北者不可胜数也。”此形《敦煌俗字典》未收。S. 6537Vb《家童再直放书一道》：“不是无里（理）⿰馬斤挞，横加非狂（枉），所修不等，细思合知。”

（3）刻本字例

【攙—摻、⿰扌⿱厶条】

按：“攙”，俗写也可作“摻”“⿰扌⿱厶条”。“攙”，《说文·手部》释作：“刺也。从手毚声。”俗书“摻”或作“掺”，将原声符“毚”改换作“参”，如《集成》清刊本《醒风流奇传》第十回：“忙去摻进中坐，石秀甫对天祷告了。”表音构件“参”下部又进一步发生讹变，俗作“⿰扌⿱厶条”，如《集成》清刊本《跻春台》卷一《东瓜女》：“我妈忧气把病染，半身不遂要扶擡。”

【顫—頕】

按：“頕”乃“顫”之俗。《集成》庚辰本《脂砚斋重评石头记》第三十三回：“一句话未了，只听见窗外頕嵬嵬的声气说道：‘先打死我，再打死他，岂不是干净了！’”其中“顫”字，原刻本字形作“頕”，即为“頕”字，“頕”为“颊缓”义，《玉篇》：“頕，颊缓也。”此与“顫”义不类。又頕，《广韵》：“都甘切。”顫，《广韵》：“之膳切。”二者音也不同，故可认为“頕”当为“顫”的声符构形替换俗字，与“颊缓”义的“頕”构形同，然构意特点不同。

【碣—碣、⿰石昌】

按：“碣”俗书作“碣”“⿰石昌”。“碣”，《说文·石部》：“特立之石。东海有碣石山。从石曷声。”俗书“碣”，声符“曷”下部产生形讹作“彐”，明清刻本中声符“曷”讹作“⿱日彐”的情况惯见，“猲”之俗“猲”、“竭”之俗“竭”、“羯”之俗“羯”是其例。又俗写“曷”“昌”易混，故“碣”又变异作“⿰石昌”。《集成》明刻本《唐三藏出身全传》卷一《猴王得仙赐姓》：“只见正当中有一石碣，碣上一行楷书大字。”《集成》清刊本《铁冠图》第十三回题目：“宋炯混说⿰石昌石语，李闯独探汴梁城。”

（三）构件移位构形

李文仲《字鉴》卷一平声魂韵“魂”下云：“召字从形在左则为叨，含字以声在右则为吟，字画稍改，则为别字。”我们可以看出，汉字的字形结构保持相对稳定性。但俗文字对字形结构并不太讲究，字之结构不拘上下左右，构件移动的情况时有发生，许多俗写就是通过构件易位的方式产生的。近代汉字结构内部发生重新调整，是由于隶书的发展，正书的形成，使得俗字形体发生了剧烈的变化，以及书手求新求异心理的作用，故意改变文字的通行结构，发生构意的移动。

1. 石刻字例

【嶺—⿰⿱山令頁】

按：北魏《穆亮墓志》：“瑶摧荆嶺，玉碎琨津。”“嶺”，原拓作“⿰⿱山令頁”，上下构形改为左右构形。形符“山”所在位置不同，则构字理据呈现方式改变。字形结构变换图如下：

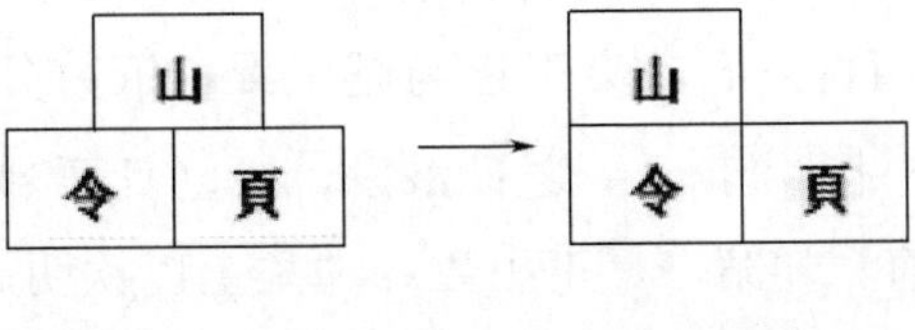

2. 写本字例

【携—】

按：S. 1585《老子道德经序诀》："高上遥唱，诸天欢乐，则携契玄人。""携"字，原卷字形作"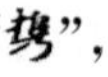"，左右构形改为上下构形。"隽"与其他构件搭配构成左右结构时，俗写常将其构形方式改为上下结构，如 P. 2544《藏驹（钩）》诗："初年万物尽迎新，携手称高望早春。"其中"携"字，原卷字形作""，左右构形改为上下构形。P. 4660《敦煌县尉翟神庆邈真赞》："其名可播，镌石可存。"其中"镌"字，原卷字形作""，左右构形改为上下构形。字形结构变换图如下：

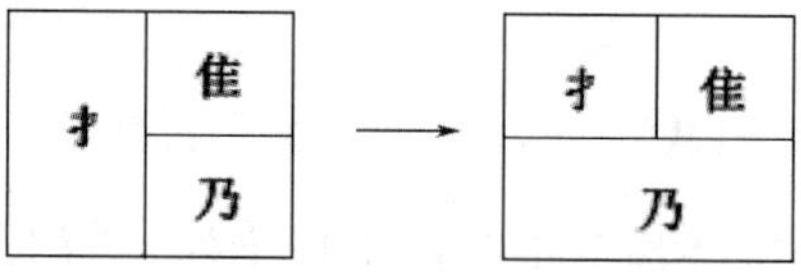

【黝—】

按：P. 2536《春秋穀梁经传》："礼天子、诸侯黝垩。黝垩，黑色也。"""，当为"黝"字。"黝垩"指涂以黑色和白色。《礼记·丧服大记》："既祥，黝垩。"孔颖达疏："黝，黑色，平治其地令黑也。垩，白也，新涂垩于墙壁令白。"《春秋穀梁传·庄公三年》："礼天子诸侯黝垩。"范宁注："黝垩，黑色。"左中右构形改为左右构形。该字右边构形""为"务"形，是"幼"的构形移位俗字。敦煌写卷习见此写法，如 P. 2413《大楼炭经》卷第三："泥犁城广长，各四万里，窈窈冥冥。""窈"原卷作""。字形结构变换图如下：

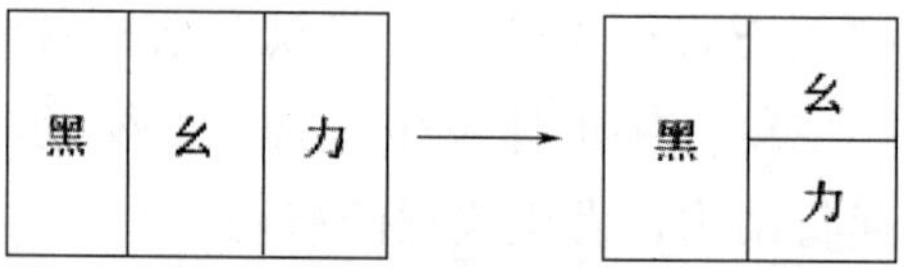

【袋—】

按：S. 2073《卢山远公话》："彼布袋裹有明珠，锦袋里成（盛）糠何用?""布袋"之"袋"原卷作""，"锦袋"之"袋"原卷作""，由上下结构改为半包围结构，上下结构字其上部构件，俗写常讹为包围结构，如 P. 2588V（5-3）《叹像》："黛叶写而眉鲜，青莲披如（而）目净。""黛"原卷作"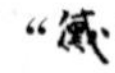"。S. 328（12-12）《伍子胥变文》："杀子胥了，越从吴贷粟四百万石，吴王遂与越王粟，依数分付其粟。""贷"原卷作""。S. 134《诗经·风·七月》："一之日觱发，二之日栗烈。""觱"原卷作""。S. 1722（12-4）《兔园策府》卷第一《正历数》："圣上以钦明履运，历数在躬；践翼承基，函元孕象；帝德崇矣，天文粲然。""孕"原卷作""。字形结构变换图如下：

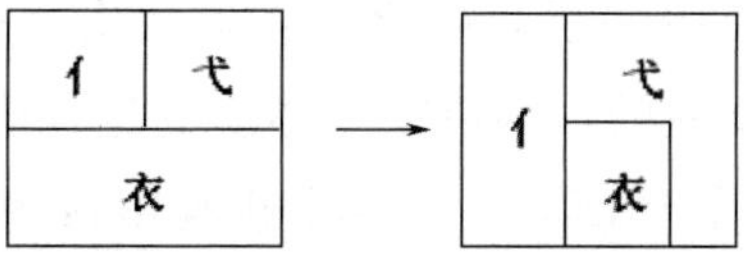

3. 刻本字例

【煎—𬊤】

按："煎"或俗作"𬊤"。"𬊤"乃"煎"构件移位后之俗字，"煎"的构件"灬"从下方移到左侧，从而由上下结构变为左右结构，《集韵·线韵》："煎，熬也。或书作𬊤。"如《集成》明刻本《唐三藏出身全传》卷三《孙行者五庄观内偷果》："镇元转观心烦恼，要把师徒落熬𬊤。"字形结构变换图如下：

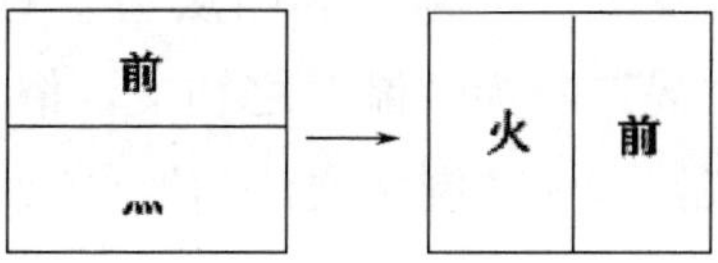

【槊—𣚁】

按："𣚁"为"槊"之俗。"槊"下部构件"木"移位至全字左侧，俗作"𣚁"。《正字通·木部》："槊，亦作𣚁。"《集成》明嘉靖刊本《三国志通俗演义》卷一《安喜张飞鞭督邮》："赵弘飞马突𣚁，直取孙坚。孙坚从城上飞身取弘，手夺弘𣚁，直刺下马。"字形结构变换图如下：

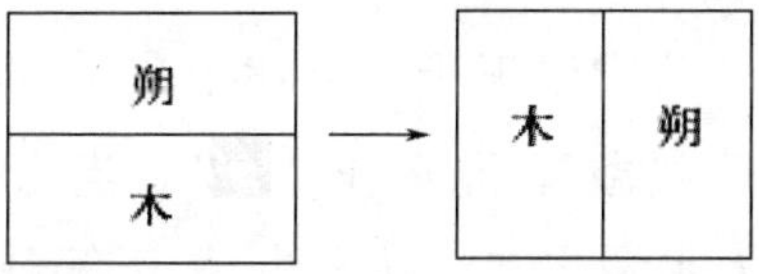

【慰—𢟪】

按："𢟪"乃"慰"改换字形结构后的俗字。《说文·心部》："慰，安也。从心，尉声。"《正字通·心部》："慰，一作𢟪。"构件"心"位于全字下部作"心"，位于全字左侧作"忄"。构件"心"移位至"尉"的左侧，"慰"由上下结构变作左右结构作"𢟪"。如《集成》清刊本《红楼梦补》第十七回："此事恍与潇湘妃子觌面，一𢟪阔悰。"字形结构变换图如下：

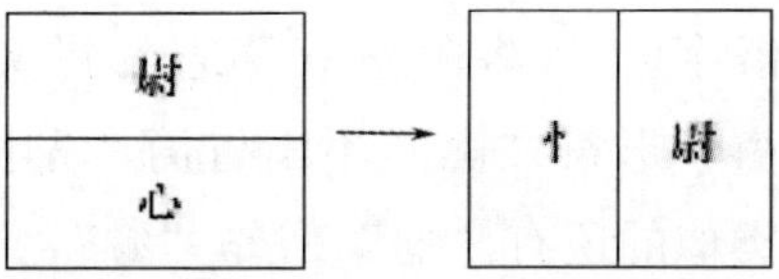

（四）构件省简构形

俗字最主要的特点就是简省，形体简化是古今汉字形体演变的主流，也是俗字产生的重要途径，今天我们所使用的很多简化字在近代俗字中都能找到踪迹。省简构形主要有两种情况：一是自然发生的，即俗字形体演变过程中自然而然产生的趋简现象。有的俗字笔画较为繁复，不便于书写，俗书往往改用较为简便的笔画。简省了笔画，书写就简洁得多。二是人为作用的，包括文字使用者的主观改造和政府的统一要求。

1. 石刻字例

【圖—啚】

按：北周《宇文恪造龙华浮啚铭》："宇文直，率州之玉民，仰为先帝王起龙华浮啚，安置像身。""啚"，原拓作""，当为"图"之俗字。《广韵·模韵》："啚，俗圖字。"《玄应音义》卷八《维摩诘所说经》卷下"所图"条："诏定《古文官书》，圖、啚二形同，达胡反。"据《说文》，"圖"从口从啚会意，俗写作"啚"，省简构件"囗"，构形与构意均变，然"啚"本为"鄙"之初文，俗又用作"圖"，二字相乱，因而颇受一些封建士大夫的非议，以为"制字之法扫地矣"。

【貌—皃】

按：北齐《常文贵墓志》："虽光皃西垂，东神莫转。""皃"，原拓作""，当为"貌"之俗字。据《说文》，"皃"为小篆之写法，籀文作"貌"，后为避免"皃"与"儿"或"完"之俗字相混，故"貌"通行。"貌"省简形符"豸"作"皃"，构形与构意均变。

【蟲—虫】

按：北魏《元谭墓志》："公尝以王子入见，年在纨绮，占谢光润，睟容温华，出言而可雕蟲，下笔而成雾縠。""蟲"，原拓作""，当为"蟲"之俗字。"蟲"，《说文·虫部》："有足谓之蟲，无足谓之豸。从三虫。"王筠释例："虫、䖵、蟲同物即同字。小虫多类聚，故三之以象其多；两之者，省之也；一之者，以象其首尾之形。至于字分三形，而又各有从之者，即分三音三义，又孳育之一法也。"省简相同构件，保留一个构件"虫"，或"虫"上增撇，成为异体字。而"虫"本毒蛇名，与"蟲"音义都不同。"虫"成为同形字以后，另造"虺"相区别。

【断—】

按：北魏《尹祥墓志》："钦誉下国，赞识云门，古绝今粁，笔石宁原。""粁"，原拓作""，当为"断"之俗字。《洛阳新获墓志》释文作"料"，义无所取，误。"断"，由形符㡭和斤构成。由于形符"㡭"不断省简，先作"断"，再作"粁"，经历了相同符号替代的过程。相类似的还有"繼"俗作"继"，"肃"俗作"粛"等，"米"皆为省简符号。由此可知，"断"的不断省简，使新字完全失去理据，复现率很低。

2. 写本字例

【萍—蓱】

按：P. 3792《张和尚生前写真赞并序》：“永隆才荒蘋草，弱水浮萍，奉命难辞，粗名年月。”又赞文：“隆之寡昧无才识，不免穷辞腼浮萍。”上揭两例中“浮萍”之“萍”，原卷分别作“蓱”“蓱”，依字形当录作“蓱”。“蓱”当为“萍”之俗写，《篇海类编·花木类·艸部》：“蓱，艸，无根，浮水生也。亦作萍字。”作为“萍”之俗体的“蓱”本作“苹”，“蓱”乃“苹”之省体俗字，《说文·艸部》：“苹，蓱也。”《说文·水部》：“萍，蘋也。”邵瑛《群经正字》：“按（苹、萍）二字，《说文》一入《艸部》，一入《水部》，然音义并同，似本一字，故经典亦通用，如《礼记·月令》‘苹始生’之类，此本作‘苹’，彼本作‘萍’，总未有定。”《干禄字书》：“萍、苹，上通下正。”《玉篇·艸部》：“苹，同萍。”《说文·艸部》：“蘋，苹也，无根，浮水而生者。”《尔雅·释草》：“蘋，苹；其大者蘋。”郭璞注：“水中浮苹，江东谓之薸。”《集韵·庚韵》：“蘋，或作萍。”《大戴礼记·夏小正》：“（七月）湟潦生蘋。湟下处也。有湟然后有潦，有潦而后有蘋。”《文选·张衡〈南都赋〉》：“浮蚁若苹。”李善注：“汎汎然如苹之多者。”南朝齐王融《三月三日曲水诗序》：“新苹泛沚，华桐发岫。”

【遮—遮】

按：“遮”为“遮”之简省便写俗字，构件“灬”写为“厶厶”使笔画书写更为连贯。敦煌写本中习见，如 P. 2491《燕子赋》：“汝可早去，唤取鹳鹆。他家头尖，凭伊觅曲。咬啮势要，教向凤凰边遮嘱。”其中“遮”字，原卷字形作“遮”；P. 2133《金刚般若波罗蜜经讲经文》：“言‘莫作是念’者，佛为遮也。”其中“遮”字，原卷字形作“遮”；构件“厶厶”可以进一步简省为“人人”形，如 P. 2305《妙法莲华经讲经文》：“直饶珠宝如山岳，遮不绫罗满殿堂：煞鬼忽然来到后，阿谁能替我无常?”其中“遮”字，原卷字形作“遮”。

【寡—寡、寡、寡、寡】

按：“寡”，《说文·宀部》：“寡，少也。从宀从颁。颁，分赋也，故为少。”在“寡”字中构件“颁”由左右结构变为上下结构，并发生了构件黏合。俗写中下部构件“分”常发生简省变异，如 P. 2500《礼记》卷第三：“公惧然失席，曰：‘是寡人之罪也。’”“寡”原卷作“寡”，下部构件讹变似“朩”形。S. 189《老子道德经》：“人之所恶，唯孤、寡、不谷，而王公以自名。”“寡”原卷作“寡”，下部构件省去“朩”上一横，似“小”形。P. 3561《千字文》：“孤陋寡闻。”“寡”原卷作“寡”，下部构件省作三点。S. 189《老子道德经》：“是以侯王自谓孤、寡、不谷。”“寡”原卷作“寡”，直接省去下部构件。

3. 刻本字例

【龟—亀、亀、龟】

按："龟"，也俗作"亀""亀""龟"。文字是记录和传达语言的书写符号，也是记录语言的辅助性工具，笔画太繁复则不利于提高效率。文字在演变过程中，简省是总的趋势，俗书中往往用简单明了的笔画来代替复杂难写的笔画，"龟"的简化过程就是典型代表。"龟"字先简化作"亀"，《集成》本《连城壁》午集《妒妻守有夫之寡　懦夫还不死之魂》："你自己要做乌亀，讨了一伙粉头在家里接客，邻舍人家不来笑你也勾勒，你倒要勾引别人也做起乌亀来。""亀"又简笔作"亀"，《集成》本《连城壁》外编卷四《待诏喜风流攒钱赎妓　连弁持公道舍米追赃》："若是则鸨羽不致高张，而亀头亦可永缩矣。"哈佛特藏稿抄孤本《双奇梦全传》第七回："天明，马亀起来，就要起行。""亀"继续简省为"龟"，《集成》清刊本《绣鞋记》第二十回："宜加惩儆，令作龟公。"

【雙—⺀隻】

按："⺀隻"为"雙"之俗。"雙"上部为构件"雔"，俗书将左边的"隹"用重文符号"⺀"代替。俗写中重文符号习见，重文符号本是一种抄写方法，为了节省时间，对重复的字用两点或类似两点来表示，这种方法也被搬用到俗字创造上来。简省构件后的俗书"⺀隻"于明清刻本中惯见，如《集成》清刊本《海公大红袍全传》第十五回："我想起当日在店中，曾做了一⺀隻花鞋相送与他。"《集成》本《珍珠舶》卷一第二回："赵相睁圆⺀隻眼，接茶在手，向着冯氏，就是劈面一掷。"以上"雙"的构件"雔"皆简省作"⺀隹"。

【齊—斉】

按："斉"乃"齊"之俗。"齊"字上部构件比较复杂，俗书中往往会把在构形中不太重要的构件加以省略，从而达到简化字形的目的，于是"齊"上部符号化为"文"，下部构件也进一步省简为"川"，书作"斉"。用符号化构件及简化符号代替书写繁杂的构件是简省笔画的一种有效方法，在明清刻本俗写中应用极广。《集成》清刊本《万年清奇才新传》第二回："少时间客官们与老汉等到了庙前，也要一斉上去炷香拜祷一番。"

四、近代汉字俗体及讹体构形

汉字由甲骨文金文发展到楷书，字形处在不断变化之中。在汉字形体演变过程中，由于人们对笔势和字形结构的不同理解和安排，同一结构的字会产生不同的书写形式。书写变异是导致俗字纷繁的重要原因，这类俗字属于无理据形讹，演变无原理可循，但是这类“无理”的变异俗字很难为社会所承认，往往只是昙花一现，不久便在社会流通领域销声匿迹了。但不论俗写的发展脉络呈现出怎样的面貌，这些都是汉字发展史的重要组成部分，整理和研究其发展演变是很有必要的。“讹俗”指破坏了原有的字形结构，将符合构字理据的结构和偏旁进行无理据讹变，主要包括形符讹俗及变异构形、声符讹俗及变异构形、构件讹俗及变异构形、讹俗构件移位及省简四个方面。

（一）形符讹俗及变异构形

形符讹俗及变异构形，指的是替换后的构件完全失去了原来的理据信息，替换前后的构件的形与义皆无关联，即构件之间的讹混。而近代汉字中的正字与俗字间的形符讹俗及变异，是颇为常见的一类。形符讹俗及变异的结果是让汉字形体失去构意，字形与其所记录的词的音、义之间关系模糊，甚至丧失。近代汉字中，此类情况相当复杂。下面就特征突出、规律性强的现象做具体分析。

1. 石刻字例

【矜—狑】

> 北齐《鲁思明等造像记》：“睹出没之无常，狑六趣之苦毒。”
>
> 北齐《朱氏邑人等造像记》：“斯盖垂狑理宽，流慈泛育者矣。”

按：其中两个“狑”字，原拓皆作“”。此形，当为“矜”之俗写。用法同。“矜”，《说文》：“矛柄也。从矛今声。”《六书略》：“矜本矛柄，因音借为矜怜之矜。”《尔雅·释训》：“矜怜，抚掩之也。”《广韵》音“居陵切”。“狑”，《集韵》：“良犬也。秦有狑。”从犭，令声。《广韵》音“郎丁切”。二者音义无涉，仅形体相近。形符“矛”与“犬”形近讹混，故改换，构字理据部分丧失，构意丧失。

2. 写本字例

【虨—、、、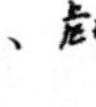、、、】

> 永青文库藏敦煌本《文选注》（司马卿《喻巴蜀檄》）：“‘睚眦’，当时，虨去

天子在操有执擢之心，彪唤操上殿，畏彪与天子谋煞已，遂托宿归营，怨彪。又以彪妻袁氏之女，故记以他事，遂击彪于狱，考掠榜棰。孔融闻彪被榜楚，来谓操曰：‘杨公，国之三公，故世冠冕，今为如此榜楚，恐伤物望。’”

按：其中诸“彪”字原卷字形分别作“彪”“彪”“彪”“彪”“彪”“彪”“彪”形。“彪”，《说文·虎部》：“彪，虎文也。从虎，彡象其文也。”形符“虎”下部构件讹俗变异。

3. 刻本字例

【被—⿱宀⿰木皮】

《集成》清刊本《警寤锺》第七回：“这夜正值他家做戏请客，见人躲乘人忙乱之际，一直溜进，正在撬门，恰值孟乡宦进来更衣撞着，⿱宀⿰木皮家人向前拿住。”

按：“⿱宀⿰木皮”为“被”之俗刻。“被”，《说文·衣部》：“寝衣，长一身有半。从衣皮声。”俗刻“⿱宀⿰木皮”将原表意构件“衣”俗讹为“木”，因涉下字“家”之“宀”构件类化而俗刻作“⿱宀⿰木皮”，这种讹变也使字整体结构发生变化，由左右结构变作“宀”在上部，“木”“皮”在下部的上下结构汉字。

（二）声符讹俗及变异构形

声符在汉字构形中是承载表音信息的构件，近代汉字中表音构件全部或部分讹俗亦常见，这种情况与书写的任意性相关联，兹取典型字例进行说明：

1. 石刻字例

【贸—貿】

北魏《元继墓志》：“虑陵谷贸迁，丘陇难识，故凿志埏阴，刊载氏族。”

按：“贸”，原拓作“貿”。“贸”，《说文》：“易财也。从贝丣声。”当为形声字，形符为“贝”，声符为“卯”。“贸”作“貿”，当为声符“卯”讹变作“吅”，再变成“从”。因异写而构成异构字，声符的表音功能亦失。

2. 写本字例

【拗—枸】

S. 65373V-5V《立社条件（样式）》：“忽有枸捩无端，便任逐出社内。”

按："拗"，从手幼声构形。"枸"当为"拗"之声符变异讹俗字。"幼"字隶定古文字形作"幻"，宋本《玉篇·勹部》："幻，伊诱切。古文。"（明万历辛丑年刻本）《字学三正》之《古文异体·宥》："幻，幼。"徐在国《隶定古文疏证》卷四："幼，幻。"故"枸"字右边构件"句"，乃是"幼"的古文"幻"之变体。"拗"字也见异写作"拗"，《龙龛手镜·木部》："柲，蒲结反。拗也，戾也，手柲物也。"《封神演义》第四十七回："扭天拗地心难正，徒费工夫落堑渊。"《镜花缘》第七十八回："大众既听紫芝妹妹之话，都派我出令，我一人又焉能拗得。"

3. 刻本字例

【枓—枡】

《集成》明刊本《西洋记》第八十六回："堂里面沉香木为梁栋、枡之类，度金椽子，一年一度，黄金为阁溜，四面八方都是蔷薇露和龙涎香为壁。"

按："枡"乃"枓"讹俗声符构件"斗"后的俗写形式。"斗"指斗拱，因材料为"木"而增"木"旁作"枓"，"枓"的表音构件"斗"俗讹作"升"。俗书中常常"斗""升"不别。

（三）构件讹俗及变异构形

俗字不仅在形符和声符两方面习见讹俗，其他构件讹俗的情况亦屡见不鲜，构件讹俗也体现出近代俗字随意性的特点，释读时需仔细辨别。

1. 石刻字例

【操—】

北魏《元始和墓志》："风节侔于古贤，雅操标于皇代。"

按："操"，原拓作"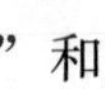"，当为"操"之俗字。"操"，《说文·手部》："把持也。从手喿声。"由形符"手"和声符"喿"构成，二者皆变。构件"扌"与"木"形近讹混，故讹变为"木"，构意丧失。声符"喿"讹变为"粂"，示音功能破坏。北魏《陆绍墓志》"操"作""，其形符讹变为"十"，声符改换为"粂"后，其下部省简一点作"小"，构意进一步丧失。

2. 写本字例

【牢—宇】

S. 328《伍子胥变文》："子胥治国五年，日月重明，市无二价，猫鼠同穴，米麦论分，牢狱无囚。"

按："牢"，原卷字形作"宰"，当为"牢"之俗写。"宀"讹变作"穴"，"牛"讹变作"干"。

3. 刻本字例

【蔽—蔽、蔽、蔽】

《集成》明嘉靖刊本《三国志通俗演义》卷五《张辽义说关云长》："何以旧袍蔽之，不亦俭乎?"

《集成》明嘉靖刊本《三国志通俗演义》卷六《曹操官渡战袁绍》："旌旗蔽野，刀剑如林，行至阳武下寨。"

《集成》明嘉靖刊本《三国志通俗演义》卷一《何进谋杀十常侍》："令早晚入何太后处，善言遮蔽。"

《集成》明世德堂本《西游记》第九十六回："只闻得鼓乐喧天，旗旛蔽日，人烟凑集，车马骈填，都来看寇员外迎送唐僧。"

按："蔽"，上揭刻本分别俗作"蔽""蔽""蔽""蔽"等形。"蔽"，《说文·艸部》："蔽蔽，小艹也。从艹敝声。"俗刻"蔽"是将原字"蔽"的声符"敝"的左半部分讹作"米"。俗刻"蔽"是将声符"敝"讹作"敝"。俗刻"蔽"是将表音构件"敝"在俗刻中又进一步省减作"敉"，左半部分构件由"㡀"简笔作"米"，整体形作"蔽"。

（四）讹俗构件移位及省简

近代汉字中某些构件首先发生讹俗，再进行移位。俗写文字对字形结构一般不太讲究，构件易位的情况时常可见。实际上，许多俗字就是通过变化结构的方式形成的。

1. 写本字例

【蟹/蠏—蟹、蟹】

S. 2073《庐山远公话》："如江潮（湖）大海，其中有多少众生，或即是鼋鼍，或若是鰕蠏龙鱼，如是多般，尽属于水。"

按："𧍝"，原卷字形作""，"𧍝"即为"蠏"的改换形符异体，《说文·虫部》："蠏，有二敖八足，旁行，非蛇鳝之穴无所庇。𧍝，蟹或从鱼。""𧍝"又作"𩹬"，《字汇补·鱼部》："𩹬，《说文长笺》与蟹同。"《集成》明世德堂本《西游记》第三回："龟鳖鼋鼍皆缩颈，鱼虾鳌𩹬尽藏头。"

2. 刻本字例

【旮—旭】

> 《集成》明刊本《西洋记》第十一回："你看长老的法身，长有八尺五寸，好不躿躿；方面大耳，削爱留髯，好不旭旯。"

按："旭"为"旮"之俗。"旮"是上下结构的汉字，俗书"旭"将原上半部分构件"九"移至左侧，成为左右结构的俗字，同时构件"日"发生讹变作"旧"，盖构件"日""旧"俗书中常常相混。

（赵家栋：南京师范大学文学院，210097，南京）

江西南昌东吴高荣墓衣物疏疑难字新考二则

李玉平

摘　要： 1979 年江西省南昌市阳明路东吴高荣墓丙棺出土木方随葬衣物疏对于东吴时期名物制度和语言文字等方面研究都有重要参考价值。然其中部分文字，诸家释文仍存疑窦，影响材料的使用。本文考释“□一枚”中的“□”当为“佥”，在文中通“剑”字；进一步论证考定“金□子一枚”中的“□”即赵宁所怀疑的“虎”字。

关键词： 佥　剑　虎

一、□一枚

“□一枚”，其中的“□”字，较为清楚，原图版作“□”，去除背景干扰信息后，字形当作“□”。刘林①隶定为“□”字，李均明等②从其说，《中国简牍集成》③ 疑“□”即“翕”之讹字，未详何物，赵宁④、窦磊⑤承袭其说，梁爽⑥隶定为“翕”，诸家皆无进一步的说解。

按：以往诸家皆误。今考“□”字当即“僉”（简化字作“佥”）字之异写字。“僉”，《说文·亼部》“僉（□），皆也。从亼从吅从从。《虞书》曰：‘僉曰伯夷。’”

---

① 刘林：《江西南昌市东吴高荣墓的发掘》，《考古》1980 年第 3 期，第 219—228 页。

② 李均明、何双全：《秦汉魏晋出土文献散见简牍合辑》，文物出版社 1990 年，第 92 页。

③ 中国简牍集成编辑委员会编：《中国简牍集成》第 17 册，敦煌文艺出版社 2005 年，第 1315 页。

④ 赵宁：《散见汉晋简牍的搜集与整理》，吉林大学硕士学位论文 2014 年，第 236 页。

⑤ 窦磊：《汉晋衣物疏集校及相关问题考察》，武汉大学博士学位论文 2016 年，第 106 页。

⑥ 梁爽：《早期道教考古遗存分析》，南京大学硕士学位论文 2014 年，第 20 页。

小篆字形上从“亼”，下加“吅”及“从”。包山楚简有“輸”字，写作“”“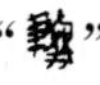”“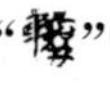”[1]，《战国古文字典》[2]分别隶定作、、，可见其中的“佥”字写作“”“”“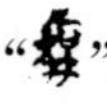”，诸字皆为“”之异写字。在郭店简中“佥”写作“”或“”[3]，实际是字形“僉”下加“口”或“甘”字，则“僉”字可写作“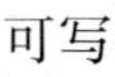”；又“斂”字战国文字作“”，“鐱”字或作“”，“綸”字作“”[4]，其中“佥”写作“”“”等，字形皆与“”的写法大致相当。如金国泰先生《字源》中所述，“佥”字“至战国时代，字内人形早已失早期跪踞之态，变作侧立形，与‘兄’字混同。而且此时期繁简变化纷纭，或增二横线串联二‘兄’形，或在原形下增‘甘’或‘（㠯）口’形，或省去上部之‘亼’，这些变化在楚系文字中最为突出”[5]。而高荣墓所处地区即楚系文字地区，当是这类写法之遗留。春秋战国时代，“佥”常通“剑”，如越王州句剑铭文：“戉（越）王州句自乍（作）用佥（剑）。”我们认为在高荣墓衣物疏中的“佥”亦当通“剑”。因前文有“大刀一枚”，后文即是“书刀一枚”，刀、剑属同类事物。

二、金子一枚

“金子一枚”，其中的“”字，原图版略模糊，作“”，去除背景干扰信息后，字形当作“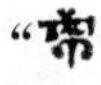”。刘林[6]、李均明等[7]、《中国简牍集成》[8]、梁爽[9]缺释，赵宁[10]疑当释为“虎”，窦磊[11]从其说，没有进一步的说解。

按：赵宁的怀疑是对的。“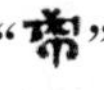”即为“虎”字的俗写字，较为常见。“虎”字在东汉《熹平石经·易经》残石“大人虎辩”中作“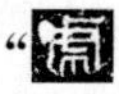”，三国《王基断碑》“飞虎摧翼”

① 李守奎、贾连祥、马楠：《包山楚墓文字全编》，上海古籍出版社2012年，第501页。
② 何琳仪：《战国古文字典：战国文字声系》，中华书局1998年，第1461页。
③ 李学勤：《字源》，天津古籍出版社2013年，第464页。
④ 何琳仪：《战国古文字典：战国文字声系》，中华书局1998年，第1460—1461页。
⑤ 李学勤：《字源》，天津古籍出版社2013年，第464页。
⑥ 刘林：《江西南昌市东吴高荣墓的发掘》，《考古》1980年第3期，第219—228页。
⑦ 李均明、何双全：《秦汉魏晋出土文献散见简牍合辑》，文物出版社1990年，第92页。
⑧ 中国简牍集成编辑委员会编：《中国简牍集成》第17册，敦煌文艺出版社2005年，第1315页。
⑨ 梁爽：《早期道教考古遗存分析》，南京大学硕士学位论文2014年，第20页。
⑩ 赵宁：《散见汉晋简牍的搜集与整理》，吉林大学硕士学位论文2014年，第231页。
⑪ 窦磊：《汉晋衣物疏集校及相关问题考察》，武汉大学博士学位论文2016年，第107页。

中作“”，东晋《王丹虎墓志》中作“”，王羲之楷书字帖《乐毅论》“适犹豺虎”中作“”，唐李邕《端州石室记》“伏虎奔象”之中作“”，皆其证。文献中有“金虎子”的用例。如《宝颜堂秘籍》所收唐吕嵓《金丹诗诀》卷上：“速抛尘网勿令迟，掣电流年即可知。欲得制降金虎子，先须擒取火龙儿。丹元易象看成日，紫气盈冲待化时。大药只因心志得，不劳身外觅灵芝。”宋曾慥《道枢》卷之二十四初十二《金碧龙虎篇》：“惟白虎制御之，更乎六旬，其名曰狗子。又五旬，其名曰白金虎子。又六旬，其名曰五金神丹。又五旬，其名曰太一神粉。”金王喆《重阳全真集》卷之四《枝四·望蓬莱（醴泉觅钱）》：“公看取，便是坎和离。土马赶回金虎子，铁牛耕出玉龙儿。方见遇明师。”综合文献用例来看，“金虎子”当指金制的小老虎。又西晋陈寿《三国志·吴书·吴主传》：“今封君为吴王，使使持节太常高平侯贞，授君玺绶策书、金虎符第一至第五、左竹使符第一至第十……”晋陆云《陆士龙集》：“委乘辂于紫宫兮，剖金虎而底邑。”因此我们推断“金虎子”可能与金制的“虎符”相关。

（李玉平：天津师范大学文学院/汉文写本工作坊，300387，天津）

宋本《玉篇》注音释义考证六则

吕　炫

摘　要：本文利用形音义综合考察的方法，结合中古时期的字书、韵书、音义书等相关资料对宋本《玉篇》中“腄、愉、怼、誧、娄、闟”六字的音义关系进行考证，考证其注音释义的来源，辨析其音义匹配的合理性。

关键词：宋本《玉篇》　音义匹配　中古音

《玉篇》是汉语史上一部具备承上启下意义的重要字书，自梁代顾野王编纂以来至少历经过两次重要修订——唐代上元年孙强和宋代大中祥符年陈彭年主持修订。原本《玉篇》和唐上元本《玉篇》今已亡逸，现存最完整的《玉篇》为陈彭年等人重修，名为《大广益会玉篇》，学界称作宋本《玉篇》。据《大广益会玉篇·敕牒》记载，“肃奉诏条，俾从详阅，讹谬者悉加刊定，敷浅者仍事讨论”，说明辨析文字音义关系是陈彭年等人所做重要工作之一。据笔者统计，以见于《说文解字》（简称《说文》，下同）的字头而言，宋本《玉篇》与《说文》大徐注音完全相同或有一音相同者有 7822 字，占近 84%。故总体而言，宋本《玉篇》音义关系和大徐本《说文》《广韵》等音义关系较为一致。但百密一疏，修订后的宋本《玉篇》中仍有部分值得商榷的音义处理问题。本文以《经典释文》（简称《释文》，下同）、《博雅音》、《篆隶万象名义》（简称《名义》，下同）、《切韵》系韵书、《说文》以及《汉书注》、《文选注》等文献为参照①，考证宋本《玉篇》中“腄、愉、怼、誧、娄、闟”等字的音义匹配问题，辨析其音义来源和理据。

① 《经典释文》《切韵》《汉书注》《文选注》等音义信息取自宗福邦等主编的《古音汇纂》（商务印书馆 2019 年出版），引用时据《古音汇纂》所提供的版本信息一一核对过相应文献的原文。

一、腄

《玉篇·肉部》：“腄，竹垂切。《说文》：瘢腄也。又驰伪切，县名。”（第 37 页下右①）

《玉篇·月部》：“腄，胡求切。县名，在东莱。又直瑞切。”（第 96 页下右）

《名义·肉部》：“腄，筑垂反。瘢胝。”（第 67 页上②）

《说文·肉部》：“腄，瘢胝也。从肉垂声。”竹垂切。（第 83 页上③）

按：“腄”字，在宋本《玉篇》中重出，一在肉部，一在月部，从《说文》和《名义》的归部情况来看，宋本《玉篇》“月”部的“腄”字为新增字。从音义关系来看，“腄”字表“瘢腄”义读“竹垂切”（即《名义》的“筑垂反”）是无争议的。其表“县名”涉“驰伪切”（与“直瑞切”音同，见下文论述）、“胡求切”二音，此二音差异较大，故其音义匹配关系值得进一步研究。

从音义关系来看，“腄”表“县名”当读澄母寘韵，即“驰伪切”和“直瑞切”，“胡求切”为失误注音。作“县名”解的“腄”字，与作“瘢腄”解的“腄”字义符不同，前者从月，后者从肉。作“县名”解的“腄”字不见于《说文》，但现存文献中存之，且多作此用。《史记·平津侯主父列传》：“起于黄、腄、琅邪负海之郡。”裴骃集解引徐广曰：“腄，音縋。”“縋”字，澄母寘韵。《汉书·郊祀志》：“蓬山石社石鼓于临朐，之罘山于腄，成山于不夜，莱山于黄。”应劭曰：“腄音甀。”晋灼曰：“腄、不夜、黄县皆属东莱。”颜师古注：“腄，音丈瑞反。”“音甀”和“丈瑞反”皆为澄母寘韵。其音义与宋本《玉篇》表“县名”的“腄”相同。因此，表“县名”的“腄”当读澄母寘韵。

该地名，宋本《玉篇》又注“胡求切”（匣母尤韵），该音当与《王二》《王三》④《广韵》的“羽求切”（云母尤韵）为古今音关系，匣、云二母古音相同即曾运乾所说的“喻三归匣”。除《王二》《王三》外，还有《龙龛手镜》以云母尤韵匹配“县名”义的用法。但从音义文献来看，将“县名”的“腄”读作云母尤韵是靠不住的。字韵书注作该音应是误读的结果，其误读的来源是“郰”。表地名的汉字多从邑，《说文》

① （梁）顾野王：《大广益会玉篇》，中华书局 1987 年。

② ［日］空海：《篆隶万象名义》，中华书局 1995 年。

③ （汉）许慎撰，（宋）徐铉校定：《说文解字》，中华书局 2013 年。《说文》注音若无特别说明，皆为徐铉注音。

④ 《王二》指裴务齐《刊谬补缺切韵》，《王三》指宋跋本《刊谬补缺切韵》。

有“郵”字，为地名。《说文·邑部》：“郵，左冯翊高陵。从邑由声。”历代文献中，该字多写作“郰”。《史记·留侯世家》：“至曲郰。”司马贞索隐：“郰，音尤。”《汉书·司马迁传》：“还而与之俱赐死杜郰。”颜师古注：“郰，音尤。”“腄”字表地名，故容易将义符写作邑，从而与“郰”相混。因此，字韵书记地名义的“腄”字为云母尤韵，与音义书的澄母寘韵相去甚远，并非是该字本有二读，而是因为云母尤韵为误读作“郰”的结果。因此，宋本《玉篇》的“胡求切”应当看作是一个失误注音。

综上所述，表“县名”的“腄”字是《玉篇》在《说文》基础上新增的汉字，“县名”的“腄”本从月，《玉篇》在肉部也收其音义是形旁“肉、月”归一的结果。从音义契合角度来看，肉部的“腄”字以“竹垂切”匹配“瘢胝”义，以“驰伪切”匹配“县名”义是合理的，而月部的“腄”字以“胡求切”匹配“县名”义是不妥当的，当取其又音“直瑞切”。

二、愉

《玉篇·心部》：“愉，弋朱切。悦也，颜色乐也。又羊竖切。”（第 39 页上左）

《名义·心部》：“愉，与珠反。乐，服，喜，薄。”（第 74 页上）

《说文·心部》：“愉，薄也。从心俞声。《论语》曰：‘私觌，愉愉如也。’”羊朱切。（第 219 页下）

按：“愉”字，释义方面，宋本《玉篇》的释语与《说文》《名义》差别较大；注音方面，“弋朱切”与《名义》《说文》音同，而“羊竖切”与之有平、去之别，且“羊竖切”所配释义不明。因此，宋本《玉篇》中“愉”字所配音义关系值得进一步研究。

（1）该字本义为“浅薄之乐”，引申指“喜悦、温和”等义，当读以母虞韵，即“弋朱切”。

“愉”字，大小徐本《说文》释义都为“薄也”，段玉裁注：“此薄也当作薄乐也。转写夺乐字。谓浅薄之乐也。引申之，凡薄皆云愉。”[①]“浅薄之乐”即轻微之乐。许慎所引《论语·乡党》：“私觌，愉愉如也。”郑玄注：“愉愉，颜色和也。”陆德明释文：“愉愉，羊朱反。”“颜色和也”为“面色和悦的样子”的意思，即轻微喜乐之义。《尔雅》中“愉”字三见，分别为“乐也”“服也”“劳也”三义，皆见于《释诂上》。其中

---

① 段玉裁认为“愉”本有“浅薄”义，是因为“愉”又可表“苟且”的“偷”义，故许慎训“薄乐”本无误。不过，中古以后“愉、偷”分化，宋本《玉篇》未承“偷”义，本文不赘述，仅讨论“乐”义的音义关系。

“乐”义之“愉”为本字；“服”义之“愉”，本字为“输”；“劳”义之“愉”，本字为“婾”（详细论述见朱骏声《说文通训定声》“愉”字条[①]）。《广雅》中“愉”字三见，分别为“喜也”“说也”“和也”，皆“喜悦”义。可见，“愉”字多使用引申义，即“喜悦”义。该义，《名义》《博雅音》《经典释文》《汉书注》《王三》等字韵书、音义书都注作云母虞韵。因此，宋本《玉篇》注“弋朱切”无误。

（2）“羊竖切”或源于徐邈“又音喻”的注音，这是保存古音的表现。

“愉”字，现存中古文献中，除宋本《玉篇》外，仅《经典释文》和《集韵》收以母遇韵读音。从《集韵·遇韵》“愉，乐也”来看，该音义应是承自《经典释文》。《庄子·外篇·在宥》：“使天下瘁瘁焉，人苦其性，是不愉也。”陆德明释文：“愉，音瑜，徐（邈）音喻。”蒋希文曾对徐邈注音做过较为系统的研究，其得出的结论是：“徐邈声调分布的情况，阴声韵三类，阳声韵三类，入声自为一类，分别和《切韵》《广韵》平上去入四声相当。”同时他还指出，“在徐邈的反切系统里，现存的切语和《切韵》《广韵》声调不合者约有八十多条。这些词语大致可分两个大类。第一大类：徐音某些词语，声调的分布，本来就和《切韵》《广韵》不同。第二大类：有些词语，因意义不同分为几读”[②]。第一类即存古读音，第二类即“四声别义”。从《庄子》文意来看，“愉”即“喜悦”义（成玄英疏之曰：“愉，乐也。”），故“愉”字注“音喻”不会是别义之用，而是存留古音的表现。按王力据韵文系联的结果，古去声的形成起于两汉，备于魏晋。也就是说，在去声未独立的音系中，“愉、喻”二字的读音是相同的。[③] 简帛文献中有“喻、踰”互为异文的用例。《有国》：“效曰：爱踰［喻］，信结，威立，士用，陈［陳］固，备应，兵中其用。”《有国》：“爱不踰［喻］，信不结，威不立，士不用，陈［陳］不固，备不应。”[④] “喻、踰”形不混而音同，故二者通用。“踰”与“愉”为音同关系。陆德明时期，平、去二声已分，陆德明或许不明徐邈以“喻”注“愉”的原因，遂在“愉，音瑜”加上“徐又音喻”。不过，从徐邈的音系特点来看，平、去二音已有明显界限，其以去声注平声字，很可能是其保留古注的表现，而非徐邈依实际读音标注。

从宋本《玉篇》“愉”字的音义关系来看，“又羊竖切”所配释义当为“悦也，颜色乐也”，这种音义关系与《经典释文》中徐邈音的音义关系是一致的，说明宋本《玉篇》“又羊竖切”很可能就是对徐邈“又音喻”的转写。从历史语音演变的角度来看，

---

① （清）朱骏声：《说文通训定声》，中华书局 1984 年，第 364 页。

② 蒋希文：《徐邈音切研究》，贵州教育出版社 1999 年，第 197 页。

③ 参见王力《汉语语音史》，中华书局 2013 年，第 104—107、159—161 页。

④ 白于蓝：《简帛古书通假字大系》，福建人民出版社 2017 年，第 230 页。

“羊竖切”是《玉篇》修订者依古注保留古音的表现，此音与首音不别义，且在中古时期不作通行读音流传，故《玉篇》修订者仅将其列于词条末尾，不作进一步说明。

三、怼

《玉篇·心部》：“怼，直类切。《说文》云：怨也。又徒对切，愚也。”（第 40 页下右）

《名义·心部》：“怼，治遂反。怨。”（第 75 页上）

《说文·心部》：“怼，怨也。从心对声。”丈泪切。（第 221 页上）

按：“怼”字，释义方面，宋本《玉篇》比《说文》《名义》多“愚也”义；注音方面，宋本《玉篇》首音与《说文》大徐注音、《名义》注音的音韵地位一致，都是澄母至韵，又音“徒对切”为定母队韵，与首音音近。因此，该字的音义关系需作进一步梳理。

（1）该字本义为“怨”，中古通行读音为澄母至韵，即“直类切”。

“怼”字，大小徐本《说文》释义都作“怨也”，徐锴注：“《国语》曰：‘以我为怼怨乎？’衔怨也。”韦昭注：“怼，音坠（澄母至韵）。”“怼”字，《经典释文》注音八次，皆澄母至韵。《名义》《五经文字》《汉书注》《晋书音义》《王二》《王三》《龙龛手镜》等皆澄母至韵。因此，宋本《玉篇》以“至类切”匹配“怨也”是合理的。

（2）“怼”字读“徒对切”，其本字当为“憝”，为“怨”义。“愚”义源自“谆”，“谆”字是“憝”字异体字“譈”的简省。

胡吉宣认为：“骸，徒对切。䯊骸，愚皃。骸与怼声义同。”① 胡氏认为“怼”注“愚”义是源于“怼”与“骸”音近的缘故。但考各本《玉篇》中“䯊、骸”二字的音义，该说或非。“骸”字，日本宫内厅书陵部藏《宋版玉篇》、扬州诗局本（清曹寅楝亭五种本）皆只存字形和注音，无释义，圆沙本释义作“骨也”，胡吉宣所引的“骸，徒对切。䯊骸，愚皃”出自泽存堂本。据吕浩考证，泽存堂本“骸”字的释义是据《类篇》所增。② 另外，“䯊”字位于“骸”字之后，宫内厅本、扬州诗局本和圆沙本都作“䯊，口会切。愚皃”，不连言“䯊骸”。由此可见，陈彭年等人重修《玉篇》时，“怼”字作“愚”解，所勾连的本字并非“骸”。

“怼”字，段玉裁注：“今与憝音义皆同。谓为一字。许不尔者、敦声古在十三

---

① 胡吉宣：《玉篇校释》，上海古籍出版社 1989 年，第 1704 页。

② 参见吕浩《〈玉篇〉文献考述》，上海人民出版社 2018 年，第 62 页。

部。”“憝”字，各字韵书皆注“徒对切”，作“怨”解，与“怼”字音义相同，则段说可信。《集韵・队韵》：“憝、懟、譈、怼，《说文》：‘怨也’引《周书》‘凡民罔不憝’古作懟，或作譈、怼，亦书作憞。”根据《集韵》的看法，“怼、憝、譈”中古时已通假。“怨”既是心理活动，也传达于言语中，故从心之“憝”又可写作“譈”。“譈”与“谆”是形近关系。《说文・言部》：“諄，语谆諄也。”段玉裁注：“谆諄，盖犹钝迟也。”“钝迟”即“愚笨”之义。因此，“怼”作“愚”解，应是误认异体字的结果，“怼”字本身不当有“愚”义。

综上所述，“怼”字，宋本《玉篇》以“直类切”匹配“怨”义是合理的，其注“徒对切”是勾连“怼、憝”的结果。但“徒对切”不当有“愚”义，“愚”义源自“谆”，“谆”字是“憝”字异体字“譈”的简省。“徒对切”配“愚”义不可取，宜将“徒对切，愚也”改作“徒对切，憝也”，以示“怼、憝”的异体关系。

四、誧

《玉篇・言部》：“誧，滂古切。大言。又匹布切，谋也。”（第 44 页上左）

《原本玉篇残卷・言部》：“誧，布徒、澤古二反。《说文》：‘誧，大也。一曰人相助也。’《广雅》：‘誧，谋也。誧，諫也。’”（第 5 页①）

《名义・言部》：“誧，布徒反。大，助，谋，諫。”（第 82 页上）

《说文・言部》：“誧，大也。一曰人相助也。从言甫声。读若逋。”博孤切。（第 48 页上）

按：“誧”字，《玉篇》与《说文》的释义一脉相承，释语大致相似，但注音分歧较大，《原本玉篇残卷》的首音与徐铉注音的音韵地位相同，皆为帮母模韵，与读若字的音韵地位相同。但是，宋本《玉篇》所注二音与《原本玉篇残卷》《名义》的注音皆异。因此，此字的音义关系需作进一步梳理。

（1）《原本玉篇残卷》的“澤古反”当为“濞古反”，其音韵地位与“滂古切”相同，皆为滂母姥韵。

“誧”字，原本《玉篇》注“澤古反”，丁锋据宋本《玉篇》“誧，滂古切又匹布切”认为“疑残卷‘澤’为‘滂’之误”②。丁说不完全正确，“澤”为误字是可靠的，“澤”字当为滂母字也是可信的，但认为“澤”为“滂”之误则有待商榷。“澤、滂”

① （梁）顾野王：《原本玉篇残卷》，中华书局 1985 年。

② 丁锋：《历代〈玉篇〉音注丛考》，载《如斯斋汉语史续稿》，贵州大学出版社 2012 年，第 54 页。

形、音、义俱远，二者不可通。今疑“澤”当为“濞”之误，理据有四：第一，“澤、濞”形近，“澤”字，《残卷》原文作澤，“濞”字，《集韵·霁韵》作濞，二者字形相近。第二，以“泽”作切上字不符合《玉篇》注音用字习惯，周祖谟所汇《名义》的声类中，徒类和除类皆无“澤”字的用例，而普类中有“濞”字的用例①，如“叵，濞可反”“鲏，濞皮反”“濞，普俻反”，“濞”属滂母，则“濞古反”与宋本《玉篇》“滂古反”音韵地位相同。第三，“滂、濞”双声，且有连文用例。《上林赋》：“滂濞沆溉。”司马彪曰：“滂濞，水声也。”第四，被注字“誧”以“甫”为声符，不当有舌音读音。《广韵声系》收“甫”声符（含父、甫、尃、溥、薄五个声符）144 字，皆读唇音，无一例外。②“誧”字注“澤古反”与其他同声符字的读音格格不入。因此，原本《玉篇》中“誧”字注音应是“布徒、濞古二反”，宋本《玉篇》改作“滂古切”既是因为“濞、滂”双声，也因为二者有连文用例。

另外，值得一提的是，原本《玉篇》失误的注音不仅被后世保留了下来，而且还因此产生了其他错误读音。《王三·暮韵》：“誧，普故反，谋。又澤古反。”《王三·姥韵》：“誧，滂古反，大。又徒布反。”《王三》“澤古反”应是直接据《玉篇》所增，“徒布反”与“澤古反”是音近关系，切上字“徒”属定母，“澤”属澄母，二者本不分，切下字仅上、去之别，差异较小。“徒布反”应是在“澤古反”的基础上新增的读音。《王三》收该二音，足见《玉篇》失误注音对后世韵书编纂的负面影响。宋本《玉篇》修订者未取《王三》该二音，是其修订时审慎态度的体现。

(2)“誧”注“滂古切”配“大”义，注“匹布切”配“谋”义与《切韵》相同，应是中古的通行读音。

“誧”字，《说文》读若“逋”，为帮母模韵，原本《玉篇》首音，徐铉、徐锴注音即此音。但《切韵》未收该音，《王三·暮韵》“誧，普故反，谋。又澤古反。”《王三·姥韵》：“誧，滂古反，大。又徒布反。”《龙龛手镜·言部》：“誧，博孤、普胡二反，谏也。又音普，大也，助也。又音怖，谋也。”《龙龛》以“音普”配“大也”，以“音怖”配“谋也”与《王三》相同。《广韵·姥韵》：“誧，滂古切，《文字音义》云‘大也，助也’。”《广韵·暮韵》：“誧，普故切，谋也。”《广韵》的处理亦与《王三》相同。可见，这种音义关系在中古时期是得到普遍认可的，宋本《玉篇》舍原本《玉篇》的音义关系，而取与《切韵》相同的音义，应是修订者据语言事实所修订的结果。

---

① 参见周祖谟《万象名义中之原本玉篇音系》，载《问学集》，中华书局 1966 年，第 285—286 页。

② 参见沈兼士《广韵声系》，中华书局 1985 年，第 473—480 页。

综上所述，宋本《玉篇》无论是改原本《玉篇》“滂古反”作“滂古切”，还是增收“匹布切”，从语言事实来说，其修订都是合理的。

五、銼

《玉篇·夂部》：“銼，子对、祖卧二切。拜失容也。又诈也。亦作蓌。《礼记》云：无蓌拜。”（第48页上左）

《名义·夂部》：“銼，祖卧反。拜，诈。”（第99页下）

《说文新附·夂部》：“銼，拜失容也。从夊坐声。”则卧切。（第107页下）

按：“銼”字，为《说文》新附字，释义方面，《名义》和宋本《玉篇》比《说文》多收“诈”义，其中宋本《玉篇》勾连了“銼、蓌”二字的异体关系；注音方面，“祖卧切”与徐铉“则卧切”的音韵地位相同，且与声符字“坐”相近，该音应该是其本音。不过，宋本《玉篇》比《说文》和《名义》多收的“子对切”与声符字“坐”的读音差别较大，因此，“銼”读“子对切”的缘由值得进一步研究。

从现存文献收字情况来看，宋本《玉篇》“銼”字注“子对切”很可能是受《切韵》的影响。《王三·队韵》“子对反”：“銼，失容节。又祖卧、徂嫁二反。”即其证。不过，从字际关系的情况来看，“銼”注“子对切”很可能是其异体字“夋”注音影响的结果，不过中间有“蓌”字影响的因素。宋本《玉篇》以“銼、蓌”为异体关系，二字共同的意思为“诈也”。《礼记·曲礼上》：“介者不拜，为其拜而蓌拜。”郑玄注：“蓌，犹诈也。”陆德明释文：“蓌拜，子卧反，又侧嫁反，诈也，挫也。沈（重）租嫁反，又子猥反，卢本作‘蹲’。”胡吉宣认为：“据《释文》卢植本‘蓌’作‘蹲’推之，则‘銼’为‘夋’之讹变。”① 《说文·夊部》：“夋，行夋夋也。一曰倨也。”“倨”即“蹲”义，故胡吉宣以“蹲”作“銼”，而“蹲、夋”义同，所以“夋”与“銼”构成异体关系的观点可信。“夋”字的中古通行读音为清母谆韵，与“銼”字的“子对切”不同，不过，以“夋”为声符的字则有读“子对切”的例证，《王三·队韵》子对反：“捘，推捘。”此字以“夋”为声符，且在《王三》中列于“銼”字之前。因此，“銼”注“子对切”很有可能就是以“夋”为中间环节而注的。

另外，将《经典释文》“蓌”字读“子猥反”与宋本《玉篇》“銼”字的“子对切”相关联也有可能，因为《经典释文》中确实存在一字上、去异读的现象。不过，将“子猥反”与“子对切”建立联系依然需要解释“蓌”字声符与注音不同的问题。所

① 胡吉宣：《玉篇校释》，上海古籍出版社1989年，第2041页。

以，还是从“夋”作声符有“子对切”读音的角度来解释更合理一点。

六、䦵

《玉篇·门部》：“䦵，之羡、止兖二切。开闭户利也。”（第55页上左）

《名义·门部》：“䦵，之兖反。专反。开閇门户利。”（第106页上）

《说文·门部》：“䦵，开闭门利也。从门繇声。一曰缕十纮也。”旨沇切。（第249页上）

《说文解字系传·门部》：“䦵，开闭门户利也。从门，繇声。或曰：缕十纮也。”职流反。（第240页上①）

按：“䦵”字，宋本《玉篇》释义与《说文》首义相同，且其所注“止兖切”与徐铉“旨沇切”的音韵地位相同，都是章母狝韵。不过，此音与其声符字“繇”的读音差别较大，需作进一步解释。

从字形角度来看，徐锴注“职流反”应为正确注音，宋本《玉篇》《名义》的切下字“兖”和徐铉注音的切下字“沇”应该都是“流”字之误。有两个理据可证明该字的切下字当为“流”。第一，“职流反”与“繇”字叠韵。《原本玉篇残卷》收“繇”字，注“与招、与周二反”，其中“与周反”与“职流反”为叠韵关系，皆为尤韵，则“职流反”与“繇声”关系紧密。第二，“流”与“沇”是形近关系，“沇”与“兖”为异体关系。《说文·水部》：“沇，水。出河东东垣王屋山，东为泲。从水允声。沿，古文沇。”段玉裁改“沿”作“㕣”，并注曰：“各本篆作沿，误，今正。臣铉等曰：‘口部已有。此重出。’按口部小篆有㕣。然则铉时不从水旁也。口部㕣下曰：‘山间陷泥地。从口。从水败皃。’盖㕣字在古文则为沇水、沇州。在小篆则训山间陷泥地。如娈字在籀文则训顺，在小篆则训慕。皆同形而古今异义也。古文作㕣，小篆作沇，隶变作兖。此同义而古今异形也。”段注可信，“沇、兖”当为异体关系。“流”字又常写作“𣲖”，与“沇”字形近。因此，切下字“流”可误作“沇”或“兖”。

此外，《王三》《广韵》《龙龛手镜》等字韵书注章母狝韵，切下字皆为“兖”，这些应该皆是传抄原本《玉篇》时受字形影响的结果，皆不可取。此外，宋本《玉篇》首音“之羡切”未见于中古其他字韵书中，可能是在“止兖切”基础上新增的读音，中古时期大量的一字存在上、去异读现象可为之佐证。不过，由于“止兖切”本身就存在切下字讹误的问题，故“䦵”字读“之羡切”也不可取。

① （南唐）徐锴：《说文解字系传》，中华书局2017年。

现代辞书中，如《汉语大字典》《中华字海》等，将表“开闭户利”义的“闟”字都取《广韵》“旨兖切”注 zhuǎn，而不取徐锴“职流反”注 zhóu，皆欠妥。

（吕炫：广西师范大学文学院，541006，桂林）

中医病名用字“瘨”及相关诸字考辨*

周艳红　马　乾

摘　要： 中医古籍中“瘨”见于病名“鳝瘨头”和“瘨爪”，这两种语境中“瘨”字音义皆同。本文认为，“瘨”为“贡”的分化字，其与“拱”“攻”“嗊”等同源，词义侧重体内热邪向上或向外拱攻而致红肿疼痛、疡疮溃烂等症状；读音为“gǒng”。“瘨”与“疨”“蟥”“蛈”为异体字。

关键词： 中医古籍　病名用字　鳝拱头　代指　异体字

中医病名“鳝瘨头”和“瘨爪”中均有“瘨”字，该字当代大型字书未收录，中医古籍校注本、中医专科辞书及教材多照本抄录而不注音义，因此有必要推源溯流，对“瘨”及相关诸字进行梳理和考辨，明确其形音义的来源及相关字际关系。相关研究将有助于中医古籍阅读与中医文化传承，也将有助于大型字书的完善与修订。

一、“鳝瘨头”之“瘨”

“瘨”记录病名“鳝瘨头”，较早见于清许克昌、毕法《外科证治全书》。该书载：

（1）卷一《痈疽部位名记》：“红肿曰痈，白塌曰疽，部位既殊，称名亦异……于发内为油风，为蛀发癣、白秃疮、发际疮，为蜡梨疮。其于婴孩也，为鳝瘨头，为蝼蛄疖。”（清同治六年刻本）

（2）卷一《头部证治》“痈疽就简”条：“发疽：生发内囟门上，小儿患名鳝

* 本文为教育部人文社会科学基金青年项目（22YJC740108）、国家社科基金一般项目（22BYY122）、陕西省教育厅协同创新类重点项目（22JY061）、陕西省中医药管理局项目（syz-KJCYC-2023-04）的阶段性成果。

瘨头。”（清同治六年刻本）

据许克昌、毕法，“鳝瘨头”又名“蝼蛄疖”“发疽”，为儿科疾病，发病部位为囟门上，症状为痈疽肿烂。“鳝瘨头”又见于清谭国恩《验方新编》、清凤岐《验方择要》、清谢元庆《良方集腋》等中医古籍。

鳝瘨头，中医文献中又作“瘖瘨头”“蟮瘨头”“善瘨头”“染瘨头”。如：

（3）清熊应雄《推拿广意》卷下《杂症门》：“治小儿瘖瘨[①]头疖，脓血不止，挤去一泡，复起一泡。松香（四两）、铜绿（八钱）……同捣千余下，成膏贴之。”（清同治年间江阴学古山房刻本）

（4）清云川道人《绛囊撮要》卷四《幼科》：“蟮瘨头方：杏仁（三钱）、葱制松香（二两）、轻粉（一钱）、蓖麻子肉（五钱）、铜绿（二钱），杵成膏，青布摊贴。”（清康熙刻本）

（5）清王洪绪《外科全生集》卷四“小金丹”：“治一应流注、痰核、瘰疬、乳岩、横痃、贴骨疽、善瘨头等症。”（重订曹氏医学大成本）

（6）清陆以湉《冷庐杂识》卷八《家传单方》：“小儿头烂，名染瘨头，用铜青一钱、沥青一钱、松香一钱、蓖麻子肉四钱，同捣烂，以布一方，如染瘨头大，摊药包患处。”（清刻本）

上文中的“蟮瘨头”“善瘨头”“染瘨头”同“瘖瘨头”，词形虽异，其所指病名实同。此外，“染瘨头”又见于清徐士銮《医方丛话》卷一所录《家传单方》。

瘨，现代字书未收，古代字书仅《谐声品字笺》收录。清虞德升《谐声品字笺》第五十四《众谐》：“瘨，首上毒疮。”此意义实为“鳝瘨头”这一复合词的词义。但因“瘨”字罕见，古人刊刻或误作“損”（见于清同治十年吉心堂刻本《本草纲目拾遗》）。今人点校整理中医古籍过程中，或误将其整理作“瘨”、“瘨（‘瘨’的类推简化字）”、“瘨（‘瘨’的类推简化字）”。今人整理本亦有作“貢（简化字本作‘贡’）”的情况。

从中医文献源流来看，“鳝瘨头”较早作“蟮拱头”。明陈实功《外科正宗》卷四《杂疮毒门·蟮拱头》：“蟮拱头，俗名猶猪是也。患小而禀受悠远，皆父精母血蓄毒而成……败铜散，治蟮拱头已破后脓水不干，愈之又发，久不收口。用化铜旧罐为末，

① 王宏源《康熙字典》（增订版）字形误作“瘨”，社会科学文献出版社 2015 年。

洗净患上，香油调搽。”（明万历四十五年刻本）清徐桥《济人立效》卷二亦作“鳝拱头”：“小儿生鳝拱头，一方，用化铜旧礶为末，先洗净患处，以香油调涂。”（清雍正十三年活字本）

“蟮拱头”的语源是“曲蟮拱头”，其中“蟮”指曲蟮，即蚯蚓。该病名指头上长出的毒疮，由内向外、由下向上拱起而形成痈疽，形似蚯蚓，其描述的为“肿起、凸起”的症状。此病病灶溃破之后，互相贯通，形似蝼蛄串穴，则名“蝼蛄疖”。现代医学多认为其即穿凿脓肿性头部毛囊炎，今多称头部疖、窦掘性毛囊炎。[①] 该病的命名理据和病症，清人吴谦有详细的解释。吴氏《医宗金鉴》卷六十三《外科心法要诀·头部》“蝼蛄疖”条下曰：“此证多生小儿头上，俗名貉䝔，未破如曲蟺拱头，破后形似蝼蛄串穴。有因胎中受毒者，其疮肿势虽小，而根则坚硬，溃破虽出脓水，而坚硬不退，疮口收敛，越时复发，本毒未罢，他处又生，甚属缠绵难敛……亦有暑热成毒者，大如梅李，相联三五枚，溃破脓出，其口不敛，日久头皮串空，亦如蝼蛄串穴之状。”（文渊阁《四库全书》本）

在记录“曲蟮”义时，“蟮”“鳝”“蟺”“鱓”为异体字，故“鳝瘨头”的词形多变，又如：

（7）清吴谦《医宗金鉴》卷六十三《外科心法要诀·头部》“蝼蛄疖”条下曰：“蝼蛄疖即蟺拱头，势小势大各有由，胎毒坚小多衣膜，暑热形大功易收。”（文渊阁《四库全书》本）

（8）清鲍相璈《增广验方新编》卷一：“头顶生白色肿块：小儿头发内生白色肿块，名鱓拱头，多有误认跌肿，漫不加意，及至高大作痛，方延医治。”（光绪十四年鸿宝斋石印本）

记录该病名时，“蟮”“鳝”“蟺”“鱓”均为正字，而“染”则为其音转。

在记录疾病名称时，“疒”是一个较为强势的构件，很多病名的写法都经历了从可以揭示语源的本字，或假借字，到专用分化字的改变，正如明吴有性《瘟疫论·补遗·正名》中所论：“《伤寒论》曰：发热而渴不恶寒者为温病。后人省氵加疒为瘟，即温也。如病證之證，后人省文作証，嗣后省言加疒为症。又如滞下，古人为下利脓血，盖以泻为下利，后人加疒为痢。要之古无瘟、痢、症三字，盖后人之自为变易耳。”（清乾隆五十年刻本）即像“温—瘟”“證—証—症”“利—痢”的词形改变一样，

① 参见韩成仁、黄启金、王德全主编《中医证病名大辞典》，中医古籍出版社2000年，第517页。

在汉字追求准确表意这一规律的驱动下，病名“蟮拱头”的用字也发生了改变，《推拿广意》《验方择要》之“癚”即是“蟮”和“鳝”的后起专用字。

从语源来看，“癀”与“拱”同源，但其源字应该是“贡”。据范行准先生考察，封闭性的创伤发炎和化脓时，局部往往红肿疼痛，此证自汉后多称为“胮”或“肛”，宋元以后多改“肛”为“贡”或“攻”，《西游记》中的“贡脓”即是其例子。[1] 我们可以看到，部分中医古籍中“鳝癀头”之“癀”仍作“贡”，如：

（9）明佚名《枕藏外科》卷一《诸症》“第四十六形图”：“脑心发，鳝贡头，颈后双发、中背搭，肾俞命门毒。”（清乾隆三十二年刻本）

（10）清王维德《外科证治全生·上部治法》：“癉[2]贡头及发疽治法：孩童头发内，患白色肿块，初起多有认是跌肿，至高大作疼，方始延医。医以头为首阳，惟用寒凉解毒，是以溃者内脓复生，增出者不一，殊未知此患色白乃阴寒虚弱之证。”（清乾隆嘉成堂刻本）

尽管是清刻本，但这些文献仍保留了早期用字的痕迹。[3] 曹炳章《中国医学大成》整理本《枕藏外科》将“癉贡头”改作“善癀头”，则是据今易古的做法了。

从词源来看，“癀（贡）”当以｛凸出、拱起｝为核义素，其与“拱”同源，“拱”有向上、向前顶掀、向里或向外钻的意义，“蟺拱头”“鱓拱头”当是描述了疮内脓液向上、向外顶掀、钻出的形态。“癀”字因字典辞书较少收录，音义不明，故后人整理中或省作“贡”，如《珍本医书集成》所收《绛囊撮要》改作“蟮贡头”；或照本转录字形而不作任何解释；而中医古籍现代校注本及中医类专科辞书中一般类推简化作“疭”不注音义，仅《中医外科病名释义》注音作“gōng”，这种做法造成了中医文献阅读障碍。

---

① 参见范行准《中国病史新义》，中医古籍出版社 1989 年，第 452 页。

② “癉（简化字作‘瘅’）”则是“鱓”改换义符的后起分化字，“癉（瘅）”的这种用法亦不见于历代字书，《汉语大字典》等修订时可据此增补新的义项。

③ “善贡头”又见于清凌奂《外科方外奇方》卷二：“神效千捶膏：……治疮疡疔毒初起即消，并治瘰疬，连根拔出。大人臁疮，小儿善贡头，俱妙……千捶绿云膏：……以油纸摊贴疮，能呼脓拔毒，消肿定痛。如遇善贡头，用细布摊贴一次，其脓自能拔净，不必再换。”（民国《三三医书》本）“神效千捶膏”始见于清吴谦所编《医宗金鉴》，但“善贡头”作“蟺拱头”，凌奂传抄时进行了改字。又“千捶绿云膏”始见于明龚延贤《寿世保元》，并载其用于治疗妇人瘰疬、妇人项核肿痛的医案，但未见其用于治疗善贡头的其他记载。凌奂当是据医理进行了调整，拓展了该方的施用范围。此外，民国神州医学社编《叶天士手集秘方》“广疮结毒”段引“神效千捶膏”，词形作“癚癀头”，当是编者受到前文“瘰疬”二字的字形的同化影响。

二、“癀爪”之“癀”

中医文献中有将代甲病称为“癀爪”的用例：

(11) 清高秉钧《疡科临证心得集》卷上《辨代指、蛀节疔、鳅肚疔论》：“代指，俗名癀爪，生指甲身之内。三四日后，甲面上透一点黄色。初起先肿焮热，疼痛应心，宜用甘草、朴硝各五钱，煎汤浸洗即瘥。如甲面透黄，即系内脓已成，但无路得泄，须用线针在指甲身就脓近处挑一小孔，脓方得出；随后轻手挤尽余脓，用黄连膏贴之易愈。若失治，以致脓毒浸淫好肉，爪甲溃空，必然脱落。宜用琥珀膏贴之，日久收功。”(清嘉庆十四年尽心斋刻本)

(12) 清王士雄《四科简效方·乙集》：“代指：俗名癀爪，乌梅入醋，研，浸患处。”(光绪十一年越州徐氏刻本)

“癀爪”是“代指”的俗名，其又名“代甲”或“糟指”，该病名较早见于《诸病源候论》。隋巢元方《诸病源候论》卷三十《四肢病诸候》：“代指候：代指者其指先肿，焮焮热痛，其色不黯，然后方缘爪甲边结脓，极者爪甲脱也，亦名代甲。亦名糟指，亦名土竈（一作灶）。夫爪甲筋之余也，由筋骨热盛气涩不通，故肿结生脓，而爪甲脱。”（文渊阁《四库全书》本）

“代甲”是指甲内急性化脓性感染，由筋骨中热邪聚集而成，症状有肿痛、溃烂成脓，严重者旧指甲脱落，长出新的替代。俗名即方言俗语中的名称，《定海县志》中收录了“癀爪”一词。《定海县志·方俗·方言》：“癀，读如哄。方书癀爪亦曰代指，疮名，生于手指甲内，初起肿热，后渐溃烂成脓，甚至指甲脱落。今俗凡疮疡溃烂成孔皆谓之癀。”（民国十三年铅印本）定海县，即今浙江省舟山市定海区，属于吴语区。《疡科临证心得集》的作者高秉钧，为锡山（今江苏无锡）人；《四科简效方》的王士雄，祖籍浙江海宁，后迁居钱塘，即今杭州；二人籍贯及主要生活区域均为吴语区，故“癀爪”之“癀”与“蟮癀头”之“癀”音义皆同。词义侧重病菌感染所造成的红肿、疼痛、溃烂等症状。

三、“瘨”相关字形考辨

（一）疫

“疫”见于明代“篇海”系字书。明宋濂编《篇海类编·疒部》：“疫，古送切，音贡。疫，肸肿也。肸音兴去声。”（明刻本）后世明李登《重校详校篇海》、张自烈《正字通》，以及冷玉龙等《中华字海》等传承之。其实为“攻”的分化字，与“瘨”为异体字关系。

《明清吴语词典》中收录了“攻”记录“（用身体或身体某个部分）钻，挤”“拱（起），凸（起）”“（皮肤病等）发作溃烂”等意义的用法。记录“拱起，凸起”义如《活地狱》第22回：“越治越觉不对，渐渐不能起床，背上早已攻起了一块。”记录“皮肤溃烂”义如《型世言》第37回：“李良雨急于要好，听了一个郎中，用了些轻粉等药，可也得一时光鲜。谁想他遏得蚤，毒毕竟要攻出来，作了蛀梗，一节节儿烂将下去。”在吴语中“攻”的用法与“瘨”的用法相合。

在中医文献中，“鳝瘨头”“鳝拱头”又作“鳝攻头”，“攻”与“瘨”“拱”用法相合。如：

（13）元朱震亨《丹溪治法心要·杂方》：“治鳝攻头，用鸡子壳煅存性，为末，香油调围涂之。”

（14）明王肯堂《证治准绳》卷八十《幼科·头面疮》：“鳝攻头疮方：用败龟板、酥炙为末，以飞面少许和油调，涂顶上。留孔出毒，不可调太柔。”（文渊阁《四库全书》本）

（15）清陈杰《续回生集》卷下“鳝攻头：陈香圆一个，破开去瓤，其患处先用葱头洗净，即将香圆盖上，四围用面糊好，候香圆有潮气，便另换数次即愈。”（清乾隆五十四年刻本）

按，朱震亨为浙江义乌人，王肯堂为江苏金坛人，其方言均为吴语，与《明清吴语词典》所收用法相合。陈杰为古北口（今北京密云）人，北京方言或亦有这种用法，或陈氏传承朱震亨、王肯堂等人。体内热邪由下向上，由内向外拱的结果是造成肿痛或溃烂流脓等症状，“攻”又增加义符分化作“疫”，其与“瘨”音义皆同，是为一组异体字。

（二）蜞

鳝癀头，中医文献又作“蟺蜞头”：

（16）清梅启照《校正增广验方新编》① 第二十四卷：“千捶膏，疮伤疔毒初起，贴之即消。贴瘰疬连根拔出，及男女臁疮、小儿蟺蜞头。”（清光绪十四年鸿宝斋石印本）

按，单行本《梅氏验方新编》字亦作“蟺蜞头”（民国二十三年铅印本）。“千捶膏”即前文凌奂《外科方外奇方》所载“神效千捶膏”，亦本于清吴谦的《医宗金鉴》，唯有“善贡头”“蟺蜞头”原作“蟺拱头”。“蜞”“拱”“贡”同用，其源字当作“拱”，描述的是曲蟮屈身向前、向上蠕动的动作，“蜞”即“拱”字改换义符的分化字（原因当是受到前字形“蟺”的同化作用影响），其仍与“癀”构成一组音义皆通的同形字。《近代中医未刊本精选·重刊梅氏验方新编》误作“蟺蟺头”②，当校正。

值得注意的是，文献中“蜞”又为“蛩”的异体字，指蟋蟀，《龙龛手鉴·虫部》：“蛬、蜞，二或作；蛩，正。渠容、居悚二反，蟋蟀也。”其与“蟺蜞头”之“蜞”同形。

（三）蟥

鳝癀头，中医文献又作“蟮蟥头”。

（17）清处常子《平安书验方集》“小儿蟮蟥头”：“此证多生小儿头上，俗名貉貓，又名蝼蛄疖，又如曲蟮拱头，破后形似蝼蛄串穴。”（清抄本）

（18）清处常子《平安书验方集》：“神效千捶膏：治疮疡疔毒，初起贴之即消，及治瘰疬连根拔出，小儿蟮蟥头，大人臁疮久不收口用之。”（清抄本）

按，“蟮蟥头”与“蟮拱头”同，即前文的“鳝癀头”。“神效千捶膏”亦本于吴谦《医宗金鉴》，与前文凌奂《外科方外奇方》、清梅启照《校正增广验方新编》同，“蟮蟥头”亦即“蟺蜞头”“蟺拱头”“善贡头”。

“蟥”字见于明代韵书，明兰茂《韵略易通·东洪韵》：“蟥，蛆虫穿土。”此“蟥”，与“蟮蟥头”之“蟥”词义相同，均指曲蟮、蛆虫等蠕形动物屈身前行的动作，

① 《验方新编》原为清代鲍相璈编纂的方书，总计16卷，梅启照在校正刊行该书时续补了8卷，上文引自合刊本梅氏续补部分，其后梅氏续补部分单独刊行，改名《梅氏验方新编》。

② 杨杏林、梁尚华：《近代中医未刊本精选》第6册，上海科学技术出版社2016年，第506页。

因此可看作“拱”的分化字。字又类推简化作“蛬”，《北京方言词典》：“gǒng，拱，（蠕形动物）屈身前进。毛毛虫儿往前拱。亦作蛬。”[①] 该字又用来记录“猪用嘴等身体部位钻的动作”，英钟秀芝《西蜀方言》：“猪把地蛬烂了。”[②] “蛬”字以上用法均可进一步概括为“（用身体或身体某个部分）钻，挤”。

（四）嗊

鳝癀头，中医文献又作“嘾嗊头”：

> 明孙志宏《简明医彀》卷八《诸方法》：“乌龙膏：治痈疽发背、疔毒疮疡、一切无名肿毒、嘾嗊头、疖毒、跌扑损伤、流注、诸毒恶疮。凡已破溃，不能生肌收口，悉宜贴之，抽脓拔毒，去腐生肌……散毒膏：治一切痈疽发背，诸般肿毒热疖，嘾嗊头毒、周身诸毒。初起贴之即消，有脓者咬头出脓，去腐消肿，抽脓拔毒，脓尽亦能收口。”（明崇祯刻本）

按，此例“嘾嗊”均作口旁。“嗊”字在方言和通语文献中均有用例，如《四川方言词语续考》引清光绪《余庆县志·岁时》：“十月十，猪嗊泥，干到明年阳鹊蹄。”又引唐枢《蜀籁》卷四：“猪儿𠰌𠰌[③]，去嗊沙沙，吃些虫虫，长点脑脑。”[④]《西游记》第八十回：“八戒嗊着嘴道：‘师父，莫信这弼马温哄你！’”此“嗊”的语源亦为“拱”，猪等动物向前或向上顶物体的时候用嘴，故义符改为口旁。“嘾”在“嘾嗊头”一词中时，上字“嘾”受下字“嗊”的形体同化，亦改为口旁作“嘾”。“嘾”字当代大型字书未收，古代字书首见于《龙龛手镜·口部》：“嘾，俗，音善。”二者盖为同形字。

“嗊”又用同“哄”，明兰茂《韵略易通·东洪韵》：“嗊，诱也。”明郭一经《字学三正·人事》：“嗊人，作哄，非。”清吴任臣《字汇补·口部》：“嗊，蒙昧也。《道经》：‘嗊瞒痴愚。’”《大明律集解附例》卷十八《刑律·贼盗》：“至若原非己物而妄冒他人之物为己物曰冒认，及以巧言嗊诱他人因取其财而不还曰诓赚，或妆成圈套使人入其中而不得不与之财物曰局骗。”（光绪三十四年修订本）该义《汉语大字典》《汉语大词典》均未收录，当补。

在抄本中医古籍中，“嗊”又为“喷”字之讹。明盛端明《程斋医抄密本》卷六：“又金氏妇壮年，暑月赴筵回，乃姑询其座次失序，自愧因成病，言语失伦，其中又时

---

① 陈刚：《北京方言词典》，商务印书馆 1985 年，第 92 页。

② ［英］钟秀芝：《西蜀方言》，上海大学出版社 2017 年，第 463 页。

③ Unicode 据越南字喃编码，此字亦见于《大正藏》《五侯鲭字海》等汉文文献。

④ 蒋宗福：《四川方言词语续考》，巴蜀书社 2014 年，第 292 页。

间一句曰：奴奴不是。两脉背弦而数，予曰：非鬼神乃病也，但与补脾导痰清热，数日自安，其第不信，以数巫者嗊水而咒之，旬余而死。”（清抄本）该医案又见于《薛氏医案》《证治准绳》等医书，均作“喷水”，当以喷水为是。

四、余论

中医古籍中的“𤸃”字因其历代字书未收、中医专业工具书罕收而音义不明，其参构的“鳝𤸃头”“𤸃爪”等病名也成为中医从业人员阅读的障碍之义。通过考察，我们认为“𤸃”的读音为“gǒng”较为妥当，词义为体内热邪向外、向上拱攻导致的肿痛、溃烂等症状。从词源来看，其与“攻”“拱”“嗊”当为同源词，其与“𤶡”“蛬”“蝖”为异体字关系，与“共”“贡”等则为通假字关系。《中医大辞典》《中医证病名大辞典》等中医工具书中对于“鳝𤸃头”的词形收录不全，其修订本可增补、丰富相关词条。此外，病名“鳝𤸃头”词形多变，从语言文字规范的角度，需要对其进行异形词规范，以便于数字人文时代中医知识元的计算机加工与处理。

参考文献：

[1] 丁光迪. 诸病源候论校注 [M]. 北京：人民卫生出版社，2013.

[2] 侯玉芬，陈柏楠. 中医外科病名释义 [M]. 济南：山东大学出版社，1997.

[3] 石汝杰，宫田一郎. 明清吴语词典 [M]. 上海：上海辞书出版社，2005.

[4] 释行均. 龙龛手镜 [M]. 北京：中华书局，1985.

（周艳红：陕西中医药大学人文管理学院，712046，陕西咸阳；马乾：西北大学文学院，710127，陕西西安）

《南北朝墓志集成》释文校理*

董宪臣

摘　要：《南北朝墓志集成》是系统搜集整理南北朝墓志文献的最新成果。该书的出版，对南北朝时期的历史、文化、语言文字等相关研究具有重要意义，但同时该书也存在误释、阙释、误补、误注、未注及误点等疏误之处，有必要作进一步的校理和补正。

关键词：《南北朝墓志集成》　释文　校理

王连龙先生编撰的《南北朝墓志集成》①，全 2 册，上册为释文编，下册为索引编。该书全面收集南北朝墓志文献，以科学的方法和规范的体例，对截至 2018 年底已见的 1468 方墓志进行整理，编撰墓志著录目录 50 余万字，释文 100 余万字，人名、地名、官名索引近 20000 条②，兼具开创性、实用性、资料性及学术性，在中古历史、文化、语言文字等研究领域都极富参考价值。释文方面，该书考订细致、辨识审慎，力求准确无误，尤其重视综合参考各家释录，并以脚注的形式保存众说，可谓后出转精、集大成者。然而白璧微瑕，该书由于篇帙繁浩、征引详博、文本总量庞大，释文难免存在若干疏误之处，具体表现为误释、阙释、误补、误注、未注及误点等方面。本文试参考墓志拓本、碑别字及相关释录成果，对《集成》释文中的不当之处加以分类校理，以就正于方家。

* 本文为国家社科基金重大招标项目“东汉至唐朝出土文献汉语用字研究”（21&ZD295）、国家社科基金西部项目“汉魏六朝碑刻疑难字汇释”（20XYY017）。

① 王连龙：《南北朝墓志集成》，上海人民出版社 2021 年。简称《集成》。

② 以上统计数字，参考《集成》“前言”及《大学书法》2021 年第 5 期 159 页“新书推荐”。

一、误释

1. 北魏正光六年《封龙墓志》：“应敀之居南服，张畜之在西土，虽世有古今，而迹无优劣。”（《集成》258）

按：“敀”拓本作“”（《燕赵》528[①]），上部居中笔画略微泐失。《集成》据残形释为“敀”，不确。《燕赵》释作“詹”，可从。北齐武平二年《杨元让墓志》“颜斐声高十郡，应詹功赞六条”之“詹”作“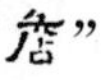”（《安丰》345[②]），与此处“”字形相同。应詹为东晋将领，历任南平太守、益州刺史，在任抚境安民，征讨叛逆，深受百姓爱戴。事见《晋书》本传。[③] 志文“应詹之居南服”即本此。“南服”，泛指南方地区。古代王畿以外地区，依距离远近分为五服，称南方为“南服”。

2. 北魏太昌元年《杨逸墓志》：“来仪琐闼，郁为民望。爰居紫渥，风猷莫尚。”（《集成》432）

按：“渥”拓本作“”（《秦蒐续》1/83[④]），微泐，结合字形及文意，当是“埿”字俗写。《集韵·齐韵》：“埿，涂也。通作泥。”“泥”表泥土义，故或增“土”符作“埿”，与“渥”形近。古人书函用泥封，并戳印以为凭信，汉天子用紫泥，故常以“紫泥”代称诏书。此处则以“紫泥”代指皇宫。又北魏太昌元年《元顼墓志》：“青琐蔼蔼，紫泥峨峨。”（《校注》6/377[⑤]）以“青琐”与“紫泥”同义对言，亦可证“紫泥”有皇宫义。《汉语大词典》（9/861）“紫泥”条失收该义[⑥]，可据补。

3. 东魏兴和三年《高永乐墓志》：“贯父之化被河朔，芈公之惠及汉南，对此为言，在彼多愧。”（《集成》520）

---

① 詹文宏、李保平、邓子平：《燕赵碑刻·先秦秦汉魏晋南北朝卷》，天津人民出版社 2015 年。简称《燕赵》。

② 贾振林：《文化安丰》，大象出版社 2011 年。简称《安丰》。

③ 《晋书》卷七十《应詹传》，中华书局 1980 年，第 1859 页。

④ 赵文成、赵君平：《秦晋豫新出墓志蒐佚续编》，国家图书馆出版社 2015 年。简称《秦蒐续》。书名后“/”前数字表册数，后表页数，下仿此。

⑤ 毛远明：《汉魏六朝碑刻校注》，线装书局 2008 年。简称《校注》。

⑥ 汉语大词典编纂处：《汉语大词典》，上海辞书出版社 1986—1993 年。

按："芈"拓本作"羊"（《墨香阁》46[①]），释文作"羊"，可从。"羊公"指西晋名将羊祜，"汉南"即汉水之南，指以襄阳为中心的汉江中游地区。[②] 据《晋书·羊祜传》，羊祜在任荆州大都督期间，务修德政，发展生产，甚得民心。[③] 志文"羊公之惠及汉南"即本此。从字形来看，《说文·羊部》载"羊"之小篆作"羊"，"羊"即由篆形隶定而来。北齐河清四年《薛广墓志》："酬梅对李，誉切宾谈；策竹乘芊，惊骇市观。"（《校注》9/177）"芊"据文意亦当是"羊"之异体，可与"羊"互参。《汉魏六朝碑刻异体字典》（253）[④] 收"芊"为"竿"的异体并训为"竹竿"，误也。

4. 东魏武定元年《何琛墓志》："栱木萧萧，泉途杳杳。"（《集成》539）

按："栱"拓本作"拱"（《墨香阁》51），据文意当是"拱"字俗写。"拱木"指粗细约当两手合抱的树木，"拱"义为两手合围。《左传·僖公三十二年》："中寿，尔墓之木拱矣！"[⑤] 因又以"拱木"指墓旁的树木，《墨香阁》（50）及《集成》皆误释作"栱"。"栱"即"科栱"字。《尔雅·释宫》："樴谓之杙……大者谓之栱。""栱木"不辞。北齐武平六年《范粹墓志》"方都佳城，悬生栱木"之"栱"作"栱"（《校注》10/79）。据文意亦当是"拱"之俗写。《校注》（10/80）照录作"栱"而无说，不妥。

5. 东魏武定二年《霍育墓志》："苗中秀桂，萼里花明。"（《集成》554）

按："桂"拓本作"桂"（《墨香阁》59），《安丰》（188）释作"挺"，极是。北魏建义元年《元顺墓志》"挺自黄中"之"挺"作"挺"（《校注》6/164），建义元年《元略墓志》"维持天挺气"之"挺"作"挺"（《校注》6/205），西魏大统十二年《邓子询墓志》"含光挺琇"之"挺"作"挺"（《校注》8/188）。"桂"当是在上述诸形基础上的进一步草写，粗视与"桂"字近似。《墨香阁》（58）及《集成》皆释作"桂"，盖不辨而误。从文意来看，"秀挺"谓草木之花长出，为主谓结构，正可与下文的"花明"

① 叶炜、刘秀峰：《墨香阁藏北朝墓志》，上海古籍出版社2016年。简称《墨香阁》。

② 参见王浩远《汉南地域观念演变考述》，《陕西理工大学学报》（社会科学版）2017年第3期，第30—34页。

③ 参见《晋书》卷三四《羊祜传》，中华书局1980年，第1014页。

④ 毛远明：《汉魏六朝碑刻异体字典》，中华书局2014年。

⑤ 杨伯峻：《春秋左传注》，中华书局1981年，第491页。

对仗。“秀桂”则不辞。

6. 东魏武定二年《可足浑洛妻叔孙氏墓志》：“祖匹斤，东间豆雷内行。”（《集成》554）

按：“间”拓本作“宫”（《安丰》191），杨宁①释作“宫”，可从。“宫”之构件“宀”，小篆作“冂”，隶楷书或依篆形作“冖”。西汉《永城梁孝王李后墓塞石》“西宫东北”之“宫”作“宫”（《校注》1/15），东汉建宁二年《史晨前碑》“饮酒畔宫”之“宫”作“宫”（《校注》1/288），东魏武定二年《叔孙固墓志》“槃基与紫宫同高”之“宫”作“宫”（《校注》8/1），皆与“宫”写法类同，可互参。“东宫”是古代太子所居之地，“豆雷”盖为鲜卑语职官名，所指不详。“东宫豆雷”疑是太子属官。又见北魏熙平元年《兰幼标墓志》题名“魏故东宫豆雷兰君墓志”（《秦蒐续》1/43）。“内行”当是“内行阿干”或“内行内小”之省，亦北魏内庭职官名，属皇帝身边的亲信侍从。故“东宫豆雷”“内行”当是两个不同的官职名，中间宜施逗号点断。“宫”字形与“间”略近，徐梅②及《集成》皆释作“间”，盖不辨而误。

7. 东魏武定二年《李彬墓志》：“我求称职，登拘常序。”（《集成》555）

按：“登”拓本作“豈”（《安丰》189），当是“豈（岂）”字。《安丰》（190）及《集成》皆释作“登”，不确。此处“岂”表反诘，相当于“难道”。西晋元康九年《徐义墓志》“悠悠痛哉，千秋岂生”之“岂”作“豈”（《校注》2/324），东魏武定二年《叔孙固墓志》“岂期过隟倏忽，良木斯坏”之“岂”作“豈”（《校注》8/1），北齐武平四年《高建妻王氏墓志》“岂谓逝水不留，奄违人世”之“岂”作“豈”（《校注》10/25）。诸字上部“山”形皆向右倾仄，与“豈”形正同，可资互勘。

8. 东魏武定三年《宇文绍义墓志》：“长敦涉猎，遂究精鹿。”（《集成》562）

按：“鹿”拓本作“麤”（《墨香阁》61）。《安丰》（195）及《集成》释作“鹿”，并

① 杨宁：《近五年（2008—2012）新见汉魏六朝石刻搜集与整理》，西南大学硕士学位论文 2014 年，第 102 页。

② 徐梅：《〈秦晋豫新出墓志搜佚续编〉（汉魏六朝部分）字词专题研究》，西南大学硕士学位论文 2017 年，第 182 页。

非。《墨香阁》（60）释作“麤”，可从。北魏孝昌二年《于景墓志》“麤斩在躬”之“麤”作“麁”（《校注》6/55），后梁贞明六年《谢彦璋墓志》“须眉麤于马援”之“麤”作“麁”（《北图》36/20①），可资互勘。“麁”即“麤”的俗体，字形上部的“⺀”为省书符号，表省三鹿为一鹿。②“麤”据《说文》义为“行超远”，文献常借用作“粗”，原义不显。此处志中“精麤”即“精粗”，表精密和粗疏。《史记·天官书》：“深观事变，察其精粗，则天官备矣。”③

9. 北齐天保八年《李季嫔墓志》：“自兹厥后，世荷遗尘，贵位令望，可得而知者矣。”（《集成》676）

按：“贵”下一字，拓本微泐，剔除石花作“仕”（《秦蒐》1/57④）。《安丰》（146）释作“仕”，可从。刘新晖⑤及《集成》释作“位”，不确。“贵仕”，谓显贵的官位。东魏元象元年《崔混墓志》：“曾未贵仕，遇此不藏。”（《校注》7/213）北周大象元年《封孝琰墓志》：“贵仕高才，向风俱靡。”（《校注》10/336）北齐武平二年《和士开墓志》：“世载不殒，贵仕高名。”（《安丰》335）皆其用例。

10. 北齐天保十年《崔孝直妻李幼芷墓志》：“已析蔑以训之，又徙宅而申教。”（《集成》689）

按：“析”拓本作“折”（《北朝艺术研究院藏品图录》137⑥），居中有横向泐痕，据文意当是“折”字。《集成》释作“析”，不确。“折蔑”，本义是折取细枝。《方言》第二：“木细枝谓之杪……青、齐、兖、冀之间谓之蔑……故《传》曰：‘慈母之怒子也，虽折蔑笞之，其惠存焉。’”郭璞注：“言教在其中也。”志以“折蔑”喻母教。北齐天保七年《慕容恃德妻任华仁墓志》：“母仪既备，折蔑训慈。”（《集成》669）亦其用例。

---

① 北京图书馆金石组：《北京图书馆藏中国历代石刻拓本汇编》，中州古籍出版社 1989 年。简称《北图》。

② 参见张涌泉《汉语俗字研究》（增订本），商务印书馆 2010 年，第 79 页。

③《史记》卷二七《天官书》，中华书局 1959 年，第 1351 页。

④ 赵君平、赵文成：《秦晋豫新出墓志蒐佚》，国家图书馆出版社 2012 年。简称《秦蒐》。

⑤ 刘新晖：《〈秦晋豫新出墓志搜佚〉（东汉至隋）墓志研究》，西南大学硕士学位论文 2015 年，第 104 页。

⑥ 大同北朝艺术研究院：《北朝艺术研究院藏品图录·墓志卷》，文物出版社 2016 年。

11. 北齐皇建二年《华考墓志》："道场正观，殷勤无倦；妙法微言，能穷至理。"（《集成》701）

按："正"拓本作"疋"（《安丰》262）。《安丰》（263）释作"延"，《集成》释作"正"，并非。据文意，此当是"之"字俗写。① 北魏普泰元年《元诲墓志》："高祖孝文皇帝之孙，广平武穆王之子。"（《校注》6/318）两"之"字分别作"疋""疋"。北周宣政元年《朱绪墓志》"陈蕃悬榻之所"之"之"作"疋"（《北大续》162）。皆其比。"道场之观"即"道场观"，"之"为衬字。佛教密家于行法时，先作结界，其次为建立本尊之道场而修观法，称为道场观。

12. 北齐太宁二年《垣南姿墓志》："曆之既限官守，加以诚行信负，星驾驰奔，长嗥在路，慈颜冥远，崩慕无及。"（《集成》705）

按："信负"不辞。"信"拓本作"諐"（《磁县北朝墓群出土碑志集释》188②），此当是"諐"之俗省。"諐"即"愆"之异体。唐景龙三年《梁嘉运墓志》"六行莫諐，四德无双"之"諐"作"諐"（《北图》20/87）。志字下部残泐，《碑别字新编》（660）③录作"諐"，可从。敦煌写卷斯799《隶古定尚书》"今日之事，弗諐于六步七步"之"諐"作"諐"（《敦煌俗字典》623④），皆其例。"愆负"，指过失。

13. 北齐武平四年《刘贵墓志》："混而不浊，湟而讵泽。"（《集成》829）

按："湟而讵泽"不辞。"湟""泽"拓本分别作"湼""滓"（《安丰》356）。结合字形及文意，可知"湟而讵泽"当即"涅而讵滓"之误释。"涅而讵滓"犹"泥而不滓"，指染而不黑。"泥"，通"涅"，染黑；"滓"，通"缁"，黑色。语本《史记·屈原贾生列传》："濯淖污泥之中，蝉蜕于浊秽，以浮游尘埃之外，不获世之滋垢，皭然泥而不滓者也。"⑤ 喻洁身自好。

---

① "疋（疋）"的字际关系较为复杂，碑刻中或用为"雅"的古文、"匹"的俗体或"之"的异体。参邱亮、毛远明《六朝石刻俗字考释八则》，《中国语文》2016年第5期，第596页。

② 马忠理、冯小红、崔冠华：《磁县北朝墓群出土碑志集释》，文物出版社2021年。

③ 秦公、刘大新：《碑别字新编》（修订本），文物出版社2016年。

④ 黄征：《敦煌俗字典》（第二版），上海教育出版社2019年。

⑤ 《史记》卷八四《屈原贾生列传》，中华书局1959年，第2482页。

14. 北齐武平七年《陈神玉墓志》："敬劭物议，铭兹不朽。"（《集成》851）

按："劭"拓本作""（《安丰》368）。该字《安丰》阙释，《燕赵》（855）及《集成》皆释作"劭"。据字形及文意，"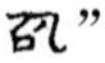"当是"以"字异写。《字汇补·几部》："𠘧，古以字。"东汉延熹七年《孔宙碑》"躬忠恕以及人"之"以"作"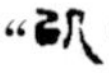"（《校注》1/240），东汉《司农刘夫人碑》"以"作"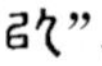"、"似"作""（《隶续》卷二[①]，皆可与志字互勘。"物议"指众人的评论；"不朽"喻指志石。此段大意是"恭敬地以众人的评论铭刻于志石之上"。

二、阙释

15. 北魏神龟二年《元琛墓志》："景明之始，□音弥盛。"（《集成》165）

按：阙字拓本作""（《秦晋豫新出墓志蒐佚三编》1/55[②]），字形中部泐失。据残画及文意，可补作"德"。"德音"，好名声。

16. 北魏孝昌二年《赵亿墓志》："六年居官，□蒲代下。"（《集成》301）

按：阙字拓本作""、"蒲"拓本作"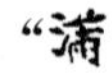"（《河洛墓刻拾零》上/33[③]）。据字形及文意，二字当释作"限满"。"限满代下"，谓当官期限已满而离任。

17. 东魏武定三年《宇文绍义墓志》："□响曹曹，飞旌昱昱。"（《集成》562）

按：阙字拓本作""（《墨香阁》61），左上部残缺，《安丰》（195）、《墨香阁》（60）、《集成》皆阙释。结合残形及文意，此当补作"歌"字。"歌响"，犹歌声。

18. 北齐天统四年《刘难陀墓志》："及□境施泉，下车布德，乃移风琴瑟，

① （宋）洪适：《隶释·隶续》，中华书局1986年影印本，第303页。

② 张永华、赵文成、赵君平：《秦晋豫新出墓志蒐佚三编》，国家图书馆出版社2020年。

③ 赵君平、赵文成：《河洛墓刻拾零》，国家图书馆出版社2007年。

更调云雨。”(《集成》769)

按：阙字拓本作“”(《秦蒐续》1/142)，下部泐失。徐梅①、《安丰》(312)及《集成》皆阙释。杨宁②补作“望”字，可从。同志“令闻令望”之“望”作“”，北魏孝昌二年《寇偘墓志》“以君懿望，遂辟郡中正”之“望”作“”(《校注》6/82)，北齐天统元年《姜纂造像记》“乡邑誉望”之“望”作“”(《校注》9/216)，上部与阙字残形相合，皆其证。志中“望境”与“下车”同义对文，皆指官员赴任。

19. 北周建德元年《达苻忠墓志》：“君□机近□，逸气遐褰，信习书之非支，岂学剑而为武。”(《集成》915)

按：查对拓本(《秦蒐续》1/153)，前一阙字作“”，泐甚，据文意当补作“天”。“天机”，谓天生的素质。后一阙字作“”，据残形当是“䥽(发)”字。北齐武平二年《徐显秀墓志》：“惟王灵府凝深，天机俊发。”(《校注》9/394)与“天机近发”格式略同，可资互勘。另，“支”据文意当是“文”之异写，梁春胜③已正之。

20. 北朝《曹礼墓志》：“愠志养神，行合管□。动成规矩，□□有章。斌斌杂□，济济锵锵。李氏婉密，素□□青。悲垂泉壤，仁恋分庭……月□□果，应托仙灵。愿□□上，舍此秽形。”(《集成》1003)

按：此段释文据《汉魏南北朝墓志集释》④ 所收之拓本。该拓漫漶不清，故释文中误释及阙释之处颇多，难以卒读。国家图书馆网站所收该志电子版拓本⑤较清晰，今据以增改如下：“愠志养神，行合宫商。动成规矩，出言有章。斌斌杂半，济济锵锵。李氏婉密，素絮[长]青。悲乖泉壤，泣恋分庭……因兹妙果，应托仙灵。愿□天上，舍此秽形。”

---

① 徐梅：《〈秦晋豫新出墓志搜佚续编〉(汉魏六朝部分)字词专题研究》，西南大学硕士学位论文 2017 年，第 203 页。

② 杨宁：《近五年(2008—2012)新见汉魏六朝石刻搜集与整理》，西南大学硕士学位论文 2014 年，第 133 页。

③ 梁春胜：《六朝石刻丛考》，中华书局 2021 年，第 659 页。

④ 赵万里：《汉魏南北朝墓志集释》下册，科学出版社 1956 年，第 15 页。

⑤ 国家图书馆网站“中华古籍资源库・碑帖精华”，馆藏信息：墓志 6336。

三、误补

21. 东魏元象元年《郭挺墓志》：“考太原，德隆桑梓，化越霄鱼。”（《集成》503）

按：“梓”拓本作“”（《秦蒐》1/47），泐甚，各家皆阙释。结合残画及文意推断，此当是“雉”字。《集成》补作“梓”，恐为臆判。“桑雉”典出《后汉书·鲁恭传》：鲁恭为中牟令，行德政。上司遣使察访，恭与来使行至田间，坐桑下小憩，有雉停身旁。旁有儿童。使曰：“儿何不捕之?”儿曰：“雉方将雏。”使瞿然而起，盛赞鲁恭“化及鸟兽”，使“竖子有仁心”。[①] 下文“霄鱼”即“霄鱼垂化”之省，典出《吕氏春秋·审应览·具备》：春秋时孔子弟子宓子贱治亶父（今山东省单县），体圣人之化，三年，夜间捕鱼的人能将所得小鱼重归水中。[②] 此处“桑雉”“霄鱼”皆用为施行德政、普及教化的典实，对仗工整。而“桑梓”指故乡，与“霄鱼”失对。

22. 东魏武定元年《崔景播墓志》：“合巽离坚，早流拔群之异；敦诗悦礼，幼擅乡曲之谈。”（《集成》541）

按：“巽”拓本作“”（《校注》7/350），不甚清晰，各家皆录作“巽”，非是。据文意，此当是“異（异）”字。“合异离坚”是战国名家公孙龙“离坚白”与惠施“合同异”两说的合称。

23. 东魏武定元年《蔺君妻史郎郎墓志》：“庶乎千龄，芳塵无毁。”（《集成》542）

按：查对拓本，“无”上一字失拓（《墨香阁》53），《墨香阁》阙释。结合文意，当补作“塵（尘）”，非“塵”。“芳尘无毁”，谓美好的名声不遭到损害。东魏武定元年《何琛墓志》：“刊石幽泉，芳塵无毁。”（《墨香阁》51）两志用语相同，可资互勘。

---

① 《后汉书》卷二五《鲁恭传》，中华书局 1965 年，第 874 页。

② 陆玖译注：《吕氏春秋》，中华书局 2011 年，第 676 页。

24. 北齐天保八年《李宁墓志》：“震跸西巡，复幸梁益，仍处中军，陪奉乘舆。”（《集成》673）

按：“震”拓本作“”（《安丰》250），下部泐失。徐梅（2017：193）及《集成》补作“震”。然“震跸”不辞，恐误。今谓此当是“云（雲）”字。“云跸”指帝王的车驾，此处代指皇帝。

25. 北齐天统元年《宋洪敬妻游玉墓志》：“故迹著闺房，声传邑里，静言思辞，是谓难仇。”（《集成》737）

按：“辞”拓本作“”（《安丰》284），左部残泐。《安丰》（285）补作“辟”，《集成》补作“辞”，非是。结合字形及文意，此当补作“辟”。“辟”即“譬”之俗省，移“言”符于左下部而省“口”符。《干禄字书》：“辟譬：上俗下正。”北魏正光元年《元孟辉墓志》“譬仁若山，在智如水”之“譬”作“”（《校注》5/92），正光四年《元谭妻司马氏墓志》“譬兰始馥，如菊方馨”之“譬”作“”（《校注》5/196）。皆其例。“譬”表比方、比喻义。《说文·言部》：“譬，谕也。”徐锴系传：“譬，犹匹也，匹而喻之也。”“静言思譬，是谓难仇”大意是静心思考也难以想到能与志主德行相匹者，旨在盛赞其女德。另东魏武定四年《陆子玉墓志》“譬诸兰璧，性有芳坚”之“譬”作“”（《墨香阁》63）。《安丰》（193）及《集成》（565）录作“辟”，不确。

26. 北周建德元年《杨绍墓志》：“震则声高汉守，循则才迈魏王。洪流祖武，辉焕图牒。”（《集成》910）

按：查对该志拓本（《秦蒐续》150），此段局部文字失拓，“守”“循”二字仅余轮廓，据文意当分别是“室”“脩”之误释。“震”指东汉名臣杨震，“脩”指曹魏名士杨脩。徐梅（2017：208）将此段点作：“震则声高，汉守循则，才迈魏王，洪流祖武。辉焕图牒。”大误。

四、误注

27. 北魏正光四年《赵碑墓志》：“三剑之术，逢蒙未之俦。英勇之气，贲育裁足语”。《集成》注：“‘足’，似为‘之’之讹刻。”（《集成》216）

按："足"拓本作"乏"（《秦蒐续》1/54），此即"足"之俗写，非"之"之讹刻。北魏正始二年《元始和墓志》"德可以范时，威足以摧敌"之"足"作"乏"（《校注》4/54），正光二年《王遗女墓志》"奉终之具，一皆资足"之"足"作"乏"（《校注》5/128）。皆其比。"贲育"是战国时勇士孟贲和夏育的并称；"裁"通"才"，仅也；"足语"，足以称道。后段志文大意是志主的英勇之气，孟贲和夏育这样的勇士仅堪作比。

28. 北齐河清二年《长孙彦墓志》①："司徒高公，迴辟台扉，盛收髦俊，既设燎而迎士，亦搒道而求人。"《集成》注："'搒'，读为'傍'。"（《集成》714）

按："搒"拓本作"搒"（《秦蒐续》1/135）。徐梅（2017：199）释作"榜"，可从。俗书"扌""木"旁相混，故"榜"或作"搒"。"榜道"，或作"牓道"，张榜于路旁，指公开招贤。北齐天保六年《高建墓志》："任居心腹，似见取于焚林；职参谋议，如有求于榜道。"（《校注》8/370）武平七年《高润墓志》："焚林榜道之宾，指平台而结辙；谈天炙锞之客，望碣宫而投轸。"（《校注》10/99）可资互勘。

29. 北齐河清三年《李静墓志》："祖𧦧，魏太武帝为宁朔将军，胡成县子。"《集成》注："'𧦧'，'春'之别体。"（《集成》726）

按："𧦧"拓本作"旾"（《墨香阁》133），当是"貳（贰）"字俗写，六朝石刻常见该形。梁春胜（2021：836—837）已详论之，不赘。

30. 北周建德五年《郭生墓志》："遂用大周建德五年岁次丙申十月廿七日改葬于咸阳午云之原。"《集成》注："'用'，应为'以'之讹刻。"（《集成》931）

按："用""以"作介词时都表示动作行为赖以进行的凭借，二者同义通用，文献例证常见，故此处"用"非"以"之讹刻。唐龙朔元年《张君妻乔娥墓志》："即用其年十一月十一日权殡于北芒山北四里。"（《北图》14/28）天宝七载《李秀墓志》："用天宝七载十一月廿四日坤时迁葬于东京河南府洛阳县上东门之道北。"（《北图》25/

① 《秦蒐续》（1/135）及徐梅（2017：198）误将该志题名作"史彦墓志"。梁春胜（2021：578）已正之。

156）二志亦以“用”标示日期，可互参。

五、未注

31. 北魏熙平元年《元郁及妻慕容氏墓志》：“妃德性慈朗，姿器明蕙，邁共姜之操，超先施之姘。”（《集成》132）

按：查对原拓（《秦蒐》17），“邁”作“”、“姘”作“”，均不甚清晰。结合字形及文意，“”当释作“邁（迈）”，“迈”“超”同义对文，皆表超过义。“”单从字形来看确是“姘”，但此处当是“妍”之异体，表美丽义。“妍”本从“幵”作，因隶变，“幵”参构时或混作“开”“并”等形。《隶辨》卷六《偏旁》：“幵……亦作开，栞、并、趼、研、刑、形、開等字从之……研或作硑，讹从并。”① 故“妍”亦可作“姘”，与“姘合”字同形。《集成》照录字形而无说，宜注明。志中“共姜”指周时卫世子共伯之妻。共伯早死，她不再嫁。后常用为女子守节的典实。“先施”即西施，春秋末年越国美女。“迈共姜之操，超先施之妍”赞誉慕容氏操守超过共姜，美丽超过西施。

32. 北魏正光六年《封龙墓志》：“樊丝多而莫厘，乱绳久而不解。”（《集成》258）

按：“樊”拓本作“𡙁”（《燕赵》528），《燕赵》（529）及《集成》照录作“樊”而无说。韩理洲盖以“樊”“繁”通假而径将志字录作“繁”②，此则大误。“樊”此处当通“棼”。“棼丝”指乱丝，语本《左传·隐公四年》：“臣闻以德和民，不闻以乱。以乱，犹治丝而棼之也。”杨伯峻注：“棼，音汾，纷乱之意。”③ 志中“棼丝”“乱绳”同义对言，皆喻某地民风浇薄杂扰、难于治理。

33. 东魏兴和二年《田盛墓志》：“虽隆派乘互，犹门诠名望；代有交谢，尚人德并飞。”（《集成》511）

---

① （清）顾蔼吉：《隶辨》，中华书局1986年影印本，第237—238页。

② 韩理洲：《全北魏东魏西魏文补遗》，三秦出版社2010年，第210页。

③ 杨伯峻：《春秋左传注》，中华书局1981年，第36页。

按："乘"拓本作"乖"（《安丰》168），《集成》、《墨香阁》（36）均照录作"乘"而无说。据文意，此当为"乖"之俗写。"乖互"，谓差异。志中"隆派乖互"大意是指田姓各支派的繁衍发展各自有别。"乖"俗书或与"乘"相混，如唐贞观二十年《范相墓志》"乖适累旬"之"乖"作"乘"（《北图》11/155）"乖适"谓身体违和。

34. 东魏武定四年《王忻墓志》："在野民良，人朝国崇。"（《集成》567）

按："人"拓本作"入"（《秦蒐续》110），徐梅（2017：184）、《安丰》（197）、《集成》（567）皆照录作"人"。据文意，此当是"入"之讹刻，宜注明。"在野"谓不在朝做官，"入朝"谓入朝为官，两者反义对言。

35. 北齐天保四年《元贤真墓志》："勒芳猷于翠石，望白日于三午。"（《集成》648）

按："午"拓本作"午"（《墨香阁》103），据文意当是"千"的讹写。《安丰》（225）、《墨香阁》（102）及《集成》皆照录作"午"而无说。《西京杂记》卷四："滕公驾至东都门，马鸣跼不肯前，以足跑地久之。滕公使士卒掘马所跑地，入三尺所，得石椁。滕公以烛照之，有铭焉……曰'佳城郁郁，三千年见白日，吁嗟滕公居此室。'滕公曰：'嗟乎，天也！吾死其即安此乎。'死遂葬焉。"① 此即"望白日于三千"之所出。

六、误点

36. 北齐天保九年《高朗墓志》："十室善士，非独前脩三人。有师从来，许我兼复性苞雄毅，弓箭是怀，骋赤菟其如龙，弯黄肩而似画。"（《集成》681）

按：此段因不明用典而点破。重新标点当作："十室善士，非独前脩；三人有师，从来许我。兼复性苞雄毅，弓箭是怀，骋赤菟其如龙，弯黄肩而似画。""十室"语出《论语・公冶长》："十室之邑，必有忠信如丘者焉，不如丘之好学也。"② "三人有师，

① （晋）葛洪撰，刘洪妹译注：《西京杂记》，中华书局 2022 年，第 224 页。

② （清）刘宝楠：《论语正义》，中华书局 1990 年，第 206 页。

从来许我”化用自《论语·述而》“三人行，必有我师焉”。① 志文前段旨在赞誉志主勤奋好学，堪为人师。

37. 北齐天保十年《杜达墓志》：“其词：宇是性勇，毅好涉戎。行折而不挠，□弱摧刚。”（《集成》686）

按：“宇”拓本作“”（《安丰》257），据文意当是“粤”之讹刻。“其词粤”或作“其词曰”，是墓志铭辞前常见的发语词。《集成》未辨，致整段文字被点破。重新标点当作：“其词粤：是性勇毅，好涉戎行。折而不挠，扶弱摧刚。”

38. 北齐皇建二年《华考墓志》：“君受斯盛，贵苞兹淳，绪内有过之业，出备升堂之美。”（《集成》700）

按：查对拓本（《安丰》262），“贵”作“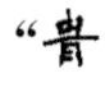”，当是“胄”字，“过”后疑脱一字。此段标点当作：“君受斯盛胄，苞兹淳绪，内有过□之业，出备升堂之美。”揣度文意，颇疑所脱乃“庭”字。“过庭”，谓父亲的教诲。语出《论语·季氏》：孔子在庭，其子孔鲤过庭，孔子教诲他学习《诗》《礼》。②

以上对《集成》释文中存在的疏误之处进行了分类校理。实际上，虽然各类疏误的表现形式互异，但有时彼此交融，并不存在截然的分界线，而归结其根本成因，主要仍在于字形的认同和别异上出现差错。墓志文本的准确释读，是开展相关研究的重要前提和基础。希望通过上述工作，一方面有助于提高《集成》的编纂质量和利用价值，另一方面能够为历史、文化、语言文字等研究提供参考。

（董宪臣：西南大学文学院，400715，重庆）

① 参见（清）刘宝楠《论语正义》，中华书局 1990 年，第 372 页。

② 参见（清）刘宝楠《论语正义》，中华书局 1990 年，第 668 页。

新出唐代墓志俗字例释*

王　静

摘　要：新出唐代墓志存在大量异体俗字，今人在释录时，往往不识或误释，影响读者对石刻文献的准确理解。本文对其中的20例俗字试作考释。

关键词：唐代墓志　俗字　例释

近年来，唐代墓志出土数量庞大、内容丰富，为唐代历史、考古、语言、文字、书法、美术等方面的研究提供了一批新材料，备受学界关注。但是它所蕴含的语言文字学价值尚未得到充分挖掘。受主客观因素的影响，文中还存在一批未释、误释俗字，直接影响到对唐代墓志文献的进一步研究。有鉴于此，本文以新出唐代墓志为研究对象，从未释字、误释字两个方面，选取20例进行考释。不妥之处，敬请方家是正。

一、未释字考

未释字指拓本字形是某一正字的俗体，录文者因不识俗字，直接照录原形且无说解。对于未释俗字，往往需要经过考释才能揭示其真面目。以下列举新出唐代墓志中的9例未释俗字进行考释。

1. 唐万俟师墓志："曳裾长坂，跕屣平台，披拂大王之风，淹留小山之挂。"（《洛粹》95①）

按："挂"拓本作""，据文意当是"桂"字。"木"旁俗书或与"扌"相混，如

* 本文是河北省研究生培养资助项目"新出唐代墓志字词研究"（CXZZBS2022008）的阶段性研究成果。文章写成后，承蒙业师梁春胜教授提出宝贵修改意见，谨此致谢。凡有错误，概由笔者负责。

① 洛阳市文物考古研究院编：《洛阳市文物考古研究院藏石集粹·墓志篇》，中州古籍出版社2020年。简称《洛粹》。

隋郭达墓志“弛榆求仁”之“榆”作“揄”（《隋汇》4/197[①]），唐孙成墓志“枹鼓日静”之“枹”作“抱”（《千唐》950[②]），唐张锋妻史氏墓志“内权外柄”之“柄”作“抦”（《北图》32/7[③]），皆其例。“小山之桂”语出《楚辞·招隐士》：“攀援桂枝兮聊淹留，王孙游兮不归。”[④] 王逸注：“《招隐士》者，淮南小山之所作也。昔淮南王安，博雅好古，招怀天下俊伟之士……各竭才智，著作篇章，分造辞赋，以类相从，故或称小山，或称大山，其义犹《诗》有《小雅》《大雅》也。小山之徒，闵伤屈原，又怪其文升天乘云，役使百神，似若仙者，虽身沈没，名德显闻，与隐处山泽无异，故作《招隐士》之赋，以章其志也。”[⑤] 后遂以“小山之桂”指归隐。唐萧茂本墓志：“步长坂之兰，攀小山之桂。”（《鸳鸯》40[⑥]）是其比。“大王之风”语本《文选》卷一三战国楚宋玉《风赋》：“楚襄王游于兰台之室，宋玉景差侍，有风飒然而至，王乃披襟而当之，曰：‘快哉此风，寡人所与庶人共者耶?’宋玉对曰：‘此独大王之风耳，庶人安得而共之。’”（《六臣注文选》246 页上栏[⑦]）言帝王之雄风。句指志主气度非凡，后隐逸。

2. 唐王府君妻李氏墓志：“坟树贞柏，庭回广析。柩御丹旌，裳维缠纽。”（《洛粹》101）

按：“析”“维”拓本作“栁”“維”，据文意，前为“柳”字俗讹，后为“帷”字俗写。“巾”旁俗书或与“糸”相混，如唐段洽墓志“幰陵空而独扬”之“幰”作“⿰纟憲”（《千唐》175），是其比。“裳帷”即帷堂，古行丧礼时设于堂上用以分隔内外的帷幕。唐阳济墓志：“哀号千里，来护裳帷，归于洛阳。”（《北图》28/120）是其例。“广柳”即“广柳车”，古代载运棺柩的大车，柳为棺车之饰。唐魏伦墓志：“川回广柳，路委飞旌。”（《补遗》3/367[⑧]）唐耿文训墓志：“霜封广柳，大壑移舟。”（《唐代墓志汇编》327[⑨]）唐赵顺墓志：“灵辒将降，广柳临涂。”（《唐代墓志汇编续集》128[⑩]）

---

① 王其祎、周晓薇：《隋代墓志铭汇考》，线装书局 2008 年。简称《隋汇》。本文所引字形材料，除特别注明，一般均引自梁春胜《楷书异体俗体部件例字表》（未刊）。

② 河南省文物研究所、河南省洛阳地区文管处：《千唐志斋藏志》，文物出版社 1984 年。简称《千唐》。

③ 北京图书馆金石组：《北京图书馆藏中国历代石刻拓本汇编》，中州古籍出版社 1989 年。简称《北图》。

④ （宋）洪兴祖撰，白化文等点校：《楚辞补注》，中华书局 1983 年，第 233 页。

⑤ （宋）洪兴祖撰，白化文等点校：《楚辞补注》，中华书局 1983 年，第 232 页。

⑥ 郭茂育、赵水森等编著：《洛阳出土鸳鸯志辑录》，国家图书馆出版社 2012 年。简称《鸳鸯》。

⑦ （南朝梁）萧统编，（唐）李善等注：《六臣注文选》，中华书局 1987 年。

⑧ 吴钢主编：《全唐文补遗》（全 9 册），三秦出版社 1994—2007 年。简称《补遗》。

⑨ 周绍良、赵超：《唐代墓志汇编》，上海古籍出版社 1992 年。

⑩ 周绍良、赵超：《唐代墓志汇编续集》，上海古籍出版社 2001 年。

可以比参。“贞柏”“广柳”对举，文从字顺。此外，“柳”“纽”皆为有韵，合乎押韵规律。“析”为锡韵，若作“析”则失韵。整句话谓志主下葬时的场景。

3. 唐艺失梁墓志：“将申茂绩，遂奄颓先。悲深阅水，恸切寒乡。阴山落秀，雪岭沉芳。坟茔间寂，松槚凄凉。”（《洛粹》103）

按：“先”拓本作“先”，据文意当是“光”字。“光”俗书或与“先”相混，如唐房彦诩墓志“隐曜含光”之“光”作“先”（张幼辉等①），S. 2832《文样·律》“公戒珠光洁”作“先”（《英藏》4/247A②），是其例。“颓光”犹余晖，比喻暮年。另外，从押韵角度而言，“光”为唐韵，“乡”“芳”“凉”为阳韵，王力③指出隋唐时期阳韵、唐韵同用，“光”于韵正合。“先”属先韵，若作“先”则失韵。

此外，“间”拓本作“閴”，据文意当是“阒”字。唐戎瑚墓志“蒿里阒寂”之“阒”作“閴”（《西安新获墓志集萃》46④），字形接近，可以比参。“阒寂”是静寂、宁静之义。“阴山落秀，雪巅沉芳。坟茔阒寂，松槚凄凉”乃是对下葬环境的描写，表达生者的凄伤悲恸之情。整句话的意思是说志主在即将有一番大作为时丧亡。

4. 唐武谦墓志：“既而炎精告厌，天地离阻，铜马金虎之类，封豕窫窳之俦，攘爪而并据，磨牙而竞逐。”（《洛品》65⑤）

按：“窫”拓本作“寘”，据文意当是“窫”字俗写。“穴”旁俗书或与“宀”相混，如隋张囧妻苏恒墓志“又除直突大都督”之“突”作“宊”（《北图》10/77），唐颜人墓志“从行台仆射屈突通征讨”作“宊”（《北图》12/82），是其例。“窫窳”是古代的一种吃人怪兽，喻指残害百姓者。“封豕”喻贪暴者。“铜马”指铜马军，新莽末年河北的叛军。《艺文类聚》卷七七后魏温子升《寒陵山寺碑序》：“尒朱氏既绝彼天纲，断兹地纽，禄去王室，政出私门，铜马竞驰，金虎乱噬。”⑥ 是其比。“铜马金虎”“封豕窫窳”皆是贪暴、肆虐之属。“攘爪而并据，磨牙而竞逐”言其凶虐程度。整句话形容当时社会环境暴乱不安。

5. 唐王哲墓志：“加以器韵清高，铿锵带金石之响；神情标举，卓荦抢风云之气。故得誉超群彦，名重当时。”（《洛品》81）

---

① 张幼辉、孟梅：《房彦诩墓志考》，《中国历史文物》2003年第3期，第55页。

② 中国社会科学院历史研究所等：《英藏敦煌文献（汉文佛经以外部分）》，四川人民出版社1990—1995年。简称《英藏》。

③ 王力：《汉语语音史》，商务印书馆2010年，第247页。

④ 西安市文物稽查队编：《西安新获墓志集萃》，文物出版社2016年。

⑤ 齐运通主编：《洛阳新获墓志百品》，国家图书馆出版社2020年。简称《洛品》。

⑥ （唐）欧阳询撰，汪绍楹校：《艺文类聚》，上海古籍出版社1985年，第1311页。

按："抢"拓本作"抢"，据文意当是"抱"字俗写。如魏元仙墓志"涑练为袍"之"袍"作"袍"（《北图》4/134），字形接近，可以比参。"抱"即怀藏，与"带"相对，言志主所具备、携带的品质。整句话谓志主器局风度如金石坚定忠贞，神态风度若风云超群出众。

6. 唐薛玄育墓志："彤云锡祚，元宰以变楑飞声；白水隆基，名公以扰民成化。"（《洛品》93）

按："彤""楑"拓本作"彤""楑"，据文意当是"彤""揆"二字俗写。"彤"作"彤"，乃"丹"旁俗书或与"月"相混。"揆"作"楑"，乃"扌""木"俗书相乱。前者例证如魏元愿平妻王氏墓志"凭彤管以彰烈"之"彤"作"彤"（《北图》3/128），魏王僧男墓志"使彤管扬辉"作"彤"（《北图》4/114），北周斛律丰洛墓志"出入彤闱"作"彤"（《图录》191），隋王楚英墓志"彤管嫔嫱"作"彤"（《北图》9/6），皆是其例。后者例证如隋元伏和墓志"目括五行"之"括"作"栝"（《隋汇》2/222），唐霍宽墓志"松柏已拱"之"拱"作"栱"（《北图》11/179），是其比。前一句典出《文选》卷四七西晋陆机《汉高祖功臣颂》："彤云昼聚，素灵夜哭。"李善注："《汉书》曰：'高祖隐于芒、砀山泽间，吕后求，常得之，高祖怪，问吕后，曰：季所居上常有云气，故从往常求得季。'彤，丹色也。"（《六臣注文选》888页上栏）谓刘邦上应天命，成就帝业，建立汉王朝。后一句见于《文选》卷三张衡《东京赋》："我世祖忿之，乃龙飞白水，凤翔参墟。"薛综注："白水，谓南阳白水县也，世祖所起之处也。初为更始大司马，讨王郎于河北，北为参、虚分野。龙飞凤翔，以喻圣人之兴也。"（《六臣注文选》66页下栏）刘秀祖辈徙封于南阳白水乡，至西汉末年，刘秀兴兵于此而建立东汉政权。唐李白《上云乐》诗："赤眉立盆子，白水兴汉光。"① 亦可以比参。此处乃追溯薛氏先祖之辞。党斌、拜根兴②后字是，前字作"雕"，亦误。

7. 唐刘镐澄墓志："公生而嶷然，长而温然。孝行内懿，贞廉外饰。虽蓬茨目处，而明允天资。"（《风引薤歌：陕西历史博物馆藏墓志萃编》101③）

按："目"拓本作"目"，据文意当是"自"字。"自"旁俗书或作"目"，如北齐李祖勋墓志"自时厥□"之"自"作"自"（《北朝艺术研究院藏品图录——墓志》

① （唐）李白著，（清）王琦注：《李太白全集》，中华书局2011年，第183页。

② 党斌、拜根兴：《唐薛万述、薛玄育父子墓志考略——兼谈薛氏家族涉及问题》，《唐史论丛》2020年第1期，第309页。

③ 陕西历史博物馆编：《风引薤歌：陕西历史博物馆藏墓志萃编》，陕西师范大学出版社2017年。

187[1]），北周郑生墓志“自然明淑”作“目”（《文化安丰》381[2]），隋萧翘墓志“风猷自远”作“目”（《北图》10/140），皆可资比勘。句指志主虽处陋室而贫困，但卓异温润、明察诚信。

唐李枢墓志：“逮擢仙桂，名价昭宣。白日心到，青云目前。”（《鸳鸯》204）“目”拓本“目”，据文意亦当是“自”字。句谓李公参加科举考试，平日辛勤付出，功名自然到来。

8. 唐李俭墓志：“爰嗣箕裘，载诞川岳。漯溢魏乘，光含随握。”（《洛阳流散唐代墓志汇编》69[3]）

按：“漯”拓本作“澋”，据文意当是“影”字。“影”作“澋”，乃是“影”之右旁构件移到左边，并变形所致。“影”“光”对举，文从字顺。“魏乘”典出《史记·田敬仲完世家》：“威王二十四年，与魏王会田于郊。魏王问曰：‘王亦有宝乎？’威王曰：‘无有。’梁王曰：‘若寡人国小也，尚有径寸之珠照车前后各十二乘者十枚，奈何以万乘之国而无宝乎？’”[4] 原指战国时魏国拥有的宝珠，光亮可以照乘，后用以指代优秀杰出的人才。“随握”用“随侯珠”之事，语见《三国志·魏志·王彰传》“植益内不自安”裴注引《典略》曰：“人人自谓握灵蛇之珠，家家自谓抱荆山之玉。”[5] 指文采出众。句言志主继承祖上的事业，禀灵天然，优秀珍异。

9. 唐郭善墓志：“恐青松杳杳，逐邃壑以翻丹；玄圹悠悠，随巨溟而变碧。”（《鸳鸯》20）

按：“丹”拓本作“丹”，据文意当是“舟”字。“舟”俗书常与“丹”相混，如北周崔宣靖墓志“舟壑贸迁”之“舟”作“丹”（《汉魏六朝碑刻校注》10/331[6]），隋皇甫深墓志“谷徙舟藏”作“丹”（《北图》10/79），隋杨约墓志“获余皇之舟”作“丹”（《隋汇》4/336），皆是其例。“逐邃壑以翻舟”语出《庄子·大宗师》：“夫藏舟于壑，藏山于泽，谓之固矣。然而夜半有力者负之而走，昧者不知也。”郭象注：“夫无力之力，莫大于变化者也。故乃揭天地以趋新，负山岳以舍故。故不暂停，忽已涉新，则天地万物无时而不移也。”成玄英疏：“夫藏舟船于海壑，正合其宜；隐山岳于

---

① 大同北朝艺术研究院编：《北朝艺术研究院藏品图录——墓志》，文物出版社 2016 年。

② 贾振林编著：《文化安丰》，大象出版社 2011 年。

③ 毛阳光、余扶危主编：《洛阳流散唐代墓志汇编》，国家图书馆出版社 2013 年。

④ （西汉）司马迁撰：《史记》，中华书局 1959 年，第 1891 页。

⑤ （西晋）陈寿撰，（南朝宋）裴松之注：《三国志》，中华书局 1971 年，第 559 页。

⑥ 毛远明：《汉魏六朝碑刻校注》，线装书局 2008 年。

泽中，谓之得所。然而造化之力，担负而趋，变故日新，骤如逝水。”[1] 喻指人世无常。句谓世事无常，变化巨大，故为志主作碑以纪。

二、误释字考

误释字指拓本字形是某一正字的俗体，录文者错误地将其录为与之字形较为接近的另外一字，使其与正字失去联系，影响读者理解墓志文献。所以对误释字进行考释，也是非常有必要的。以下列举新出唐代墓志中的11例误释俗字加以考释。

10. 唐张文俱墓志：“二行周览，三箧罔遗。文园曜颖，璧水腾漪。”（《洛粹》65）

按：“二”“罔”拓本作“”“”，据文意当是“五”“罔”二字。“罔”俗书或作“”，如魏王诵墓志“罔或斯授”之“罔”作“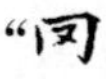”（《北图》5/104），敦煌俗字“罔”或作“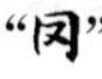”（《敦典》41），可以比参。“罔”指无、没有。“五行”典出《后汉书·应奉传》：“应奉字世叔，汝南南顿人也……奉少聪明，自为童儿及长，凡所经履，莫不暗记。读书五行并下。”[2] 形容看书速度极快，头脑聪明。“三箧”典出《汉书·张安世传》：“上行幸河东，尝亡书三箧，诏问莫能知，惟安世识之，具作其事。”[3] 指读书多，学问渊博。东魏元朗墓志：“明记等于三箧，聪日并于五行。”（《新见北朝墓志集释》90[4]）东魏元显墓志：“三冬足用，五行俱下。”（《北图》6/112）是其例。句谓志主知识渊博，无不通晓。司马俊堂等[5]、龙仕平等[6]录此二字作“一”“同”，皆误。

11. 唐姚光墓志：“鼎邑扬其重价，金城耀其奇色。既而高春落景，宿德悬车。”（《洛粹》99）

按：“春”拓本作“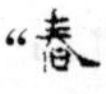”，据文意当是“舂”字异体。《可洪音义》“惷”或作“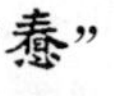”（《可研》389[7]），《龙龛·戈部》“截”俗作“”（173[8]），是其例。“高舂”指日影西斜近黄昏时。唐姚太墓志：“如何一去，落日高舂。”（《北图》10/107）可资比勘。“悬车”指致仕。句谓志主是优秀的贤才，年老有德而致仕。

---

① （清）郭庆藩撰，王孝鱼点校：《庄子集释》，中华书局1985年，第243页。

② （南朝宋）范晔撰，（唐）李贤等注：《后汉书》，中华书局1965年，第1606—1607页。

③ （东汉）班固：《汉书》，中华书局1962年，第2647页。

④ 王连龙：《新见北朝墓志集释》，中国书籍出版社2013年。

⑤ 司马俊堂等：《唐代张文俱墓发掘报告》，《中原文物》2013年第5期，第15页。

⑥ 龙仕平、李建平：《唐张文俱墓志校补》，《乐山师范学院学报》2015年第1期，第63页。

⑦ 韩小荆：《〈可洪音义〉研究——以文字为中心》，巴蜀书社2009年。简称《可研》。

⑧ （辽）释行均：《龙龛手镜》，中华书局1985年影印高丽本。简称《龙龛》。

12. 唐窦德宗墓志："永淳二年，擢授播州刺史。剖符作牧，露冕临人，抚薤本而惩奸，邀竹童而后信。"（《洛粹》129）

按："抚"拓本作"抜"，据文意当是"拔"字俗写。"犮"旁俗书或作"犮"，如东魏郑君残碑"俄拔严城"之"拔"作"抜"（《北图》6/140），隋孟显达碑"随元帅贺拔太师讨平沙苑"作"抜"（《北图》9/130），隋张开墓志"以君超拔"作"抜"（《洛阳新见墓志》20①），可资比勘。"拔薤本而惩奸"典出《后汉书·庞参传》："拜参为汉阳太守。郡人任棠者，有奇节，隐居教授。参到，先候之。棠不与言，但以薤一大本，水一盂，置户屏前，自抱孙儿伏于户下。主簿白以为倨。参思其微意，良久曰：'棠是欲晓太守也。水者，欲吾清也。拔大本薤者，欲吾击强宗也。抱儿当户，欲吾开门恤孤也。'于是叹息而还。参在职，果能抑强助弱，以惠政得民。"② 后用为官吏惩奸除恶的典实。"邀竹童而后信"典出《后汉书·郭伋传》："始至行部，到西河美稷，有童儿数百，各骑竹马，道次迎拜。伋问：'儿曹何自远来?'对曰：'闻使君到，喜，故来奉迎。'伋辞谢之。及事讫，诸儿复送至郭外，问：'使君何日当还?'伋谓别驾从事，计日告之。行部既远，先期一日，伋为违信于诸儿，遂止于野亭，须期乃入。"③ 指官吏为政于民守信。句谓志主担任刺史后惩恶扬善、亲民守信。

13. 唐王景墓志："将轩归温洛，来游丹凤之门；岂妖作长沙，俄兴悤鹏之赋。"（《洛粹》143）

按："鹏"拓本作"鹏"，据文意当是"鵩"字。如魏元液墓志"当世明哲咸服之"之"服"作"服"（《北图》5/136），隋范安贵墓志"乘轩服冕"作"服"（《北图》10/137），是其例。"岂妖作长沙，俄兴悤鹏之赋"典出《史记·屈原贾生列传》："贾生为长沙王太傅三年，有鸮飞入贾生舍，止于坐隅。楚人命鸮曰'服'。贾生既以适居长沙，长沙卑湿，自以为寿不得长，伤悼之，乃为赋以自广。"④ 后用以指死亡的征兆。"温洛"谓志主有盛德。"丹凤之门"借指帝都、朝廷。句谓志主品德高尚，在任职朝廷时离世。

唐郭善墓志："既而晨惊遇鹏，奄从蒲柳之凋；夕梦奠楹，忽轸琼瑰之泣。"（《鸳鸯》20）"鹏"拓本作"鵬"，亦当是"鵩"字。"晨惊遇鹏"用贾谊典。"夕梦奠楹"典出《礼记·檀弓上》："孔子蚤作，负手曳杖，消摇于门，歌曰：'泰山其颓乎，梁木

① 齐渊：《洛阳新见墓志》，上海古籍出版社2011年。

② （南朝宋）范晔撰，（唐）李贤等注：《后汉书》，中华书局1965年，第1689页。

③ （南朝宋）范晔撰，（唐）李贤等注：《后汉书》，中华书局1965年，第1093页。

④ （西汉）司马迁撰：《史记》，中华书局1959年，第2496页。

其坏乎，哲人其萎乎。’既歌而入，当户而坐。子贡闻之，曰：‘泰山其颓，则吾将安仰？梁木其坏，哲人其萎，则吾将安放？夫子殆将病也。’遂趋而入。夫子曰：‘赐，尔来何迟也。夏后氏殡于东阶之上，则犹在阼也；殷人殡于两楹之间，则与宾主夹之也；周人殡于西阶之上，则犹宾之也。而丘也，殷人也，予畴昔之夜，梦坐奠于两楹之间。夫明王不兴，而天下其孰能宗予？予殆将死也。’盖寝疾七日而没。”（《十三经注疏》1283 页下栏[1]）后用为丧亡之典。“琼瑰之泣”典出《左传·成公十七年》：“初，声伯梦涉洹，或与己琼瑰食之，泣而为琼瑰，盈其怀。”（《十三经注疏》1921 页下栏）古人死后口中含玉，喻死亡之期将至。句言志主去世。

14. 唐田行达墓志：“理应享兹分福，保此遐龄。岂期与善无征，寿夭百年之运；辅仁斯爽，魂埋五尺之坟。”（《洛品》67）

按：“分”拓本作“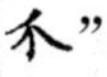”，俗书“介”“分”皆可作此形，此处据文意，当是“介”字。“介福”指大福，见于《易·晋》：“受兹介福，于其王母。”（《十三经注疏》49 页中栏）亦见于《诗·小雅·楚茨》：“报以介福，万寿无疆。”（《十三经注疏》468 页上栏）唐樊涚墓志：“秉心方正，莅事贞纯，昊天不佣，介福不臻。”（《北图》28/102）唐九华观静□师藏形记：“方冀考终介福，永锡遐期。”（《补遗》3/141）皆可比参。“与善无征”指善人未得善报，墓志习见。句谓志主这样有贤德的人，本应享高龄长寿，却不幸离世，表对志主逝世的惋惜之情。

唐华霖墓志：“修短定兮，今古攸同。青魂殒露，玉韵飘风。”（《汇释》413[2]）“兮”拓本作“”，俗书“介”“分”皆可作此形，此处据文意，当是“分”字。隋杨文逊墓志“痛三荆之永分”之“分”作“”（《隋汇》3/98），可资比勘。“修短”指人的寿命。“定分”谓人事均由命运天定，人力难以改变。句谓人的寿命上天注定，志主丧亡。

15. 唐于哲墓志：“翰薨扬翘，言泉吐溜。学综缃简，文苞篆籀。”（《集释》194[3]）

按：“薨”拓本作“”，据文意当是“苑”字俗写。“夗”俗书或与“宛”相混，如魏谘议元弼墓志“声华枢苑”之“苑”作“”（《北图》3/41），魏元彦墓志“芳似兰苑”作“”（《北图》4/36），北齐鲁思明等造像记“移驾鹿苑”作“”（《北图》7/71），隋吕思礼墓志“脱沙苑之重难”作“”（《隋汇》2/56），隋张虔墓志“桂苑［流］芳”作“”（《隋汇》4/375），皆是其例。“翰苑”即文苑，文翰荟萃之所。“扬

① （清）阮元校刻：《十三经注疏》，中华书局 1980 年。

② 毛远明、李海峰编著：《西南大学新藏墓志汇释》，中华书局 2019 年。简称《汇释》。

③ 毛远明编著：《西南大学新藏墓志集释》，凤凰出版社 2018 年。简称《集释》。

翘”指飘扬上昂，指人或物出类拔萃。句谓志主为文苑当中的杰出人物。赵力光[①]作“菀”，亦误。

16. 唐仇景及妻李氏墓志：“迺悬车退老，作赋归田。历闾里之徒芳，玩山泉以自得。”（《汇释》119）

按：“芳”拓本作“劳”，据文意当是“劳”字俗写。如唐王苹墓志“劳生有涯”之“劳”作“劳”（《集释》307），唐毕识墓志“汗马之劳既绩”作“劳”（《集释》308），是其比。“徒劳”本指白费心力，此处指断绝思虑、不费心力。“悬车”指辞官居家。句谓志主辞官后隐居，游乐山水之间，悠然自适。

17. 唐蔺武敌墓志：“六司仰德，咸沐提網之恩；九载辞荣，申复幽贞之赏。”（《汇释》139）

按：“網”拓本作“綱”，俗书“綱”“網”皆可写作“綱”，此处据文意，当是“綱”字。如隋赵惠墓志“綱纪无绪”之“綱”作“綱”（《隋汇》2/26），隋尼那提墓志“可谓内教之綱维”作“綱”（《隋汇》4/362），唐王和墓志“揆务提綱”作“綱”（《北图》15/44），唐王大剑墓志“军之纪綱”作“綱”（《北图》29/49），皆可资比勘。“提綱”指内容的要点。句言志主任安阳县录事，掌管文书、勾稽缺失[②]，能抓住大的、主要的事项，尽职尽责，后辞官隐退。

18. 唐蒋九墓志：“不谓巢鸮起祲，藤嚚催年。悲迅节于惊飙，叹临川之逝水。”（《汇释》232）

按：“嚚”拓本作“鼠”，据文意当是“鼠”字俗讹。“藤鼠”是用佛经中“二鼠啮井藤”的典故[③]，喻指人生无常。“巢鸮”典出《三国志·魏志·张臶传》：“正始元年，戴鸮之鸟，巢臶门阴。臶告门人曰：‘夫戴鸮阳鸟，而巢门阴，此凶祥也。’乃援琴歌咏，作诗二篇，旬日而卒。”[④] 后用作丧亡之兆。“惊飙”“逝水”喻指生命易逝。整句话言志主去世。

19. 唐张爽及妻李氏合葬志：“祖刺，父秋，并玉钩贻富，金锁呈休；白贲无谷，黄裳元吉。”（《沁阳市博物馆藏墓志》88[⑤]）

按：“谷”拓本作“咎”，据文意当是“咎”字俗写。如魏李超墓志“尚德贻咎”

① 赵力光主编：《西安碑林博物馆新藏墓志续编》，线装书局 2014 年，第 77 页。

② 吕宗力主编：《中国历代官制大辞典》（修订版），商务印书馆 2015 年，第 607 页。

③ 梁春胜：《楷书部件演变研究》，线装书局 2012 年，第 403 页。

④ （西晋）陈寿撰，（南朝宋）裴松之注：《三国志》，中华书局 1971 年，第 361 页。

⑤ 张红军主编：《沁阳市博物馆藏墓志》，科学出版社 2018 年。

之“咎”作“谷”（《北图》4/179），字形接近，可以比参。“白贲无咎”语出《易·贲》：“白贲无咎，上得志也。”（《十三经注疏》38 页中栏）指事物以“白”为饰，则见其自然真趣，纯美至极，无所咎害。“黄裳元吉”语本《易·坤》：“黄裳元吉，文在中也。”孔颖达疏：“黄裳元吉之义，以其文德在中故也。既有中和，又奉臣职，通达文理，故云‘文在其中’，言不用威武也。”（《十三经注疏》18 页下栏）古人以黄裳为吉祥之物，喻人内德之美。句谓志主祖父和父亲纯洁简朴、中和谦下。陈朝云[①]同误释。

20. 唐薛元贞墓志：“与夫渐陆虽远，方矫翰于青冥；鸣垤在卑，行贡响于丹阖。曈申位屈，抑惟薛少府乎？”（《珍稀墓志百品》79[②]）

按：“曈”拓本作“量”，据文意当是“量”字俗写。“鸣”拓本作“鳴”，乃是“鸣”字。如北齐法懃禅师塔铭“量海匪深”之“量”作“量”（《北图》7/112），隋杨约墓志“浩浩之量难原”作“量”（《隋汇》4/336），是其例。“量”指才能。“渐陆”语出《易·渐》：“九三，鸿渐于陆，夫征不复，妇孕不育，凶，利御寇。”（《十三经注疏》63 页下栏）谓鸿鹄飞翔从低到高，循序渐进，比喻仕宦升迁。“鸣垤”语本《诗·豳风·东山》：“鹳鸣于垤，妇叹于室。”毛传：“垤，蚁冢也。”（《十三经注疏》396 页下栏）蚂蚁做窝时堆积在洞口周匝的浮土，喻指卑微之物。句谓志主虽位卑但才高。

（王静：河北大学文学院，071002，保定）

① 陈朝云：《河南散存散见及新获汉唐碑志整理研究》，科学出版社 2019 年，第 26 页。

② 胡戟：《珍稀墓志百品》，陕西师范大学出版总社有限公司 2016 年。

辽代《耶律弘仁墓志》文字校释*

周阿根　陈赛琳

摘　要：墓志作为重要的出土文献，有着重要的历史学、考古学、语言学价值。由于传世文献匮乏，辽代出土墓志的研究价值更为突出。耶律弘仁墓志的出土对研究契丹皇族耶律隆裕家族成员之间关系、耶律隆运（韩德让）继承人的传承关系和顺序有重要意义，同时也为探究医巫闾山辽代帝陵的分布范围提供了重要的实证依据，但现已公布的《耶律弘仁墓志》存在着不少文字校读疏误。我们运用文字学、文献学等相关知识，对该墓志进行系统校读，提出我们的校读意见，求教于学界方家，亦期我们的研究有助于该墓志的综合利用。

关键词：辽代墓志　耶律弘仁　校勘

辽与五代同起始，和北宋同终结，在中国历史发展中占有极其重要的地位。澶渊之盟，辽宋结为兄弟之邦，形成历史上南北对峙的第二个“南北朝”。有辽一代，汉族、契丹、女真等各族人民一起共同致力于中华民族政治、经济、文化的建设，汉人契丹化与契丹人汉化共同促进了当时中华民族的融合，以及我国统一多民族国家的形成和发展。然而有辽一代书禁苛严，传世文献不多。据《辽史·道宗纪》载：“戊午，禁民私刊印文字。”① 又据《梦溪笔谈·艺文二》云：“契丹书禁甚严，传入中国者法皆死。”② 严厉的书禁政策限制了辽代典籍的流行和传播，相应资料的匮乏导致相关研究的滞后，至金代，辽代的官方档和书籍等又多毁于战火，以至于元修《辽史》之际，几乎没有直接的文献资料可资利用。因此，《辽史》成为二十四史中讹误最多的史书之

* 本文为国家社科基金项目“北朝墓志词汇研究及数据库建设”（22BYY019）、国家林业和草原局林业遗产与森林环境史研究中心重点项目“中国古代林业碑刻研究”（2021LYZD02）阶段性成果。

① （元）脱脱：《辽史》，中华书局1974年，第264页。

② （宋）沈括：《梦溪笔谈》，上海古籍出版社2015年，第103页。

一。因此，出土的辽代墓志就为深入研究辽代历史文化提供了弥足珍贵的资料。《北方文物》2021 年第 5 期发表的司伟伟《辽代耶律弘仁墓志考释》① 一文，对耶律弘仁墓志进行了录文，并对耶律弘仁的契丹名、世系、官职、爵位等进行了考证，但未作标点。耶律弘仁墓志的发现对研究契丹皇族耶律隆裕家族成员之间关系、耶律隆运（韩德让）继承人的传承关系和顺序有重要意义，同时也为探究医巫闾山辽代帝陵的分布范围提供了重要的实证依据。但现已公布的《耶律弘仁墓志》存在不少文字校读疏误。我们运用文字学、文献学等相关知识，对该墓志进行系统校读，提出我们的校读意见，求教于学界方家，亦期我们的研究有助于该墓志的综合利用。

一、文字误识之例

墓志文献作为一种重要的“同时资料”②，具有重要的文字学价值，具有真实性强、时代性强、数量众多等特点，是近年来学界关注的热点语料之一。但是，由于墓志长期埋藏于地下，墓石往往存在不同程度的磨泐，加上墓志文献大量使用俗字别体，给我们准确释读墓志文献带来了一定的困难。以下，我们就耶律弘仁墓志文字识别问题展开讨论。

1. 我朝神祖，国姓耶律。仰规玄象，效北辰而朝众星；傍继大明，开东户以向初日。秀崆峒之劲气，刳玄女之灵胎。宸衷蕴倍万之材，将士倍当千之男。

“将士倍当千之男”一句费解。复审原拓，“倍”拓片作，当为“负”字，“男”拓片作，当为“勇”字。这样“将士负当千之勇”和上文“宸衷蕴倍万之材”相对成文。另该墓志下文有“长曰周王，有间世之英姿，倍出人之雄藻”之记载，其中“倍出人之雄藻”之“倍”字，拓片作，亦为“负”字。因此，这几句话应该校读为：“宸衷蕴倍万之材，将士负当千之勇。”“长曰周王，有间世之英姿，负出人之雄藻。”

2. 风移俗易，子孝臣忠，有国巳来，斯为盛矣。

“巳”应释读“已”。在碑刻文献中，“已”“己”“巳”常常相混不别，具体文字的释读，应根据上下文来确定。“有国巳来”中的“巳”同“以”，表示时间、方位、数量的界限，《正字通·巳部》：“目，以本字。《说文》目，用也，凡巳为目……巳与目古共一字，隶作目、以。”③ 如《汉书·文帝纪》：“年八十巳上，赐米人月一石，肉二

① 司伟伟：《辽代耶律弘仁墓志考释》，《北方文物》2021 年第 5 期。

② ［日］太田辰夫著，蒋绍愚、徐昌华译：《中国语历史文法》，北京大学出版社 2003 年，第 375 页。

③ （清）张自烈：《正字通》，上海古籍出版社 1996 年，第 310 页。

十斤，酒五斗。”[①] 不仅如此，传世文献中也有不少“有国已来”的例子，如《册府元龟·谏诤部·规谏第九》：“百姓无由知陛下圣德勤劳夙夜之念，但以愁怨以为天子之令遣如是也。自有国已来，此弊最深而未能除也。”《唐文拾遗》卷五十八：“质明既毕，日出视朝，有国已来，更无改易。”下文“神之去兮巳届西方”一句中“巳”也当释读为“已”。“已届西方”一词意为“已经到达了西方极乐世界”。换成“巳”字，则解释不通。

3. 可谓排泰山而压春卵，倾沧海而沃秋萤，遂使舆衬帐前树憣垒。

“舆衬”不辞。“衬”原拓作，当释读为“榇”，碑刻俗写“木”“衤”“禾”常常相混。“舆榇”一词意为载棺以随，表示决死或有罪当死。如《左传·僖公六年》：“许男面缚衔璧，大夫衰绖，士舆榇。”《后汉书·梁冀传》：“絜初逃亡，知不得免，因舆榇奏书冀门。”[②] “憣”当释读为“幡”，碑刻俗写“忄”“巾”相混不别。“幡”可以解释为“旗帜”，“垒”可以解释为“军营”，整句意思可以理解为在战争中拼死相战的决心。故而，这段文字应释读为：“可谓排泰山而压春卵，倾沧海而沃秋萤，遂使舆榇帐前树幡垒。”

4. 帝指画兵谋，躬亲戎事，划渠魁而烬灭，败蜂虿以水消。

“败蜂虿以水消”一句费解。复审原拓，“水”，原拓作，当为“冰”之俗写。这样，“败蜂虿以冰消”和“划渠魁而烬灭”相对成文。“冰消”比喻事物消释涣解。如宋范仲淹《铸剑戟为农器赋》：“镆耶之锋，冰销于倏忽；辕门之器，金铄于斯须。”“蜂虿”喻指“凶恶的敌人”。“败蜂虿以冰消”一句的意思是“挫败凶恶的敌人，使之像冰融化一样消失”。

5. 恭承大业，聿纂丕垌，刘崇伏义于河壖，李异畏威于江表，而自栾城侍疾，梁苑集勋。

“梁苑”不辞。“梁”原拓作，当释读为“梁”。“梁苑”为西汉梁孝王所建的东苑，园林规模宏大，方三百余里，宫室相连属，供游赏驰猎。梁孝王在其中广纳宾客，当时名士司马相如、枚乘、羊胜、公孙诡、邹阳等均为座上客，事见《史记·梁孝王世家》[③]。“梁苑”一词，历代文献习见。北周天和六年（571）《宇文广墓志》：“枚乘之望梁苑，不惮弃官；乐毅之求燕路，无辞千里。”[④] 同时期传世文献亦有用例，南朝齐王融《奉辞镇西应教》诗：“雷庭参辩奭，梁苑豫才邹。”

① （汉）班固：《汉书》，中华书局 1962 年，第 113 页。

② （南朝宋）范晔：《后汉书》，中华书局 1965 年，第 1184 页。

③ （汉）司马迁：《史记》，中华书局 2014 年，第 2083 页。

④ 王连龙编撰：《南北朝墓志集成》，上海古籍出版社 2021 年，第 899 页。

6. 或亡命觃身，自作焚巢之鸟；或连头束手，免为漏网之鱼。俘亡晋之残宗，逼伪周之新党。

“逼”在拓片中为，应改为“遏”。“遏伪周之新党”和“俘亡晋之残宗”相对成文。这两句在叙述辽跟后周、后晋之间的战争。后晋皇帝晋出帝石重贵，被辽国皇帝耶律德光俘虏，封负义侯。

7. 穆宗天顺皇帝惟睿作圣，其智如神，天锺决胜之符，心有辟邪之剑。务商王之一德，每诫怠荒；轸禹后之四穷，愃怀霄肝。

“愃怀霄肝”一语费解。“愃”实为“恒”字，“恒”和上文“每”相对成文。“霄肝”原拓片作，当释读为“宵旰”。“宵旰”一词乃“宵衣旰食”之省，指天不亮就穿衣起身，天黑了才吃饭。形容勤劳政事，多用以称颂帝王。例如唐陆贽《论两河及淮西利害状》：“今师兴三年，可谓久矣；税及百物，可谓繁矣，陛下为之宵衣旰食，可谓忧勤矣。”故而此句应为：“务商王之一德，每诫怠荒；轸禹后之四穷，恒怀宵旰。”

8. 会风云于率土，焕日月于中天。太平之功业无双，缔构之嶶猷不二。

“嶶猷”不辞。“嶶”字，义未详，字书无解。“嶶”，原拓作，当释读为“徽”。“徽”字的俗写往往将中间的“山”放到整个字上方，臧克和《汉魏六朝隋唐五代字形表》①、毛远明《汉魏六朝碑刻异体字字典》② 等均收有该字形，可资比勘。徽为美好之义。猷，指修养、涵养等。“徽猷”意为美善之道。如《诗经 · 小雅 · 角弓》：“君子有徽猷，小人与属。”故而此句应改为：“太平之功业无双，缔构之徽猷不二。”

9. 季曰卫王，仪容魁伟，心性柔和，色声冈惑于心，邪佞不倾于耳。

“色声冈惑于心”一句费解。复审原拓，“冈”在拓片中为，这是“罔”的俗写。《龙龛手镜 · 冈部》：“冈俗，罔正，文两反。无，罔也。此字与四部相滥，故从俗者也。”③ 这里，“罔”和下文“不”相对成文。“色声罔惑于心，邪佞不倾于耳”用来形容卫王的刚正不阿、洁身自好。

10. 主上用同两首，顾若一心，特加附凤之资，以表濯龙之贵。

“主上用同两首”一句费解。复审原拓，“首”，原拓作，当释读为“手”。“两手”意思是“双手”，和下文“一心”相对。“附凤”指依附帝王以成就功业。语本《后汉书 · 光武帝纪上》：“天下士大夫捐亲戚，弃土壤，从大王于矢石之间者，其计固

---

① 臧克和主编：《汉魏六朝隋唐五代字形表》，南方日报出版社 2011 年，第 385 页。

② 毛远明：《汉魏六朝碑刻异体字字典》，中华书局 2014 年，第 352 页。

③ 释行均：《龙龛手镜》，中华书局 2006 年，第 329 页。

望其攀龙鳞，附凤翼，以成其所志耳。”“濯龙”为汉代宫苑名。在洛阳西南角。《后汉书·皇后纪上·明德马皇后》：“帝幸濯龙中，并召诸才人。”“特加附凤之资，以表濯龙之贵”说明墓主依附帝族，得以显贵。

11. 既探五天竺语，又崇四谛塞宗。内外皆闲，襟怀孰测，举鹏程之杳杳，尺鷃何知；耸鳌柱之巍巍，群仙共庆。

“四谛塞”一词费解。复审原拓，“塞”，原拓作，当释读为“空”。“四谛空”和“五天竺”相对。四谛指苦、集、灭、道四谛。“谛”为佛经中所指的“真理”。仁王经卷上说五蕴空、十二入空、十八界空、六大法空、四谛空、十二因缘空。“五天竺”指古印度。古代印度的区域分为东天竺、南天竺、西天竺、北天竺、中天竺五大部分。故而，此句应释读为“既探五天竺语，又崇四谛空宗”。

12. 主上以风骨特秀，识见甚奇，爰坠卫社之班，别示优贤之礼。

“爰坠卫社之班”一语费解。复审原拓，“坠”在拓片中为，当释读为“陞”。“坠”和“陞”意义相反。“陞”后来写作“升”，有上升、晋升之意。《广雅·释诂二》：“陞，进也。”① 《集韵·蒸韵》：“陞阩𨀣，登也。或省，亦从足。通作升。”② 从句意中看，墓主人是被皇上赏识，得到晋升，故而“坠”字不合适。此句应为：“主上以风骨特秀，识见甚奇，爰陞卫社之班，别示优贤之礼。”

13. 所虞音尘泯灭，陵谷更移，依闾岳以建茔，号杞天而称制。德之可纪，功之可铭。螭首龟趺，妙选般倕之手；披文相质，合凭屈宋之才。

“茔”在拓片中为，应改为“茔”。碑刻俗写“土”“士”相混不别。俗写“土”加一点成“圡”以示区别。此处拓片清晰可识。“茔”是坟墓的意思，放在句子中合适。“茔”则解释不通。故而此句应改为：“依闾岳以建茔，号杞天而称制。”

二、可识未识之例

在墓志文献整理过程中，学者多通过剪切原拓片来保留不可识别的文字。在《辽代耶律弘仁墓志考释》中，部分剪切文字均是可识的。我们尝试做如下释读。

1. 戈甲千重，鼓则嵩衡并震；旌旗万里，饮马则伊洛皆枯。

，可释读，当为“衅”字。原句为：“戈甲千重，衅鼓则嵩衡并震；旌旗万里，饮马则伊洛皆枯。”“衅鼓”指的是古代战争时，杀人或杀牲以血涂鼓行祭。如《左

① （清）王念孙：《广雅疏证》，中华书局2019年，第108页。

② （宋）丁度：《宋刻集韵》，中华书局1989年，第73页。

传·僖公三十三年》:“孟明稽首曰:‘君之惠,不以累臣衅鼓,使归就戮于秦。’”王夫之《四书稗疏·孟子》:“衅,祭名,血祭也。凡落成之祭曰衅……钟有衅郄,必不成音,自当改铸。以血涂之,曾何所补!”

2. 贵而不骄,尊而好礼,而又披甲胄,栉沐风霜。

,可释读,当为“擐”的俗写。“擐”字意为贯穿,穿着。如《左传·成公十三年》:“文公躬擐甲胄,跋履山川,踰越险阻。”《南齐书·高帝纪上》:“公眷言王事,发愤忘食,躬擐甲胄,视险若夷,短兵才接,巨猾鸟散,分疆画界,开创青、兖。”①本墓志中“擐披”为同义复词,“擐”亦披也。因此,原句当释读为:“贵而不骄,尊而好礼,而又擐披甲胄,栉沐风霜。”

3. 方赖捍边,闻捐馆。神降之福,寔延庆于子孙。生也有涯,忽婴疾于正寝。

,可释读,当为“遽”的俗写。“遽”的这种写法,毛远明《汉魏六朝碑刻异体字字典》列有多重字形②,可资比勘。原句为:“方赖捍边,遽闻捐馆。”“方”和“遽”相对成文。“方”为时间副词,意思是正。“遽”亦为时间副词,意思是仓促、匆忙。“方赖捍边,遽闻捐馆”句可以解释为(国家)正要依靠耶律弘仁去守卫边疆,却突然听闻耶律弘仁的死讯。

4. 主上以风骨特秀,识见甚奇,陞卫社之班,别示优贤之礼。

,可释读,当为“爰”字。原句为:“主上以风骨特秀,识见甚奇,爰陞卫社之班,别示优贤之礼。”“爰”在这里为语气助词,无实在意义。用在句首或句中,起调节语气的作用。如《诗经·邶风·凯风》:“爰有寒泉,在浚之下。”

墓志文献的释读涉及文字学、文献学、历史学等多学科知识,现有墓志的初始释读多由从事考古学、历史学的学者进行,他们于语言文字、标点方面往往措意不够,因此墓志文献的释读往往存在一些疏误。当前,墓志文献的释读与整理也缺乏一定的规范,存在着莫衷一是的现象③,需要学界加强研究,提出一个可以依靠的国家标准。今后,我们将在这一方面做出有益的尝试和讨论,期待大家批评指正。

附录:耶律弘仁墓志录文

【盖文】

大辽故」耶律公」墓志铭」

---

① (梁)萧子显:《南齐书》,中华书局2016年,第16页。

② 参见毛远明《汉魏六朝碑刻异体字字典》,中华书局2014年,第455—456页。

③ 参见周阿根、顾若言《石刻文献编辑过程中文字处理的思考》,《中国文字研究》2020年第2期。

【志文】

大辽国金紫崇禄大夫、检校太保、守左监门卫上将军、漆水郡开国侯、食邑一千户、食实封一百户，耶律公墓志铭」

前三司度支判官、承务郎、守尚书兵部员外郎、云骑尉、赐绯鱼袋李中立撰」

我朝神祖，国姓耶律。仰规玄象，效北辰而朝众星；傍继大明，开东户以向初日。秀崆峒之劲气，剫玄女之灵胎。宸衷蕴倍万之材，将」士负当千之勇。燕梁子侍令行而甲马风驰，赵魏臣超诏下而师徒雾集。亘扶桑而立苑，疏瀚海以为池。体黑帝以辨方，延烛龙而」拓土。天街南限，距析木以经躔；广漠北舒，奠闾山而作镇。风移俗易，子孝臣忠，有国已来，斯为盛矣。

太祖圣元皇帝扬兵雁塞，」肇迹兔山，降灵而紫气连霄，诞圣而神光满帐，吞二辽以建极，降五代以来庭，握玉斗以定搀抢，运龙韬而膺历数。其体也雄大而」锐，其颜也威猛而和。闻之者心降，睹之者胆碎。故得梁朝纳款，岁伸臣子之仪；晋室倾心，日展父皇之礼。恩怀异域，威慑遐方。所收」者，四百余城；所广者，二万余里。制文字以代刻木，操弧矢以威不臣。自然玄泽降祥，蒸民受赐。洎孝武惠文皇帝名标金简，手」握乾符，冥授韬钤，生知战伐，提剑则乾坤尽肃，指麾则将相皆齐。裔土群方，共戴惟尧之德；梯山航海，咸坚拱舜之心。晋高祖燕聚」飞帏，鱼游沸鼎，继驰间使，来乞雄师。帝羽召诸侯，驿征别部，云集玄野，雷动墨山。戈甲千重，衅鼓则嵩衡并震；旌旗万里，饮马则伊」洛皆枯。御六气以电飞，朝百神而星会。可谓排泰山而压春卵，倾沧海而沃秋萤，遂使舆榇帐前树幡垒。上定中夏而不私于己，立」大晋而克协于民。晋主以上酬圆盖，下剖方舆，建碑赞功，称儿伸款。洎少君嗣位，奸臣弄权，顿忘大恩，果诒深感，动摇我边境，擅拒」我全师。帝指画兵谋，躬亲戎事，划渠魁而烬灭，败蜂虿以冰消。中渡济师，擒重威而授馘；赤岗入汴，降少主以执俘。世宗天授」皇帝适从行朝，恭膺顾命。压钮而拜，冥符当璧之征；出潜而飞，允属在天之庆。恭承大业，聿纂丕埛，刘崇伏义于河壖，李异畏威于」江表，而自栾城侍疾，梁苑集勋。或亡命覕身，自作焚巢之鸟；或连头束手，免为漏网之鱼。俘亡晋之残宗，遏伪周之新党。穆宗」天顺皇帝惟睿作圣，其智如神，天锺决胜之符，心有辟邪之剑。务商王之一德，每诫怠荒；轸禹后之四穷，恒怀宵旰。尚渊默无为之」道，遵简易至治之文。克致小康，聿追大孝。兄日妹月，继临照于四方；祖武宗文，崇吉蠲于七庙。遂致寰瀛无事，历数有归。景宗」天赞皇帝蕴山岳之雄姿，见天人之仪表。宽仁大度，不让于汉高；神武英材，岂同于魏武。接百王之正统，绍四叶之洪埛，龙颜禀上」圣之姿，虎变继中兴之业。

有子三人：圣宗睿文英武皇帝之生也，紫气充庭，神光照室，融明内着，孝敬外彰，在潜渊则慷慨如神，登大宝则威稜盖世。玄云阵起，雄风驱有土之邦；白雾围开，沴气散不毛之境。回鹘束身而输赆苽沙，顿颈以来，王沿正统于千」龄，握玄枢于百代。牙旗羽帐申严为偃革之兵，铜柱剑门安静作覆盂之地。会风云于率土，焕日月于中天。太平之功业无双，缔构」之徽猷不二。次曰梁国王，人文间世，武略绝伦，揭五凤之层楼，正八蛮之光宅，或度奉于国容，或载严于郊祀，车辂肃陈其羽卫，豆」笾咸秩于天宗。七庙穆清，仍备荐常之礼；百司弘敞，皆循制度之文。季曰齐国王，即太师之祖也。惟王风仪冠世，文武绝伦，联」棣萼以相辉，扶斗枢而共朗。自然宸居克壮，圣业弥隆。部伍□诚，效众流而归巨海；迩遐慕义，法群神而朝太清。定邦家不拔之垧」，助日月无私之照。彝伦攸序，大业其昌。有子三人：长曰周王，有间世之英姿，负出人之雄藻。小心则履薄临深，大度则吞江纳汉。祁」寒暑雨，寸阴不假于群劳；舍短从长，庶政必资于亲断。次曰三韩王，天钟秀气，神授沉谋，蕴才华而四海覃声，恢武略而八方启首。」电飞双目，手无强力之弓；雷激洪音，身有逸材之马。季曰卫王，仪容魁伟，心性柔和，色声罔惑于心，邪佞不倾于耳。角亢氐房之位，布在襟灵；嵩衡岱华之英，积为神彩。决银潢而袭派，敷帝叶以联荣。安邦方赖于长谋，阅世俄沉于短景。王即太师之父也。」

我太师仁慈被物，孝友存心，百姓赖之若神祇，群官敬之如父母。临敌制胜，何啻摧枯，遇事建功，宛同合契。主上用同两手，顾若」一心，特加附凤之资，以表濯龙之贵。超授桂州管内观察使，加检校尚书、左仆射、使持节桂州诸军事，特封漆水县开国男，食邑三」百户。洎重熙十二年，加银青崇禄大夫、检校司徒、守右千牛卫大将军、兼御史中丞、护军、漆水县开国子，食邑五百户。清宁四年，再」加金紫崇禄大夫、检校太保、守右威卫上将军、兼御史中丞、护军、漆水县开国伯，食邑七百户。咸雍元年，特加金紫崇禄大夫、检校」太保，守左监门卫上将军、漆水郡开国侯，食邑一千户，食实封一百户。云天降泽，捧五色之丝纶；山国宣威，持十连之虎节。而乃鸰」原表异，雁序标奇，贵而不骄，尊而好礼，而又擐披甲胄，栉沐风霜。排难解纷疆外，而两经开托；轻徭薄赋民间，而一致乐推。雅符带」砺之勋，允洽雍熙之运。绰矣沧溟之量，郁然将相之材。方赖捍边，遽闻捐馆。神降之福，实延庆于子孙。生也有涯，忽婴疾于正寝。无」何，岁次癸丑二月三日，薨于武安州东之行帐，享年四十有二。

有子一人同，曾授左领军卫将军、银青崇禄大夫、检校工部尚书、兼」御史、骁骑尉。清宁二年，复授右千牛卫将军，兼」侍御史、骁骑尉。咸雍元年，再授银青崇禄大夫、检校吏部尚书、行左千牛卫将军、兼侍御史、骑都尉、漆水县开国男，食邑三百户。人伦间杰，邦国粹容，生积德之华宗，居累朝之懿戚。既探五天竺语，又崇四谛空宗。内」外皆闲，襟怀孰测，举鹏程之杳杳，尺鷃何知？耸鳌柱之巍巍，群仙共庆。主上以风骨特秀，识见甚奇，爰升卫社之班，别示优」贤之礼。将军即韩国妃之爱子也。国妃体貌幽闲，性情淑喆，内则柔和而不倨，外则婉娩而有仪。缨悦有常，遵肃雍于礼」典；珩璜中度，禀训导于公宫。六姻钦苹藻之风，二圣叹椒兰之德。贞纯孰比，礼法自持。云秀金枝，不是寻常之瑞；星流天表，」果膺翊圣之祯。以重熙十一年冬，备礼册命为丽妃，其后益励初诚，愈遵内范。圣上广陶唐序睦之典，悦麟趾振诜之文。眷」乃国容，宜加邦宪，再册为韩国妃。奈何夕薤飘英，春兰奄秀。是岁，又将星骤落，人镜忍殂，巍峨之世业空存，咫尺之威容永诀。所虞」音尘泯灭，陵谷更移，依闾岳以建茔，号杞天而称制。德之可纪，功之可铭。螭首龟趺，妙选般倕之手；披文相质，合凭屈宋之才。中立」考古修身，寡文取第，穷易爻而守道，究礼典以存生。墨妙笔精，深愧掞天之作；鳌枯海竭，庶存沉础之风。其文曰：」

天难谌兮命靡常，民不幸兮二主亡。主之生兮威加异乡，尊兮贵兮接萼联芳。神之去兮已届西方，何以」盼兮涕泪成行。播英风兮过尘劫，闭温容兮啓牛岗。刊珉石兮标世绩，齐地久兮与天长。」

维咸雍九年岁次癸丑七月壬寅朔二日癸卯癸时掩闭。」

东京提辖使赵群书。」

（周阿根：南京林业大学人文社会科学学院，210037，南京；陈赛琳，南京林业大学人文社会科学学院研究生，210037，南京）

伯 2092 号《大般涅槃经疏释》草字考释*

景盛轩

摘　要：汉字形体由隶书向楷书的演变中，草书扮演了重要的角色；草书对于推动汉字形体的简化也起到了重要作用。在敦煌文献整理过程中，草字的识别也成为难点之一。本文以伯 2092 号《大般涅槃经疏释》为材料，考释了其中的“显”“辞”“义”“识”等十来个草字，指出在识别草书时要注意形近和合文现象。

关键词：伯 2092 号《大般涅槃经疏释》　草字　考释

汉字形体由隶书向楷书的演变中，草书扮演了重要的角色；草书对于推动汉字形体的简化也起到了重要作用。在敦煌文献整理过程中，草字的识别也成为难点之一。因此，对于敦煌草字的整理和研究，应该成为近代汉字研究必不可少的组成部分。本文以伯 2092 号《大般涅槃经疏释》为材料，对其中的部分草字予以考释。同时，对一些形近草字进行辨析。不妥之处，尚祈方家指正。

伯 2092 号草书写卷，彩色图版见 IDP。《法藏敦煌文献》第 5 册 104—117 页、《敦煌宝藏》第 114 册 88—101 页皆有黑白图版。原卷首全尾残，长 1322.8 厘米，高 27.9—29 厘米。黄纸。共 34 纸，第 1 纸为包首，残存 3.9 厘米。第 31 纸为小纸，长 29.8 厘米。第 34 纸尾残，长 31.2 厘米。其余各纸完整，单纸长 38—39.8 厘米。纸 21—25 行①，行 19—25 字。共 794 行，计 20869 字。天头 1.1—2.2 厘米，地脚 1.3—2.0 厘米。无栏线。写卷上部有等距离水渍痕。第 12 纸 14—22 行（第 14 字以前）为另一人书写。有个别涂抹和雌黄修改。使用重文符和乙字符。原卷又经另一人朱笔分

* 国家社科基金重大研究专项“敦煌《大般涅槃经》写本研究”（18VJX067）。

① 每纸行数：四、六至十、廿一、卅三纸 25 行；一、五、十一、十二、十四至十七、十九、廿、廿二至廿四、卅二纸 24 行；二、三、十三、廿五纸 23 行；十八、廿六、廿七、廿九、卅纸 22 行；廿八、卅四纸 21 行；卅一 14 行。

科校勘。该卷为唐人写卷。

伯 2092 号所写内容为北本《大般涅槃经》卷一的注疏。原卷无题。《法藏敦煌文献》《敦煌宝藏》皆定名为“大般涅槃经疏释”，可从。从疏释中引用的佛教典籍判断，《大般涅槃经疏释》当为唐人所作。① 该疏释未为历代藏经收录，内容丰富②，极具整理价值。

该卷的草书风格，陆翔以为“殆与二一一八号同”③。今查伯 2118 号为“妙法花经明决要述”（包首外题“法华玄赞卷第十”）。二者书风近似，但非同一人书。跟敦煌所存其他《法华玄赞》章草写本（如北敦 14710 号、故宫博 137368 号等）相较，这是一种章草和今草融合的风格（参图 1）。

从书法水平看，伯 2092 号稍逊于敦煌《法华玄赞》草书写本。许多草字的写法不太规范，较难辨识。今列举部分草字，略作考释，以就正于方家。用例后的括号内注明例字出现于第几行第几字。

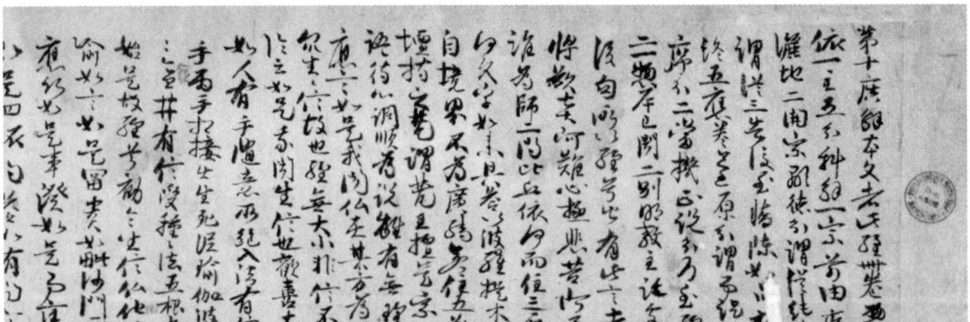

图 1 伯 2092 号卷首

① 伯 2092 号《大般涅槃经疏释》引文中出现《大唐大慈恩寺三藏法师传》，则该疏释当出现在 688 年以后。

② 其疏经方式主要有：一、难字音义；二、辨析同义词；三、释梵语；四、划分层次；五、串讲经文。

③ 见 IDP 该号之说明。按，《敦煌遗书总目索引》及《敦煌遗书总目索引新编》径言二者同卷，不妥。

一、

此形出现 41 处，例如：

1. 开宗德分，谓从“纯陀”始至于“哀叹”终。(3-6)

2. 传法者有胜，故能请有所传。(30-5)

3. 或说除疑，或说离谤，或云应感，或云如是，皆改换文辞，变无别义。(34-7)

4. 冷（今）说有我，真实故。(45-6)

5. 四为圣凡得先别故。(49-3)

6. 又有解云不许此义，言阿难是仏得道夜生，廿年后方始出家，卅年后始为侍者，以前所说，皆不亲闻，云何而言？非传谬，成上“我闻”，故云“一时”。(56-1)

7. 此仏德，于理无违。释经一时，义即不可。(64-16)

8. 所为有五：一利乐众生，二自成大法，三发昔权，四住持后法，五调伏因缘。(295-8)

9. 昔日权教，方便隐密，闻仏所由，名为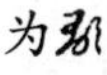发。(300-7)

按：第 8、第 9 两例内容，慧远《大般涅槃经义记》中相似的表达有：“显发密教，令知昔权。”（T37p614c5））故知两例中“发”前当为“显”字。以“显”字释其他例句，皆能贯通。故宫博 137368 号《法华玄赞》卷五：“一颂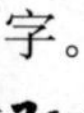言巧心安。”（23-12）① 又，“赞曰：下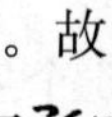还令依前取实……后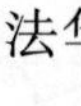令忆本心。”（61-8；62-9）例中的草字，《大正藏》皆作“显”，《法华玄赞卷五校释》（下简称《校释》）亦皆释作“显”。伯 2092 号“显”之草书，与故宫博 137368 号笔法接近。又“显”字，孙过庭写作“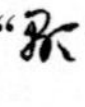”，王羲之写作“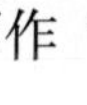”，与伯 2092 号笔法一致，可资参证。②

---

① 故宫博 137368 号的校释见马德、吕义主编，吕洞达、吕义编著《敦煌草书写本识粹・法华玄赞卷五》，社会科学文献出版社 2022 年。用例后的括号内数字指例字出现于第几行第几字，下同。

② 名家书法资料见国学大师网站之“书法大师”（http://www.guoxuedashi.net/），以及程同根编著《敦煌草书大字典》，江西美术出版社 2017 年。

二、

此形共出现 5 次：

1. 又解“如是”者，指斥之。（33-3）
2. 或云显如是，皆改换文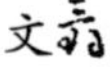。（34-14）
3. 若别别说，便费多。（42-22）
4. 此是凡夫寻常语，亦更不须别加摸度。（223-16）
5. 正说先无译解。（698-17）

按：慧远《大般涅槃经义记》：“前十句中道如言者，指斥之辞。”（T37p727c13）句法和例 1 相同，故“”当为“辞”字，“文辞”“语辞”“说辞”“费多辞”皆文通字顺。“辞”，索靖《月仪帖》作“”，孙过庭作“”，可资比勘。伯 2092 号还有 1 处作“辞”：“故三请大人，寡故三嘿。”（309-12）有 2 处作“辤”：“哉是助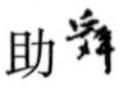。”（202-8）“三正说咒。”（690-1）其草书或为“辤”之部件“辛”移位至“受”之右隅草写而成。

伯 2092 号第 47 行还有一个草字：

经说愬，即是我故。（47-9）

例中的草字根据文意，似是“辞”字，但其字下部草法与其他 5 个字形不类，俟进一步考证。

三、

此形出现 75 次，例如：

1. 今以《正》但为二门。（5-16）

2.《仏地论》云：“我谓五蕴，世俗假者……闻者识上，文相生。此文相虽现，依自善根力起，而就强缘，名为仏说。”（36-6，10）

3. 比丘梵音，具含多義。(109-1)

按：例 2 引文出自玄奘译《佛地经论》："我谓诸蕴，世俗假者……闻者识上，文义相生。此文义相虽亲，依自善根力起，而就强缘，名为佛说。"（T26p291c24-29）故"義"当为"義"字无疑。"義"，孙过庭草书作"義"，颜真卿草书作"義"，大为简化。故宫博 137368 号《法华玄赞》卷五："说一乘義故演畅清净法。"（42-18）例中的草字，《大正藏》《校释》皆释作"義"。"義"草作"義"，仅存"䒑"头和部件"戈"，而到伯 2092 号中，已简作"丷"下"乂"形，其过程为：義→義→義→義。

作为部件的"義"，草书也类推简化，如：

十三为论議。(89-9) ——此是"议"字。

菩萨随物，形儀不定。(97-3) ——此是"仪"字。

四、識

此形出现 18 次，例如：

1. 闻谓耳根，发識听受，有说依仏，增上缘力，闻者识上，文义相生。此义文相虽现，依自善根力起，而就强缘，名为仏说。由耳根力識所二处现，故说为闻。(35-12，37-9)

2. 有说有情善根成熟增上缘力，如是識上，文义相生。(38-8)

3. 耳根耳识闻声不二，使文字意根意识，缘字不二矣……耳識生必依于耳。(41-18)

按：如前文所揭，例 1 内容出自玄奘译《佛地经论》，"識"和"識"，《大正藏》皆作"识"。例 3 "耳識"，前文作"耳识"，则草字为"识"字明矣。"识"，故宫博 137368 号《法华玄赞》卷五作"識"（12-3）、"識"（12-19），孙过庭草书作"識""識"等形，可资佐证。斯 230 号《六门陀罗尼经论广释》："谓诸天魔而离于自是别心識。"其中的"识"，"言"旁已草写作"讠"，在《法华玄赞》写卷中用"丨"替代，又将构件“日”用小撇笔替代，其他部件连带而成“识”形。在伯 2092 号中作“识”，进一步作了简化。北敦 2737 号《百法明门论疏（拟）》：“六识名识，了别义故。”其中的“识”即“识”的楷化形式。

在伯 2092 号中，“识”的草书和“仪”的草书有时形近，要注意分别（参上条）。“识”的草书又和“浅”的草书形近。例如：

1. 释迦之子名罗睺罗，蔽执释迦圣惠日故，随浅智知罗睺是仏报身之子，世俗所生故名深智。(166-17)

2. 世俗浅见，谓仏空灭。(227-5)

3. 纳诸浅流，毁誉不动。多功德宝，慈育众生，智深无底，等解说味，不怀宿恶，化不失仪，能受大教，将护阐提。十义稍同，故云“海德”。(329-2)

4. 凡夫谓有常乐我等，声闻观见无常苦等，是浅近转；声闻观苦空等，菩萨观乐实等是深密转。(392-6)

以上 4 例中的草字皆是“浅”字。第 3 例中的“浅”极类“仪”或“识”的草书。

五、轮

此形有 5 个变体：

1. 显理授人，今将克证，惣名为转。教理行果，胜因名轮，以体圆满，移转迅疾，摧伏烦恼，安众生故。欲要解者，有情心色，全体名轮……菩萨所行，如来又舍，是最胜转；智解果生，境行但转，名转法轮，后成正觉，诸通弁力不共等，皆名法轮，为化显示，故名当转。(390-3；391-9；394-6，21)

2. 先列众次，后叙悲，三轮并叙其身战掉。

按：例 2 中草字的左部为“车”旁草书，较易识别，而例中草字的右部皆为“仑”旁的草写。例如伯 2092 号中多次引用的《仏地论》，“论”即写作“论”(34-21)。又，“一者假名，行解伦无，唯有假相故”(100-20)，“伦”即“伦”字。孙过庭草书“轮”作“轮”“轮”等形，皆可证例中草字为“轮”字。

下面我们来看伯 2092 号中一个比较难认的字：

面门者即面也，或名面部，或名面，皆即面也。(178-7)

例中的“”为何字草书？考“车”旁的草写类似“丰”形，如上揭例 1 中的“轮”写作“”；“转”，原卷即写作“”。俄弗 267 号《无常经疏》：“具说金，以标经意。”斯 316 号背《大乘稻芉经随听手镜记》：“故月亦现，此初喻也。”可见，“车”旁草书楷化后即作“丰”。故“”字左部应该为“车”旁极为草率的写法，而右部当为“仑”旁草书“”的连笔。因此，“”亦当为“轮”字。面轮，佛经多见，如法贤译《众许摩诃帝经》：“太子舌相广净，能覆面轮至发际等。”（T3p940b25-26）菩提流志译《大宝积经》：“面轮严好，犹如满月。”（T11p486b18）即其例。“面门”“面部”“面轮”都是“面”的同义词。

故宫博 137368 号《法华玄赞》卷五：“外为天人所敬能转无上法。”（47-15）“轮”写作“”形，“车”旁的草写与伯 2092 号又有所不同。

六、

此形多见，例如：

1. 在拘尸那等，即化处。(77-22)

2. 是诸众生为第一句，即前六趣遇光之者。是犹此，见闻是已，为第二句。见光闻声。已犹止。(195-19，196-14)

按：第二个“”字旁，原卷以朱笔校写一楷书“也”字（按，黑白图版看不见），故为“也”的草书无疑。

“也”字草书与“宅”“寂”等字草书形近：

1. 亲如罗睺释怜愍，为作归依屋释覆护。(165-16)

2. 故说如来言为作归依即法，说屋舍室以喻显去远即须归，有离即须依。(169-7)

3. 体依曰屋，止住曰舍，内宫曰室，大院曰。(170-17)

4. 舍欲向，舍化住，故名涅槃，示是无馀。(173-6，10，18)

按：例 1 中的“”与例 4 中的“”形近，从字形看当是“也”的草书，但从文意看，“屋”当是“屋宅”。[①] 根据例 2、例 3“宅”的写法，例 1 中的“”可能是个别字。例 4 中的“”“”当是“寂”的草书。在伯 2092 号中的用例如：

1. 如来教手，众生舒信手，两手相接，出生死泥。(18-19)
2. 莫般涅槃者，若莫入定（也）。(218-17)
3. 若见生死，即观本性灭涅槃相为对治。(449-15)

按：例 1 中的“”与“宅”字极其相似，但应为“寂”的简写。寂，《说文・宀部》作“宗”。段注：“宗今字作寂，《方言》作家，云静也。”“宗”草书作“”（索靖）、“”（王羲之）、“”（智永）等。故宫博 137368 号《法华玄赞》卷五：“耽灭味极深重故。”(137-24) 例中的草字，《大正藏》《校释》皆释作“寂”，即其例。例 1 中的“”即“寂”字草书楷化。寂教，犹佛教。无罗叉译《放光般若经》卷一四：“佛告须菩提：菩萨远离，寂于声闻辟支佛念，寂于山间树下独处念。须菩提！菩萨如是是为大远离之法。菩萨如是当昼夜行，是为菩萨寂然远离。若在人间随我寂教者，虽在城傍为与山泽等无有异。”(T8p96c27-97a3) 例中即有“寂教”一词。

“也”字草书亦与“皆”“甚”等字草书形近：

所以经首有此言。(8-7) ——此是“皆”字。
再言之者，痛惜之。(232-15) ——此是“甚”字。

兹列表（表 1）以再现上述草字之区别：

表 1 “也”“宅”“寂”“皆”“甚”五字草形比较

也	宅	寂	皆	甚

① 伯 2176 号《妙法莲华经玄赞》卷第六：“经是朽故至其焰俱炽”（《法藏》第八册 54 页上第 6 行）、“故三界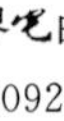由佛若在灾难不生”(54 页上第 14 行)、“由火焚荡字崩摧”(54 页上第 21 行)，诸例中“宅”的草书与伯 2092 号的草字“”形近。

七、

此形有 4 个变体：

1.《仏地论》云：“我谓五蕴，世俗假者，闻谓耳根，发识受。”（35-13）

2.《仏地论》云：说者者共相会遇，无前无后，故名一时。（61-14）

3. 说者常因一时心说经者，常因一时心，必无二念，故名一时。案《花严》说有仏出世，是说经时，每一仏化名为一时。（69-14，70-9）

按：例 1、例 2 内容出自玄奘译《佛地经论》：“我谓诸蕴，世俗假者，闻谓耳根，发识听受。”（T26p291c8）“或相会遇，时分无别，故名一时。即是说听共相会遇，同一时义。”（T26p292a16-18）故例中草字当为“听”字。“听”字草书，王羲之写作“”，孙过庭写作“”，智永写作“”，与伯 2092 号笔法近似，可资参证。

八、

此形出现 11 次，例如：

是有相，非烦恼相。以（阿）罗汉，但（断）性，未断有，唯伏断现，未离习气，是故三业皆许有失，是不（染）失，非流转遍。（244-2，15，19）

按：“有漏”是一个佛教术语，烦恼之生起，即是有漏。[①] 有漏之相状称有漏相。玄奘译《阿毘达磨大毘婆沙论》：“尊者世友作如是说：有漏相者从漏生相，是有漏相。能生漏相，是有漏相。无漏相者，与此相违。”（T27p392b29-c2）伯 2040 号《维摩经疏卷第三》第六：“言漏自性者，谓诸漏自性漏性合，故名为有漏。”“漏”草作“”，亦见故宫博 137368 号《法华玄赞》卷五，如“既令悔除故名无”（7-5），即其例。例中草字“”，是“染”字，与“漏”的草书有别。“漏”字的草书，不见收于程同根编著的《敦煌草书大字典》，当补。顺便一提，例中“阿”“断”两字的草书几乎同形，

① ［日］木村泰贤著，释依观译：《阿毘达磨论之研究》，台湾商务印书馆 2018 年，第 165 页。

要借助语境分辨。

又，“漏”“摄”二字草书右部类似，如：

与比丘同而于数类加以列名，于摄德中，少“逮得己利”及“众胜”两句。(308-3)

按：慧远《大般涅槃经义记》：“净即涅槃摄德归体。”（T37p801c16）故宫博137368号《法华玄赞》卷五“摄”亦作“摄”(181-20)。

九、枯槁

龙是畜中胜，兴云雨以润枯槁。(312-12，13)

按：二字草书按其笔势似乎可以楷化为“括搏”，但“括搏”不辞。前文有“如大龙王有大威德润生苗稼（苗稼）”(277-18，19)，颇疑“槁”为“稼”的讹字，但前一字不好解释。然联系例句下文：“菩萨，人中胜，起智说以利盲聋。”“起智说以利盲聋”与“兴云雨以润枯槁”适成对偶，“枯槁”当与“盲聋”类义。考道液集《净名经集解关中疏》卷上：“喻海有神宝，能放光除暝，亦因光能雨甘露润枯槁也。”(T85p443a21-17）其语境与伯2092号类似，故“枯槁”当为“枯槁”无疑。“木”旁经常写作“扌”旁，乃草书、俗书惯例。“槁”，孙过庭草书作“槁”，可资比勘。

十、[草书]

贩卖贸易，种田植果等，取受自资，名[草书]。(116-12，13)

按：“[草书]”不好辨认。例句的上下文是：“依《舍利经》有四邪命：仰瞻星宿，妄说吉凶，取食自资，名仰口食；贩卖贸易，种田植果等，取受自资，名[草书]。咒术医方，占相吉凶，取食存命，名维口食；妄称得圣；论现异相，说祸劝施，说馀击发，假托求食，结豖（逐）贵人，通致使命，名方口食。离此四耶，故名净命。”语段中“[草书]”与“仰口食”“维口食”“方口食”对举，“食”为“食”字草书，故“食”“[草书]”当是“”更为草率的写法。考慧远《大乘义章》卷一六：“一离下口食，谓不种殖、合和诸药、治生贩卖以求活命；二离仰口食，谓不占相日月星宿、吉凶等事而求活命；三离方口食，谓不谄媚豪势贵胜、通致使命、巧言多求而自活命；四离维口食，谓不习学种种咒术、卜算、吉凶、画师、泥作诸伎艺等而自养活。离此四种，名为正命。”由此可见，“”为“下口”二字草书连写。这种情况在伯2092号中多见，切不可把二字释读为一字。例如伯2092号有这样的草字：

林上堂阁，林下花池，花池严林堂阁，说林已乞（讫），何劳别开，有说四相地动？(128-2)

少财曰贫，路尽名穷。于法。(234-11)

两例中的“”为“亦尔”二字的草书连写。

（景盛轩：浙江师范大学人文学院，321004，金华）

中日古写本《金光明最胜王经》音义书比较研究*

张　磊

摘　要： 义净所译《金光明最胜王经》流传极广，除经文以外，敦煌写本中还有四百多号该经随函音义的写卷，而日本承历三年（1079）的《金光明最胜王经音义》抄本，是日本现存唯一的《金光明最胜王经音义》，二者对研究中古音、汉字音以及异体俗字都具有重要的参考价值。比较中日两种古写本音义书，不仅能从中发现汉字传播和演变的轨迹，也能考订文字异同，考察二者的用字特点。

关键词： 金光明最胜王经　音义　敦煌　日本　古写本

唐武周长安三年（703），义净在北凉昙无谶译《金光明经》（四卷）、隋宝贵等译《合部金光明经》（八卷）的基础上，重新增补译出十卷本的《金光明最胜王经》。义净的译本后出转精，流传极广，敦煌文献中该经的写卷共有 2522 号，其中义净译本达 1926 号。① 除了《金光明最胜王经》经文以外，敦煌文献中还有四百多号该经经音的写卷②，对研究中古音和异体俗字有着重要的参考价值。而日本承历三年（1079）的《金光明最胜王经音义》抄本（以下简称承历三年本）③，是日本现存唯一的《金光明最胜王经音义》④，作者不详。该书是研究平安时代汉字音和异体字的重要资料⑤，“所摘

* 本文是教育部人文社会科学重点研究基地重大项目“手写纸本文献汉字研究及数据库建设”（22JJD740032）的阶段性成果。

① 参见朱若溪《〈金光明经〉敦煌写本研究》，浙江大学博士学位论文 2017 年，第 1 页。

② 参见张涌泉主编《敦煌经部文献合集》，中华书局 2008 年，第 5321 页。

③ ［日］古典研究会：《古辞书音义集成》第十二卷（别册），汲古书院 1981 年。

④ 日本古写经中也有《金光明最胜王经》随函音义，但多为残帙零卷，故本文不再讨论。

⑤ 参见梁晓虹《日本〈金光明最胜王经音义〉与异体字研究》，《汉字汉语研究》2018 年第 1 期。

出的汉字都代表了平安中期《金光明最胜王经》的用字实貌”①。承历三年本对汉字音（吴音）主要有两种注音形式：一是直音，如“瘂，阿～”（“～”为“音”的省代符号）；二是反切，如“函”下注“可牟反”，“谬”下注“女宇反”，“窒”下注“丁结反”。同时，大部分标目字标有四声声点。敦煌本与承历三年本并没有直接的关联，但通过比较中日两种古写本音义书，不仅能从差异中发现汉字传播和演变的轨迹，也能比勘考订文字异同，考察二者的用字特点。

一、两种古写本音义书的比较

敦煌本与承历三年本《金光明最胜王经音义》共有的条目详见表1。

表1 敦煌本与承历三年本共有的条目及对应《大正藏》经文

字头	承历三年本②	敦煌本	对应经文
卷1			
溼	溼，又作溼，又作濕	溼，失入③	具寿婆濕波
瞖	瞖，又作瞖	瞖，弗号	瞖罗叶龙王
駃	駃，四音	駃，所史，从史	持駃水龙王/恒河駃流水
慱	慱	慱，补各反	其室忽然广慱（博）严净
瘂	瘂，阿～④	瘂，厄下	聋者得闻，瘂者能言
蜹	蜹，亡～	蜹，而税	假使蚊蜹足，可使成楼观
鷦	鷦，照～	鷦，即遥	假使鷦鷯鸟，以嘴衔香山
鷯	鷯，了～	鷯，多簫	假使鷦鷯鸟，以嘴衔香山
鵂	鵂，九～	鵂，许尤	乌与鵂鹠鸟，同共一处游
鹠	鹠，留～	鹠，力求	乌与鵂鹠鸟，同共一处游
朅	朅，结～	朅，偬（愆）竭	朅树罗枝中，能出庵罗叶
觜	觜，子～	觜，即委	假使鷦鷯鸟，以嘴衔香山⑤
憊	憊，又作惫，又作憊，又作僃	憊，蒱界	亦无便利羸憊之相

① 梁晓虹：《日本汉字资料研究——日本佛经音义》，中国社会科学出版社2018年，第614页。

② 承历三年本用万叶假名标记的和训，如“驴”下注“宇佐伎马”，本文省略不录。

③ 敦煌本切语多不标“反”字。

④ 书中多用“～”来省代“音”字，此处予以保留。

⑤《广韵·纸韵》“觜”同“嘴”，音即委切。

续表 1

字头	承历三年本	敦煌本	对应经文
荼	荼，陁音，又作荼	荼，室加①	复有四万九千揭路荼王
蛭	蛭，七音	蛭，之日	假使水蛭虫，口中生白齿
卷 2			
矿	矿，句～	矿，古猛	处处求觅，遂得金矿
炼	炼，连～	炼，莲见	择取精者，炉中销炼
镕	镕，容□	镕，欲钟	譬如真金，镕销冶炼
渟	渟，丁～	渟，大丁	譬如浊水，澄渟清净是
桴	桴，部～	桴，覆于	见一婆罗门，桴击金鼓，出大音声
鎖	鏁，又作鎖	鎖，苏果	若受鞭杖枷鎖系，种种苦具切其身
羂	羂，券～	羂，古县	一切众生于有海，生死羂网坚牢缚
卷 3			
阓	阓	阓，胡对	无作无动，远离阓闹
穆	穆，目～	穆，莫六	更相亲穆，尊重爱念
暨	暨，既□，至也	暨，其器	嘉名普暨，众所钦仰
卷 4			
底	底	底，丁里反。下皆同	阿婆婆萨底
卷 5			
奕	弈，益～。又作奕	奕，盈益	圆光一寻照无边，赫奕犹如百千日
齅	齅，□□，闻也	齅，许救	鼻根恒嗅于香境，舌根镇尝于美味
窒	窒，丁结反	窒，丁结	壹窒哩，蜜窒哩，莎诃
稔	稔，□～	稔，任甚	饥馑恶时，能令丰稔
卷 6			
敞	敞，掌。上～	敞，昌两	王所爱重，显敞之处
敵	敵，着～	敵，亭历，从文（攵）	邻国怨敵，兴如是念
整	𣪧，□今，正也	𣪧，之郢	备整军仪，盛陈音乐
蚀	蚀，阙也	蚀，乘力	两日并现，博（薄）蚀无恒
掠	掠，两～	掠，良灼	多有他方怨贼侵掠，国内人民受诸苦恼

① 张涌泉主编：《敦煌经部文献合集》："'室加'应为'宅加'之误，盖抄者因'宅'与'室'意义相近而错用。"（第 5333 页）

续表 2

字头	承历三年本	敦煌本	对应经文
薜	薜，倍伊反①	薜，薄闭	南谟薜室啰末拏也莫诃曷啰阇也
拏	拏，駄～，又土	拏，奴加	南谟薜室啰末拏也莫诃曷啰阇也
嚹	嚹，良布反	嚹，卢盍	跋嚹婆也
鞔	鞔，曼～	鞔，末般	手足鞔网遍庄严，犹如鹅王相具足
卷 7			
須	須，他～	須，多可	苏三钵啰底瑟耻哆②
澀	澀，□～③	澀，色立	补澁④跛僧悉怛嚾
鬚	[illegible]，主～	鬚，粟俞	马芹、龙花鬚、白胶
攞	攞，罗～	攞，罗可	尼攞建佗也
葺	葺，集～	葺，役（侵）入	依高山顶胜住处，葺茅为室在中居
蚕	[illegible]	蚕，昨含	常着青色野蚕衣
叱	叱，七～	叱，瞋失	茅根香、叱脂、艾纳
杞	杞，古～	杞，欺已	猗杞根、松脂、桂皮
酸	酸，春～，酢也	酸，苏活	南无萨啰酸底
蚶	蚶，日～	蚶，火含/蚶，火甘	悉侄蚶喋荼
�			
卷 8			
𢸱	𢸱，知⑤	𢸱，陟履	怛侄他儞室里末舍羯 𢸱，捺 𢸱矩 𢸱
禵	禵，攝～	禵/攝，之涉	只只只只主主主主栴茶攝
卷 9			
痰	痰，駄牟反	痰，徒甘	众生有四病，风黄热痰瘾
瘾	瘾，于牟反	瘾，于禁	众生有四病，风黄热痰瘾
媲	媲，倍伊反	媲，普诣	医泥悉悉泥沓媲达沓媲
睇	睇，太伊反	睇，啼计	揭睇健

① 此条原在卷 1，对应经文作“婆罗门、刹帝力、薜舍、戍达罗等舍”，兹暂移至此处，便于与敦煌本对照。

② 《大正藏》本经文卷 7 无“須”字，第 8 卷“三曼須”句有该字，承历三年本“須”字音义亦在卷 8。而敦煌本“須”字音义在第 7 卷，对应的经文疑为卷 7“苏三钵啰底瑟耻哆”或“苏钵喇底瑟耻哆”之“哆”。

③ 缺字原文模糊，《古辞书音义集成》录作“犱”（第 42 页），非是。

④ “澁”为经文“澀”的俗字。

⑤ 此条原在卷 7，对应经文作“畔陀么弹滞磨腻儞 𢸱”，兹暂移至此处，便于与敦煌本对照。

续表 3

字头	承历三年本	敦煌本	对应经文
梢	梢，抄～	梢，所交	头破作七分，犹如兰香梢
沓	沓，荅～	沓，徒洽。下同	悉泥沓娓达沓娓
卷 10			
憩	憩，计伊反	憩，去例	至大竹林，于中憩息
航	航，向	航，胡郎	于生死海，作大舟航
鷄	鷄，秀～	鷄，仕于	牙齿堕落，得三鸽鷄
擒	擒，又作禽，主～	擒，巨今	又梦三鸽鷄，一被鹰擒去
瘠	瘠，尺～	瘠，精昔	虎今羸瘦，不能食我
鲠/哽	鲠，经～	鲠/哽，古杏	惊惶失所，悲哽而言
抆/扪	扪，文～	抆/扪，拭。无粉	即便抆泪，慰喻夫人

通过比较可以发现，承历三年本与敦煌本《金光明最胜王经音义》相同者少，而不同者多。相同之处，主要表现在字形。例如：

卷 6 经文“多有他方怨贼侵掠，国内人民受诸苦恼”，“掠”字二者皆从俗体作“掠”，《干禄字书》：“京京：上通下正。”卷 10 经文“当使此身修广大业，于生死海，作大舟航”，承历三年本和 S. 6691 等号的“航”字皆作“舤”。卷 10 经文“便于梦中见不祥相，被割两乳，牙齿堕落，得三鸽鷄”，承历三年本“鷄”字作“鷄”，敦煌本亦大多与此形同。两种古写本的读音偶有相同。如经文卷 5“壹窒哩，蜜窒哩，莎诃”，“窒”字二者皆音“丁结反”，《广韵·屑韵》“窒”字亦有丁结切一读。

可见，两种古写本相同之处较少，并无实质性的关联，但正是由于二者之间的差异，才有助于探讨文字和文献的流传与演变。

二、两种古写本音义书的差异及原因

以下分别从流传形式、条目数量、注释内容、编纂目的以及避讳五个方面，来讨论承历三年本与敦煌本的差异。

（一）流传形式

黄耀堃先生将佛经音义分成了三类：第一类是随文加注，正文里面附注音义；第二类是音义专书，如《可洪音义》；第三类即附在每卷（函）卷末的随函音义。[①] 从晚唐五代至宋初，受刻本大藏经影响，写本随函音义极易被打散，并逐渐散佚。如敦煌本《金光明最胜王经音义》幸赖于藏经洞的保存，虽然多达四百号以上，却没有一件是完整的。反之，承历三年本《金光明最胜王经音义》得以较为完整地保存至今，跟《玄应音义》《慧琳音义》《可洪音义》以及其他日本现存音义书一样，很大程度上得益于音义专书这种独立的形式。

（二）条目数量

据笔者统计，承历三年本记录的音义条目总数为 443 条（未统计后人用小字补抄的条目），而敦煌本的音义条目仅为 112 条，条目比例近四比一，各卷具体条目数量如下：

卷 1：承 71 敦 16；卷 2：承 62 敦 7；卷 3：承 18 敦 3；卷 4：承 15 敦 9；卷 5：承 29 敦 4；卷 6：承 57 敦 20；卷 7：承 82 敦 29；卷 8：承 30 敦 5；卷 9：承 38 敦 11；卷 10：承 41 敦 8。

以两种音义书条目均为最多的卷 7 为例，对照经文，解释一般字词音义，解释咒语译音字，以及解释佛名译音字的条目数量分别为：承历三年本 50 条、31 条、1 条，敦煌本 9 条、20 条、0 条。

敦煌本卷 7，解释一般字词的比例为 31%，解释咒语译音字的比例为 69%，未解释佛名译音字；而承历三年本卷 7，对咒语译音字和佛名译音字的解释比例为 39%，对一般字词的解释比例则是 61%，两种音义书对译音字和一般字词的解释比例几乎是相反的。从这一反差可以看出，敦煌本重译音字而轻一般字词，承历三年本不但重译音字，对一般字词的注释也较为重视。值得注意的是，从一般字词的注释数量来看，承历三年本超出敦煌本四成多，这在一定程度上反映了中日两国僧人对一般字词音义注释的需求，尤其是对读音的理解程度存在较大差异。

（三）注释内容

敦煌本大多数条目的注释只标反切，仅个别条目有辨析字形结构的内容，如卷 1“駛”下除反切“所史”外，还注有“从史”。承历三年本则兼有注音、和训、异体字、释义等，内容较为丰富，如卷 1“逾，又作踰，喻音，越也”。

承历三年本对标目字和异体字的处理是其特色与价值所在，其区分正字和异体的标准和方法并不像他书那样严密，带有一定的主观性，或者说直观性。通常的做法是：依据写本的实际情况，以常用或常见、经文中出现频率较高的字形作为标目字，而将

① 黄耀堃：《磧砂藏随函音义初探》，载《音韵论丛》，齐鲁书社 2004 年，第 252 页。

其他字形作为异体。例如下文所举“荼”“茶”二字，承历三年本以当时通行的“茶”作为标目字，反而将源于《说文》的“荼”列入异体。这种区分方法虽然不够严谨，却反映了当时佛经写本的真实面貌，并且能与敦煌本《金光明最胜王经》及其音义基本对应。

（四）编纂目的

作为一部护国经典，中日两国曾大量抄写《金光明最胜王经》。音义部分，敦煌本以随函音义的形式不断抄写，一方面是需要照底本抄录；另一方面，从抄写的意义和作用来看，人们在诵读《金光明最胜王经》遇到难字或咒语译音字时能有所参考，尤其是译音字该怎么读，就显得非常重要，字形和释义反而显得无足轻重。而承历三年本则在提示汉字音的基础上，尤为关注和训，也为不少一般字词进行了注释，部分条目还补充了异体字和释义，这样做的目的显然是为了方便日本僧人诵读经文。

（五）避讳

承历三年本不避唐讳。如卷 7“跩”条右旁作“世”，敦煌本则缺笔；又如同卷“昬”条，此为“昏”的古异体字，唐代为避李世民讳而多作“昏”，敦煌本仅 S. 1178 作“昬”，其余皆作“昏”。再如卷 3“暨”、卷 6“治”（“治”为后人用小字补抄），承历三年本皆不避唐讳。

又卷 10：“⿸虍乚，又作乕。”“⿸虍乚”字缺左侧一撇，梁晓虹先生视为避讳字。[①] 然而“虎”作为讳字时一般是缺末笔，遍检敦煌文献，尚未发现缺左侧撇画者，将“⿸虍乚”视作讳字并不妥当。承历三年本所据底本不得而知，但应该经过了作者的重新整理，为了更加方便理解和诵读，作者摒弃避讳字而进行了回改。

三、两种古写本音义书的用字

承历三年本及其他日本古写本辞书，与敦煌本《金光明最胜王经音义》可以相互发明，考订文字异同，比较用字特点。例如：

【駛】

承历三年本：“駛，四音。”敦煌本：“駛，所史，从史。”

按：《大正藏》本经文卷 1 有“持駛水龙王”及“恒河駛流水”句，即此字所出。

---

① 参见梁晓虹《日本汉字资料研究——日本佛经音义》，中国社会科学出版社 2018 年，第 619—620 页。

标目字 S. 6691 等号作“駃”，S. 1177 等号作“驶”，敦煌写本中两种字形错出①，而承历三年本则与 S. 6691 等号同形。“夬”旁与“史”旁形近易混，此条标目字当以“驶”字为是。《慧琳音义》卷 29“持驶水”条云：“驶音使，去声字也。《苍颉篇》云：驶，疾也；水流速也；急也。《古今正字》从马、史声。经从夬，非也。”可见承历三年本所据经文底本亦误作“駃”。

【蚋】

> 承历三年本：“蛧，亡～。”敦煌本：“蚋，而税。”

按：《大正藏》本经文卷 1 有“假使蚊蚋足，可使成楼观”句，即此字所出。“蚋”字古作“蜹”。《集韵·祭韵》：“蜹，虫名。《说文》：秦、晋谓之蜹，楚谓之蚊。或省（作蚋）。”《慧琳音义》卷 69“蚊蜹”条云：“而锐反……《说文》形声字也。”《广韵·祭韵》“蜹”字音而锐切，“而锐”与“而税”音同。

承历三年本标目字“蛧”即“蛧”，注曰“亡音”，则将标目字视为“虻”的声旁替换字。此盖因“蚋”俗写讹作“蛧”，抄手又将“蛧”的右旁误认为是“罔”或“网”的俗写，进而将其回改作“虻”，从而出现“蛧（蚋）”读“亡音”的误解。再看“蚋”字俗写讹作“蛧”的例子，如《玄应音义》卷 3“蚊蚋”条：“而锐反。《说文》：秦人谓之蚋，楚人谓之蚊。《通俗文》：蜎化为蚊。小蚊曰蚋。蜎音渠兖反。”其中，《玄应音义》日本古写本的金刚寺本、七寺本，与刻本《金藏》本、《高丽藏》本、《碛砂藏》本同，皆作“蚋”字，而广岛大学藏古写本则作“蛧”②，可资比勘。

同样，敦煌文献中亦有因抄写讹误，进而错误回改的例子。例如 Φ154《佛名经》卷 9：“或打扑蚊蚋，掐啮蚤虱。”“蚋”字原卷作“蜹”，而 BD3687《佛名经（十六卷本）》卷 3 经文相同位置该字作“蛧”，当为“蚋”的讹俗字。又如 P. 2376《大佛名要略忏悔文》相同位置的经文作“或打扑蚊蛧虻，掐啮蚤虱”，“蛧”下接抄“虻（虻）”字，旁无删除符号，但“蚊蛧虻”无论行文或句意均无法解释。显然，这是因为 P. 2376 的抄手依据底本移录“蛧”字时，不明“蛧”为“蚋”的讹俗字，认为“蚊蛧”文意不畅，误认为“蛧”字应当作“虻”，并与上字“蚊”连读，故在该字之后复加校字“虻”，却又忘记删除上字“蛧”，致使文辞不协。

---

① 参见张涌泉主编《敦煌经部文献合集》，中华书局 2008 年，第 5328 页。

② ［日］古典研究会：《古辞书音义集成》第九卷，汲古书院 1980 年，第 85 页。

【僿】

承历三年本："僿，又作愘，又作𢠽，又作僿。"敦煌本："僿，蒲界。"

按：《大正藏》本经文卷 1 有"亦无便利羸僿之相"句，即此字所出。敦煌本 S. 1177 等号作"僿"，但经文和随函音义中的字形多有不同。如上图 38 号经文中该字作"僿"，随函音义作"𢠽"；BD2654-2 经文中该字作"僿"，随函音义作"僿"；S. 6558 经文中该字作"僿"，随函音义作"僿"。承历三年本应该是注意到了该字在写本中字形不一的特点，故列举了三个异体①，皆为"僿"的俗写，反映了写本用字的复杂情况，这也正是承历三年本的体例和特色。

【荼】

承历三年本："荼，陁音，又作茶。"敦煌本："茶，室（宅）加。"

按：《说文·艸部》："荼，苦荼也。从艸，余声。"徐铉注："此即今之茶字。"一般认为"荼""茶"乃古今字，如郝懿行《尔雅义疏·释木》"槚，苦荼"条云："今'茶'字古作'荼'……至唐陆羽著《茶经》始减一画作'茶'，今则知'茶'不复知'荼'矣。"盖以陆羽为茶仙而系于其名。"茶"字大约在晚唐五代时期的写本文献中流行起来，如黑水城所出《可洪音义》写本《大方广佛华严经》第 77 卷音义："旃荼：上梅，下茶。"② 即用当时通行的"茶"字来为"荼"注音，刻本系统的《可洪音义》（《高丽藏》本）则用反切而非直音，作"旃荼，上之连反，下宅加反"。

再看《金光明最胜王经音义》，《大正藏》本经文卷 1 有"复有四万九千揭路荼王"句，即此字所出。敦煌本随函音义多写作"茶"，而承历三年本则将"荼"列为字头（上部赘画作"艹"），且将"茶"字视为异体，与敦煌本的用字习惯形成鲜明对比。再如日本平安时期藤原公任所撰的《大般若经字抄》："荼，陁。"亦作"茶"。可以看出，"茶"字在日本流行的时间与中国大致相当，但从演变轨迹来看，"茶"是由于普遍的手写差异所造成的现象，敦煌本多作"茶"，日本古写本多作"荼"，承历三年本正好反映了当时日本的实际用字习惯。

① 梁晓虹先生称其为"新异体"，见梁晓虹《日本汉字资料研究——日本佛经音义》，中国社会科学出版社 2018 年，第 617 页。

② 俄罗斯科学院东方研究所圣彼得堡分所等编：《俄藏黑水城文献》第四册，上海古籍出版社 1997 年，第 321—322 页。

【鎻】

承历三年本："鏁，又作鎻。"敦煌本："鎻，苏果。"

按：《大正藏》本经文卷2有"若受鞭杖枷鎻系，种种苦具切其身"句，即此字所出。敦煌本S. 6514、BD611、BD942、BD6463、BD1333作"鏁"，其余写卷大多作"鎻"。"鏁"为"鎻"的俗字，《龙龛·金部》："鏁，俗；鎻，正。"而承历三年本以俗字"鏁"为字头，将正字"鎻"列为异体。再如平安时期藤原公任所撰的《大般若经字抄》："鎻，或作鏁。"[①]《新撰字镜·金部》："鏁𨪐鎻，三形作，同。思果反。铁也。又璅字。连也。"可见"鏁"在日本的流行程度，其地位远非俗字所能限制。

【奕】

承历三年本："弈，益～。又作奕。"敦煌本："奕，盈益。"

按：《大正藏》本经文卷5有"赫奕犹如百千日"句，即此字所出。据《敦煌经部文献合集》统计，敦煌本《金光明最胜王经》第五卷音义共有29号，其中S. 17等13号作"弈"，其余16号作"奕"。《慧琳音义》"赫弈"条云："下音亦，《毛诗》云：奕奕，轻丽广大皃也。郑笺《毛诗》云：赫奕，光明皃也。形声字也。"该词目作"弈"，而注文皆作"奕"。"奕"与"弈"读音一致，但小篆字形并不相同，隶变导致"奕"字多作"弈"形。承历三年本与敦煌本二者皆有，敦煌本在数量上亦难分彼此，然而据经文之义，应以"奕"字为长。

【齅】

承历三年本："齅，□□，闻也。"敦煌本："齅，许救。"

按：《大正藏》本经文卷5有"鼻根恒嗅于香境"句，即此字所出。其中"嗅"字敦煌本S. 17、BD6063、BD6482-5等号，经文皆作"齅"。《说文·鼻部》："齅，以鼻就臭也。"《慧琳音义》卷29"恒齅"条云："休又反，《字统》云以鼻就臭曰齅。会意字也。"S. 388《正名要录》："齅，正；嗅，相承用。"《五经文字·鼻部》："齅嗅，上《说文》，下经典相承隶省。《论语》借臭字为之。""嗅"应是"齅"的后起字，在唐代

---

① ［日］古典研究会：《古辞书音义集成》第三卷，汲古书院1978年，第10页。

“齅”与“嗅”构成异体关系。

【整】

承历三年本：“𨒖，□今，正也。”敦煌本：“𢿙，之郢。”

按：《大正藏》本经文卷 6 有“备整军仪，盛陈音乐”句，即此字所出。敦煌本左上部或作“未”“来”，作“来”者与承历三年本同；右上部或作“力”“攴”“支”，下部或作“止”，皆为“整”的俗字。《慧琳音义》卷 29“备整”条云：“下征郢反，郑注《礼记》云：‘整，正也。’《说文》齐也，从束、攴（攴），正声。经从止作𢿙，非也。”可参。

【𥙁】

承历三年本：“𥙁，攝～。”敦煌本：“𥙁/𢹎，之涉。”

按：《大正藏》本经文卷 8 有“只只只只主主主主栴荼攝”句，“攝”下原注“之涉反”，即本条所本。而《高丽藏》本经文作“𥙁”，《大正藏》号称以《高丽藏》为底本却误作“攝”。“𥙁”字《广韵·叶韵》音之涉切，与《高丽藏》本经文“𥙁”的反切相合。据《敦煌经部文献合集》，“攝”字 S.1255 等 7 号写经作“𢹎”，S.814 等 24 号写经作“𥙁”[①]。“𢹎”为“攝”的俗字，而俗书常常将“扌”旁省作“礻”旁，故“𥙁”即“𢹎”字俗写。再就承历三年本的用字习惯而言，标目字“𥙁”应即写本经文中较为常见的用法，与大多数敦煌本的用字情况相符。

【媲】

承历三年本：“婎，倍伊反。”敦煌本：“媲，普诣。”

按：《大正藏》本经文卷 9 有咒语“医泥悉悉泥沓婎达沓婎”，“婎”字《大正藏》校勘记引元《普宁藏》、明《嘉兴藏》本作“媲”。据《敦煌经部合集》，写本经文作“婎”字，随函音义 S.649 等 6 号作“媲”，其余多作“婎”[②]。“婎”即“媲”的俗字。S.388《正名要录》：“正行者楷，脚注稍讹”类：“媲，婎。”可参。承历三年本以列举

① 张涌泉主编：《敦煌经部文献合集》，中华书局 2008 年，第 5353—5354 页。

② 张涌泉主编：《敦煌经部文献合集》，中华书局 2008 年，第 5356 页。

常见字形为其体例，故以“娓”作为标目字，与敦煌本的用字情况相当。

【鲠/哽】【抆/扪】

承历三年本：“鲠，经～。扪，文～。”敦煌本（a）：“鲠，古杏。扪，拭。无粉。”敦煌本（b）：“哽，古杏。抆，拭。无粉。”

按：《敦煌经部文献合集》云：“‘哽’以下二条有两个系统，底一（斯六六九一）与斯七一二、一〇二五、一一〇八、一六二二、二二九七、五一二九、六三七一、六六七四、六六七七号，北一九六四、一九六六、一九七五、一九八一、一九九八、二〇〇三号为一个系统，字头作‘哽’和‘抆’；斯二一〇〇、二三〇三、五二八四、六三八九、六六八八号，俄弗一三二号，北一九六〇、一九六五、一九六七、一九六八、一九七〇、一九七一、一九七二、一九七四、一九七六、一九七七、一九七八、一九八〇、一九八三、一九九四、一九九七、二〇〇〇、二〇〇二号为另一系统，字头作‘扪’和‘鲠’。”[①]《大正藏》本经文卷10有“惊惶失所，悲哽而言”句，其中的“哽”字即此字所出。《广韵·梗韵》“鲠”“哽”音同，皆读古杏切。揆之经义，以“哽”为典正，但从写本实际用例来看，作“鲠”者显然要多于“哽”，从承历三年本的标目字“鲠”亦能证明。

总之，中国古写本音义书可以说是日本古写本音义书的源头，日本继承并发挥了古写本音义书作为知识和文化载体的功能，为中日交流奠定了稳固的基础。在传播过程中，承历三年本《金光明最胜王经音义》以音义专书的形式流传至今，又根据自身的需求，不断对中国写本随函音义的内容和形式加以改进，改变了中土随函音义偏于注音的特点，并通过增加和训及异体字，最终形成了自己独具特色的训释内容和编纂方式。同时，敦煌本用字情况复杂，与承历三年本对常用字的态度形成了较为明显的差异，二者所呈现出的写本用字特点尤其值得关注。

（张磊：浙江师范大学人文学院，321004，金华）

① 张涌泉主编：《敦煌经部文献合集》，中华书局2008年，第5359—5360页。

敦煌韵书校读举隅

赵英达

摘　要： 敦煌韵书中仍有部分字头或音注有待进一步考释。本文试对其中 15 处文字加以考释，认为“慝”字注文“”当是“匿”字；“蒃”字注文“”当是“涎”字；“丞”字注文“巴山”是“岊”字误分；“篷”字注文“”当是“加”字之残；“东”字注文“”当是“闗”字；“烘”字注文“”当是“皃”“呼”二字；“柊”字注文“”当是“齐”字之残；“蔄”字注文“”当是“芓”字形讹；“荑”字注文“”当是“桑”字；“”当是“逮”字；“蹻”字注文“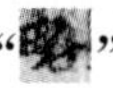”当是“略”字；“钜”字注文“火”是“大”字形讹；“碟”当是“魂”字；“憧”字注文“金”当是“令”字形讹；“篹”当是“毚”字。

关键词： 敦煌文献　韵书　疑难字

敦煌韵书在汉语语音史、近代汉字等方面具有重要的研究价值。经过历代学者的努力，其中绝大部分文字皆已得到确释，但仍有部分字头或音注至今仍无确解。本文以《敦煌经部文献合集》[①] 所收韵书为限，对其校记中存疑待考的 15 处文字进行考释。不当之处，祈请方家同好不吝批评赐正。

1.《笺四[②]·德韵》他得反：“慝，恶也。字或作匿。”（《合集》5/2448[③]）

校记九一：“龙宇纯《英伦藏敦煌切韵残卷校记》以为‘匿’字当作‘慝’，可参，

① 张涌泉主编：《敦煌经部文献合集》，中华书局 2008 年。简称《合集》。

② 本文所用韵书简称皆从《合集》，简称表详见《合集·凡例》第 1 册，第 9—12 页。

③ 如引用书目分为数册，标注页码时先标明册数，后标明页数，以斜线隔开，下同。

然又疑‘慝’或为‘匿’之后起字，则底二①之形不误，俟考。”（《合集》5/2458）

按：龙说不可从，底卷不误。“匿”底卷作“”（《英藏》10/30②），当是“匿”字，不必改作“惬”。“惬”训“惭愧”（《大字典》2501A③），“慝”训“恶”（《大字典》2497B），音义俱不同，本非一字。“惬”偶可作为“慝”的部件移位俗字出现，但文献用例极少，检《合集》，亦未见“惬”字。相比之下，韵书中“匿”却可作为“慝”的异体出现。《集韵·德韵》惕得切：“慝，恶也。或作忒，通作匿。”（219A④）是其明证。

2.《笺七·之韵》俟淄反：“漦，俟淄反。龙次；又顺流。一从沫。一。”（《合集》5/2614）

校记三七三：“‘一从沫’三字《王二》无，不知是抄校者所增还是《王二》脱之，然据文例，此当作‘一从沫作漦’，然‘漦’字未详。”（《合集》5/2660）

按：“从”字底卷作“”（《英藏》3/233），据字形及训释，当是“涎”字形讹。《笺二·之韵》俟淄反：“漦，涎沫。”（《合集》5/2164）《广韵·之韵》俟甾切：“漦，涎沫也。又顺流也。”（43⑤）《宋本玉篇·水部》：“漦，力之、仕缁二切。水名。又涎沫也。”（350⑥）“漦”字皆训“涎沫”，“涎”字正与底卷“”字形极相近，是其证。检诸字书、韵书，“漦”皆无从“沫”之异体。依训释体例，注文第一处“一”字不当有，盖涉下而衍。

3.《王一·蒸韵》署陵反：“丞，佐。从□，音渠恭反；从巴、山。[□] 音隅，此佐翊字。”（《合集》6/2767）

校记一三八三：“前‘音’字前底卷有一个小字大的空位，疑用雌黄涂改而后漫灭，依文例此当有一‘廾’字，姑为拟补一个缺字符，‘丞’字《说文·山部》‘从廾，从卩，从山’，‘巴’‘卩’为篆文隶变之异；又‘音隅’之说依文例当指前之‘山’或‘巴’字，然二字皆无‘隅’音，俟考，姑于‘音’字前拟补一个脱字符。”（《合集》

① 底卷的编号简称详见《合集》每篇的题解。《合集》中，如果底卷由数卷缀合而成，则在题解中标注各卷原来的编号，并分别以底一、底二、底三……或甲一、甲二、甲三……为序标列（1/3）。

② 中国社会科学院历史研究所等合编：《英藏敦煌文献（汉文佛经以外部分）》，四川人民出版社1995—2005年。简称《英藏》。

③ 汉语大字典编辑委员会：《汉语大字典》（第二版），四川辞书出版社、崇文书局2010年。简称《大字典》。A代表左栏，B代表右栏，下同。

④ （宋）丁度等：《宋刻集韵》，中华书局2005年。

⑤ （宋）陈彭年等：《宋本广韵》，中国书店1982年。

⑥ （宋）陈彭年等：《宋本玉篇》，中国书店1983年。

6/2995）

按：“巴”“山”为“岊”字误分，“岊”或训“隅”，故可同义换读而读为陬隅之“隅”。小徐本《说文·収部》：“丞，翊也。从収，从卩，从山。山高，奉承之义。”徐锴注：“岊，高之状也，故为山高；隅为山岊。”（51A①）可见其把“丞”字分析为从収、从岊。“丞”小篆作“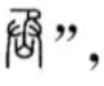”，其中间部件即是“岊”字。又小徐本《说文·山部》：“岊，陬隅，高山之节。从山、卩。读若隅。”（186B）与底卷注音正相合。

4.《唐刊·东韵》薄红反：“篷（篷），织竹以编箬覆舩▧。”（《合集》7/3311）

校记一二：“残字底一存上部少许笔画，《笺七》注文作‘织竹以编箬，以覆盖舩车’，《裴韵》略同，作‘织竹编箬蓁（葉）以覆盖舩车’，《广韵》作‘织竹夹箬覆舟也’，残画与‘车’字不合，疑为‘顶’字，俟考。”（《合集》7/3315）

按：残字底卷作“”②，据文例及字形，当是“加”字。底卷体例，在点明小韵字数后，别出“加某某”字样，以告知读者增加字的数量。如钟韵舂小韵作：

舂，《世本》曰雍文（父）作舂。书容反。五，加一。

摏，撞也。

踳，蹋。

䲰，鸀䲰。

惷，愚。加。（《合集》7/3311）

其中“舂”字注文“五加一”即谓舂小韵共五字，其中有一字为增加字，故第五字“惷”的注文末尾另出“加”字，以示区别。

衝小韵作：

衝，当也，向也，揬也。《说文》通道也。尺容反。六，加一。

罿，絅（网）。

憧，往来皃。

𨌲，陷阵车。

艟，艨艟，战□。

潼，河潼。又音同。加。（《合集》7/3311）

“潼”字注文末亦有“加”字，与上同。

“篷”所属小韵底卷注“六加四”，而“篷”字正是小韵内第三字，故注文最后亦当有一“加”字。

① （南唐）徐锴：《说文解字系传》，中华书局1987年。

② 如无特别注明，本文所用图版皆来自法国国家图书馆官网：https://gallica.bnf.fr/。

5.《唐刊·东韵》德红反："东，动々（也）。四时之始。在木中；公西宗；又复姓，十四氏。东里、东野、东莱、东门、东郭、东郊、东官（宫）、东间、东陵、东周、东方、东阳、东乡、东间、东楼。德红反。十五。"（《合集》7/3338）

校记九："'东间'底一重出，且因此而使复姓总数为十五个，疑后一'东间'当删；又较之《广韵》注文所收汉复姓十三氏，有'东關'而无底一之'东郊''东间'二姓，则又疑后一'东间'之'间'为'關'字形讹，俟考。"（《合集》7/3378—3379）

按：后一"东间"不当删。前一"东间"之"间"底卷作""，内部件从"㠯"不从"吕"，而后一"东间"之"间"则径作""，可见二字实有别。比参《广韵》姓氏的次序，""当是"關"字，所以作""者，盖受上文"官"字影响而类化改旁。后一"间"字与《广韵》有严整的对应关系，不必改作。

《合集》云《广韵》注文无"东间"姓，失检。《广韵·东韵》："东，春方也……昔有东间子，尝富贵，后乞于道云：'吾为相六年，未荐一士。'夏禹之后，东楼封于杞，后以为氏。"(2) 可见《广韵》已载有东间氏，底卷比《广韵》多出的两个姓氏实是"东郊"与"东周"。

底卷与《广韵》所收姓氏如下：

序号	底卷	《广韵》
1	东里	东门
2	东野	东郭
3	东莱	东宫
4	东门	东關
5	东郭	东陵
6	东郊	东乡
7	东官（宫）	东阳
8	东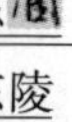	东间
9	东陵	东楼
10	东周	东野
11	东方	东方
12	东阳	东里
13	东乡	东莱
14	东间	
15	东楼	

可见底卷与《广韵》所收姓氏有明显的对应关系。底卷标双下划线的“东里”“东野”“东莱”与《广韵》末尾的“东野”“东里”“东莱”相对应。标波浪线的“东阳”“东乡”“东间”“东楼”与《广韵》“东乡”“东阳”“东间”“东楼”相对应。标单下划线的“东门”“东郭”“东官（宫）”“东⿵门㠯”“东陵”与《广韵》“东门”“东郭”“东宫”“东闗”“东陵”相对应。且上举三处诸姓氏在排列次序上基本是一致的，“东⿵门㠯”正与《广韵》“东闗”对应。底卷“东⿵门㠯”正上方即是“东官”二字，“⿵门㠯”字内部件与“官”字下部件完全相同，故涉上文影响而类化改旁，“⿵门㠯”当是“闗”字形讹。

6.《唐刊·东韵》呼▧反：“烘，火。▧▧反。六。”（《合集》7/3339）

校记七〇：“二残字底二皆有漫漶，《姜韵》并作缺字处理，检本小韵之反语，《王二》作‘呼红反’，《裴韵》作‘呼同反’，《广韵》作‘呼东切’，《集韵》作‘呼公切’，其‘呼’及‘红’‘同’‘东’‘公’诸字皆与底二残形不合，故不能拟推此二字究为何字，俟考。”（《合集》7/3386）

按：据底卷原貌及《合集》文例，此条录文宜作“烘。火▧（皃），呼▧反。六。”字头及注文底卷作：

此条《切一》：“烘，火皃。呼同反。二。”（《合集》5/2078）《笺七》：“烘，火皃。呼同反。三。”（《合集》5/2607）《裴韵》：“烘，呼同反。二。火皃。”（539）《广韵》：“火皃。呼东切。又音红。六。”（12）训释“火”字下皆是“皃”字，此与底卷残形亦相合。“皃”下为“呼”字，仍可辨识。“反”字的上字漫漶，据文例当补一残字号。《合集》误以为注文“皃”“呼”二字是反切，故未得确解。

7.《唐刊·东韵》軄隆反：“柊，木柊；▧□□惟柊为▧□。”（《合集》7/3340）

校记一一三：“残字前者存左部‘言’旁及右上部似‘土’形笔画，疑其字为‘詩’‘誌’之类，不能决也；后者存上部漫漶的笔画，不能辨其形状。本条断裂而分属于底四和底二，其缺字介于二片中的残泐部分，兹依行款和文例拟补作三个缺字符，又检‘柊’字注文，《王二》《裴韵》皆只作‘木名’，《广韵》作‘木名；又齐人谓椎为柊楑也’，《集韵》略同，又《说文·木部》：‘椎，击也，齐谓之终楑。’则疑第一个残字或为‘说’字之草写，而后一残字为‘柊’，其‘惟’为‘椎’字形讹，而注文二

‘柊’（本皆作代字符形）皆为抄者臆增，其注文原当作‘木；《说文》谓椎为柊楑’，俟考。”（《合集》7/3390—3391）

按：第一个残字底卷字形作“”，据字形及训释求之，当是“齐”字。残字第二笔为一长横，且收笔位置下方有一短撇，与“齐”字形相合。底卷《仙韵》去虔反：“襛，齐鲁云袴。”（7/3352）“齐”字作“”。又《佳韵》初柴反：“差，差科；不齐也；不值也；贰斜也；次减也。”（7/3347）“齐”字作“”。皆其证。从训释上看，《广韵》《集韵》“柊”字的注文中又确收有“齐”字，亦其证。此残字《切韵诸本辑览》正录作“齐”[1]，是也。

8.《唐刊・虞韵》其俱反：“▧（蒟），芋蒟。”（《合集》7/3344）

校记二三一：“残字底二存上部及左部漫漶的笔画，其中上部似‘艹’旁，兹参《广韵》《集韵》校补作‘蒟’字。又注文二书皆引《尔雅》云‘蒟，芓荧’，考《尔雅・释草》郭璞注‘未详’，郝懿行疏云‘《说文》作朐’，是‘蒟’字盖为‘朐’之后起分化字，而‘朐’为条状肉干，则‘蒟’或为条状蔬菜干，而底二训作‘芋蒟’未详。”（《合集》7/3404）

按：注文“蒟”字作“々”，不当回改为字头。“芋”底卷作“”，据字形及训释，当是“芓”字形讹。底卷训释常擅自删节原训，保留部分文字后加缀重文号，导致训释失准。如“篹”字底卷训“车々”，《王二》（22[2]）、蒋藏本《唐韵》（664[3]）及《广韵》（122）皆训“车轴”[4]，“车轴”一训又本自《说文・车部》：“篹，治车轴也。从车算声。”（303A）“茥”字底卷训“荆々”，《王二》（23）、《笺二》（《合集》5/2182）皆训“荆葵”。“蔝”字底卷训“莲々”，《王一》（《合集》6/2854）、《王二》（85）及蒋藏本《唐韵》（709）皆训“莲实”，上述三例，皆其比。故录文宜保留々号，不回改为字头。底卷“芋”字与《尔雅》“芓”字形极近，且删节方式亦与上举三例相同，当是“芓”字。

9.《唐刊・齐韵》度稽反[5]：“荑，荑茶。”（《合集》7/3345）

校记二八四：“注文‘茶’字下部底五略有漫漶，《潘韵》录作‘蓁’形，《补正》录作‘茶’形，审其字形，似以潘录近是，然‘蓁’字字书未见所载，疑其字为‘茶’

---

① 网址 https://suzukish.sakura.ne.jp/search/qieyun/index.php。

② （唐）王仁昫：《唐写本王仁昫刊谬补缺切韵》，凤凰教育出版社 2017 年。

③ 周祖谟：《唐五代韵书集存》，中华书局 1983 年。

④ 《王一》收此字，但注文有残损，今不录。

⑤ 底卷本小韵首字缺失，今据《笺二》补。

或‘葉’（俗作‘桊’形）字讹作，俟考。”（《合集》7/3408）

按：“”字底卷作“”，据字形及训释，当是“葉”字，通行字作“桑”。《宋本玉篇·艸部》：“荑，大奚切。始生茅也。又荑桑也。”（258）“荑桑”二字连用，是其明证。《名义·艸部》：“荑，台嵇反。女桑，小长樤也。”（130A①）亦以“桑”为训。检故训，此训盖原出毛传，《诗·豳风·七月》：“猗彼女桑。”毛传：“女桑，荑桑也。”（1925D②）“桑”有异体作“桒”，或繁化增草头作“葉”，与底卷“”形极近。又“桑”字俗写或于上部繁化增“人”旁作“”（680A③），则底卷的“八”形笔画亦有所本。

10.《唐刊·先韵》则前反：“▧，□▧；亦▧进▧。”（《合集》7/3349）

校记四二三：“缺字底二漫灭；字头底二左部可辨为‘氵’旁，右部漫漶；注文残字第一字存左下角笔画，第二、三字皆有些漫漶，故不能辨其究为何字；《姜韵》录其注文作‘湕，□室又进□’，恐不确；《广韵》《集韵》本小韵皆未收‘湕’字，《广韵》阮韵‘居偃切’小韵收‘湕’字，训作‘水名’，俟考。”（《合集》7/3422）

按：据字形及训释求之，此是《广韵》“逮”字，《王二》“”字，《说文》正字为“逮”。

检底卷，其注文第一行末字为“又”，仍可辨识，《合集》录文不确，当从《姜韵》正。《广韵》同一小韵：“逮，《埤苍》云：‘至也。’《说文》云：‘自进极也。’”（113）字头与注文皆与底卷相合。“又”字上字与“至”字相类，“进”字下字与“极”字相类，亦其证。《王二》同小韵末收“”字（20），训“至”，其小韵内字序与训释皆与《广韵》“逮”字相合，实是一字。“逮”“”二字又皆“逮”字形讹。《说文·辵部》：“逮，目（自）进极也。从辵、聿声。”（42A④）其字形及训释皆与诸韵书相合，段玉裁据此正《广韵》字头为“逮”，周祖谟从之（698⑤），今亦从。

11.《唐刊·宵韵》起遥反：“蹻，举足高。▧（起）遥反。又其略反。”（《合集》7/3354）

校记六三七：“本小韵首字《广韵》作‘趫’形，训作‘善走；又缘木也’，与此不同。又参底二前条校记〔六二七〕。残字底二存上部略有漫漶的笔画，兹参《广韵》

① ［日］释空海：《篆隶万象名义》，中华书局1995年。简称《名义》。

② 宗福邦主编：《故训汇纂》，商务印书馆2003年。

③ 黄征：《敦煌俗字典》（第二版），上海教育出版社2019年。

④ （汉）许慎：《说文解字》，中华书局1963年。

⑤ 周祖谟：《广韵校本》，中华书局2011年。

校补作‘起’字。又《广韵》首字‘趫’下亦收又音作‘巨憍反’，底二该小韵作‘巨嬌反’，疑又音反语下字‘略’或为‘嬌’字形讹，俟考。”（《合集》7/3446）

按：底卷注文分属两行，字头及注文作：

据字形，正切上字当是“去”字，与《笺二》《王二》《广韵》合，《合集》录文“起”宜正为“去”。又切下字“略”亦与上述三书相合，不当是讹字。从韵母上看，其略反一读在中古药韵，上古属药部，去遥反一读在中古宵韵，上古属宵部。上古音宵、药两部仅有无-k韵尾之别，常相通转。从声母上看，其属群母，去属溪母，为发音部位相同的塞音，亦相通。故其略反一读合于音理，不必改作。

12.《唐刊·语韵》其吕反：“钜，钜虚，泽名。又火鏗鐵（鐵）。又大。”（《合集》7/3361）

校记八六九：“注文‘火’字疑当从《说文·金部》‘钜’字注文‘大刚也’作‘大’，俟考。”（《合集》7/3469）

按：《合集》说可从。《慧琳音义》卷三四《大乘百福庄严相经》音义：“金钜，渠举反。徐广注《史记》曰：‘大坚鐵鉾（钜）。’”（1102B①）今本《史记·礼书》：“宛之钜铁施，鉆如蠭蠆。”（1379②）裴骃《史记集解》引徐广注曰：“大刚曰钜。”（1380）《慧琳音义》所引疑据原本《玉篇》，避梁讳改“刚”为“坚”③。“大坚”“大刚”二训皆与底卷训释“火”字对应，可见底卷“火”当为“大”字形讹。

13.《唐刊·贿韵》口猥反：“磥，磥磊，石大。”（《合集》7/3362）

《合集》校记九二一：“‘磥’字《广韵》《集韵》本小韵未收，然二书皆收有‘魂’字，其中《广韵》训作‘魂磊，石也’，疑底六所作为其俗字。”（7/3475）

按：《合集》说可从。《集韵》本小韵“魂”字有异体作“㟪”（101A），“山”“石”意义相类，作意旁时常相互替代，故《集韵》“㟪”即底卷“磥”字，是其证。从小韵内字序以及收字情况看，底卷与《广韵》本小韵收“魍”“嬇”“傀”“頯”“魂”五字，内容完全一致，且“魂”字皆位于小韵末尾，亦其证。《龙龛手镜·石部》：

① 徐时仪：《一切经音义三种校本合刊》（修订版），上海古籍出版社2012年。

② （汉）司马迁：《史记》，中华书局2014年。

③ 苏芃：《玄应〈一切经音义〉暗引〈玉篇〉考》，《文史》2018年第4期，第277—284页。

“磥，苦罪反，々礧。”（442①）“磥”即同“磈”，可以比参。

14.《唐刊·产韵》所简反②：“㦃，金（全）德。又▧（划）。”（《合集》7/3364）

校记一〇一二：“残字左下部底二略有漫漶，此参《广韵》校补；又‘金’字《广韵》《集韵》皆作‘全’，《玉篇·心部》训同，疑底二形讹，兹姑为校改。”（《合集》7/3483）

按：底卷“金”字及《广韵》《集韵》之“全”字，皆是“令”字形讹。《王二·产韵》侧限反：“㦃，又色产反。有令德。”（46）《字镜·忄部》：“㦃，又产反。㛮也，多皃，令德也。”（546③）皆其证。“令德”意为美好的品德，“全德”虽成辞，但于文献罕用。俗书“令”“全”两字常相乱，后世韵书编者误认“令”字俗书为“全”字，遂有“全德”一训，《集韵》因袭其误，底卷则讹作“金”形。

15.《唐刊·麦韵》所责反：“篡，籜篡。”（《合集》7/3370）

校记一二七六：“‘篡’字《广韵》《集韵》及诸字书未见所载，《广韵·昔韵》之役切小韵有‘莫’字，训作‘莫卷’，疑二字或有关系，然‘莫’字亦不见载于他书，故疑其字为‘笄’之俗字‘箕’的讹变，俟考。”（《合集》7/3512）

按：“篡”底卷作“[illegible]”，据字形及训释求之，兼及字音，此当是“蘽”字，通行字作“梟”。《名义·木部》：“梟，勑落反。搽落也。”（125A）《字镜·木部》：“梟，勑落反。落也。搽字也。”（390）“搽”“籜”一字异写，《名义》《字镜》实与底卷同训。字形上，“梟”或增旁作“蘽”，与底卷“[illegible]”形极相近。字音上，底卷音所责反，生母麦韵，《名义》《字镜》音勑落反，彻母铎韵，两音声母发音部位相同，主元音皆为 a 类元音，韵尾皆为-k 尾，故读音亦十分接近。底卷所出反切，知、庄两组，铎、麦两韵皆常相混。如“嫡”字底卷音竹获反，知母麦韵，《字汇》音侧格切（482A④），庄母铎韵，是其比。

（赵英达：南京师范大学文学院，210000，南京）

① （辽）释行均：《龙龛手镜》，中华书局 1985 年影印高丽本。

② 底卷反切残损，兹据《切四》《笺二》《王二》《广韵》补。

③ ［日］释昌住：《新撰字镜》，载《佛藏辑要》第 33 册，巴蜀书社 1993 年。

④ （明）梅膺祚：《字汇》，载《续修四库全书》第 232 册，上海古籍出版社 2002 年。

《徽州文书》（第七辑）标题文字考校十题*

储小昆　张　丽

摘　要： 运用明清以来全国各地民间文书和相关字书、词典，考校刘伯山先生编著的《徽州文书》（第七辑）10余件文书标题中的文字讹误或不确，希望能恢复徽州文书的本来面貌，提高徽州文书整理的质量，为徽州文书的史学、档案学、农学、法学、语言文字学和文化等相关学科的研究扫清语言文字障碍，提高研究的质量。

关键词：《徽州文书》（第七辑）　标题　文字　考校

自巨量的徽州文书不断刊布以来，徽州文书的基础性研究显得格外迫切和重要，如文书内容的考订成为徽州文书研究的主要内容之一。当前学界在徽州文书内容考订研究方面初步取得了一些成果①，但与巨量的徽州文书相比较，这些成果仍显得不够，

---

* 基金项目：国家社科基金重大项目"《宋元以来民间文书异体字大字典》编纂"（22&ZD304），国家社科基金项目"宋元以来民间文书新出字研究"（22BYY114），浙江农林大学科研发展基金项目"宋元以来民间文书文字丛考"（2021FR042）。

① 当前有关徽州文书内容考订方面的成果主要有：储小昆《徽州契约文书校读释例》，载《古籍研究》，安徽大学出版社2009年，第211—215页；储小昆《〈徽州千年契约文书〉契名考校》，《安徽史学》2009年第3期，第75—79页；储小昆、张丽《徽州契约文书校读释例（二）》，《黄山学院学报》2009年第1期，第18—21页；储小昆、张丽《徽州契约文书契名考校》，《徽州文化研究》2011年第3期；张艺铭《〈安徽师范大学馆藏徽州文书〉契名考》，《徽州文化研究》2012年第1期；储小昆《〈田藏契约文书粹编〉安徽契约校读札记》，载《古籍研究》，安徽大学出版社2013年，第186—193页；储小昆、汪曼卿《〈徽州文书〉契名考辨四题》，《皖西学院学报》2017年第4期，第95—98页；储小昆《徽州契约文书俗字考六则》，《中国训诂学报》（第3辑），商务印书馆2018年，第8—12页；高雅靓《徽州婺源秋口镇契约文书契名考校》，《皖西学院学报》2019年第1期，第97—100页；储小昆、张丽《〈徽州文书〉（第五辑）契名考校二十题》，载《近代汉字研究》（第二辑），河北大学出版社2020年，第157—164页；储小昆、李想《清至民国徽州婺源江湾镇契约标题考校》，《皖西学院学报》2020年第3期，第94—97页；储小昆《〈徽州文书〉（第六辑）标题用字失误六种》，《阜阳师范大学学报》2022年第4期，第54—61页；等等。

还需要我们花大力气去研究。

由刘伯山先生编著的《徽州文书》（第七辑）（以下简称《徽七》）[①] 共收徽州文书照片6969幅，为学界提供了大量第一手珍稀文献资料。由于徽州文书主要为宋元以来徽州百姓手写而成，部分文书的文字不易识读，因此，“徽州文书在整理上工作十分艰巨，每一份文书都存在识读、定名、归类等诸多难点”[②]。与《徽州文书》前六辑的编纂整理相比较，第七辑在整理质量上有极大的提高，具体表现为图版文字识读错误大大减少、文书定名准确性大幅提高。近来，笔者在通读完《徽七》10卷文书后，发现少量文书在定名上仍有讹误或不准确之处。为了提高徽州文书整理的质量，为学界提供更加准确的文献资料，也为该书将来再版提供一点浅薄的语言文字学和文献学参考，笔者不揣浅陋，对该书中10余件文书标题文字进行考订，恳请方家同好批评指正。

1.【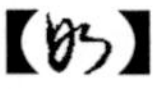】【】

《清乾隆三十五年（1770）十月韩炳如同服婶韩阿吴、侄成嘉立卖风水地契抄白》（《徽七》1：94上[③]）、《清乾隆三十五年（1770）十月韩公望同弟炳如、侄成仁立卖坦契抄白》（《徽七》1：94下）

按：上揭二件文书标题中的“如”，图版字分别作“”“”，此乃“明”的草书简省字。民间文书中经见，如《清顺治十六年（1661）洪文明卖地契》：“本家洪文，今因钱利无办……”（《田藏》3：35[④]）《清光绪六年（1880）马贵良卖地官契》：“同中言，时值卖价银叁两捌钱正。”（《田藏》1：109）《清同治三年（1864）四月江汪氏等立典坦约》：“如有来历不及内外人声说等情，尽身支当，不涉典主之事。”（《徽一》2：82[⑤]）《民国二十八年（1939）九月婺源胡社阳立出当茶丛字》：“为有不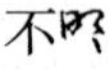，是身自理。”（《黄一》8：166[⑥]）例不胜举。“如”的手写字形在民间文书中亦有其例，如《乾隆三十六年（1771）三月蔡裕老立典契》：“有不明，裕自抵挡，不干宅之事。”（《福建》2：36[⑦]）《清乾隆五十九年（1794）五月朱文培立卖田契等抄白》：“有重叠

---

① 刘伯山编著：《徽州文书》（第七辑），广西师范大学出版社2020年。

② 参见刘伯山编著《徽州文书·前言》（第七辑），广西师范大学出版社2020年，第11页下栏。

③ 刘伯山编著：《徽州文书》（第七辑）第1卷，广西师范大学出版社2020年，第94页上栏。

④ 田涛、[美] 宋格文、郑秦主编：《田藏契约文书粹编》第3册，中华书局2001年，第35页。

⑤ 刘伯山主编：《徽州文书》（第一辑）第2卷，广西师范大学出版社2005年，第82页。

⑥ 黄山学院编：《中国徽州文书（民国编）》第8卷，清华大学出版社2010年，第166页。

⑦ 陈支平主编：《福建民间文书》第2册，广西师范大学出版社2007年，第36页。

交易、内外人声说等情，尽身支当。”（《徽一》4：35）《清乾隆二十七年（1762）二月弟宗本立出典地契》：“如违，甘罚契价乙（壹）半公用。”（《徽一》9：341）皆可资比勘。故上揭二件文书标题《清乾隆三十五年（1770）十月韩炳如同服婶韩阿吴、侄成嘉立卖风水地契抄白》《清乾隆三十五年（1770）十月韩公望同弟炳如、侄成仁立卖坦契抄白》当校正作《清乾隆三十五年（1770）十月韩炳明同服婶韩阿吴、侄成嘉立卖风水地契抄白》《清乾隆三十五年（1770）十月韩公望同弟炳明、侄成仁立卖坦契抄白》。

2.【讬】

《清嘉庆二十五年（1820）六月周王会内人胡辉、林佛裕、周佛讬等立杜断卖坦赤契附道光五年（1825）十一月契尾》（《徽七》1：118）

按：《徽七》全书标题全部使用现代通行的规范简体汉字，据此，上揭文书标题中的“讬”当用规范简化字“托”。故上揭文书标题《清嘉庆二十五年（1820）六月周王会内人胡辉、林佛裕、周佛讬等立杜断卖坦赤契附道光五年（1825）十一月契尾》可校正作《清嘉庆二十五年（1820）六月周王会内人胡辉、林佛裕、周佛托等立杜断卖坦赤契附道光五年（1825）十一月契尾》。

3.【荳】

《清道光八年（1828）二月范程氏立杜断典田改荳坦约》（《徽七》1：128）

按：《玉篇·艸部》：“荳，豆蔻。”《正字通·艸部》：“荳，俗豆字。”[①] 据此，上揭文书标题中的“荳”当是“豆”的俗字。民间文书中“豆”俗写作“荳”的语例经见，如《清道光十年（1830）四月方观林立典坦约》：“自情愿将续置荳坦壹处……出卖与服叔元兴名下为业。”（《徽一》5：144）《卖山场分股清单（己未四月十八日）》：“荳腐十块。”（《清一》12：175[②]）《民国四年（1915）四月歙县汪金海立杜卖大小买田赤契附民国验契纸》：“土名天灯下，即塘荳下。”（《黄一》1：53）例不胜举。故上揭文书标题《清道光八年（1828）二月范程氏立杜断典田改荳坦约》当校正作《清道光八年

---

① 汉语大字典编辑委员会编：《汉语大字典》（第二版），崇文书局、四川辞书出版社 2010 年，第 3427 页右栏。

② 张应强、王宗勋主编：《清水江文书》（第 1 辑）第 12 册，广西师范大学出版社 2007 年，第 175 页。

（1828）二月范程氏立杜断典田改豆坦约》。

4.【鄉】

《清康熙三十八年（1699）十月项明鄉同弟项首先立卖风水坦赤契》（《徽七》2：226）

按：上揭文书标题中的“鄉”图版字作“鄉”，此当是“卿”的俗字，民间文书中经见，如《民国元年（1912）七月歙县吴兰生立杜卖大小买田赤契》：“中见：方爕鄉（押）。”（《黄一》1：10）《民国十五年（1926）十二月歙县吴文卿立杜卖大买田塘税赤契附民国十七年（1928）二月验契纸》：“十五都三啚立杜卖大买田塘税契人吴文鄉，今因正用，自愿将祖遗受己业国字伍伯拾肆号……凭中立契杜卖与本都本啚吴栋臣名下为业。”（《黄一》1：186）其中的截取字形皆为“卿”的手书形变字，可资比勘。故上揭文书标题《清康熙三十八年（1699）十月项明鄉同弟项首先立卖风水坦赤契》当校正作《清康熙三十八年（1699）十月项明卿同弟项首先立卖风水坦赤契》。

5.【ムム】【ム】

《清道光十一年（1831）十一月△△立笔据抄白》（《徽七》2：292）、《清中后期卢△立卖茶柯坦契抄白》（《徽七》7：492）

按：上揭前一文书标题中的“△△”图版字作“ムム”，此乃“ムム”的手写字形，民间文书中经见，如《清道光十三年（1833）正月程嘉栋控程嘉好等案文书壹》：“缘役保内监生ム，于本月廿四日投称，伊族程ムム等父子四人拥门持强讹诈……”（《徽一》3：38）《清咸丰九年（1859）二月潘陈氏立杜断卖豆坦契等抄白》：“土名ムム。”（《徽一》2：262）其中的截取字形皆为“ム”的手写字形。“ム”同“某”①，故上揭文书标题中的“ムム”当录作“某某”。

又上揭文书内容中无具体责任者人名，因此，该件文书应是草底，而并非抄白。故上揭文书标题《清道光十一年（1831）十一月△△立笔据抄白》可校正作《清道光十一年（1831）十一月某某立笔据草底》。

上揭后一文书标题中的“△”图版字作“ム”，此亦“ムム”的手写字形。据上件

① 汉语大字典编辑委员会编纂：《汉语大字典》（第二版），崇文书局、四川辞书出版社2010年，第417页右栏；亦可参储小旵、张丽《宋元以来契约文书俗字研究》“ム”条，人民出版社2021年，第93—97页。

文书标题论述，“△”乃“ムム”的误读。故上揭文书标题《清中后期卢△立卖茶柯坦契抄白》应校正作《清中后期卢某某立卖茶柯坦契抄白》较妥。

6.【】【】

《清光绪十四年（1888）△月立笔批草底》（《徽七》2：407）、《清光绪十六年（1890）三月△△△立借抄底》（《徽七》2：408）

按：据前文第5条论述，上揭前一文书标题中的“△”乃“ム”的误读。故上揭文书标题《清光绪十四年（1888）△月立笔批草底》应校正作《清光绪十四年（1888）某月立笔批草底》较妥。

又上揭后一文书标题中的“△△△”图版字作“”，据前文第5条论述，上揭文书标题中的“△△△”应为“ムムム”的误读。故上揭文书标题《清光绪十六年（1890）三月△△△立借抄底》当校正作《清光绪十六年（1890）三月某某某立借抄底》。

7.【】

《清咸丰元年（1851）四月查起达立推单》（《徽七》3：233）

按：上揭文书标题中的“达”图版字作“”，此乃“庭”的手写字形，民间文书中经见，如《一九五三年二月徐元成身份证明书》：“兹有我乡居民徐元成，家贫农成份。”（《徽一》1：297）《民国三十三年（1944）三月歙县罗观庭立倒园地契》：“立倒契人罗观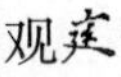……四至之内立契尽行出倒与里东山罗有恒名下为业。”（《黄一》4：142）可资证明。“达”的繁体“達”的手写在民间文书中经见，如《民国古黟胡义方抄〈日莫闲初集〉上册之九十五》：“商业之不发不拘乎家外，大都一邱之貉。”（《徽三》9：483①）《姜盛荣等分担母亲丧葬费用并共同受理所遗田产清单合同（民国三十三年（1944）二月十九日）》：“日后照此清合世袭为之发永远为据。”（《清一》2：340）“庭”“達”手写字形的差别十分明显。故上揭文书标题《清咸丰元年（1851）四月查起达立推单》当校正作《清咸丰元年（1851）四月查起庭立推单》。

---

① 刘伯山编著：《徽州文书》（第三辑）第9卷，广西师范大学出版社2009年，第483页。

8.【⿰扌盤】

《清同治丁卯年（1867）春王月立福生号〈万载⿰扌盤簿〉之一》（《徽七》7：607）

按：上揭文书标题中的“⿰扌盤”乃“盘”的繁体“盤”赘形旁“扌”的俗字。民间文书有其例，如《清道光二十九年（1849）正月同和抄照程鸣玉记盘单》：“道光二十九年正月初二日⿰扌盘。”（《徽一》3：54）《清咸丰八年（1858）二月程鸣玉等立开布店合墨》：“议定递年正月眼仝⿰扌盤查。”（《徽一》3：79）《光绪二十四年（1898）十二月十四日王槐承立卖断截房屋契》：“上连坵埆（桷），下及地基，出入门路、楼⿰扌盤扳（板）壁、门总户搧（扇），壹概在内。”（《石一》6：286①）“盘”为计算、查点义②。皆其例。故上揭文书标题《清同治丁卯年（1867）春王月立福生号〈万载⿰扌盤簿〉之一》应校正作《清同治丁卯年（1867）春王月立福生号〈万载盘簿〉之一》较妥。

9.【佃】

《民国十八年（1929）菊月程佃灿立租屋基批抄白》（《徽七》9：265）

按：上揭文书标题中的“佃”图版字作“佃”，此当是“細（细）”的俗写字形，民间文书中有其例，如《民国十九年（1930）九月休宁陈裕隆立加当田租契》：“今来凭中立契加当到凌佃姻名下为业。”（《黄一》10：25）是为其证。元冯子振《陆有诗帖》“細”写作“佃”③，亦可资比勘。民间文书中“細”的形旁“糹”有时书写简省与“亻”旁形近，如《清咸丰六年（1856）丙辰三月写吴昌臣药方之六》：“右药共为佃末，水法为丸。”（《徽三》10：414）《清咸丰六年（1856）丙辰三月写吴昌臣药方之七》：“右药共为佃末，加神曲廿五两打湖（糊）。”（《徽三》10：415）又《徽七》第9卷《清光绪二十四年（1898）十二月程细和立换田契》中的“细”图版字作“佃”（《徽七》9：630），字形可资证明。“细”为小义，常作人名用字，徽州文书中经见，如《清乾隆五十一年（1786）正月汪细贵立换田契》中有“汪细贵”（《徽七》9：281），可证。故上揭文书标题《民国十八年（1929）菊月程佃灿立租屋基批抄白》当校正作《民国十八年（1929）菊月程细灿立租屋基批抄白》。

---

① 曹树基、渊星辉、阙龙兴编：《石仓契约》（第1辑）第6册，浙江大学出版社2011年，第286页。

② 罗竹风主编：《汉语大词典》第7卷，上海辞书出版社1986年，第1458页右栏。

③ 范韧安、李志贤编：《中国行书大字典》，上海书画出版社1990年，第855页。

10.【】

《清光绪十七年（1891）十一月葛明斋同弟定庵立杜卖田契》(《徽七》9：624)

按：上揭文书标题中的“斋”图版字作“”，当是“参（参）”的俗写字，下部构字部件“彡”草书简省作两点。徽州文书中有其近似语例，如《清光绪十二年（1886）丙戌冬月宋观成订〈乡音集要解释〉上册之三四》：“：～拜，～军，～政，～谋。”(《徽三》10：225) 据书法大师网，《毛泽东书法字典》“参”写作“”①，字形可资比勘。故上揭文书标题《清光绪十七年（1891）十一月葛明斋同弟定庵立杜卖田契》当校正作《清光绪十七年（1891）十一月葛明参同弟定庵立杜卖田契》。

从以上徽州文书标题的考订来看，徽州文书的整理是一件非常不容易的工作。如何更好地提高徽州文书整理的质量，尽可能地忠实记录徽州文书的本来面貌，不但需要整理者具有较为扎实的文字学知识，而且要具备一定的文献学和书法学知识。

(储小旵，张丽：浙江农林大学文法学院，311300，杭州)

① 书法大师网 http://www.sfds.cn/53C3/1549710.html。

基于《跻春台》看形近误书与明清刻本通俗小说的整理

龚泽军　杨　梅

摘　要：形近误书于《跻春台》刻本中大量存在，张庆善、蔡敦勇、金藏、常夜笛、钟力生诸先生整理时因不明此种情况，以致讹误不少，所举二十例即为明证。这类形近误书，常常不需要通过其他文献来佐证，仅凭《跻春台》刻本内部用字之特点即可阐明。同时，形近误书也大量存在于明清刻本通俗小说，这就说明掌握形近误书对于明清刻本通俗小说之整理具有十分重要的意义。以往学者常论及现有各种明清刻本通俗小说整理文本之不足，少见从此角度加以阐明者。

关键词：《跻春台》　形近误书　明清　刻本小说　整理

明清时期，大量白话通俗小说问世，成为这一时期中国文学之特有风貌。这些作品大都以刻本形态保留，为使今人更好地阅读并扩大其影响，整理它们则成为一项重要工作。时至今日，明清刻本通俗小说已被大量整理，且同一文本常常有不同整理本行世，这对它们的传播、普及起到了极大的推动作用。明清刻本通俗小说作为通俗文学之样式，使用了大量的通俗字体。就语言文字研究而言，这在丰富汉字字形、阐释汉字演变规律等方面具有十分重要的作用；就文本整理而言，则平添了诸多障碍，影响了整理文本的质量。因此，将俗字研究成果运用于文本整理也就成为题中之义。

汉语俗字种类繁多，构成形式多样，形近误书则是其中一种。形近误书，顾名思义，即甲字因形体相近而误作乙字，乙字可为已有之字，抑或为未见之形。正如《抱朴子》所云“书三写，鱼成鲁，帝成虎”，形近误书于汉字书写极为常见，稍有不察，则相距万里。对大量使用通俗字体的明清刻本通俗小说而言，整理者不察形近误书，将甲字认作乙字，则文意亦南辕北辙。

《跻春台》乃晚清四川中江人刘省三所作，被誉为“最后一种拟话本集”①，现存成文堂存版，由上海古籍出版社编入《古本小说集成》影印出版。整理文本有张庆善整理本（以下简称张本）②，蔡敦勇校点本（以下简称蔡本）③，金藏、常夜笛校点本（以下简称金本）④，钟力生校注本（以下简称钟本）⑤。对张本、蔡本、金本等在整理上存在的问题，张一舟、蒋宗福、邓章应、曹小云、别敏鸽、王秀丽等先生均有论及⑥。《跻春台》一书乃刘省三用中江话创作而成，现有针对整理问题的研究往往集中于因方俗词理解不当而所致校点有误。《跻春台》如其他明清刻本通俗小说一般，大量使用通俗字体，而形近误书则是其中一类。这类形近误书常为整理者及相关研究者所忽略，致文意粗读之则畅，细味之则隔。下面，我们略举二十例以明之。

1. 喊镇远上寨，谁知寨不开门，不得进去，一家哭泣，慌乱无主。哭有一人

① 胡士莹：《话本小说概论》，中华书局1980年，第656页。除胡氏外，关于《跻春台》一书的性质，有诸多讨论，整理者常将之归入“拟话本”的公案小说一类，如张庆善《跻春台·整理后记》：“《跻春台》四十篇，大多数是公案小说，其基本思想和主要内容是劝善惩恶，宣扬孝子节妇。”（张庆善整理：《跻春台——清末拍案惊奇》，百花文艺出版社1988年，第602页）金藏、常夜笛《跻春台·校点后记》：“《跻春台》当成书于同光年间，虽非一部纯粹的公案小说集，但公案小说约占全书篇幅的60%以上。”（金藏、常夜笛校点：《跻春台》，群众出版社1999年，第500页）另有“善书”说，如张一舟认为：“本书同一般供人阅读的‘拟话本’不同，实际上是供‘讲圣谕’的宣讲生宣讲时用的底本……这种底本又称‘善书’（讲圣谕也称‘说善书’）。‘行善’人家还刻印善书免费分发。本书就是一种善书集。”（张一舟：《〈跻春台〉与四川中江话》，《方言》1998年第3期，第218页）“案证”说，如［日］阿部泰记认为：“《跻春台》不是一般的拟话本，也不是一般的公案小说。它是宣讲圣谕时代使用的案证集。”（［日］阿部泰记：《宣讲本〈跻春台〉是不是“公案小说”?》，*Journal of East Asian Studies* 2011年第9期，第89页）“白话宣讲小说”，如汪燕岗认为：“清代的白话短篇小说并不仅有话本小说，还有一种独特类型，即白话宣讲小说，它以《跻春台》为代表……白话宣讲小说是清代宣讲圣谕与善书留下的案证故事集及改编本。”（汪燕岗：《论清代圣谕宣讲与白话宣讲小说——以四川地区考察为中心》，《文学遗产》2014第6期，第105页）由此可见，《跻春台》一书不能简单地归总为拟话本小说，抑或公案小说，而应属于白话宣讲小说。从《跻春台》每一篇故事的内容与情节来看，它或许并不是“底本”或“工具书”或“案证”，而应是在宣讲圣谕的基础之上，形成的完整小说文本，将之视为白话宣讲小说是比较恰当的。白话宣讲小说，自然也就是通俗小说的一类了。

② 张庆善整理：《跻春台——清末拍案惊奇》，百花文艺出版社1988年。

③ 蔡敦勇校点：《跻春台》，江苏古籍出版社1993年。

④ 金藏、常夜笛校点：《跻春台》，群众出版社1999年。

⑤ 钟力生校注：《跻春台（校注本）》，四川科学技术出版社2017年。

⑥ 张一舟：《从〈跻春台〉的校点看方言古籍整理》，《方言》1995年第2期；《〈跻春台〉与四川中江话》，《方言》1998年第3期；《〈跻春台〉的性质、特点、语言学价值及蔡校本校点再献疑》，《西南民族学院学报》（哲学社会科学版）1999年第1期。蒋宗福：《〈跻春台〉所用方言俗字考辨》，载《庆祝刘又辛九十寿辰学术讨论会论文集》，西南师范大学出版社2004年；《〈跻春台〉三种整理本勘误举例》，《方言》2005年第1期。邓章应：《〈跻春台〉方言词语研究·附编》，巴蜀书社2006年。曹小云：《〈跻春台〉词语研究·附录》，安徽大学出版社2004年。别敏鸽、王秀丽：《〈跻春台〉校点商榷》，《文山师范高等专科学校学报》2005年第3期。

身背宝剑，飘然而入。（卷一《义虎祠》，145）①

按：“哭有一人”之“哭”，张本[80]②、金本[68]未录，蔡本[80]录作“哭”，与上句连，作“慌乱无主哭”，钟本[58]作“忽”，均误。

“哭”，乃“突”之形近误书。“穴”常刻作“吅”。卷三《双冤报》：“于是肘起大架子，缝套新衫子，头戴高帽子，足⿱罒牙花鞋子，行路摆袖子，说话佟（展）言子，看见那样子，俨然像个富家子。”（745—746）足⿱罒牙，即足穿。“罒”亦可刻作“穴”。卷四《活无常》：“克俭应允，临行，谓素娥曰：‘贤妻在家须当稳重，切勿窒念，为夫不久自归。’”（884）窒念，不辞。“窒”乃“罣”之形误，“窒念”当是“罣念”。穴、吅、罒形近易混，故上“哭”乃“突”字。“突有一人”意即钟本所作之“忽有一人”。

2. 这都是老天爷把人坑陷，无端的肚腹大胎孕俨然。王奴家也不知得何病患，黄泥□（巴）入裤裆有口难言。（卷一《仙人掌》，168）

按：“王”，张本[92]、金本[78]、钟本[66]径录作“问”，蔡本[91]校为“问”，云“原作‘王’，误，径改”，均误。

“王”乃“丢”之形近误书。卷一《义虎祠》：“看看越加况（沉）重，未几身亡。何氏见子气绝，王下孙幼媳寡，不觉伤心喊道。”（120）王下，即丢下。“丢（得）＋N＋V”结构于《跻春台》常见。卷三《解父冤》：“不幸得年轻轻就把命短，丢奴家守空楼独枕孤眠。”（777）卷三《解父冤》：“那知他另娶妻去为知县，丢得奴暗地里口喊皇天。”（777）

又，《跻春台》“王”又可为“主”“正”“去”“在”“玉”等的形近误书。卷四《错姻缘》：“时有富户姓张，固（因）买地方，卖主滋痞，讼屡两年，滥龙不依，估住搬家，陪他角孽，卖王畏惧而去。”（941）卖王，即卖主。卷四《香莲配》：“邻妇曰：‘我看你夫王行霉运，似非白头之侣，另嫁亦是常情，何必寻死。’”（1075）王行霉运，即正行霉运。卷四《螺旋诗》：“过几日，忽来一算命子，胡氏叫成阵（珍）王算他寿数。”（854）王算，即去算。卷四《螺旋诗》：“不是你杀，头何得王你床下，扇何得在媳房中？”（857）王你，即在你。卷三《解父冤》：“老姆了（丫）鬟皆宜报应，以

① 按，文中所引《跻春台》，均出自《古本小说集成》编委会影印之《跻春台》（上海古籍出版社 1992 年），内标明页码。

② 为避注文烦琐，整理本所见之页码均于右上角标注；如诸本校点相同者，页码标注先后次序为张本、蔡本、金本、钟本。

为勾引之戒。即将脾（牌）票付与王英。”（780）王英，据前后文意，当是“玉英”。

3. 有席⿷匚圭止谈闺曾添寿老，祝期生逞利口舌上生疮。（卷一《卖泥丸》，238）
席⿺辶圭看相该饿饭，禁止谈闺把寿添。（卷二《捉南风》，297）

按：“⿷匚圭”“⿺辶圭”，诸本[132,164—165;131,161;113,139;91,114] 均录作“席佳”，误。

“⿷匚圭”“⿺辶圭”不当为“佳”，而乃“匡”之形近误书。席匡，因止人谈闺阃而闻名，近世善书常见其人、其事。印光编《寿康宝鉴》：“席匡，初颖悟，遇一相者曰：子有纵纹入口，当饿死，应在明年。匡甚忧。一日，遇有谈人闺阃事，甚系名节，匡对之勃然作色，谈者心愧而止，其事遂隐。逾年，竟无恙。后遇相者，怪问曰：子岂有大阴功，何生相顿殊耶？匡后登高位。”

4. 那夜店主媳妇忽病，与前症一般，数次请医，总不对药，将已要死，主（王）成曰。（卷一《卖泥丸》，246）

按：“已”，诸本[138,136,117,94] 均同，误。

“将已”不辞。“已”，当为重文符号。《跻春台》重文符号常作“匕”形。卷三《比目鱼》：“此河通鄱阳湖水，其滩最险，往匕打滥船舟，下滩者诚心喊晏公就平安无事。”（664）往匕，即往往。匕、已形近，故《跻春台》重文符号亦可书作“已”。卷一《义虎祠》：“复喊虎曰：‘快来见你哥已。’只见那虎走至天生面前，摇头摆尾，扑怀内，甚是亲热。”（148—149）哥已，即哥哥。《跻春台》“已”可作重文符号，故“将已”即“将将”，副词，刚刚之义。

5. 他见众人郛言谑语，极看不惯，默无一言，几杯闷酒，不觉带醉，告辞先睡。（卷二《六指头》，379）

按：“郛”，张本[211]、金本[177]、钟本[143] 径作“悖”，蔡本[203] 校为“悖”，云“原作‘郛’，误，径改”，均误。

“郛”，乃“邪”之形近误书。“悖言”，文献用例甚少，而“邪言”，《跻春台》经见。卷三《解父冤》：“各位，这刘有仪平日不道邪言，不履邪径，也算品学之士，谁知见了玉差（英）就如遇魔，再丢不开。”（770）上引《六指头》后有对应之文，云：“见他们在房中扯拳行令，讲邪言道秽语谈笑风生。”（381）“讲邪言道秽语”，与“邪言谑语”正相对应。

6. 这便是实言告禀，望水公额外原情。使小女名节不损，虽没世不忘大恩。（卷二《栖凤山》，467）

按：“望水公额外原情”，诸本[259,247,216,174]均录作“望恩公额外厚情”，误。

“水”，乃“石”之误。上引文字乃朝霞向石公（石大老爷）哭诉之语，故“水公”乃“石公”之误。此段唱词毕，文云：“朝霞诉罢。石公心想：‘天地问（间）那有这样即（节）烈女子，可喜可贺。’”（467）

“原”，乃“原”字。“原”下部之“小”常书作形近三点之形。卷二《栖凤山》：“石公进屋，见体尧，曰：‘原来老先生在此，失敬失敬。’”（466）原情，核查实情之义。卷三《南乡井》：“杀人事实不知信，望信（仁）天把（格）外原情。”（733）又如《醋葫芦》第十九回“都白木丑态可摹，许知府政声堪谱”：“谁知又落了他的机彀，把小人拐落秀州，复卖于傅乡宦为奴。不期又被原主所获。只求爷爷原情。”

7. 妻：力白寻夫非贼党。夫：淮（准）备霞冠与裙裳。（卷二《栖凤山》，483）

按：“力白”，诸本[268,255,223,178]均同，误。

“力”，乃“辩”之形近误书。“辩”“辨”音近、形近，常通用；“辨”又草书楷化作“办”，故《跻春台》“辩”“办”常混。卷四《审禾苗》：“堂上官不容我二人分办，不招供拶十指痛彻心肝。”（988）分办，即分辩。卷四《蜂伸冤》：“狗奴，还要办吗？与爷责打四十。”（1034）要办，即要辩。“办”常省两点作“力”。卷四《螺旋诗》：“官曰：‘此真正人君子、节烈贤妇，断无奸淫之事，但案无头绪，如何力法？’”（862）力法，即办法。卷四《僧包头》：“你这里即力丧事，发引安埋，如此神仙也瞒得过。”（1059）力丧事，即办丧事。卷二《栖凤山》：“蒙众绅粮邀恩力作充罪，发配福建与（兴）化当军。”（474）此句，诸本校作“蒙众绅粮邀恩力作，充罪发配福建与（兴）化当军”[263,250,219,176]，误。“力作”，即“办作”。因此，《跻春台》“辩”常作“力”。卷四《审禾苗》：“即叫雇工将二人捆绑，急得桂英眼泪双流，正是：浑身有口难分力，偏体生牙说不明。”（981）“分力”，即“分辩”。卷二《捉南风》：“胆大狗奴，强力怎的？这是天眼恢恢，疏而不漏，你好好吕（招），免得受刑。”（287）“强力”，即“强辩”。

“力白”，即“辩白”，卷二《万花村》：“徂（但）此案重大，非有大势力大门面之

人到官前去替他辩白，不能得出，仔细想来，非我家公子不可。”（434）

又，“力”于《跻春台》除为“辦”“辩”之误书外，还可为“辨”。卷四《螺旋诗》：“黑区区力不出真假，像是他又像不是他。”（865）“力不出”，乃“辨不出”。亦可为“边”。卷三《双冤报》：“官命带过一力，又叫魏有仁上堂。”（758）“一力”，即“一边”。又可为“刀”。卷四《双血衣》：“难道说儿受苦都不怜念，为甚么藏衣力不献与官。”（921）“衣力”，即“衣刀”。又可为“刁”。卷四《僧包头》：“妻力氏，心亦狼毒，助夫为虐。”（1044）“力氏”，据前后文，当为“刁氏”。

8. 又念尔妻平生无罪，吾与他改头换面，去蠢生灵，用杨枝点瓶内甘露，一洒一道光葉。（卷二《平分银》，521）

按：“光葉/叶”，诸本[289,275,240,192]均同，误。

“光葉/叶”，不辞。“葉/叶”乃“華/华”之形近误书，“光葉/叶”即“光華/华”，乃光、光芒之义。《西游记》第五十回“情乱性从因爱欲，神昏心动遇魔头”：“那魔王口喷紫气盘烟雾，这大圣眼放光华结绣云。” “一洒一道光华”，即“一洒一道光”之义。

9. 一日，放学回家，见对门卢三嫂偷他海椒，王囚想喊，恐负吃亏之言，遂不比下。那知卢三嫂早已看见，恐来捉他，惊骇而去。囚到土内，见背篼中有付耳环。（卷二《吃得亏》，533）

按：“比下”，张本[296]、蔡本[282]作“比下”，金本[246]录为“惊吓”，钟本[196]亦作“比下”，并释云“拿下，挡获”，均误。

“比”，当为“忙”之形近误书。“忙”时形近作“北”。卷二《万花村》：“可亭即北说道：‘我和你初次相会，凡事可言则言，不可则止，有伤体面。’”（424）“即北”，即“即忙”，乃急忙义。卷三《南乡井》：“田氏母女听得，出来一看，见是婆婆，慌北拉开。”（727）“慌北”，即“慌忙”。故《吃得亏》中“比下”当是“忙下”，“不忙下”即不急忙去、不赶紧往之义。后文“囚到土内”，亦可证之。

10. 孙再三相求，囚再三推却。孙大怒，忿恨而去，总想言他。因与同类商量，这王囚疏财仗义，人人欢喜，尽都打破。（卷二《吃得亏》，537）

按："言他"，诸本[298,283,248,197]照录，误。

"言"，乃"害"之形近误书。"害"，《跻春台》常省"宀"。卷三《双冤报》："奴未曾谋𠮷丈夫命，大老爷切莫冤枉人。"（757）"谋𠮷"，即"谋害"。"害"省"宀"则为"𠮷"，"𠮷""言"形近。"害"因省"宀"，又可形近作"告"。卷一《过人疯》："我夫妇从前不知，误造罪孽，竟把我儿告了，如今追悔已无及矣。"（114）"告了"，即"害了"。《吃得亏》之"总想言他"，即"总想害他"。卷一《义虎祠》："刁陈氏愤气而去，总想害他，无计可施。"（127）

11. 开个抽连孩子都估不倒，弯场事妇人家要把我啗。（卷二《吃得亏》，538）

按："开个抽"，诸本[299,284,248,198]均同，误。

"抽"，当是"油"之形近误书。汉字书写，"氵""扌"形近常相混，前贤多论之，不赘。"抽"为"油"之误，"开个抽"实乃"开个油"。

又，"开"当是"揩"的记音字。卷四《螺旋诗》："忠忆螺诗，因曰：'不消开，我发甚糟，油侵更好。'"（848—849）卷四《错姻缘》："张曰：'哝，这是啜话，我开了眼粪放的啇。你看女婿聪聪明明，又斯文又儒雅，那些孬了。'"（953）卷二《六指头》："起看无灯，天又极黑，摸到毛房边，一浊跌地，摸身尽湿，疑是大粪。嗅不甚臭，用手一阵乱开。"（379—380）上引三例之"开"，均为"揩"之记音。

"开个油"即"揩个油"，亦即通语之"揩油"。"揩个油，连孩子都估不倒"，意为占个便宜却连小孩都估不住，这正符合孙公瞒因捉乌龟致背时鬼缠身的写照，此二句之前亦云："人也亡猪也瘟牛也困到，遭回禄把房屋一火而烧。"（538）

12. 那知夜夜催逼，只得备卷至文昌宫对神祝道："弟子下场，不会文章，恳祈帝君兴（与）生帮忙，把文𢼄𧥣，齐𠊱三场，录遗在内。"（卷二《吃得亏》，544）

按："把文……三场，录遗在内"，诸本[302,286,251,200]录作"把文𢼄記，齐倩三场，录遗在内"，误。

上引文字，后文对应之处，云："寻卷大笑，戏拟三场，及收录之题，把文做起，誊真放在原处。"（544）由此推知，诸本所录之文有误。

"𢼄"，乃"做"之形近误书。"亻""古"合书，"做"或形近而成"𢼄"。"𧥣"，乃"起"之形近误书。"起"之"走"旁，或可书作"支"。卷四《蜂伸冤》："那一夜提头去丢了就逰，记不𧺆在何处慢慢去寻。"（1035）"记不𧺆"，即"记不起"。"口""又"相混。卷一《哑女配》："文进大怒，骂曰：'你这穷鬼，还要好高，糊言乱语，把我藐视，我女今已能言，何患无隹（佳）婿！'越骂越恕，吵闹不已。"（268）"越骂越恕"，乃"越骂越怒"。"敀𧺆"，即"做起"，写好、做好之义。

"倩"非"倩"，乃"備/备"之形近误书。"備"，右部之旁与"青"形近，则"備/备"或可书作"倩"。"齐備/备三场"，即后面对应之文所云"戏拟三场"。

"遗"，或乃"题"之形近误书。"走""是"形近易混，"走""辶"意近、形近而混；"贵"，省文则为"页"，故"题"或可误书作"遗"，与后文之"收录之题"正相对应。

13. 一夜，德辉梦至大堂审说，看见不是父母官，衙役凶恶。（卷三《阴阳帽》，563）

按："审说"，诸本[311,294,258,208]均同，误。

"审说"，乃详细解说之义，与文中所言大堂、父母官、衙役不合。"说"，乃"讯"之形近误书。"说"可省"丷"作"𬣳"。卷三《比目鱼》："都是你后母娘起心奸险，暗地裡（里）总𬣳儿偷米盗钱。"（675）"总𬣳儿"，即"总说儿"。《跻春台》"兄""几"常混。卷一《过人疯》："外面兄个癫子，用石子打进去。"（104）"兄个癫子"，即"几个癫子"。"卂"常书作"凡"。卷三《审烟枪》："即写朱单，命司差到安岳王家沟王明山家内，去拿正凶烟枪，从凶烟盘、烟灯、烟籤诸犯，贞秀押店候訉。"（642）"候訉"，即"候讯"。"兑、兄、卂、凡"四者形近，则"讯"可书为"说"。"审讯"，乃法律术语，《跻春台》常用之。卷三《审烟枪》："牛公命明日呈上，即悬牌审讯烟枪。"（643）卷三《双冤报》："高平县令白良王（玉）清廉有才，其明如神，能察奇冤。你女见上司不必称冤，恳委白公审讯，或能雪冤也未可如（知）。"（760）

14. 只因公主爱啼，锦川去医，一见即住，来了复啼。（卷三《心中人》，618）

按："来"，诸本[341,321,282,226]均同，误。

"来了复啼"与上句之"一见即住"文义相悖。"来"，当是"去"之形近误书。"来"与"夹"形近易混。卷三《双冤报》："这一阵来得魂飞尽，痛得我屎尿一齐倾。"

（759）前面有“把他夹起”，故“来得”即“夹得”。“夹”与“夫”形近易混。卷三《南乡井》：“狗奴，还要强辩。左右，南（与）谷（爷）夫起。”（734）后文有“夹得我屎尿齐倾”，故“夫起”乃“夹起”。“夫”与“去”形近易混。卷四《活无常》：“官大惊，理（埋）怨无常，命差夫拿李素娥。”（908）“命差夫拿”，即“命差去拿”。由此，“去”可书作“来”。卷四《活无常》：“素娥心如刀绞，想走又无来处，只得暗哭而已。”（895）“无来处”，当为“无去处”。“一见即住，去了复啼”语义正相吻合。

15. 犹如里借账，晚间就镇（填）还。（卷三《双冤报》，746）

按：“里”，张本[411]、蔡本[386]、金本[340]作“昼”，钟本[271]为“里”，均误。

“里”，当为“早”之形近误书。上二句乃俗语，《跻春台》有类似表达。卷四《错姻缘》：“又如早借账，晚来要还清。”（949）

16. 免得外人指背脊，央先艮骂你的妈和爹。（卷四《螺旋诗》，841）

按：“艮”，张本[463]、蔡本[435]、金本[383]作“人”，钟本[307]作“良”，均误。

“先良”不辞，“先人”虽通，然“艮”“人”字形相距甚远。“艮”，当为“祖”之误书。“祖”可省旁作“且”，“且”又形近作“艮”。卷三《南山井》：“何甲请人说好，从厚超存（荐）。化财之日，冯氏来些无赖子，限搅不依，总要去告状。”（794—795）“限搅”，乃“阻搅”之误。“先艮”，即“先祖”。卷四《螺旋诗》：“焉能够败名节羞辱先祖，与外人来通奸谋杀亲夫。”（861—862）“先祖”，亦即“祖先”。卷二《万花村》：“妇女家怕的是名节有玷，失了节辱父母又羞祖先。”（435）

17. 忽一人曰：“怪我哦，犯淫都有报应，世上那有人种？”差曰：“当（常）言万恶淫为首，谅必是有报应的。”（卷四《螺旋诗》，864）

按：“怪我”，张本[475]、蔡本[446]、钟本[314]照录，金本[393]略“我”，均误。

“怪我哦”似通，意近今之“怪我哟”，然联系下文“犯淫都有报应，世上那有人种”，实则不是。“我”乃“哉”之形近误书，“我”“哉”形近易混。卷二《白玉扇》：“从此看来，为夫妻者，何不以谢大德、凤英二人为法我！”（370）“为法我”，即“为法哉”。“怪我哦”，即“怪哉哦”。“怪哉”，惊叹语，明清刻本小说经见。《初刻拍案惊奇》卷二一“袁尚宝相术动名卿，郑舍人阴功叨世爵”：“尚宝方才省起向来之言，再把他端相了一回，笑道：‘怪哉！怪哉！前日果有此言，却是前日之言，也不差。今日之相，也不差。’”

又，《跻春台》中“我”与“找”“战”常形近而混。卷三《阴阳帽》：“无处我钱奉祖膳，只得乞食做汤官。”（565—566）“我钱”，即“找钱”。卷三《双冤报》：“王氏我我兢兢叩头哭诉道。”（757）“我我兢兢”，实为“战战兢兢”。

18. 既相好还藏甚么话，娘偷人都要生喈色。（卷四《螺旋诗》，866—867）

按：“喈色”，诸本[477,448,395,315]均同，误。

上引二句乃韵文，其前二句、后二句分别为：“红与黑原不分上下，常与他吃酒又哈茶”（866）、“如不信去把他拿下，方知道我言是不差”（867）。“色”与“茶”“差”不协韵，故“喈色”有误。

“喈”乃“嘴”之形近误书。“此”“比”形近易混。卷一《义虎祠》：“各位不知，此虎乃圣帝座下镇山之虎，因何氏之叩恳心诚，故命他上堂背案，替天生养母，成就二子功名的，所以在刘家如比纯善听讲咧。”（152）“如比”，即“如此”。“白”“角”形近，故“喈”乃“嘴”字。“色”乃由“巴”增旁而成，“巴”“茶”“差”协韵。

“喈色”，乃“嘴巴”。“嘴巴”一词，《跻春台》经见。卷一《卖泥丸》：“手足不好，爱偷东西走邪路，嘴巴不好，爱谈闺阃说空话。”（237）卷二《捉南风》：“小时由他所穿，长大由他看戏观灯，女工生疏，嘴巴尖利。”（277）“生嘴巴”，意谓多嘴、多言。

19. 恨我後/后来人秀雅，朝日把你眼睛楙。（卷四《孝还魂》，1009）

按：“後/后”，诸本[556,523,461,362]均作“後/后”，误。

“後”“俊”形近，故“後/后”乃“俊”之形近误书。卷三《南乡井》：“他见我容光秀後/后，我见他日（白）面红唇。”（733—734）“秀後/后”，诸本均录作“秀俊”，确然。

20. 到年底，问曰：“何大嫂，你借我的银子办起未有？明天期摵子。”（卷四《蜂伸冤》，1030）

按：“摵子”，张本[568]作“到了”，蔡本[535]、金本[471]为“撖子”，钟本[369]作“樴子”，并注：“期樴子：‘樴’字原文作提手旁，读法和原意不解，按上下文推断，代表‘期限到了’之意，中江话读作‘期坎子’的，也意作期限，不知道是否即是‘期樴子’，今暂注于此，待今后方家考证。又，章炳麟《新方言·释宫》释义，‘樴者，识也。今扬州谓立木为表曰木樴子，立石为表曰石樴子。’”邓章应云：“期擳子，确意不解，估计为借期已满。”① 均误。

“擳”，乃“攏/拢”之形近误书。“龍/龙”“戠”形近。卷四《活无常》：“我回去，告爹妈，要你龍神会搬家。我还要，把人喊，你屋不够挂烟杆。”（881）由此，“攏/拢”或可形近误作“擳”。

“子”，乃“了”之形近误书。卷二《万花村》：“我与你劫李大人是盟过誓米（来）的，难道你不认就把此案滚脱子吗?”（429）“滚脱子”，即“滚脱了”。卷四《螺旋诗》：“本县劝你招子的好，免受苦刑。”（862）“招子的好”，即“招了的好”。

“明天期擳子”，即“明天期拢了”；“明天期拢了”，即明天期限到了之意。

上揭二十例形近误书很少涉及方俗词、疑难俗字等较为复杂的情况，辨析时基本无须借助其他文献来佐证，仅据《跻春台》一书之内证即可证明。诸多的内证说明《跻春台》形近误书现象较为常见，除本文上举外，还有不少，如“夫”与夹、天、失、去、夭、大、矢等字相混，等等。所用之内证，张本、蔡本、金本、钟本基本已对之整理、校录清楚了，然却未能将之运用于上举二十例中，这的确是一种遗憾。这种遗憾也说明，整理者意识到了《跻春台》的形近误书，并进行了有效的校勘，然而未能做到触类旁通、引申系联，以致留下了不少疏漏。

《跻春台》形近误书现象广泛，那么，其他明清刻本通俗小说是否也是如此呢？答案是肯定的。曾良、陈敏两位先生所编《明清小说俗字典》② 即以明清刻本小说为底本，排比、归纳了 3000 余个正字字头。每个正字下面列各类俗写，其中有相当一部分属于形近误书。前例 17 之“我”“找”相混，亦见于《明清小说俗字典》，然“我”“哉”“战”相混则是书未收。同时，前文所举之多数例字，是书未载。

无论《跻春台》还是其他明清刻本通俗小说，诸多学者从俗音、俗字、俗语词等角度论及现行整理文本在整理、校勘中的不足，并取得了诸多成果。因未见单从形近误书角度对明清刻本通俗小说的整理有所阐发，故作是文，以明形近误书在明清刻本通俗小说整理中的重要性及迫切性。

① 邓章应：《〈跻春台〉方言词语研究》，巴蜀书社 2006 年，第 252 页。

② 曾良、陈敏编：《明清小说俗字典》，广陵书社 2018 年。

参考文献：

[1] 曾良. 明清通俗小说语汇研究 [M]. 南昌：江西教育出版社，2009.
[2] 曾良. 明清小说俗字研究 [M]. 北京：商务印书馆，2017.
[3] 张涌泉. 汉语俗字研究（增订本）[M]. 北京：商务印书馆，2010.
[4] 周志峰. 明清小说俗字俗语研究 [M]. 北京：中国社会科学出版社，2006.

（龚泽军，重庆大学中文系，400044，重庆；杨梅，四川外国语大学中国语言文化学院，400031，重庆）

论“无穷会本系”《大般若经音义》疑难异体字的研究价值*

梁晓虹

摘　要：“无穷会本系”《大般若经音义》（以下简称“无穷会本系”）是日本中世佛经音义的重要组成部分，不仅多有古写本留存至今，而且“单经单字音义”特色明显。作为“单字音义”，其重要特色就是在释文中多列举异体字，被认为具有“异体字字书”性质，是研究日本中世异体字的重要资料。其中有一部分异体字，属疑难成分。它们或不见于通行工具字书，或有异于专门的“异体字字典”，或呈“和风化”。对其进行考察，既有助于了解日本中世《大般若经》以及写本佛经的用字特色，也可补充异体字、俗字研究中的一些不足，有助于考察汉字在海外的传播和发展。

关键词：大般若经音义　无穷会本系　无穷会本　异体字　疑难字

一、“无穷会本系”及其特色

（一）关于“无穷会本系”

日本佛经音义史上，《大般若经音义》占有重要地位。而诸种《大般若经》音义书中，“无穷会本系”又是中世的主要代表。

所谓“无穷会本系”，是指以无穷会图书馆所藏《大般若经音义》为代表的一组不同写本，共有约二十种，大多保存至今。这些写本从体裁与内容来看，应属同类，可认为本是同一书。因不同写本多见，学界一般以被认为书写年代较早、写本最为优良

---

* 本文为日本学术振兴会（JSPS）科学研究费基盘研究（C）“日本中世における異体字の研究－無窮会系本『大般若經音義』三種を中心として”（2023 年度；课题号：19K00635）以及 2023 年度南山大学パッヘ研究奖励金 I-A-2 成果之一。

的无穷会图书馆藏本①为代表，并统称其为“无穷会本系《大般若经音义》（以下简称‘无穷会本系’）”。此音义撰者，学界至今尚未明确断定，但推测有可能是保延年间（1135—1141）的重誉。而其共同祖本之成书年代，被认为大概是平安时代末期或镰仓时代初期。

（二）“无穷会本系”之特色

日本佛经音义特色之一，即多为“单经单字音义”。一册音义在手，可以帮助僧俗解决该经中的不少汉字问题。这一特色在“无穷会本系”上体现得尤为明显：其一，此本系原本专为《大般若经》而编纂，是标准的“单经”音义；其二，此本系以释“字”为中心，即辞目以单字为主，某种意义上就是日本《大般若经》的“字书”。

与一般“单经单字音义”不同的是，“无穷会本系”在释文中多列出异体字，还具有“异体字字书”性质②。右图③为无穷会本第一帙第一卷第一页：

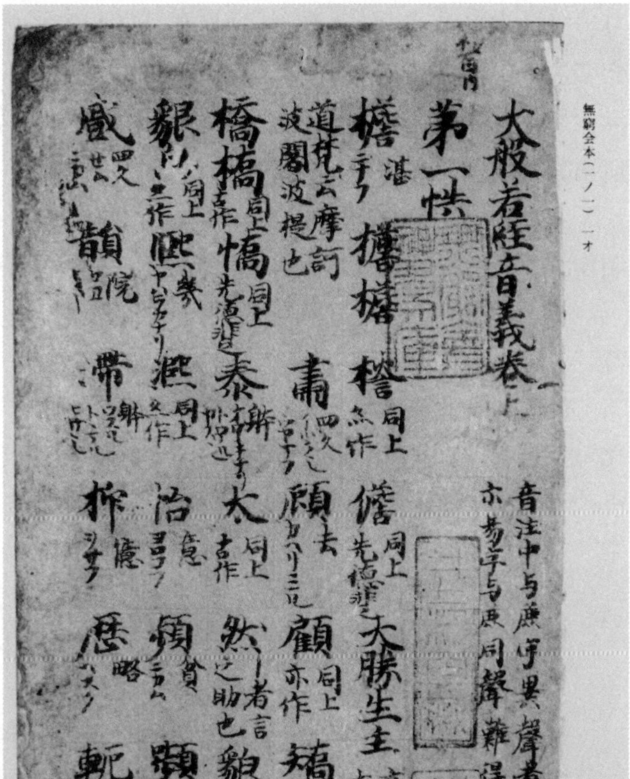

无穷会本第一帙第一卷第一页

此页共收录17个辞目，其中只有一个复音辞目“大胜生主”，另外16个皆为单字辞目，其中又有7个辞目字下标有异

① 学界根据其用纸、书风以及表记样式来看，认为有可能是镰仓（1185—1333）初期写本，如築岛裕《大般若經音義の研究・本文篇・解説》，勉诚社1977年，第13—33页。

② 鸠野惠介：《無窮会図書館藏本〈大般若經音義〉における異体字表示の術語について》，《国語文字史の研究》十一（国語文字史研究会）2009年5月，第153—169页。

③ 此图摘自築岛裕《大般若經音義の研究本文篇》，勉诚社昭和五十二年（1977），第9页。

体字，所占比例很高。如第一条：

檐：湛。ニナフ。擔檐檜①：同上，亦作。儋：同上，先德非之。

以上辞目字为“檐”，其后“湛”为标音字。和训“ニナウ（ニナフ）”，用现代日语汉字表示是“担う・荷う”，而在《汉和大字典》中“擔”“檐”“儋”也皆可训读作“ニナウ（ニナフ）”。和训之后，撰者列出了三个异体“擔檐檜”，并用“同上，亦作”加以简释，其后，又列出“儋”字，并示“先德非之”，这是用前贤之判断来对所出异体加以评价。

此类例，“无穷会本系”中大量存在。笔者曾以无穷会本和天理本②为对象，专门制作“无穷会本、天理本异体字字表”③，较为清晰明了，应能说明问题。

笔者注意到，这些异体字中，有一部分属疑难成分。如上例中的“檜”字，作为“擔”“檐”的异体，笔者至今尚未在其他文献中见到。

此类疑难字或不见于通行工具字书，或有异于专门的“异体字字典”，或呈“和风化”。对其进行考察，有助于了解日本中世《大般若经》以及写本佛经的用字特色，也可补充异体字、俗字研究中的一些不足，有助于考察汉字在海外的传播和发展。此乃本文目的。

二、“无穷会本系”疑难异体字的研究价值

（一）不见于通行工具字书及专门的“异体字字典”，可补其不足

“无穷会本系”中有一部分疑难异体字，似不见他处，值得引起注意。如以上所举“擔”“檐”的异体“檜”字就属此类。此字右半声符“㑹”已与“擔”“檐”“儋”等字的声符“詹”相距甚远。这个字形不仅不见于通行工具字书以及专门的“异体字字典”，笔者甚至尚未在汉语资料，也包括其他日本文献中见到相关例证。但是“无穷会

① 这三个字形是复印本的摹写。笔者按：《大般若經音義の研究本文篇》出版时双数页为原本影印部分，单数页为原本摹写。本文所取字形基本来自影印部分，但若字形有受损脱落，不清楚的情况，也会采用摹写字形。

② 天理大学图书馆所藏本，“无穷会本系”中重要写本，其书写时间为日本弘安九年（1286）。

③ 见拙著《“无穷会本系”〈大般若经音义〉研究——以汉字为中心・附录》，上海教育出版社 2023 年，第406—440 页。

本系”中却不止一次出现。除了无穷会本中这一例，笔者还在药师寺本①中见到 13 例。甚至在时代稍后，书写较为工整的大须文库本②、定胜寺本③中也仍有同样的字形。所以我们不能否认其存在，而是要讨论其出现，即书手笔下写出这个字形的理据。笔者曾尝试加以考察④，结果是否正确还有待于进一步深入探究。

笔者将用以下三例对此加以考察论述：

例一：憺：湛。シツカナリ；ヤスラカナリ。淡⿰忄⿱止火：同上，先德非之。（无/6/3⑤）

以上“湛”是标音字，其后两个假名和训都有“安静”“宁静”之义。无穷会本此条下是另一辞目“怕”字，可知著者是将“憺怕”一词拆分成两个单字。“憺怕”应是“澹泊”一词的本字，故和训与经义合。我们注意的是其后作为异体被列出的“淡⿰忄⿱止火”。“淡”与“憺”通，应无疑问，但“⿰忄⿱止火”字却可能被质疑。实际上，“⿰忄⿱止火”是“惔”字俗体。“惔”可通“淡”“憺”。故“憺怕”一词也常写作“惔怕”，而且在奈良时代日本写经中，“惔怕”已不少见。如石山寺本《大般若经音义》（卷中）所收“澹泊路”条释义为：“或作惔怕。徒滥、普白反。寂漠也。又恬静也。寂寥无人也。”⑥“惔”正是“惔”字。无穷会本中的“⿰忄⿱止火”，若将其放大细看，右半上为“止”，下为“火”。此字形字库中尚无，築岛裕先生《索引篇》中，此字用手写，也是上“止”下“火”⑦。药师寺甲本作“⿰忄⿱止火”，药师寺乙本作“⿰忄⿱止火”，大须文库本作“⿰忄⿱止火”，定胜寺本作“⿰忄⿱止火”，皆同无穷会本，非常清晰。唯有天理本作“⿰忄⿱上火”，上“上”下“火”，但实际也应理解是书手误将“止”写成了“上”。而且无穷会本“憺”这一字组共有 4 次重复出现，其中 3 次有“⿰忄⿱止火”字。

---

① 药师寺本是“无穷会本系”中的重要一本，分“甲”“乙”“丙”“丁”四类，共 67 轴。药师寺本虽属“无穷会本系”，但几乎只收单字，和训极少。故築岛裕认为药师寺本很有可能是从古代原本删除和训，改编成仅有单字内容的简易本（《大般若經音義の研究本文篇・解說》）。

② 室町时代（1336—1573）写本。

③ 日本明和四年（1495）至明和五年（1496）写本。

④ 梁晓虹：《“无穷会本系”〈大般若经音义〉研究——以汉字为中心》，上海教育出版社 2023 年，第 111—113 页。

⑤ 前“无”表示无穷会本，其后第一个数字表示帙数，最后数字为卷数。因无穷会本的体例是按“帙”（《大般若经》共六十帙），“帙”下按“卷”（每“帙”有十卷）为顺序收释辞目。

⑥ 築岛裕主编：《古辞书音义集成》第三卷，汲古书院昭和五十三年（1978），第 8 页。

⑦ 築岛裕：《大般若經音義の研究索引篇》，勉诚社昭和五十八年（1983），第 89 页。

但是，这一字形在收集异体字较多的《异体字字典》① “憺”字以及“惔”字下皆未见，另外，似也不见于其他汉文资料。笔者认为这应是草书楷化讹变形成的俗字。“惔”字因为字义关系，见于名家书法的较少，但是我们可据“炎”，或同用“炎”为声符的“淡”进行考察。首先我们看中国古代书法家：“淡”草书作“淡”、“淡”（智永），“炎”草书“炎”（月仪帖）、“炎”（孙过庭）②。而《日本名迹大字典》“淡”字下收有“淡”“淡”③，“炎”字下收有“炎”④（光明皇后杜家立成）等草书字形。写经生在书写时，因辨识有误，草书楷化，将“炎”上半的“火”讹成“止”，不是没有可能。有意思的是，《六体书法大字典》中收有现代人上海书画家协会主席周慧珺写的“淡”，作为行书作品“淡”⑤，其右半上部写成了“止”，非常明显。这至少说明这个异体出现与存在的理据。当今时代，人们写书法只是作为一种艺术行为而加以实施并欣赏，但在古代用毛笔写字却是全民性的汉字书写行为，因而从行草书到楷书，会因诸种原因出现不同变化，这是俗字产生，也是汉字发展和变化的重要方面。

例二：[石衆]：イタム。ウレフ。食□有沙也。⑥ 磣𢕻㦁：同上，亦作。（天/57/9⑦）

以上条，天理本的辞目字，看上去像是“[石喿]”，而在大须文库本此条却作“磣”字。

磣：心。イタム。ウレフ。食中沙也。墋慘，同上亦作。

二本相比较，我们要解决三个问题：

1. 天理本“[石衆]”与大须文库本“磣”作为辞目字哪个准确？

“无穷会本系”以释字为中心，以上二本中的“[石衆]”和“磣”，实际是《大般若经》卷五六九“是诸菩萨行深般若波罗蜜多，如是修行则能随顺一切世间……见磣毒者则

① 台湾网络版《异体字字典》，https://dict.variants.moe.edu.tw/variants/rbt/home.do。
② 以上字形取自“国学大师”下所附“书法字典”。
③ 北川博邦：《日本名迹大字典》，角川书店昭和五十六年（1981），第719页。
④ 北川博邦：《日本名迹大字典》，角川书店昭和五十六年（1981），第749页。
⑤ 此字形取自“国学大师”下所附《六体书法大字典》，第1161页。
⑥ 天理本此处有残脱，用方框表示。
⑦ “天”表示天理大学图书馆本（天理本）。

生慈忍，见邪法者则生大慈，见苦恼者则生大悲，见悭嫉者则行布施”① 一句中“磣毒”之“磣”字。《慧琳音义》卷八就收释“磣毒”一词：“磣毒：疮疹、霜禀二反。《考声》：砂土污也。从石参声也。或从土作墋，亦同。下徒斛反。孔注《尚书》：毒，害也。《考声》：恶也。痛也。案磣毒者，妒害也。忍人也。《说文》：害人之草也。从屮毒（毐）声也。屮，丑列反。毒（毐）音爱。经作毒，隶书讹也。”② 根据慧琳解释，“磣毒”有嫉妒害人之义。

佛经中“磣毒”多见。“磣”指食物中杂有沙子。《玉篇·石部》：“磣：初甚切。食有沙。”引申可指物中掺杂沙子。食中有沙，令人不适，故引申可表恶意。因而以上大须文库本“磣”准确。

2. 为什么天理本会用“⿰石衆”？其理据为何？

“⿰石衆”一般会认作“⿰石喿”，但“⿰石喿”在《汉语大字典》中只是地名用字，读 zào，与“磣”不同音。但是，我们注意到唐法琳撰《破邪论》卷一有“窃见大业末年，天下丧乱。二仪⿰石喿黩，四海沸腾。波振尘飞，丘焚原燎”③ 之句，其中“⿰石喿”字《大正藏》有校注：“⿰石喿＝黲【宋】【元】【明】【宫】”大正藏作“⿰石喿”，说明当时经中有用此字，故以上将“⿰石衆”认作“⿰石喿”，应该没有问题，但笔者认为“⿰石衆”应是“磣”俗字“⿰石叅”的讹写。

“磣”声旁“参”与“⿰石叅”声旁“叅”之上部，因为“口”“厶”相近，古代日常书写中常混讹使用，相乱不别。陆明君指出魏晋南北朝碑别字中，有“⿱品从”字，实“参”的俗作“叅”的“代换”。④ 由此，我们可以举出“参”字俗书讹变作“喿”的过程：参→叅→叅→⿱品从⿱品从→喿。明乎此，则可以推定“磣”俗书演变可作“⿰石喿”，而“⿰石衆”显然就是“⿰石喿”其俗写的讹变形⑤。

《慧琳音义》卷八十七就有为《破邪论》音义的内容，收的正是“磣黩”，释曰：“上初锦反……《古今正字》：从石参声。或从土作墋也。”⑥ 希麟在其《续一切经音义》卷十中又一次收录此词，也是“磣黩”，释曰：“……又《破邪论》中亦琳公启作磣黩

---

① CBETA 电子佛典/T07/0220/0939。

② 徐时仪：《一切经音义三种校本合刊》（修订第二版），上海古籍出版社 2023 年，第 634 页。

③ CBETA 电子佛典 2016/T52/2109/0476。

④ 参见陆明君《魏晋南北朝碑别字研究》，文化艺术出版社 2009 年，第 104—105 页。

⑤ 笔者案：以上这一段乃张涌泉先生为拙著《“无穷会本系”〈大般若经音义〉研究——以汉字为中心》所撰“序文”中的总结，笔者认为比自己说得透彻，故引用于此，包括此后的校注：“参”字俗书下部又有讹变作“奈”“叅—厶”“𠫭—厶”等形者，“⿰石衆”右下部即其讹变。

⑥ 徐时仪：《一切经音义三种校本合刊》（修订第二版），上海古籍出版社 2023 年，第 2019 页。

二字。今别传作黪毒二字，并误。”① 据此可见《破邪论》中“碜黩”之“碜”，还可作“墋”“黪”等。

3.“碜毒”与“惨毒”，哪个准确？

天理本最后的异体“慘”，大须文库作“惨”。“慘”为“惨”俗字，并不难理解。“惨毒”一词，汉语中早见，《汉语大词典》引《汉书》例。但因与“碜”音同，故可借用。《慧琳音义》卷十八：“惨毒：楚锦反。借音字也。尔雅：惨、惜，憯也。考声：惨，甚也。说文：惨亦毒也。从心参声。经文从石作碜，是砂碜字，非此义也。”② 又卷四十二：“惨心：上测锦反。说文云：惨，毒也。从心参声。经作碜，俗字也。”③ 笔者认为“惨毒”才是原形，但因经中多作“碜毒”，故而天理本将其作为异体之一，并不奇怪。

“磣”是“碜”的俗字，“墋”是“墋”的俗字，“慘”是“惨”的俗字。《玄应音义》卷二十二：“又作墋，同。初锦反。又墋，恶也。《通俗文》：沙土入食中曰墋。”④ 可知其异体还有“墋”。《玉篇·土部》：“墋，土也。”

最后需要指出的是：“碜黩”与“碜毒”并非一词。“碜黩”表示混浊不清貌，《汉语大词典》引《隋书》例，以上法琳《破邪论》即此义。而“碜毒”，如上所述，应是佛经中语词，同义复合，如《玄应音义》卷二十一所释：“碜毒：又作墋，同。初锦反。碜恶毒害也。”⑤

例三：剃：躰。ソル。鬀：同上，亦作。（无/6/4）

以上“躰”是标音字，其后假名用日语汉字表示为“剃る”，与辞目字合。问题是其后作为异体出现的“鬀”，却难解，属难字。

笔者也调查了药师的甲乙二本，字体与无穷会本同。而在大须文库本中作“鬀”，从左右结构变成了上下结构。但无论是左右还是上下，作为“剃”的异体，似乎皆不见他处。笔者认为，这应该是“鬀”的讹写。“鬀”见于《说文解字·髟部》：“鬀：鬍发也。从髟弟声。”徐铉曰：“今俗别作剃。”按：字本从“髟”，正示“髪”义，鬍发须以刀为之，故后世易“髟”为“刀”。但后来俗体“剃”通行，成为正字，原来的本

① 徐时仪：《一切经音义三种校本合刊》（修订第二版），上海古籍出版社2023年，第2333页。

② 徐时仪：《一切经音义三种校本合刊》（修订第二版），上海古籍出版社2023年，第820页。

③ 徐时仪：《一切经音义三种校本合刊》（修订第二版），上海古籍出版社2023年，第1239页。

④ 徐时仪：《一切经音义三种校本合刊》（修订第二版），上海古籍出版社2023年，第454页。

⑤ 徐时仪：《一切经音义三种校本合刊》（修订第二版），上海古籍出版社2023年，第440页。

字“髴”反而成其异体。《篆隶万象名义·髟部》辞目字正作“鬀”，其下有异体“剃”。其本字应是上下结构，大须本的“髴”，应更接近本字，只是写经生在书写时将下部声旁“弟”讹作“弗”而成“髴”，于是就与“从髟，弗声”的“髴”成了同一个字。而在天理本中，此字作“𩭁”，虽是左右结构，但能看出声符是“弟”。在高野山大学本中，此字作“鬀”，明显能看出是“髴”字。特别有意思的是定胜寺本中，所出字形为“𩭁”，同大须本，但其下的释文却是：“同上，不审。”这里很重要，将“亦作”改为“不审”，可见定胜寺本的抄写者已发现“𩭁”为错讹字。

此类疑难字，数量虽不太多，但应该引起我们的重视。因“无穷会本系”存有不同时代的多种写本，这些疑难字的出现，除了因为同系写本辗转抄写的一脉相传以外，还能反映出日本中世所传《大般若经》的用字史貌。特别是《大般若经》在日本的特殊影响，某种意义上也是当时写本佛经用字的一个缩影。追溯其出现、留传的历史印迹，探讨其生成理据，这应是我们要进一步深入的课题。

（二）“和风化”讹俗字，可考察汉字传入东瀛后的发展变化

有一部分异体之所以被认为“疑难”，主要原因是多出现于日本写经生笔下，汉语资料中少见。其中又以讹俗现象多见。笔者同样以三例加以考察论述。

例一：墻：生。カキ。墻廧：同上，亦作。（无/1/9）

此例假名“カキ”，汉字可作“垣·牆”，根据标音字“生”，可知应为“牆”字，“牆”与“生”汉音相同。“墻”作为“墙”的俗字虽并不难辨认，但笔者认为“墻”与释文中所出的两个异体都具有当时日本书手的某些特征。

其一：“墻”之声旁由“爿”讹似“牜”，此多见于魏晋南北朝碑刻文字。毛远明先生就指出：“爿”作“丬牜扌”，变曲笔为直笔，便于运笔，合两画为一画，笔画简省。① 这种因讹写而成的俗体，也多见于日本古代文献。如大治本《新华严经音义》中有一组疑难异体字，其中“牆”字下有“牆廧廧”三个异体②。其中辞目字“牆”与其下的“牆”，“爿”即皆作“牜”。

其二：形旁“啬”上部讹似“求”。以上辞目字“墻”与释文中列出的第二异体“廧”就呈现此特征。

---

① 毛远明：《汉魏六朝碑刻异体字研究》，商务印书馆 2012 年，第 265 页。

② 《古辞书音义集成》第七卷《一切经音义》（上），汲古书院昭和五十五年（1980），第 88 页。

"墙"之形旁"嗇"，讹写作"𠵿" "𡋯" 或 "啬"等，汉字俗字并不少见，但"嗇"上部讹似"求"，似乎主要见于日本古代书手。如以上所举大治本中的"墻"。另外在天理本中，此条字形写法基本同无穷会本。

墻：① 墻嗇（天/1/9）

笔者也调查了药师寺本，甲乙两本有以上相同内容的部分，写法也相同。以上三本书写时间大致相同，为镰仓初中期，但是到大须文库本，以上三字字形却作：

墻：墻廧

可见后期书者已察觉其讹误而进行了改写。

另外笔者还调查了《佛教古文书字典》，其中"墙"字有作"墻"和"墻"② 者。从这一点来看，这种讹俗似乎主要出现于日本古代写经生的笔下。

例二：弘：窮。オオキナリ。和：或本。先德非之。（无/39/1）

此条在天理本作：

弘：窮。オホキ也。和：或本。先德非之。

同样的内容，还出现于天理本另外两处：

弘：窮。オホキ也。加：或本。先德非之。（天/47/9）
弘：窮。オホキ也。和：或本。先德非之。（天/54/1）

根据音注与和训，可知辞目字"弘"应为"弘"字，"弘"与注音字"穷"吴音相同。"弘"作为"弘"的俗字，《干禄字书》已收，中古汉传典籍多见。而"无穷会本系"中的另一相对稍晚的真福寺大须文库本，辞目字正作"弘"。

值得注意的是被"先德非之"的"或本"异体字形，实际共有三个："和"（无穷会本）、"和"（天理本）、"加"（天理本）。笔者也调查了几种书写时间较后的写本，发现作"和"者居多。如六地藏寺本第四十七帙第九卷作"和"、京都大学图书馆藏本

① 音注与和训与无穷会本同，故省。

② 川澄勲编：《佛教古文书字典》（其中包括三种：《日莲大圣人用字集》《佛教古文书用字集》《异体文字集》），山喜房佛书林昭和五十七年（1982），第246、520页。

《经字引》第四十七帙第九卷和第五十四帙第一卷两处皆作“和”。而在高野山大学图书馆藏本（卷上）中，此条已经有了很大变化：

⿰弓口：ヲヲキ也。和：ワ。

高野山大学本被认为写于室町后期，且有可能是后世转写本，故而笔者认为书写者或许已不明“和”原本是“或本”中“弘”的异体（尽管是讹字），而将其看作是另一辞目字，故还特意为其标注读音“ワ”。

大须文库本写于室町时代，属于“无穷会本系”后期优良写本①。仅从汉字书写这一角度看，明显的一点就是无穷会本、天理本中的一些讹字、讹俗字在此本中已有所订正。如以上无穷会本和天理本中的内容，大须文库本如下：

弘：窮。オヲキナリ。⿰方口：或本。先德非之。（大须/39/1）
弘：オホキナリ。⿰方口：或本。先德非之。（大须/47/9）
弘：オホキナリ。⿰方口：或本。先德非之。（大须/54/1）

虽然明显可以看出卷上与卷下，笔迹不同，非一人所书，但辞目字“⿰弓口”已改为“弘”；诸本中出现的被“先德非之”的“或本”的“和”及“和”（无穷会本），已统一成左“方”右“口”，与天理本第四十七帙第九卷中的“⿰方口”相同。这应该是正确的，因为这是日本中世常见的俗字。而我们要考察的是“弘”字在日本中世是如何从讹俗再到讹误的过程和理据。

笔者通过考察②认为，其演变过程，一共有两步：

第一步，从汉传俗字“⿰弓口”到倭俗字“⿰方口”。“弓”旁手写多作“弓”形，中日俗字多见。进一步讹变而成“方”，这一步似乎是在日本书手的笔下彻底完成的。其结果是导致日本古写本中“弓”部与“方”部俗书相乱的现象，此类例大量存在。因此，如果说“⿰弓口”是汉传俗字，那么“⿰方口”就可认作是倭俗字（日本俗字）。

第二步，从倭俗字“⿰方口”演变为倭讹字“和”。“方”旁行草书往往写作“礻”，“礻”旁行草书多写作“礻”，二旁字形接近，故俗书有以“礻”代“方”的现象。“禾”

① 梁晓虹：《〈大般若经音义〉无穷会本与大须文库本之比较研究——以汉字为中心》，第34届中国文字学国际学术研讨会，中国台中2023年6月4日。

② 第三届跨文化汉字研讨会/东亚写本汉字及文献研究会，中国珠海2021年10月。

旁手写或作“礻”，与“礻”旁的通行写法“礻”形近，多有混淆，上举无穷会本“和”的左旁就处于“禾”旁“礻”旁之间，再前进一步，“加”就讹变成了“和”。

从结果上来看，在汉传文献中，这种讹变似乎不太可能，即使在日本，这种现象也应该并不普遍。但是，有了“倭俗”的“加”，即“弓”变为“方”，进一步的讹变就有了可能。而且“无穷会本系”是日本中世较为重要的佛经音义，既然其中出现这种讹写现象，说明并不偶然，有一定的代表性。对其讹变过程和理据进行考察，能说明汉字在日本发展变化的一些现象。

> 例三：指約：ママ者，注尺如卅九帙。（天/47/10）
>
> 指约：——①者，如卅九帙。（六②/47/10）

以上出自第四十七帙。“注尺”就是“注释”。“无穷会本系”中“注释”一词皆如此作。“无穷会本系”收录辞目多有重复，但撰者若意识到，就会以“注尺如××帙”的形式表示，从而避免诠释内容的重复。查检天理本第三十九帙一卷，确实有“指約”条：“ママ者，屈节也。又手足众指每节横文分明也。”③

以上图像文字，并不难认，应为“指約”，六地藏寺本很清晰。《大般若经》卷三百八十一：

> 善现！云何如来、应、正等觉八十随好？……如来手足指约分明，庄严妙好如赤铜色，是六十七。④

“手足指约分明”是佛陀或菩萨之身所具足之八十种好相⑤之一。我们注意到的是“约”一字的书写。天理本作“約”，六地藏寺本作“约”。后者问题不大，但“約”却将声旁“勺”中间的点，写成了“丿”。《说文解字·勺部》：“勺：挹取也。象形，中有实，与包同意。凡勺之属皆从勺。之若切。”“中有实”的“实”在篆书中写成“短横”，后写成“点”，倒也颇合本义。但也还可见仍写作短横者，如“勺”⑥，或由下往

---

① 表示与辞目字相同。有的写本用短横表示，如六地藏寺本，有的用重复号“マ”，如下天理本。

② “六”表示“六地藏寺本”，此本写于室町时代中期。

③ 《大般若經音義の研究　本文篇》，第 372 页。

④ CBETA 电子佛典 2016/T06/0220/0968。

⑤ 也称“八十种好、八十种随形好、八十随好、八十微妙种好、八十种小相”等。

⑥ 此字形取自网络版“汉字宝典”所附“书法字典”。字下注：楷书。《五经文字》。

上提笔，如“勺”①。但将其明显写成撇“丿”是很少见的。中国书法家的行书或草书似罕见像天理本的这种写法。② 但是，我们发现日本古代书法家笔下却常能见到。如北川博邦收录的日本名家笔迹，“约”字③下就有“约”④ “约”⑤ “约约”⑥ 等草书字形，其右半与“約”相同或相仿。这些字迹都来自平安时代著名文人书家。天理本写于弘安九年（1286），属镰仓中期，而无穷会本虽无时间跋语，但被认为写于镰仓初期，其中卷卅九帙也有此条，释义同天理本，辞目字形作“指約”，亦同天理本。川澄勲（1982）编的《佛教古文书字典・佛教古文书用字集》“约”字下也有“约约”共十个字形⑦，其中有七个可归于此类“讹俗”或“讹”字。其中类似“约”的还有“约”和“约”等，左半声旁“勺”已讹成“勿”。川澄勲在“前言”中指出：第二部（即《佛教古文书用字集》）是以天台关系写本为主轴，其中约有20%加上了日莲文字。日本天台关系的有平安初期最澄创建的天台宗和镰仓中期由日莲上人创建的日莲宗。从这个时间线上考察，可以认为此类字形流行于平安至镰仓时代。但到了室町时代，此讹俗似已不再流行，已被书写者改过来，六地藏寺本中的“约”可为证明。

此类“和风化”，或者说“倭俗字”（本文称其为“日本俗字”），应该引起学界的重视。近来，学界重视研究域外汉字，而“日本俗字”是其中重要内容。而“日本俗字”的形成，“讹变”是重要因素。笔者曾经指出：从平安中期开始，汉字在日本的发展很快。主要体现于三方面：其一，反应在佛经抄写上，书经者不再有早期那种极为遵从底本（唐钞本）的心态以及为保持祖本风貌，完全按照原本的样式、字体进行誊写的风气，而是根据当时汉字的实际使用状况来书写经典，如为书写方便，为能加快抄写速度，大量为“便利”而用的“略字”开始出现。其二，随着中国书法的传入，尤其是草书和行书的流行，“和样书道”出现并盛行，有些汉传俗字又一次因“草书楷定”而变得让人陌生。其三，因对汉字的认知不同，各种讹写误用也层出不穷，这也成为日后江户大儒提出的“倭俗讹字”术语的重要理由。这些都不同程度地反映出汉

① 此字形取自网络版“汉字宝典”所附“书法字典”。字下注：楷书。唐《灵飞经》。来源：《中国书法大字典・楷书卷》，第95页。

② 这里笔者不敢说“不见”，但确实笔者尚未见，故言“罕见”。

③ 北川博邦：《日本名迹大字典》，角川书店昭和五十六年（1981），第910页。

④ 字形下注：传菅原道真《长谷寺缘起》（书名号为笔者所加。下同，不另注）。

⑤ 字形下注：传藤原行成《文赋》。

⑥ 字形下注：东寺观智院本《三宝绘词》。

⑦ 川澄勲编：《佛教古文书字典・佛教古文书用字集》，山喜房佛书林昭和五十七年（1982），第343页。

字在日本的发展变化。①

三、结论

以上我们用了六个实例，从两个方面考察论述了“无穷会本系”异体字难字的价值。笔者曾经考证无穷会本疑难异体字三十例。② 如前述及，无穷会本只存卷上，且为残本，笔者通过自己所考的三十组字例之过程与结果，得出的结论是：若是全本，异体字内容会更加丰富，是汉字史研究，特别是早期异体字研究的重要资料。

当然，笔者所谓疑难异体字，有些是真“疑难”，即除“无穷会本系”，不见其他文献。这又有两种可能性：其一是笔者孤陋寡闻，需要进一步深入；其二是确实只见此本系，这种情况也值得重视。因为“无穷会本系”多有写本，说明曾广为流传，这种少见的讹误，应该也具有一定的代表性。还有一部分可能并不算是“难”。之所以还要举出加以考辨，是因其从当时日本的汉字书写、汉字在《大般若经》中的使用，乃至在当时写经中的使用来看，都具有一定的特色。对其进行考辨，有助于追溯汉字在日本发展变化的某些踪迹。

（梁晓虹：日本南山大学，466-8673，名古屋）

① 参见梁晓虹《“无穷会本系”〈大般若经音义〉研究——以汉字为中心》，上海教育出版社2023年，第92页。

② 参见梁晓虹《无穷会本〈大般若经音义〉疑难异体字例考》（上），《东亚文献研究》，2020年第25辑，第1—18页；《无穷会本〈大般若经音义〉疑难异体字例考》（中），《东亚文献研究》2021年第26辑，第1—22页；《无穷会本〈大般若经音义〉疑难异体字例考》（下），《东亚文献研究》2022年第30辑，第1—19页。

明清民间宝卷俗字例释*
——以旧抄本《佛说八牛宝赞》为例

刘　晔

摘　要： 民间宝卷中蕴藏着大量的汉语俗字，是俗字研究的宝库，尤其是写本宝卷中的俗字更具特色。濮文起主编的《民间宝卷》中收有不少旧抄本宝卷，其中有些俗字较为罕见。本文以该卷第四册《佛说八牛宝赞》为例，拣选较为罕见的俗字，将其分类分析，以讨论民间宝卷俗字的特点，希望对汉语俗字研究及大型辞书的编纂有所帮助。

关键词： 民间宝卷　旧抄本　俗字　辞书编纂

众所周知，民间宝卷中蕴藏着大量的汉语俗字，是俗字研究的宝库。濮文起主编的《民间宝卷》① 是研究民间宝卷的重要资料，其中收集了不少旧抄本宝卷。因受抄写者文化水平等因素的影响，其中的俗字形态各异，不乏一些罕见的俗字。本文即以该卷第四册《佛说八牛宝赞》为例，拣选其中较有特色的罕见俗字，将其分类归纳，以见该宝卷俗字的特点。同时，这些俗字大多也未见载于俗字典等字书，希望本文提供的字料能为俗字研究、大型辞书的编纂以及汉字字库提供有益的补充。

旧抄本《佛说八牛宝赞》（民 4-88）② 收录于《民间宝卷》第四册，是现存已知的"西游"宗教宝卷。罗兵将"西游"宝卷分为"西游"宗教宝卷和"西游"故事宝卷，前者指主体上并不讲述故事，文本中偶尔提及"西游"故事中的人物、情节、主旨的

---

* 本文为天津市哲学社会科学规划项目（TJZW19-007）。匿名评审专家为拙文提出了详细的修改意见和建议，张青松、龚泽军教授及高尚老师也为拙文指误并提供了丰富的资料，在此谨致谢忱。

① 濮文起主编：《民间宝卷》，黄山书社 2005 年。

② 括注指《民间宝卷》第 4 册第 88 页。为免烦琐，文中引用《民间宝卷》内容皆标注"民-册数-页码"。文中除因构形分析所需采用繁体字形外，其余皆使用规范简化汉字。

民间宝卷。它们多模仿佛经的格式，以“品”或“分”为单位，正文之前包含“讽经咒”“安坛”“举香赞”“三宝颂”“开经偈”等仪式，结尾处也有“回向”“发愿”及“忏悔”“送神”等文字，其本质上是披着佛教或道教外衣的民间宗教宝卷。①

清代以来，社会上出现了许多“西游”宝卷手抄本。手抄本又分新中国成立前繁体字手抄本和当代简体字手抄本，其中繁体字抄本较多。②《佛说八牛宝赞》属繁简字兼用的手抄本，原收录于《明清民间宗教经卷文献续编》第六册《佛说家谱宝卷》（附：八牛宝赞）。“佛说”表明该宝卷为宗教宝卷，“八牛”代指明朝开国皇帝朱元璋，因其原名为朱重八，“朱”拆字即为“八牛”，是清初代指明朝之称。今浙江临海市博物馆藏有后岭出土的八只石牛，即康熙末年台州知府张联元为镇压临海反清复明的势力，以埋藏石牛的方式诅咒明朝的雕塑。据项士元《东湖笔记》记载：“八牛乃清初代用朱明之词。因台士不忘故国，特效咒咀，埋葬八牛，可见清吏存心之恶毒矣。”③

图 1 《佛说八牛宝赞》首页

《佛说八牛宝赞》首页记录了抄录者姓名、所在地名：“大同县工石金村赵德雷记”，见图 1。

题目字体较为古拙，笔画和结字也不够纯熟、合理。其中“僊”是“佛”的俗字，“刘”是“留”的音借字。正文中更是俗字满目，文面样态比较随意。从类型上看，该宝卷的俗字并未突破隋唐五代以来的俗字类型。本文将该宝卷俗字分为：变换、简省、增繁、草书楷化、同化、新造、讹变、变形音化等类别，以下分别举例。

一、变换

变换“既可以是变换原来字形的形旁或声旁，也可以变换字形的结构，造成俗字”④。《佛说八牛宝赞》中的变换多集中表现于变换形旁或声旁。

1. 娜

文：贤臣探穴，有一弓长⑤，上前奏主：“西宫郑娘娜，才敢探地穴，剐人不敢。”

① 参见罗兵《“西游”宝卷研究》，辽宁大学硕士学位论文 2016 年，第 5—6 页。

② 参见车瑞《西游宝卷的刊刻与传播》，《太原理工大学学报》（社会科学版）2021 年第 6 期，第 83 页。

③ 参见《探秘馆藏》系列七：台州式的硬气，2019-07-22，网址：https://www.sohu.com/a/328476731_578974。

④ 曾良：《明清小说俗字研究》，商务印书馆 2017 年，第 46 页。

⑤ “弓长”即“张”，指张姓臣子。

郑妃无奈探地穴。(民 4-95)

按：据文意，“郑娘娜”即下文“郑妃”，则“娘娜”应是“娘娘”，疑“娜”同“娘”。“良”“郎”声同可换，如《说文解字・虫部》：“蜋，堂蜋也。”《龙龛手镜・虫部》：“蜣蜋，上音羌，下音良，食粪虫也。下又音郎，螗蜋也。”“螳，音堂，螳蜋也。”“螂，音郎，螗螂也。”① 则“堂蜋”即“螳螂”，“蜋”“螂”为异体关系。参比可证“娜”应是“娘”的改换声旁俗字。《汉语大字典・女部》“娜”下释为：“［娜嬛］神话中天帝藏书处。”《字汇补・女部》：“娜，玉京娜嬛，天帝藏书处也。”② 宝卷此处“娜”显然非上述用法，同“娘”的“娜”与“娜嬛”的“娜”是同形字。此外，“娜”还是一个中日跨国同形字，为“女”“郎”之义。③

2. ⿰口毫

文：尸山血海遍满地，嗅气难闻乱尸灵，神⿰口毫鬼哭天地塌，日月不明人难存。(民 4-95)

按：“⿰口毫”当同“嚎”，同卷下文又见两处“嚎啕哭”，也作“⿰口毫”（民 4-104)。“⿰口毫”即“嚎”的改换声旁俗字。“毫”“豪”同音可换。如“壕”又作“毫”，《大字典・土部》：“毫，同‘壕’。播种翻土的沟，或为防止风沙侵袭所挖的沟。也用作地名。如：内蒙古有公山毫、安定毫等。”(516B)④

二、简省

简省包括简省部件和笔画。有的俗字在结构上既有简省又有变换，不可截然分开，本文将此类俗字归入简省一类。

3. ⿱山⿰禾鬼

文：无相国内香风达，为⿱山⿰禾鬼自处古录丹。(民 4-89)

按：“⿱山⿰禾鬼”疑即“巍”的俗字。俗书“巍”可省“委”下之“女”写作“𭗪”⑤，如

---

① （辽）行均：《龙龛手镜》，中华书局 1985 年影印高丽本，第 219 页。

② 汉语大字典编辑委员会编纂：《汉语大字典》（第二版），崇文书局、四川辞书出版社 2010 年，第 1137 页。以下皆简称为《大字典》，并随文括注引文页码及栏号。

③ 参见何华珍《日本汉字和汉字词研究》，中国社会科学出版社 2004 年，第 52 页。

④ 本文引用采用《大字典》“页码＋栏号”的方式，其中 A、B 分别代表左右栏。此处即指《大字典》第 516 页右栏。凡此皆同，不再出注。

⑤ “国学大师”网将该字编号为 2D5EA，但未见音义及出处。

敦煌文献 P. 2542V（4-4）“巍巍乎可久可大”即作“巍”，又可省“山”作“魏”。①“䆟”即“䅾”中“禾”增笔所致。“䆟”为“巍”的俗字无可疑，然“为䆟自处古录丹”文意尚不明。该宝卷下文可见：“普明祖魏魏不动半毫分。”（民 4-94）据文意，“魏魏”即“巍巍”。据此，疑“为巍”有可能是“巍巍”，“为”或是“巍”的误字。

4. 緃

文：化建文，掌天下，緃横自在。（民 4-99）穿天衣，整绶带，自在緃横。（民 4-101）

按：“緃”当同“縱”。西陲简三八・三“縱”作“縱”②，最右边部件正与“緃”的右旁同，可见“緃”应是“縱”经省“彳”而成的俗字。

5. 莪

文：了言一句超百亿，莪无一物化三光。（民 4-89）

按：“莪”，《说文・艸部》：“莪，萝莪，蒿属。”指莪蒿，萝蒿。又元王祯《农书・百谷谱・蔬属》：“中原呼菌为蘑菇，又为莪。”则“莪”又是蘑菇的别称。（《大字典》3432A）此二义皆与宝卷不合。“莪”即“義”字。敦煌俗字中“義”作“莪”，与“莪”形同。“義”可写作“義”“義”（北周贺屯植墓志）③，应是“義”与“莪”之间的过渡字形。“義”字“⺍”下省一横笔为“莪”，即“莪”。“莪”应是“義”的省形俗书，与蘑菇的别称“莪”同形。

上揭宝卷“了言一句超百亿”中“言”应是“然”的音借字。《诗经・大雅・文王》：“永言配命，自求多福。”陈子展、程俊英注“言”为语词、语助词，高亨注“言，读为焉”，“焉”即“然”。④ 宋释居简《偈颂一百三十三首之三十八》：“十四年，四月一。流水无情，落花无迹。一句了然超百亿，莫待当来问弥勒。”参比可推知，宝卷中“了言”当为“了然”。“義”疑为句首发语词，无义。《书・大诰》：“義尔邦君越尔多士、尹氏、御事。”王引之《经传释词》卷五：“義，助语词。”⑤

6. 𢠵

文：祖师赞叹只一会，几个惺的几个误。又说四十共人家，头里抢杀混迷人，不

---

① 黄征：《敦煌俗字典》（第二版），上海教育出版社 2019 年，第 820 页。此条材料承审稿专家提供，在此致谢。

② 徐无闻主编，汉语大字典字形组编：《秦汉魏晋篆隶字形表》，中华书局 2019 年，第 924 页。

③ 北京图书馆金石组：《北京图书馆藏中国历代石刻拓本汇编》第 8 册，中州古籍出版社 1989 年，第 111 页。

④ 参见屈万里《诗经诠释》，辞书出版社 2016 年，第 325 页；程俊英《诗经译注》，上海古籍出版社 1985 年，第 491 页；高亨《诗经今注》，上海古籍出版社 2009 年，第 372 页。

⑤ 罗竹风：《汉语大词典》第 9 卷，汉语大词典出版社 1992 年，第 174 页。

肯皈依，我把他赶⿰文隹黄金城。（民 4-95）

按：“⿰文隹”当同“離”，该宝卷“離”多作此形，如：“我令跟你逃命走，⿰文隹了皇宫。主一令，咱走罢，⿰文隹城去哭。”“走过居庸关，岔道城，真人现，来回所保安定，八牛⿰文隹西去。”（民 4-105）

俗字中很多部件都以“文”代之，如：“齊”及“齊”旁字、“學”、“教”、“覺”等。有学者认为“文”即是与原字形无关联的符号构件，梁春胜已就此问题进行辨正，指出“齊”及“齊”旁字是经原字形简省合并后写作“[illegible]”，“學”“教”“覺”“樊”等字是从“爻”讹从“文”，“文”都是与原字形有关联的简省部件。① 我们认为“離”作“⿰文隹”，左旁“文”也并非纯符号构件②，而是从“離”的古字形变化简省而来。“離”字甲骨文作“[illegible]”，从毕（罕）从鸟，会以有柄的罕捕鸟之意。西周金文将“罕”上加声符“林”，作形声结构的“[illegible]”（离作宝壶），战国时变为形声结构的“[illegible]”（秦十钟）。“[illegible]”上之“林”又可作“艹”，或省作“中”，即写作“[illegible]”（马王堆《老子》甲）、“[illegible]”（睡简）。③ 东汉时隶书“離”字左上“中”笔画化，写作“[illegible]”（熹平石经）、“[illegible]”（尹宙碑）。④ “離”左上部分与“文”形近，俗书以之为简省部件写作“⿰文隹”。

“⿰文隹”是一个流行度很高的俗字，其早见于元明时期的俗文学中，如《古今杂剧》《三国志平话》，明清宝卷亦多见。该形甚至传至域外，如 19 世纪中晚期朝鲜民间私人手抄汉语会话类教科书六堂本《中华正音》“離”即作“⿰文隹”。⑤

“⿰文隹”又是“鸡”的换旁异体字，《大字典·文部》：“⿰文隹，同‘鸡’。”（2327B）同“鸡”的“⿰文隹”与“離”的俗字“⿰文隹”是同形字。

7. ⿸广知

文：八牛东西往南走，赶的⿸广知牛插翅难。（民 4-96）

按：“⿸广知”当同“痴”。《正字通·疒部》：“癡，改作痴，非。”⑥ 可知“痴”乃

---

① 参见梁春胜《楷书部件演变研究》，线装书局 2012 年，第 263—264 页。

② 学者张黎认为“⿰文隹”左旁是替代声符“离”的符号构件。参见《19 世纪朝鲜半岛汉语会话书中的俗字变异研究》，载《近代汉字研究第四届学术年会会议论文集》，第 536—537 页。

③ 参见季旭昇《说文新证》（第二版），艺文印书馆 2014 年，第 286 页。

④ 参见汉语大字典字形组《秦汉魏晋篆隶字形表》，中华书局 2019 年，第 239 页。

⑤ 参见张黎《19 世纪朝鲜半岛汉语会话书中的俗字变异研究》，载《近代汉字研究第四届学术年会会议论文集》，第 536—537 页。

⑥ （明）张自烈：《正字通》，《续修四库全书》第 235 册，上海古籍出版社 2001 年，第 145 页。

“癡”的俗字。“癡”本从疒疑声，上古音为透母之部字，“知”为端母支部字，端、透二母仅有送气与否之别，唐代时之、支合流①，遂以笔画较少的声符“知”来代替“疑”②。俗书“疒、广”常相乱，如“疾”又作“庆”（魏于君妻和丑仁墓志）③，“疫”作“⿸广殳”（P. 3497（2-2）《燃灯文拟》）④，“疵”俗作“⿸广瓜”⑤。以上为“疒”讹作“广”例。“广”作“疒”，如《可洪音义》“店”或作“痁”（59-937A）⑥。《八牛宝卷》下文又见“⿸广知众生金（笔者注：‘金’通‘今’）无处投奔”（民 4-103），可见“痴”惯作“⿸广知”。

8. 殻

文：三身者，心为清净浤身，性为圆满身，意是百千万亿身，命终脱殻到天宫。（民 4-93）

按：“殻”即“殼”字，《篇海类编·器用类·殳部》：“殸，物皮内空留外者也。又皮甲也。亦作殼。”⑦ 宝卷中又将“殼”左上“士”省作“十”。

9. 少

文：北方少僧大显形，随带六国番兵将，齐到膳房村。（民 4-94）

按：“少”当同“沙”，下页“沙和尚，显神通，带领癸水往南侵”也作“少”。“少”本为“小”的分化字，“小”字甲骨文作“⺌”，是以小沙粒表示小的概念，“小、少”不分，为“沙”的初文。秦汉以后，“小、少、沙”分化为三字。⑧ 故后世以“少”为“沙”的简省俗字。值得注意的是，该宝卷中还有 5 处写作“沙”的，1 处作“沙僧”（民 4-97）；其余皆作“沙和尚”（民 4-99、103、106、107）。可见，该宝卷｛沙僧｝｛沙和尚｝二词中，“沙”“少”并用。此外，“少”还用作记录本义，如“少交非人遇赞名”（民 4-98），“少头无尾不的（笔者注：宝卷中用同‘得’）全”（民 4-96）；或表示“年少”义，如“也无老，也无少”（民 4-101）。可见该宝卷中“少”是同形字，不过因其上下文语境辨义度高，故不会产生误解。

---

① 参见王力《汉语语音史》，山东教育出版社 1987 年，第 249 页。

② 此处蒙匿名审稿专家提示补充。

③ 秦公：《碑别字新编》，文物出版社 1985 年，第 131 页。

④ 黄征：《敦煌俗字典》（第二版），上海教育出版社 2019 年，第 965 页。

⑤ （辽）行均：《龙龛手镜》，中华书局 1985 年影印高丽本，第 299 页。

⑥ 中华大藏经编辑局：《中华大藏经》第 59 册，中华书局 1994 年。文中凡引该书，皆随文括注“册数-页码-栏号”，上中下栏分别以 ABC 表示。

⑦ （明）宋濂撰：《篇海类编》，《续修四库全书》第 230 册，第 207 页上栏。

⑧ 参见季旭昇《说文新证》（第二版），艺文印书馆 2014 年，第 79 页。

三、增繁

此类包括增加形旁、声旁、赘笔等。

10. 嗅

文：屍山血海遍满地，嗅气难闻乱屍灵。（民 4-95）

按："嗅"应是"臭"的增繁俗字。《可洪音义》卷九《牟梨曼陀罗咒经》："嘄氣，上七救反，不香也。"（59-878A）"嘄"即"嗅"的俗字，敦煌文献"嗅"作"𪡃""嘄"①。可洪释"嗅"为"不香也"，即"臭"字，可证宝卷"嗅气"即"臭气"。"嗅"即"臭"的增旁俗字。

11. 涶

文：烟尘乱起，我赶猪见双涶泪。（民 4-106）

按："涶"当同"垂"。《正字通・土部》："埀，俗垂字。"② "涶"乃涉下"泪"字而增加形旁。

12. 滋

文：退黑猪，滋生小猪。（民 4-107）

按："滋"当同"滋"。这一写法见于敦煌文献③，"滋"下加"灬"，是"滋"的增繁俗字。

13. 論

文：不論男，不論女，都是贤人。（民 4-101）

按："論"当是"論"字。"侖"及"侖"旁字可省作"侖"，如《可洪音义》"籥"俗作"籥"（60-581C），"鑰"俗作"鑰"（60-70C）。又"瀹"俗作"瀹"④。"論"俗作"論"疑是受"侖"旁俗书的潜在影响而形成的增繁俗字。

14. 踐

文：沙和尚，离南跑，壬癸水，灌满了，四十二处烟尘到，大地贤良怎生逃，踐死草，不监牢，至今日，才依了黄天道。（民 4-106）

---

① 参见黄征《敦煌俗字典》（第二版），上海教育出版社 2019 年，第 897 页。

② （明）张自烈：《正字通》，载《续修四库全书》第 234 册，上海古籍出版社 2001 年，第 219 页下栏。

③ 黄征：《敦煌俗字典》（第二版），上海教育出版社 2019 年，第 1112 页。

④ 参见影印本清褚人获《坚瓠补集》卷三《饷茶诗》："瓦壶欲燥炉烟冷，汲得清泉思瀹茗。"

按：“”疑为“踏”的俗字。敦煌俗字“踏”作“”①，《娇红记》作“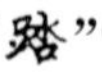”②。“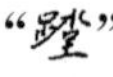”则又是“”的增繁俗字。《佛说家普（谱）宝卷》：“有黎民，十分苦，踏筑土平。”（民 4-78）“踏”作“”，也是“踏”的增笔俗字。

四、草书楷化

15. 

文：八句言，老祖传，八牛接法在边年。不的刀齐明动，（弥陀佛），怎的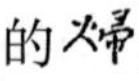天认真天。（民 4-99）

按：“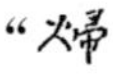”有可能是“歸”字的俗字，“歸”草书作“”（见祝允明《洛神赋》）③，左旁与“火”旁草书写法极似，对比、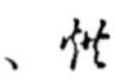可知。“”楷化即“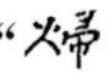”。然该宝卷中“歸”写作“归”，如：“这伙人，无投奔，各归本地。”（民 4-100）“拿住牛人并不伤他命，归依我来放你生。”（民 4-106）没有写作“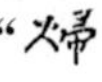”的。疑此“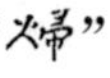”是“埽”之讹俗字。俗书“土”“火”二旁形近易混，如“坼”作“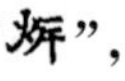”，“堆”俗作“焳”，“坎”讹作“炊”，“均”讹作“灼”等④。此句文意尚不明确，待考。

16. 

文：夸不尽金阳钟，三千诸佛讲大乘，二千不断，夜明金，铙钹不断。听好一个，真言只当耳边风。笙箫不断，昼夜明生（笔者注：应是“金”字之讹），铙钗不断，听好一个佛法僧。（民 4-91）

按：“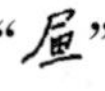”应是“昼”字草书形体的讹俗字。“昼”草书作“”（隋智永《真草千字文》），楷定即“昼”，该字在元代已流行⑤。草书上部与“尺”形近，下“旦”中“日”的部分因连笔而与“田”形似。该宝卷出自民间手书，抄写者将其写作“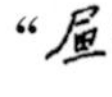”形是极有可能的。⑥

① 黄征：《敦煌俗字典》（第二版），上海教育出版社 2019 年，第 773 页。

② 刘复、李家瑞：《宋元以来俗字谱》，国立中央研究院历史语言研究所 1930 年，第 90 页。

③ 孙隽：《中国书法大字典・行书卷》，江西美术出版社 2012 年，第 396 页。

④ 参见梁春胜《楷书部件演变研究》，线装书局 2012 年，第 398 页。

⑤ 参见刘复、李家瑞《宋元以来俗字谱》，国立中央研究院历史语言研究所 1930 年，第 26 页。

⑥ 匿名审稿专家认为“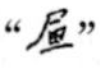”形是在“昼”的字形上简省而来，在此感谢评审专家的提示。笔者认为，简省说能说明“尸”头的来源，但该形下部则不易说明。而从“昼”字草书楷化讹误的角度说明该形来源，似乎更为直接。

17. 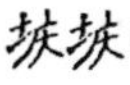①

文：八牛宝赞世妙哉，诸佛行脚在礼②埋。单等下元天数尽，遍地刀兵闹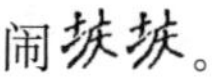。五斗天魔来混世，三十六祖一样才。(民 4-94)

按：""应是"垓"字。从韵脚来看，"埋""才"正与"垓"相押，可证""即"垓"。从字形来看，"亥"旁古隶写作""(睡·日甲二)、""(睡·为二二)③。隋《胜福寺塔铭》作""，《张俭及妻墓志》作""④；草书作""(明张瑞图)、""(明王铎)⑤。诸形皆与"庆"形极似。"骸"S. 328《伍子胥变文》作""，BD123(18-7)《合部金光明经(异卷)》卷八作""⑥。《可洪音义》"孩"作""(59-915A)，欧阳询行书千字文作""⑦。"垓"S. 328(12-11)《伍子胥变文》"垓"作"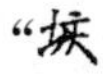"⑧，与上揭宝卷字形相同，则""为"垓"无疑。

从词义来看，"垓垓"义为多而杂乱貌。《水浒传》第八七回："(宋江)差花荣、秦明、吕方、郭盛骑上山顶望时，只见垓垓攘攘，番军人马，盖地而来。"⑨"闹垓垓"又作"闹咳咳"，一指嘈杂貌。如元马致远《黄粱梦》第二折："闹垓垓，幺喝十字街。"二指吵闹，争吵义。如元岳伯川《铁拐李》第四折："一个家嗔忿忿，一个家闹垓垓。"元李直夫《虎头牌》第四折："你休得要闹咳咳，闹咳咳使性窄，我须是奉着官差，法令应该。"臧懋循音释："咳音孩。"⑩《汉语大词典》据臧氏音释将"垓"的读音也默认为 hái。《近代汉语大词典》则注"闹垓垓"音 gāi。⑪ 义为闹哄，吵闹的"闹垓垓""闹咳咳"，又可作"闹垓""闹咳"，《近代汉语词典》注【闹垓】即【闹咳】，"垓"音 gāi，"咳"音 hāi。清《霓裳续谱·老头儿半百》："老头儿半百，一心里要娶个小奶奶，这桩事教我难擘画，终日里闹垓。"明徐复祚《投梭记》一六出："气吁吁

---

① 拙文在近代汉字研究第四届年会上报告时，蒙张青松教授及同组高尚老师指误并提供材料。匿名审稿专家也提出了宝贵的意见，在此一并致谢。

② "礼"疑为"里"的音借字。

③ 张守中：《睡虎地秦简文字编》，文物出版社 1994 年，第 223 页。

④ 臧克和：《汉魏六朝隋唐五代字形表》，南方日报出版社 2011 年，第 153 页。

⑤ [日] 二玄社：《大书源》，二玄社 2007 年，第 97 页。

⑥ 黄征：《敦煌俗字典》(第二版)，上海教育出版社 2019 年，第 276—277 页。

⑦ [日] 二玄社：《大书源》，二玄社 2007 年，第 2960 页。

⑧ 黄征：《敦煌俗字典》(第二版)，上海教育出版社 2019 年，第 231 页。

⑨ 汉语大词典编辑委员会：《汉语大词典》第 2 卷，汉语大词典出版社 1988 年，第 1102—1103 页。

⑩ 汉语大词典编辑委员会：《汉语大词典》第 12 卷，汉语大词典出版社 1993 年，第 722 页右栏。

⑪ 参见许少峰《近代汉语大词典》，中华书局 2008 年，第 1348 页。该字典认为"闹咳咳"的"咳"疑为"垓"之误，并注"咳"音为 kē。

走来，乱纷纷闹咳。”梅鼎祚《玉合记》四出：“绮罗深处，约翩翩拂袖招，一群儿闹咳齐打哄娇还小。”① “闹垓垓”“闹咳咳”为附加式合成词，“垓垓”“咳咳”应是后缀，故词形及读音不固定。“垓”“咳”上古均为之部字，中古皆为咍韵，“垓”是见母字，“咳”为匣母字，发音部位相同，故二者读音相近。匣母咍韵的“咳”今音应为阳平 hái，“闹咳咳”应从《汉语大词典》注音为妥。

五、同化

同化包括受上下文的同化、受潜意识影响而同化、同字或部件内同化、异字或部件之间同化等。②

18. ⿱自男

文：四智者，口为大元景智，鼻为文水作智，耳为平等信智，眼为妙关擦智。（民 4-92）

按：“⿱自男”是“鼻”的俗字，盖因受相近字形“舅”字影响而讹“畀”为“男”，属于受潜意识影响而同化。这种写法较为罕见，尚未见有俗字典收录。敦煌俗字中有作“⿱白畀”③ 的，与“⿱自男”形稍近而又不同。

19. ⿰扌垂

文：八牛东西往南走，赶的痴牛⿰扌垂翅难。（民 4-96）

按：“⿰扌垂”即“插”的俗字，该卷下文有“领定他，七星旗，⿰扌垂在中心”（民 4-101）。又“赶的⿰扌垂翅，罢出朝去”（民 4-105）。参比可知“⿰扌垂”“⿰扌垂”“⿰扌垂”皆是“插”的俗字。宝卷中三个字形右旁皆与“垂”字形似，“垂”字楷书可作“垂”（北魏郑黑墓志）④、“垂”（明黄道周）⑤。宝卷将“插”右旁写似“垂”，盖因“臿”“垂”的俗写形式相混，故受形近部件的俗写形式影响而将“插”写作“⿰扌垂”“⿰扌垂”“⿰扌垂”三形。

---

① 白维国、江蓝生、汪维辉：《近代汉语词典》第 2 册，上海教育出版社 2015 年，第 1345 页。

② 此处关于同化的类型，参考了张涌泉《汉语俗字研究》（修订本）（商务印书馆 2016 年，第 63—73 页），以及梁春胜《楷书部件演变研究》（线装书局 2012 年，第 275 页）的内容。

③ 黄征：《敦煌俗字典》（第二版），上海教育出版社 2019 年，第 28 页。

④ 臧克和：《汉魏六朝隋唐五代字形表》，南方日报出版社 2011 年，第 223 页。

⑤ ［日］二玄社：《大书源》，二玄社 2007 年，第 568 页。

20. ⿰木亟

文：四大天王捉妖精，急请南斗六郎，北斗七星，南極寿星，太上老君，皇極古佛勅令。（民 4-94）

按：“⿰木亟”当是“極”字，右旁的“又”受左旁“口”的同化，属于字内部件同化。这种写法在该宝卷不止一见，另如：“五教者，无極青阳教，太極红阳教，皇極白阳教，老祖黑阳教，少極黄阳教。”（民 4-92）此句中四处“極”皆作“⿰木亟”。

21. ⿱龟儿

文：三身者，过去阳身，现在⿱龟儿身，未来阳身。（民 4-92）

按：疑“⿱龟儿”是“鬼”的俗字。“鬼”隶书作“鬼”（睡简 28·5）[①]，楷书上部可作“由”形，如“鬼（北魏元子正墓志）”[②]，“鬼”头与“龟”头形近，俗书或因此而同化作“⿱龟儿”。下文有“十二祖神分左右，八大菩萨显神通，十帝阎君捧砚去，接引到处神鬼惊战”（民 4-93）。“鬼”作“⿱龟儿”，参比可知“⿱龟儿”应是“鬼”的笔画同化俗字。

六、新造

此类是根据“六书”理论新造的俗字，均为会意、形声两种结构。

22. ⿰亻⿱西天、⿰亻⿱天国

卷首题：“普明古⿰亻⿱西天遗刘八牛宝赞”。（民 4-88）

题目：“普明古⿰亻⿱天国遗留八牛宝赞一本终”。（民 4-89）

按：“⿰亻⿱西天”“⿰亻⿱天国”即“佛”的俗字，下文有“如是朝礼诸⿰亻⿱西天祖”，可证“⿰亻⿱西天”“⿰亻⿱天国”即“佛”的不同构字理据的俗字。“⿰亻⿱西天”取“西天人”会意，“⿰亻⿱天国”取“天国人”会意。《四声篇海·西部》：“⿱西⿱天明，音佛。”[③] 也是会意“西天明”而造的俗字。上揭宝卷中“佛”字二俗体可见佛教在民间的传布对汉字构造有一定影响。

23. ⿺走习

文：八牛东西往南走，赶的痴牛插⿺走习难。（民 4-96）

按：“⿺走习”应是“翅”的新造俗字。该卷下文有“赶的插翅，罢出朝去”（民

① 汉语大字典字形组：《秦汉魏晋篆隶字形表》，中华书局 2019 年，第 646 页。

② 臧克和：《汉魏六朝隋唐五代字形表》，南方日报出版社 2011 年，第 715 页。

③ （金）韩道昭撰，（明）释文儒等删补：《成化丁亥重刊改并五音类聚四声篇海》，载《续修四库全书》第 229 册，第 420 页上栏。此条材料蒙匿名评审专家提供，谨此致谢。

4-105）。原卷正作“翅”。参比可知“⿺走日”即“翅”。《可洪音义》中可见“翅”的多种俗字：可将声旁“支”写作“走”，即作“趐”（59-960A）、“趐”（59-977A）；又可改换声符从“只”作“⿺走只”（59-878A）；还可从“又”“日”或“叉”“日”构字，写作“⿺又日”（59-625B）、“⿺叉日”（59-624B）。作“⿺走日”是“翅”的又一俗体。

《大字典》引《玉篇·走部》：“⿺走日，走也，韦笔切。”（3709A）无书证，与宝卷中所见“⿺走日”是同形字。

24. ⿺辶本

文：这伙人，无投⿺辶本，各归本地。（民 4-100）

按：“⿺辶本”当同“奔”，乃“奔”的新造俗字，从辶本声。同卷下文又有“把牛人，追赶得，无处投⿺辶本”（民 4-103）。

七、讹变

“讹变就是在正字基础上的书写变易。汉字在使用过程中，由于逐渐由笔意走向笔势（符号化），字形结构就出现了种种讹变，这也是产生俗字最多的类型之一，往往讹变为多个俗字形体。”① 旧抄本《佛说八牛宝赞》中的讹变俗字如下：

25. ⿰禾卩

文：第六祖次下生在⿰禾卩县大王村晶和尚……（民 4-91）

按：“⿰禾卩”即“利”的俗写。“利”右旁为刀，“卩”乃“刀”的变形，与“卩”旁形似。

26. ⿰扌⿱山祭

文：四智者，口为大元景智，鼻为文水作智，耳为平等信智，眼为妙关⿰扌⿱山祭智。（民 4-92）

按：“⿰扌⿱山祭”当同“擦”，上“山”为“宀”的变形，这种讹变在越南汉籍文献中也存在，刘正印、李运富（2021）指出“碗”作“⿰石⿱山夗”即是。② 佛教四智包括大圆镜智、平等性智、妙观察智、成所作智，故可知上揭宝卷中“景”“信”“擦”分别是“镜”“性”“察”的音借字。

① 曾良：《明清小说俗字研究》，商务印书馆 2017 年，第 41 页。

② 刘正印、李运富：《越南少数民族汉籍及其俗字释例》，《古汉语研究》2021 年第 2 期，第 13 页。

27. 𩭐

文：四稍者，头𩭐为血稍，牙为骨稍，指为筋稍，舌为肉稍。（民 4-92）

按："𩭐"当同"髮"，"犮"旁讹作"女"，该卷下文"怕生死，削髮去了"，亦作"𩭐"。"髮"字下部"犮"可写作"友"，《龙龛手镜·长部》："髪，今，髮正。"① 俗书"犮"旁省作"犬"，如"髮"作"髮"。② "犬"旁俗书又可写作"女"，如"類"又作"類"，旧抄本《佛说家谱宝卷》作"類"（民 4-58），明刻本《巍巍不动太山深根结果宝卷》作"類"（民 1-506），《可洪音义》作"類"（60-190B）。则"𩭐"的演变序列为："髮"→"髮"→"𩭐"。

28. 過

文：過去佛，是然灯；现在佛，释迦尊；未来五阳掌教。（民 4-92）

按："過"应是"過"字之讹。《篆隶万象名义·人部》"咎"下释文"過"即写作"遇"。"咼""禺"相混为俗书常例，如"禍"讹作"禑"，"渦"讹作"湡"等。③

29. 則

文：呼吸运动命根，气脉周流无則。（民 4-93）

按：据文意，"則"应是"則"的异写俗字，将"貝"上方的折笔断开成交叉状，从而讹变成"其"。《篇海类编·器用类·刀部》："剘，克也。割截也。"《字汇·刀部》："剘，信也。"（《大字典》375 页）《龙龛手镜·刀部》："剘，俗音其。"④《正字通·刀部》："剘，讹字。"⑤ 字书中记录的"剘"字缺乏文献例证，又有说为讹字的。而宝卷"剘"则是"則"的俗写，与字书记录的"剘"是同形字。

30. 屍

文：屍山血海遍满地，嗅气难闻乱屍灵。（民 4-95）

按："屍"当同"屍"，将"死"上横笔移位至"尸"中构成"尹"形。该宝卷也有不误作的，如："俺佛杀死屍是遇夫肯留情我。"（民 4-107）"屍"不讹。

31. 的

文：一本奏说八牛见地穴中黑时，不敢进去，与我主的知。（民 4-95）

按："的"当是"的"字，用同"得"，"的知"即"得知"。同页下文有"八牛祖，

① （辽）行均：《龙龛手镜》，中华书局 1985 年影印高丽本，第 90 页。

② 参见梁春胜《楷书部件演变研究》，线装书局 2012 年，第 413 页。

③ 参见梁春胜《楷书部件演变研究》，线装书局 2012 年，第 390 页。

④ （辽）行均：《龙龛手镜》，中华书局 1985 年影印高丽本，第 97 页。

⑤ （明）张自烈：《正字通》，载《续修四库全书》第 234 册，上海古籍出版社 2001 年，第 122 页上栏。

我皈来的太平”。“的太平”即“得太平”，此处“的”写作“的”，右旁有“句”改为“勺”的痕迹。杨宝忠指出，从“句”之字俗或讹从“勺”，如“狗”作“犳”，“够”作“豹”。① “局”字敦煌写本作“扃”，又作“扃”。② “钓”俗又作“鉤”。③ 总之，俗书“勺”旁写作“句”旁乃通例。

凡今用“得”字的，该宝卷多用“的”字。如表示动词｛得｝，“五生了，三个人，谁的知闻”（民 4-99）。表示动词与补语之间的助词｛得｝，如：“弓长进宝，见主与公，諕的牛人都退位。”（民 4-98）这种用法只见一例写作“得”的，即“把牛人，追赶得，无处投奔”（民 4-103）。用在动词后，表示完成的｛得｝，如：“我听的，众人说，你休哄我。”（民 4-100）《佛说家谱宝卷》中“的”也有相同用法，如：“男若看见女，众若起欲心，现在红阳，遭劫砍头，打在一十八狱，游遍转生牙狗，逢屎吃屎，逢尿吃尿，九祖不的出狱。”（民 4-53）“的”据文意应是“得”，下页“九祖不得出地狱”正作“得”。

宝卷中也有以“得”为“的”的，如《佛说家谱宝卷》：“有福得，贤良子，来兑玄文。”（民 4-58）据文意，“有福得”应是“有福的”，是“的”字短语。

32. 穏

文：俺佛八牛祖，该陪穏坐竞（笔者注：疑为“龙”字之误，前句有“龙花”为证）。花，普明祖，设白阳会，南北丹转，与晋齐。（民 4-107）

按：“穏”当同“稳”。《龙龛手镜·禾部》：“穏俗，穩正。乌本反，持谷聚。又安穩也。”④ “穏”又将“彐”讹作“口”。

33. 却

文：降龙伏虎真手段，文殊普贤把门开。普明如来显神通，八牛宝赞有谁明。释迦却数尽天地，不智⑤人遭兵众，五苦三炎都未侵，八十一却堪看到。（民 4-94）

按：“却”当同“劫”。“劫”俗书可写作“却”，《可洪音义》卷二《道行般若经》第七卷音义“却乎”条：“上居业反，正作劫。”（59-581C）“卩”“阝”二旁俗书相混，

① 参见杨宝忠《疑难字考释与研究》，中华书局 2005 年，第 221 页。又见梁春胜《楷书部件演变研究》，线装书局 2012 年，第 365—366 页。

② “局”字一例参见张涌泉《汉语俗字研究》，商务印书馆 2010 年，第 87 页。又见梁春胜《楷书部件演变研究》，线装书局 2012 年，第 365 页。

③ 参见梁春胜《楷书部件演变研究》，线装书局 2012 年，第 404—405 页。

④ （辽）行均：《龙龛手镜》，中华书局 1985 年影印高丽本，第 145 页。

⑤ “智”疑同“知”。《墨子·经说下》：“逃臣不智其处，狗犬不智其名也。”孙诒让《墨子间诂》：“不知其所匿之处。”《韩非子·孤愤》：“智不类越，而不智不类其国，不察其类者也。”

故“劫”又可作“[illegible]”。

34. [illegible]

文：夸不尽金阳钟，三千诸佛讲大乘，二千不断，昼夜明金，铙钹不断，[illegible]好一个真言，只当耳边风。（民 4-91）

按：“[illegible]”疑为“聽”的讹字。接此句为：“笙箫不断，昼夜明生，铙钗不断，聽好一个，伕法僧。”原卷作“[illegible]”，应是“聽”的讹俗字，可以参比。“聽”俗书可写作“聴”，张涌泉称此类俗字的成因为“受潜意识影响的类化”，其文云：“元代陆友仁《研北杂志》卷上：‘尝与其徒月夜登阁聴江。’‘聴’即‘聽’字。‘聽’左半本是‘耳’下‘壬’，但由于受‘敢’字的影响，俗书因或作‘聴’。”①“敢”“聽”共有相同的部件“耳”，故上揭宝卷的书手在抄写时或许也是受潜意识影响而将“聽”讹为“敢”。

文字学中将两个或几个（大多为两个）异体字的不同部件糅合在一个构形单位（即字）之中，从而构成一个新的异体字的构形方式称为“异体糅合”。② 梁春胜称之为“糅合”，并指出糅合现象“不仅发生在字与字之间，而且也发生在部件之间。楷书异体和俗体字中的某些部件就是通过糅合的方式产生的”③。“[illegible]”字左半应可看作“敢”的左上与“聽”的左半糅合所致的俗体部件。

“笙箫不断，昼夜明生，铙钗不断”，据前句“二千不断，昼夜明金”可知“生”当为“金”字之讹。“生、金”草书形近易讹。

35. [illegible]

文：上中下，三品人，封定高升，相伴者，弥[illegible]佛，无烦无恼。（民 4-102）

将四十，并二宿，棠（笔者注：应是“带”字之误）下天宫，与弥[illegible]，争世间，神通清净。（同上）

按：“[illegible]”当是“勒”的讹字。张涌泉曾就《周书・突厥传》“特勒”一词之歧解做过分析，通过列举敦煌写本文献、碑刻文献等材料，证实了钱大昕、顾炎武等学者所认为的“特勒”应是“特勤”的观点。他指出：“从字形上来说，‘勤’字俗书与‘勒’相乱。……俗书‘勤’字每写作‘[illegible]’形，与‘勒’字相混无别。‘特勤’之讹作‘特勒’，盖亦由‘勤’俗书作‘[illegible]’，传刻时遂误辨为‘勒’字也。”④

① 张涌泉：《汉语俗字研究》，商务印书馆 2010 年，第 69 页。

② 参见江学旺《浅谈古文字异体揉合》，《古汉语研究》2004 年第 1 期，第 77 页。

③ 梁春胜：《楷书部件演变研究》，线装书局 2012 年，第 253 页。

④ 张涌泉：《汉语俗字研究》，商务印书馆 2010 年，第 161—163 页。

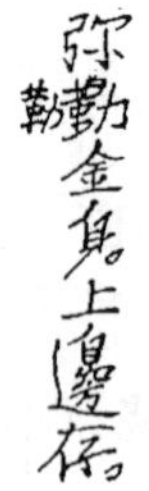

图2 “勒”讹作“勤”

张涌泉所举皆为“勤”讹作“勒”之例，上揭宝卷则是“勒”讹作“勤”。该宝卷“弥勒佛置立法门”（民 4-91），“勒”字作“勒”，不误，而“弥勒金身”的“勒”则先写作“勤”，又将“勤”字圈去，在左边写上“勒”字（民 4-96，见图 2），而在第 103 页又写作“弥勤金身”“让与弥勤欢喜”“弥勤让坐八万哉”，表明抄卷者习惯性地将“勒”写作“勤”，这反映了“勒”“勤”二字形近易混。

“勒”字易与“勤”字相混可追溯至汉代。“勤”在东汉时作“勤”（《郙阁颂》），“勒”作“勒”（《石门颂》）[1]，二者形似，敦煌文献中“勤”“勒”已无别。上揭宝卷抄卷人涂“勤”改“勒”的痕迹表明二者的讹混一直延续至近代。

“勤”在宝卷中还是“勸”的讹俗字。旧抄本《佛说家普宝卷》：“有老母，未掌教，贤良听勤，男是男，女是女，遵法而行。”（民 4-54）据文意，“勤”应是“勸”。梁春胜指出，“雚”可讹作“萑”[2]，“勸”俗书可作“勧”，与“勤”形近。敦煌草书“勸”作“勸”，与“勤”草书“勤”形近[3]，可以参比。

以上可见，宝卷俗字中“勸”和“勒”二字都易讹作“勤”。

36. 收

文：八牛宝赞是原根，后一着大收元。……八牛宝赞大收元……（民 4-107）

按：据文意，“收”应是“状”的俗字。《可洪音义》“状”作“状”（60-434A），可以参比。旧抄本《佛说家普宝卷》有：“三十六位假状元说法道……我佛万劫同春，十一品才诏真状元，老母不落在魔王之手。”（民 4-52）“三十六，假收元，充母身行，放[4]真传，寻经典，尽天历贵。”（民 4-55）可证《佛说八牛宝赞》中“收”乃“状”的讹俗字。疑“犬”旁草体与“欠”草体同形[5]，抄卷者又将“欠”旁讹为“攵”，遂成“收”。《佛说八牛宝赞》中有“急收什（笔者注：即‘拾’），休息慢，莫要推故”（民 4-100）。“收”作“收”，与上文“状”的俗字同形。

---

① 参见汉语大字典字形组《秦汉魏晋篆隶字形表》，中华书局 2019 年，第 991、188 页。

② 参见梁春胜《楷书部件演变研究》，线装书局 2012 年，第 207 页。

③ 参见黄征《敦煌俗字典》（第二版），上海教育出版社 2019 年，第 651、637 页。

④ 应是“访”字，与“寻”对文，前页有“访真传”，可证。

⑤ 参见梁春胜《楷书部件演变研究》，线装书局 2012 年，第 97 页。

八、变形音化

37. ⿰九刂

文：四祖洪阳，姓秦，居住代⿰九刂；五祖禅明，姓竹，居住岭南乡；六祖慧能，姓柱，居住克⿰九刂……普祖九转下凡，头一次下生在平定⿰九刂塔摩村，姓张。（民 4-90）

按："⿰九刂"字各大字书未载录，我们认为该字即"州"字。从文意上看，该宝卷下文有"众天兵往南行，四面八方聚华瓶，天兵都到幽⿰九刂地"（民 4-95）。"幽⿰九刂"应即幽州，该宝卷后文有："普明坟上金光罩，领着癸水东南跑，跑到东南幽州地，聚下天兵无其数。"（民 4-97）又《佛说家普宝卷》："尘世间，花世间，无影无踪，有苍⿰九刂，石狮子，口内吐火。景⿰九刂塔，神风出，三处无情，怕的是，水火风，三灾下界。"（民 4-69）明沈德符《万历野获篇》卷二十四"畿辅"下有【畿南三大】："今北方谚语云：'沧州狮子、景州塔，真定府里大菩萨。'为畿南三壮观，余皆及睹，实燕赵间所仅见。大佛为唐释子澄空所铸，凡经三度，最后投身火中始成，然其像本三截，不知当时冶铸法云何？余过时迫暮，不及登阁，次日四更即发，至今以为恨。沧州铁狮最大，向曾有逸盗叛伏其中，搜捕不获，后知其故，遂铲破其腹。沧在唐为横海军节度使治所，后又名义昌，此必其幕府牙城，用以立威仪，今云周世宗命罪人所冶讹传也。景州在唐为横海军巡属，本在内地，自石晋割卢龙诸道后，遂为极边，无复险隘可守，乃诡云建塔，实为觇望之所。"又《佛说家谱宝卷》："甲戌年，贵州人苦一个个求了残生，下元甲子以后人死大半。"（民 4-78）"贵州"的"州"原卷也作"⿰九刂"。综上可证"⿰九刂"确即"州"字。

就字形而言，我们认为该字应属变形音化的俗字。"州"字小篆作""，隶变作""，再经变体移位即为"刕"。① 隶书楷化后"刀"作"刂"，"州"字最右边部分即作"刂"。② 草书"州"作"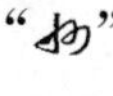"［东晋王羲之《十七帖》（三井本）］、"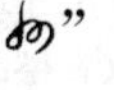"（隋智永《关中本千字文》）③，"九"字草书可作"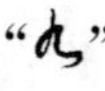"（唐张旭《古诗四贴》）、""（南宋高宗《真草千字文》）、""（明沈粲书）、""（日本平安时代藤原佐理《离洛帖》）④，

① 参见何华珍《日本汉字和汉字词研究》，中国社会科学出版社 2004 年，第 197 页。

② 参见刘正印、李运富《越南少数民族汉籍及其俗字释例》，《古汉语研究》2021 年第 2 期，第 11 页。

③ ［日］二玄社：《大书源》，二玄社 2007 年，第 847 页。

④ ［日］二玄社：《大书源》，二玄社 2007 年，第 65 页。

其字形“[illegible]”“[illegible]”除最右一笔，其余部分与“九”的草书形似，最右一笔讹为“刂”[①]，“渊”字俗书作“渕”“淵”“渆”等形，可参比。“九”为见母幽部字[②]，与“幽”字韵同音近，俗书遂写作“[illegible]”，成为变形音化的形声字[③]。附带一说，“州”字在越南少数民族汉籍俗字中可写作“灲”[④]。

在研读写本、抄本宝卷时，我们发现如下现象：

其一，宝卷俗字“俗”的程度与宝卷呈现的书写面貌、文面样态等有一定关系。相较于《佛说八牛宝赞》，写本《献龙袍宝卷》（即《周元遇正德》）[⑤] 在字体美观度、文面整洁度等方面都更为工整，而其中的俗字在结构上也更为整齐。如“[illegible]”即“跳”的换旁俗字[⑥]，“[illegible]”即“蒸”的新造俗字，“[illegible]”“[illegible]”“挬”即“鞋”“痕”“吊”的增繁俗字，“賭”即“肚”的换旁俗字，“[illegible]”为“脊”的同化俗字，等等。而《佛说八牛宝赞》的字体结构笨拙、抄写潦草，行款也不甚整齐，有不少涂改、修改的痕迹，其中的俗字在数量、种类以及“俗”的罕见度上呈现出更为鲜明的特点。

其二，汉籍文献在域外的传播，使得同时期不同国域的汉籍文献俗字写法具有一致性或相似性，反映出传抄者、造字者相同或相似的“致俗”心理。

其三，在关注写本、抄本宝卷的同时，也应注目刻本宝卷中的俗字，尤其是用字土俗所导致的文字职用的复杂性问题。关于刻本宝卷的俗字问题，我们欲另文讨论，在此仅举一例。《民间宝卷》第七卷《报恩经文》：“识得无为莫非轻，吻喻吞尽大乾坤。”（民 7-72）其中“吻喻”初看费解，据文意则知“吻喻”即“囫囵”，是将二字的“囗”变为“口”旁，又改变了部件的组合方式，与“国”的俗字“咶”[⑦] “呏”[⑧] 的

---

① 参见刘正印、李运富《越南少数民族汉籍及其俗字释例》，《古汉语研究》2021 年第 2 期，第 12 页。

② 参见唐作藩《上古音手册》，中华书局 2013 年，第 76 页。

③ 拙文在近代汉字研究第四届学术年会上报告时，张青松教授提出“[illegible]”字极可能是变形音化而成，在此特别感谢张青松教授的提示。

④ 参见刘正印、李运富《越南少数民族汉籍及其俗字释例》，《古汉语研究》2021 年第 2 期，第 11—12 页。

⑤ 早稻田大学图书馆藏。

⑥ 《集韵·萧韵》：“跳，《说文》：‘蹶也；一曰跃。’或从条。”《类篇·足部》：“蹽，同‘跳’。”“[illegible]”为“蹽”的省声俗字。“條”简化作“条”，从“條”之字则简化从“条”，如“滌”作“涤”，故“[illegible]”即“蹽”，“[illegible]”各大字书未见载，《汉语方言大词典》：“跺【蹽】，①〈动〉双脚不停地交互跳动。引申为到处奔走张罗。吴语。上海松江：东～西站。②〈动〉急促地行走。吴语。浙江象山、鄞县。1915 年《象山县志》：‘急行曰～。’”许宝华、[日] 宫田一郎《汉语方言大词典》，第 6833 页。上揭“[illegible]”字即出于吴语区宝卷，其文云：“周玄眼泪落纷纷，双脚[illegible][illegible]恨恨声。”

⑦ 冷玉龙、韦一心等：《中华字海》，中华书局、中国友谊出版公司 1994 年，第 385 页。

⑧ （辽）行均：《龙龛手镜》，中华书局 1985 年影印高丽本，第 277 页。

写法相同。[①]“圀”移位后写作“吻”即与常见的“吻”字成为同形字。可见，无论是刻本还是写本，民间宝卷对俗字研究以及大型字书的编纂都具有不可忽视的价值，值得学界更多的关注。

（刘晔：天津理工大学语言文化学院，300384，天津）

① “国”的俗字承匿名审稿专家提示，谨致谢忱。

唐代篆文整理与研究三题

刘昕曜

摘　要：在楷书书体占据绝对优势的唐代，篆文仍然因专门化用途、历史传承性以及时代背景等因素展现出独特的风采。唐代篆文材料类型丰富、数量众多，然而一直以来并未得到足够的重视，在材料收集与文字整理上尚且存在较大的缺憾。我们在尽可能全面地收集了 4000 余通材料的基础上，整理出 32000 余个可识字形，极大地丰富了对唐代篆文全貌的认识。在此基础上我们定量研究了唐代篆文的楷化程度，从历时角度指出中晚唐之后楷化程度的陡降与李阳冰带来的“篆籀中兴”关系密切。而通过分析《说文》构形系统的体例并普查唐代篆文的字样情况，我们对唐写本《说文》木部残卷并非赝作的观点作了补充论证，并据以揭示唐代篆文在《说文》篆形校理上的重要价值。

关键词：唐代篆文　楷化程度　《说文》残卷

唐代作为正式迈入刻本时代前的最后阶段，其文字资料的书写载体、形体特点、书法风格等一直是学者关注的对象。针对唐代碑刻、写本等材料中楷书、草书以及隶书等书体的研究已经取得了很大的进展，不过对于唐代篆文的研究，无论是广度还是深度上，均有未尽之处。

就材料整理而言，以往研究的特点主要有二：在宏观上，较多关注石刻类材料以及较为著名的唐写本《说文》的结体风格、书体特点①，而较少关注如玺印、镜铭等其他材料上的篆文情况；在微观上，则以重视个体名家篆迹②（如李阳冰、瞿令问）、强

---

① 参见金美铃《中古石刻篆文研究》，华东师范大学硕士学位论文 2014 年，第 34—167 页；李宗焜《唐写本〈说文解字〉辑存》，中西书局 2015 年。

② 参见施安昌《唐代石刻篆文》，紫禁城出版社 1987 年。

调单种文献篆形（如《碧落碑》① ）、零星列举字样（如《汉魏六朝隋唐五代字形表》② ）为常态。

就性质认识而言，学者已经从汉字构形学、文字当代化、书法风格、字形来源以及其与后世篆文关系等③角度对唐代篆文形成了一定的宏观认识，但唐代篆文性质的复杂性还有很大的研究空间。唐代篆文既具备从秦文字传承下来的篆文体势，又受到了许慎遴选编排后的《说文》篆形系统的影响，也存在因庄重用途而产生的美术仿古倾向，还出现了与隶楷字形密切关联的异写异构字和新造字。同时，篆形所依凭的不同材料载体以及书手的地域、师承、书写水平、主观意识、审美情趣等因素，同样也不容忽视。

对唐代篆文的深入考察，首先当以尽可能全面的材料收集与字形整理为基础，把握唐代篆文的整体面貌。进一步而言，一是可以利用量化分析的手段，对历时文字现象做出解释；二是可以在具体篆形考辨的过程中，凸显唐代篆文在《说文》学等领域中的独特价值。

一、唐代篆文材料的分类整理

从时间与地点上说，唐代篆文不仅包括了有唐一代武德元年至天祐四年（618—907）的唐政权控制区域留存的篆文材料，也包括了短暂存在的郑开明政权（618—620）、燕政权（756—762）以及同时期深受汉字影响的新罗、日本等域外地区的篆文材料。

从是否能真实反映唐人实际的篆文书写情况来看，可以将材料分为实存唐代篆文与传抄唐代篆文两种类型。实存篆文是指现在我们能看得到的唐代篆文材料，属于能真实反映彼时书写情况的一手材料，这也是本文所讨论的对象。传抄唐代篆文则是指经过唐代之后的人传写摹刻而流传至今的唐代篆文材料。④ 按照文字形体的书写态势，又可以分为隶定（或称楷定）材料和篆体材料。隶定材料如《五经文字》《九经字样》一类唐代字样学著作所隶定的唐本《说文》篆形，是以楷书笔法有意转写而产生的篆

① 江梅：《碧落碑研究》，东北师范大学硕士学位论文 2004 年。

② 臧克和主编：《汉魏六朝隋唐五代字形表》，南方日报出版社 2011 年。

③ 参见江娜《唐代篆文研究》，北京师范大学硕士学位论文 2005 年；臧克和《唐代篆文水平》，载《中国文字研究》（第十八辑），上海书店出版社 2013 年，第 6 页。

④ 区别于唐时转写传抄的前代篆文材料，如敦煌写本中的隶古定《古文尚书》《经典释文》等。

文。[①] 篆体传抄材料则如李阳冰所书乾元二年（759）《城隍庙碑》（宋重刻）、大历五年（770）《庾贲德政碑》（金重刻）、大历七年（772）《谦卦碑》（元重刻）等宋以后重刻的唐代篆文碑石，《汗简》《古文四声韵》《集钟鼎古文韵选》等传抄古文字书中保留下来的《碧落碑》《牧子文》《荆山文》《王先生诔》等文献中的篆文单字[②]，《篆隶万象名义》中的篆文[③]，徐锴《说文解字系传·疑义篇》传抄的李阳冰改篆篆形，戴侗《六书故》中所抄录的部分唐本《说文》篆文字形等[④]。以上这些传抄唐代篆文材料，由于不是实存一手材料，在"是否能真实反映唐代篆文的书写情况"这一问题上存在较大讨论空间，我们认为不能不加甄别地将这一类材料与实存材料等同混用，可以另作专文讨论。

从篆文的产生方式及载体来看，唐代篆文可以分为四种类型，即石刻、墨迹、玺印和镜铭（经过我们的考察，唐代钱币等其他材料上尚未发现可以明确确定为篆文的文字[⑤]）。石刻篆文是刻工用刀具在石料上刻写产生的；墨迹由书手直接用毛笔在纸张或石面（如开元二十七年《唐陈少游墓志盖》）上书写而成；镜铭篆文是作坊制范后铸造所得，官印篆文亦同[⑥]。至于私印，就实物来说多为铸造[⑦]，但也有一些玺印篆文

---

① 刘元春称之为"楷化篆字"。参刘元春《隋唐石刻与唐代字样》，南方日报出版社 2010 年，第 225 页。

② 参见刘建民《传抄古文新编字编》，复旦大学博士学位论文 2013 年，第 7 页。

③ 王平认为唐代碑刻所存篆字与"唐抄本《万象名义》"是"共时"的（《魏晋南北朝石刻篆字与〈说文〉小篆构形比较》，载《中国文字研究》（第十辑），大象出版社 2008 年，第 200 页），非也。《篆隶万象名义》虽然编纂于 9 世纪 30 年代左右，但传世本实为日本山城国高山寺所藏鸟羽永久二年（1114）之传写本，大致相当于宋末，既不是"唐抄本"（且出自域外人之手）也不是"共时"的（可参吕浩《〈篆隶万象名义〉二题》，《宁夏大学学报》（人文社会科学版）2009 年第 2 期，第 1 页）。如果用此书来研究楷字，由于楷书此时已经基本定型，自无不可。但是如果要研究其中的篆文材料，则应该谨慎地看作一种传抄文字。据潘玉坤统计，其中篆文有 1015 个，而且分布并不均衡（潘玉坤：《〈篆隶万象名义〉篆文杂识》，《中文自学指导》2002 年第 4 期，第 37 页；《〈篆隶万象名义〉篆文二题》，载《中国文字研究》（第六辑），广西教育出版社 2005 年，第 182 页；《〈篆隶万象名义〉例释》，《语言研究》2003 年第 4 期，第 86 页）。

④ 实际上，《六书故》中摹写出唐本《说文》字形的情况是比较少的，大多是用文字说解来表述唐本字形。可参党怀兴（《〈六书故〉研究》，陕西师范大学出版社 2000 年，第 74—87 页；《〈六书故〉所引唐本〈说文解字〉考》，载《汉语言文字学论文集》，陕西人民出版社 2002 年，第 108—120 页）、陶生魁（《〈六书故〉援引唐本〈说文〉考辨》，《渭南师范学院学报》2018 年第 3 期，第 34 页）等人的研究。

⑤ 宋人张舜民曾记唐有篆体开元钱币，然彼时已经不可见（汤勤福整理：《画墁录》，大象出版社 2019 年，第 306 页）；清人成瓘《篛园日札》卷七《读群书随笔》"记唐篆文开元钱"条云"余于钱陌中得其一，外轮平阔，与它钱之圜廓绝殊。其篆文小字，秾纤工丽"（商务印书馆 1958 年，第 438 页），今亦不可见。

⑥ 唐代官印以铸造为定制，其中又以整体铸造为主。所谓的"蟠条印"，即焊接铸造的印文只是极少数（孙慰祖：《若干唐官印的考释及相关问题》，载《孙慰祖论印文稿》，上海书店出版社 1999 年，第 167—171 页）。此外，唐代已基本不用封泥，但官方烧制的砖瓦上尚有一部分戳印篆文，在此一并囊括其中。

⑦ 孙慰祖：《唐代私印鉴别初论》，《上海博物馆集刊》2002 年第 1 期，第 73—84 页。

属于已钤的印文，不能排除存在刻制而成的可能性，不过我们径依其载体归入玺印一类。由此可以从这四种类型出发，普查与整理业已披露的唐代篆文材料。

（一）石刻类

我们参考《碑刻文献论著叙录》① 以及《新編唐代墓誌所在総合目録》凡例之“收载资料集・报告集分属一览表”② 中著录的文献，尽可能穷尽地收集 2017 年 12 月以前在专著中刊布的石刻篆文材料。最后，共查阅文献 222 种，得含有唐代篆文者 164 种，实际收入 163 种③。另有网络文献 1 种，我们也予以收入④。其中后代重刻者、存疑者、含有道教篆文者、漫漶完全不可辨识者，均不收集篆文文字，仅存目。仅含有武周新字而未有其他篆文者，不收篆文文字，仅存目。总的来说，我们实际收入篆文字形材料 3202 通。其中，年代不明而归入 618—907 年者，共 298 通；归入武周年间（684—807）者，35 通；其余另可根据志文、碑文划定大致时间范围而不能确定者，18 通。

表 1　石刻类材料

<table>
<tr><td></td><td colspan="4">收入材料</td><td colspan="2">未收入材料</td></tr>
<tr><td rowspan="6">类别</td><td rowspan="6">实际收入</td><td colspan="2" rowspan="2">年份确定</td><td rowspan="2">2851</td><td>武周时不含武周新篆及其他篆文</td><td>17</td></tr>
<tr><td>武周时仅含武周新篆</td><td>734</td></tr>
<tr><td rowspan="3">年份不定</td><td>618—907</td><td>298</td><td>全然漫漶</td><td>40</td></tr>
<tr><td>684—807</td><td>35</td><td>道教密篆</td><td>17</td></tr>
<tr><td>其他时期</td><td>18</td><td>重刻存疑</td><td>9</td></tr>
<tr><td colspan="2">合计</td><td>3202</td><td>合计</td><td>817</td></tr>
<tr><td colspan="2">合计</td><td colspan="5">4019</td></tr>
</table>

而在年份确定的 2851 通中，开元（713—741）、天宝（742—756）、贞元（785—

① 曾晓梅：《碑刻文献论著叙录》，线装书局 2010 年。

② 氣賀澤　保規编：《新編唐代墓誌所在総合目録》，明治大学東アジア石刻文物研究所、汲古書院 2017 年，第viii頁。

③ 未收入的一种是张福林《历代碑碣图辑》（山西人民出版社 2002 年）。该书所存的唐代篆文来源不甚明了，且是否为唐人所书也不清楚。

④ 我们未核查收入的材料包括散见于期刊中而不知是否已经被专书收入的材料、不见于公开出版物的材料（如私藏、博物馆展览、个人拍摄等）、因为个人原因未能寓目的材料等。仇鹿鸣在述评中古墓志整理的情况时指出“同一方墓志的拓本见载于多种图录的现象相当普遍”（《十余年来中古墓志整理与刊布情况述评》，载《唐宋历史评论》（第 4 辑），社会科学文献出版社 2018 年，第 14 页）。而未核查的材料所收录的石刻篆文，大多在已经检阅的文献中有重复著录。因此总的来说，尽可能穷尽地收集石刻材料的目的，大体还是完成了。

805）、元和（806—820）、咸通（860—874）、大历（766—779）、大中（847—860）、贞观（627—649）年间的材料有100通以上。各年号所存篆文情况见下表：

表2 石刻类数量（分年号）

年号	数量	年号	数量	年号	数量	年号	数量	年号	数量
开元	487	垂拱	47	永淳	22	永贞	10	天册万岁	4
天宝	270	龙朔	46	建中	21	光启	8	文德	4
贞元	150	天授	43	景云	17	神功	8	宝应	3
元和	144	乾符	39	万岁通天	17	开耀	7	文明	3
咸通	125	圣历	38	宝历	16	兴元	7	燕顺天	3
大历	121	麟德	37	久视	15	延载	7	元年①	3
大中	117	乾封	37	乾元	15	广明	6	至德	3
贞观	108	长庆	36	先天	14	万岁登封	6	大顺	2
大和	81	景龙	36	燕圣武	13	证圣	6	广德	2
显庆	81	开成	35	载初	13	光宅	5	郑开明	2
永徽	77	神龙	35	武德	12	乾宁	5	弘道	1
长安	59	仪凤	28	永昌	12	大足	4	景福	1
咸亨	56	总章	28	永隆	12	光化	4	天复	1
上元	49	长寿	24	永泰	11	上元2②	4	天祐	1

唐代历史的分期主要有二分法、三分法以及四分法三种意见。两分法，即以天宝十四载（755）安史之乱这一重大历史变革作为节点，将唐代历史分为前后两期。如陈寅恪说："综括言之，唐代之史可分为前后两期，前期结束南北朝相承之旧局面，后期开启赵宋以降之新局面，关于政治社会经济者如此，关于文化学术者亦莫不如此。"③三分法是范文澜提出的，以统治阶级内部主要矛盾的存在和发展为根据进行分期。前期是武德元年至开元二十九年（618—741），中期是天宝元年至元和十五年（742—820），后期是长庆元年至天祐四年（821—807）。④ 这两种分期方法主要适用于唐史（政治史）研究。四分法则主要是分为初（高祖至睿宗）、盛（玄宗至肃宗）、中（代宗

① 指唐肃宗上元二年（761）九月去年号，但称"元年"，至次年（762）四月改元"宝应"。

② 指唐肃宗李亨之上元年间（760—762）。

③ 陈寅恪：《论韩愈》，载《金明馆丛稿初编》，上海古籍出版社1980年，第296页。

④ 参见范文澜《中国通史简编》，河北教育出版社2000年，第288—358页。

至文宗）、晚（武宗至哀帝）四个时期，主要适用于唐代文学研究。① 年份确定的唐代石刻篆文材料的分期统计如下：

表 3　石刻类数量（分期）

<table>
<tr><th colspan="2">两分法</th><th colspan="2">三分法</th><th colspan="2">四分法</th></tr>
<tr><td rowspan="2">618—755</td><td rowspan="2">1801（63.17%）</td><td>618—741</td><td>1530（53.66%）</td><td>618—712</td><td>1038（36.41%）</td></tr>
<tr><td>742—820</td><td>781（27.40%）</td><td>713—762</td><td>806（28.27%）</td></tr>
<tr><td rowspan="2">756—907</td><td rowspan="2">1050（36.83%）</td><td rowspan="2">827—907</td><td rowspan="2">540（18.94%）</td><td>763—840</td><td>635（22.27%）</td></tr>
<tr><td>841—907</td><td>372（13.05%）</td></tr>
</table>

可以看出，无论是以哪一种分期作统计，唐代篆文的数量都是在递减的。不过从含有 100 通材料以上的八个年号来看，唐代篆文材料大多集中在四分法所划分的盛唐（开元、天宝，共计 757 通）与中唐（大历、贞元、元和，共计 415 通），其和为 1172 通，已经超过了初唐的篆文材料数量，占全唐篆文材料中的 41.19%。而处在唐代前期、超过 100 通材料的年号只有贞观一个。各个历史时期文献材料的出现情况，与当时的政治、经济、文化等历史背景与社会环境密切相关。篆文到了唐代作为一种特殊书体，其数量的增减变化，本身就可以折射出不同时期的文化底蕴与文化氛围。唐代篆文材料在盛唐、中唐时期数量众多的现实状况，与从文学史的角度对唐代历史进行划分的分期情况是吻合的，因此我们对唐代篆文的分期，可以以四分法为依据。

就石刻文献的分类而言，毛远明考虑内容、形制、用途、传统分类法以及表述便利性等因素，分出了碑碣、石阙、摩崖、墓志、画像题记、造像记、经幢等类别。② 我们在这一基础上，对唐代石刻篆文所在的部位做了括注标记："志"，指篆文存在于志文之中；"盖"，指篆文存在于盖文之中。这两类的载体均为墓志。"额"指篆文存在于载体正文以上的部位，既包含碑碣、经幢类书写在额首部位的，也包括仿碑碣类墓志书写在志文正上方的。"阳、阴"指篆文存在于碑碣的阳面或阴面的。"铭"则囊括了摩崖、造像记、画像题记等类别。在实际收入的 3202 通材料中，"盖"类有 2958 通，"志"类有 6 通，仅"额"类有 198 通，仅"阳"类有 14 通，仅"铭"类有 15 通，"额、阳"同时存在篆文者 9 通，"额、铭"同时存在者 1 通，"阳、阴、额"同时存在者 1 通，仅"阴"类者无。

① 参见张国刚主编《隋唐五代史研究概要·序言》，天津教育出版社 1996 年，第 7 页。

② 参见毛远明《碑刻文献学通论》，中华书局 2009 年，第 28 页。

表 4　石刻类数量（部位）

“盖”类	2958
“志”类	6
仅“额”类	198
仅“阳”类	14
仅“铭”类	15
“额、阳”类	9
“额、铭”类	1
“阳、阴、额”类	1
合计	3202

从中可以看出，“盖”类材料是唐代石刻篆文乃至唐代篆文材料绝对主要的来源。

（二）墨迹类

墨迹篆文来自部分墓志、《唐写本〈说文解字〉辑存》、“IDP 国际敦煌项目”网站所存原色照片及其他文献材料。志盖墨迹中，仅含有武周新字而未有其他篆文者，不收文字，仅存目。①

我们共收集到 15 通与篆文有关的墨迹材料。其中书写在石质载体上的材料 3 通，分别为 1 通“盖”类，2 通“志”类，后者为武周新篆；书写在纸质载体上的材料 12 通，其中 4 通来源于唐写本《说文》，4 通来自于敦煌写卷，4 通来自其他唐代韵书或画作，均无明确纪年，我们均以“书”标记。去除武周新篆材料后，我们实际收入材料为 13 通。②

表 5　墨迹类数量

<table>
<tr><td></td><td colspan="4">收入材料</td><td colspan="2">未收入材料</td></tr>
<tr><td rowspan="5">类别</td><td rowspan="4">实际收入</td><td>石质</td><td colspan="2">1</td><td rowspan="4">武周新篆</td><td rowspan="4">2</td></tr>
<tr><td rowspan="3">纸质</td><td>唐写《说文》</td><td>4</td></tr>
<tr><td>敦煌写卷</td><td>4</td></tr>
<tr><td>其他</td><td>4</td></tr>
<tr><td>合计</td><td colspan="3">13</td><td>合计</td><td>2</td></tr>
<tr><td>合计</td><td colspan="6">15</td></tr>
</table>

① 敦煌、吐鲁番写卷中含有武周新篆的材料，我们均未核查。

② 关于写本文献中唐代篆文材料的具体内容，详参拙文《唐写本篆文中的规范现象》，载《第三届跨文化汉字研讨会论文集》，中国珠海 2021 年 10 月，第 162—177 页。

（三）玺印类

玺印篆文搜罗自 2017 年 12 月以前刊布的文献，以孙慰祖、孔品屏《隋唐官印研究》① 著录的为主，亦广泛收集其他专著或期刊上刊布的材料。共查阅文献 36 种，得含有唐代篆文者 26 种。玺印材料中，以为时代不确定而定为“隋唐五代”者、各家著录时对时代判断有争议者、非汉文篆印者，均不收文字，仅存目。

我们共收集到 278 通与篆文有关的玺印材料。其中非汉文篆文材料 1 通，仅见存目者 24 通，时代不能确定为唐代或各家对时代划分有争议者 33 通，传为唐代印迹者 2 通。除去以上材料，我们实际收入材料为 218 通。其中，属于唐政权者 201 通；非唐政权篆印，属于日本者 12 通，属于新罗者 3 通，属于于阗者 2 通。就属性划分，属于官印者 180 通，属于私印者 29 通。还有一个特殊的类别，即城砖上存在一些戳印篆文，单独列一类，存 9 通。我们分别以“官”“私”“砖”作了标记。

可以看到，唐政权的官印占了唐代篆印材料的绝大多数。②

表 6　玺印类数量

<table>
<tr><td></td><td colspan="5">收入材料</td><td colspan="2">未收入材料</td></tr>
<tr><td rowspan="5">类别</td><td rowspan="4">实际收入</td><td>官</td><td>180</td><td>唐政权</td><td>201</td><td>非汉文</td><td>1</td></tr>
<tr><td>私</td><td>29</td><td>于阗</td><td>2</td><td>有争议</td><td>33</td></tr>
<tr><td rowspan="2">砖</td><td rowspan="2">9</td><td>日本</td><td>12</td><td>传世</td><td>2</td></tr>
<tr><td>新罗</td><td>3</td><td>存目</td><td>24</td></tr>
<tr><td>合计</td><td colspan="4">218</td><td>合计</td><td>60</td></tr>
<tr><td>合计</td><td colspan="7">278</td></tr>
</table>

（四）镜铭类

唐代镜铭的集成之作为王纲怀的《隋唐镜铭文图集》③。该书汇聚了现存隋唐铭文镜 81 种，刊布图像 324 面，并且从隋唐镜的钮制、主纹等艺术美学角度对隋唐镜铭作

① 孙慰祖、孔品屏：《隋唐官印研究》，上海书画出版社 2014 年。

② 孙慰祖指出：“隋唐印制的重大变革在于由职官印转化为官署印，代表的是国家机构，官印形质得以简化，附着其上的寓意、等级、族属标志以及审美诸多功能也自然疏解，官印管理方式随之转变；印文形制翻转、钤朱方式以及配套器用等一系列改变，都是适应变化了的应用条件的表现。这一系列变革，使官印体系得以与政治体制及其社会功能继续保持密切的协同并长期稳定下来。”（孙慰祖、孔品屏：《隋唐官印研究》，上海书画出版社 2014 年，第 18 页）

③ 王纲怀：《隋唐镜铭文图集》，上海书画出版社 2017 年。

了粗略的断代。

我们共从中收集到 46 通与篆文有关的镜铭材料。其中含有道教密篆者 2 通，篆文存疑者 1 通。除此之外，共收入材料 43 通。可以根据其铭文内容划分为几类：盘龙丽匣 1 通，光流素月 7 通，湛若止水 2 通，天地含象 9 通，真子飞霜 11 通，征物为真 2 通，天地成 4 通，伏龟飞鹤 1 通，水银阴精 3 通，长相思 3 通。我们以“镜”作为标记。

表 7　镜铭类数量

<table>
<tr><td></td><td colspan="3">收入材料</td><td colspan="2">未收入材料</td></tr>
<tr><td rowspan="11">类别</td><td rowspan="10">收入材料</td><td>盘龙丽匣</td><td>1</td><td rowspan="5">密篆</td><td rowspan="5">2</td></tr>
<tr><td>光流素月</td><td>7</td></tr>
<tr><td>湛若止水</td><td>2</td></tr>
<tr><td>天地含象</td><td>9</td></tr>
<tr><td>真子飞霜</td><td>11</td></tr>
<tr><td>征物为真</td><td>2</td><td rowspan="5">存疑</td><td rowspan="5">1</td></tr>
<tr><td>天地成</td><td>4</td></tr>
<tr><td>伏龟飞鹤</td><td>1</td></tr>
<tr><td>水银阴精</td><td>3</td></tr>
<tr><td>长相思</td><td>3</td></tr>
<tr><td>合计</td><td colspan="2">43</td><td>合计</td><td>3</td></tr>
<tr><td>合计</td><td colspan="5">46</td></tr>
</table>

在收集以上四类材料的基础上，我们参考汉字构形学所提倡的文字整理理论①，尽可能穷尽地整理出了 32000 余个可识字形，归纳出近 2000 个字种，其中有 1850 余个字种可以与《说文》对应，不能与《说文》对接的字种有 140 余个。另外有合文 8 个，叠压篆文 83 个，未释字 20 余个。我们进而参考四分法的历史分期标准，制作的《唐代篆文分类分期字形全编》②，是目前唐代篆文研究中最为丰富的文字编。

① 参见王宁《汉字构形学导论》，商务印书馆 2015 年，第 197—202 页。

② 本文引用的唐代篆文字形，均据此编，将名称置于方括号“[]”之中。

二、唐代篆文楷化程度的量化考察

古文字在经历了隶变后，其笔画、结构均会发生不同程度的改变。在秦文字中，有些俗体字已经使用隶书的方折笔法替代了原先篆文的圆转笔道。① 裘锡圭指出“一般地说，时代越晚，篆书受隶书的影响就越深。隶书流行以后，一般人在写篆书的时候，往往会自觉或不自觉地把隶书的成分掺杂进去”②，洵为信论。在楷书盛行的唐代，时人在书写篆文时将楷书的笔法、结构掺杂进去，也是很自然的。齐元涛将这种现象称之为“当代化”，认为篆文当代化是指秦代以后在书写篆文时受到当代文字的影响，字形表现出不同于先秦及秦代篆文的形体变化。他认为隋唐篆文的当代化表现为历史传承字的当代化，包括线条的当代化、结构的当代化以及后代新出字的当代化。其中，线条当代化是指隋唐石刻篆文的书写线条有时会受到隶楷字形的影响，如把曲笔写成横笔等；结构当代化指“根据发生了构件混同、黏合、省略、异位之后的隶楷字形”写出来的篆文；后出字的当代化指新造篆文。③ 前两种“当代化”，即可以理解为篆文楷化。

在较为全面地收集唐代篆文材料的基础上，我们可以更进一步地通过量化统计的方式，勾勒唐代篆文楷化的大体面貌与变化趋势。由于石刻篆文材料最为丰富，而且纪年明确，因此我们主要针对唐代石刻篆文展开讨论。

我们对收入材料中的2435通阴刻材料作了楷化标记。之所以不考察阳刻篆文，是因为阳刻与阴刻最大的不同是后者在产生方式上与毛笔运笔相对一致，只是工具换为刻刀而已，可以“透过刀锋看笔锋”；而前者却是用刻刀双线勾勒出字形轮廓后再凿去其他部分而成，并不能直接反映运笔过程。另外，阳刻篆文拓印出来很不明显，一些笔道黏合在一起难以判断。我们将阴刻中的楷化材料标记为“是”，非楷化材料标记为“否”。我们对篆文字样是否楷化的判断标准是：第一，笔画上是否变曲笔为折笔；第二，是否受楷书影响而出现了构件变异。如果一通材料中的楷化篆文字样数量超过总字样数量的50%，我们即认为该材料已经楷化。如655年《索谦墓志》中，“唐、故、索、墓、志、铭”中“口、中”等构件均为折笔，且“誌”作“”，右上构件“㞢”

① 参见裘锡圭《文字学概要》（修订本），商务印书馆2013年，第74页。

② 裘锡圭：《秦汉时代的字体》，载《裘锡圭学术文集·语言文字与古文献卷》，复旦大学出版社2012年，第213页。

③ 参见齐元涛《隋唐石刻篆文与汉字的当代化》，《陕西师范大学学报》（哲学社会科学版）2016年第2期，第62页。

受楷书影响而混同为“土”，故标记为楷化材料。

图 1 《索谦墓志》

又如 792 年《王偕墓志》中“故”的“攴”、“府”的“又”、“墓”的“中”、“誌”的“㞢”、“铭”的“口”等构件的笔画均作折笔，存在折笔的楷化篆文字样与总字样数的比例为 5∶9，我们也看作这通材料已经楷化。

图 2 《王偕墓志》

而并未楷化的则如 793 年《樊泳及夫人齐氏合葬墓志》，其篆文笔画圆转，也未有构件变异的情况。

图 3 《樊泳及夫人齐氏合葬墓志》

又如 823 年《郑高及夫人崔氏合祔墓志》，我们也看作未楷化。

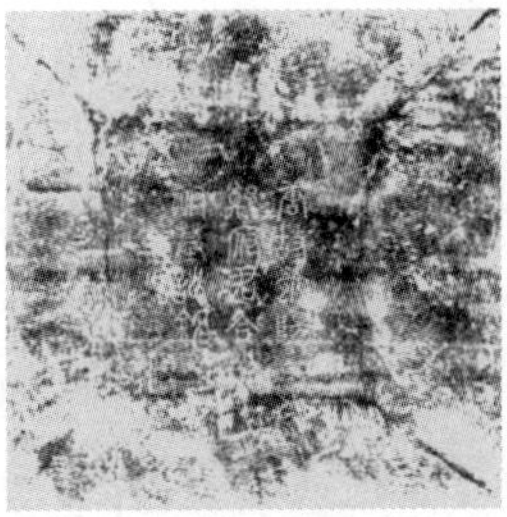

图 4 《郑高及夫人崔氏合祔墓志》

基于以上标准，我们对阴刻 2435 通材料进行了统计，得到如下结果：

表 8 楷化程度统计情况（总）

是否楷化	数量
是	1435
否	1000
共计	2435

单从以上数据来看，楷化材料占比 58.93%，是未楷化者的 1.435 倍，表明唐代石刻篆文整体的楷化程度是较高的。这也符合“今文字对篆文会产生巨大影响”的经验性认识。但是非楷化篆文材料即使在唐代这一楷书已占据绝对优势地位的时期①，也仍然保持了高达 1000 的总量，这是值得注意的。在 2435 通阴刻材料中，时间不明确（618—907）者有 205 通，剩余 2230 通。我们依据时期四分法，对 2230 通材料重新作了断代统计：

表 9 楷化程度统计情况（断代）

时间		非楷化数量	楷化数量	非楷化与楷化数量比
初唐	618—712	74	511	14.48∶100
盛唐	713—762	135	561	24.06∶100

① 齐元涛指出：“楷书在隋唐五代石刻文字中已绝对性地占据了主导字体的地位。”（《隋唐五代碑志楷书构形系统研究》，上海教育出版社 2007 年，第 107—108 页）

续表

时间		非楷化数量	楷化数量	非楷化与楷化数量比
中唐	763—840	465	138	336.96∶100
晚唐	841—907	267	79	337.97∶100
共计	618—907	941	1289	73.00∶100

就纵向对比来看，初唐、盛唐近150年中的所有非楷化材料（共209通）还不及中唐一半，而中晚唐的楷化材料数量之和（共217通）还不及盛唐或初唐的一半。中晚唐非楷化材料数量占所有非楷化材料的77.79%，初盛唐楷化材料数量占所有楷化材料的83.17%，差异是非常明显的。

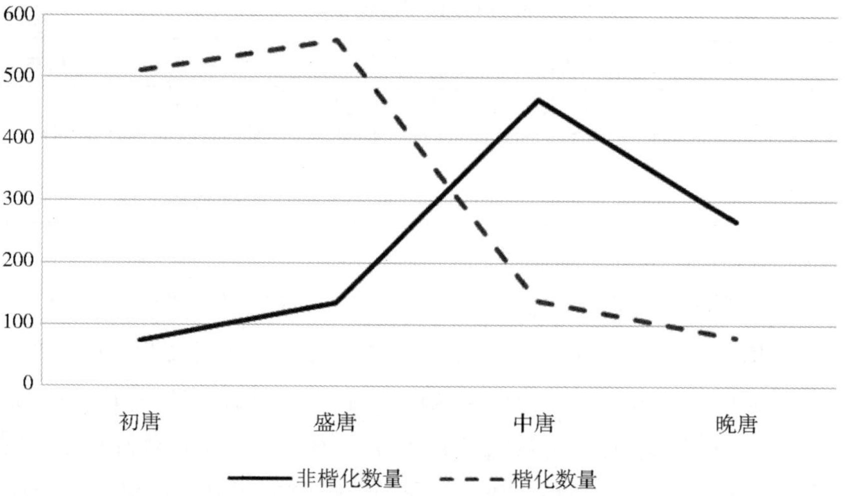

图5　楷化数量变动图

可以说，中晚唐以后的石刻篆文在楷化与否上发生了质的改变。我们认为，中晚唐以后的唐代篆文在楷化程度上的历时变革，与李阳冰在此时带来的“篆籀中兴”是密切相关的。李阳冰的篆法在整体风貌上引领了唐代篆文从悬针篆走向玉箸篆，其篆法圆转而未有折笔，字形标准而少有部件变异的情况，是名副其实的“非楷化篆文”。李阳冰具体活动的时间也正与上面划分的中唐十分接近①。这样的巧合，恐怕不是偶然。

① 关于李阳冰事迹与中晚唐的玉箸篆革变，详参拙文《唐写本篆文中的规范现象》。

前人从书法艺术研究的角度，对唐代篆文的发展、分期等提出过一些意见，不过多停留在列举数方墓志一类的举例式讨论上，并没有给出可靠的数据来证明其结论。从我们的统计来看，李阳冰引领的篆籀中兴是可以得到数据支持的。衣雪峰指出李阳冰的“篆籀中兴”与其时大唐政治中兴、文章中兴具有一致性①，这一判断十分可信。至于李砚认为初唐之后的“尚法”观念对李阳冰小篆风格的形成有重要影响②，似乎还有进一步研究的必要。原因之一即是在“尚法”观念已经形成的盛唐，楷化篆书仍然占据优势地位，这与李阳冰篆风是不吻合的。另外，书法界对唐代篆文也提出过一些分期，如孟玲英划分为武德至唐隆（618—710）、景云至上元（711—761）、宝应以后（762—907）三期，并且进一步判断唐代篆文在后期（762—907）已经衰微③。但是从数量上说，非楷化材料在后期迅速增加，似乎并不太能支持这一判断。

总的来说，以石刻篆文为代表的唐代篆文，其楷化程度总体上是不低的，反映了今文字对篆文的影响。但分时段而言，唐代石刻篆文的楷化程度由初、盛唐到中、晚唐经历了一个质变，表现为中晚唐以后非楷化材料数量暴涨，成为这一时期篆文的主流书写风格。

三、唐代篆文与《说文》残卷真伪

唐写本《说文》残卷，目前所见有木部、口部两类四种。学者对此已多有研究，其中木部残卷之真伪是学者长期以来讨论的话题。木部残卷旧藏清安徽黟县县令张仁法（廉臣）处，同治元年（1862）转赠莫友芝，莫氏于同治三年（1864）依原本摹写，著《仿唐写本说文解字木部笺异》，率先开启了对此卷的研究。后原卷经手端方、完颜景贤、白坚、内藤湖南等人，现藏于日本大阪武田科学振兴财团杏雨书屋。率先对其真伪发难的是孙诒让，他质疑木部残卷存在行款不合唐制、跋语印章不可信、宋代馆阁录未著录、与《六书故》所引唐本有异、汪宗沂已明言为伪作等几个问题。④ 今人亦有申论伪作说者，如何九盈指出“如果说，一些推论性的断语尚有可商榷的余地，那么汪宗沂明确指出‘此乃其乡一通小学者所伪作’这一事实，可谓铁案难移”，“由他指证残帙乃‘伪作’而且还能说出作伪者是谁，可信程度当然相当高”。⑤ 在强调“人

① 参见衣雪峰《安史之乱、古文运动与八世纪小篆风格的转变》，《中国书法》2011年第2期，第95页。

② 参见李砚《李阳冰篆书风格的研究与借鉴》，中国美术学院硕士学位论文2012年，第7页。

③ 参见孟玲英《唐代篆书发展史研究》，吉林大学硕士学位论文2008年，第18、34页。

④ 参见（清）孙诒让作，周立人、徐和雍辑校《籀庼遗文》，中华书局2013年，第2—4页。

⑤ 何九盈：《唐写本〈说文·木部〉残帙的真伪问题》，《中国语文》2006年第5期，第441—443页。

证”的同时，他又特别对残帖上玺印图章的真实性提出了质疑①。

自伪作说提出后，周祖谟②、李中华③、李宗焜④、沈之杰⑤、徐时仪⑥、李家浩⑦等学者相继从不同角度展开讨论，论证残卷定为唐代真品。所考察出的证据有：

表 10 以木部残卷为真的观点

印跋	宋（米友仁、俞松、贾似道）、元（田衍、赵仁举）、明（邓镇、李东阳、项元汴）三代之印跋流传有序，且米、俞等人题跋与传世其他作品上的题跋书迹如出一辙。
纸张	所用为硬质黄麻纸，为唐人用纸；该纸的制作年代与残卷避讳年代基本吻合；纸张精美，与《说文》地位吻合；纸张大小与唐代纸张大小吻合；叶子本与唐代书册制度相合。
行款	与公认的口部残卷、《篆隶万象名义》基本吻合；书写程序与敦煌写经的程序吻合。
定位	不见于著录当是因其高超的艺术价值，而非文献属性；《中兴馆阁录》本就存在问题。
内容	字次与二徐不同，更合乎许书体例；说解优于二徐；与唐时佛经音义引《说文》相合；“桶、栝”之说解不可能伪造；反切合于《说文》旧音，难以伪造。
文字	楷书近于唐人笔法，俗字部件写法与唐时吻合；篆书字形与二徐不合者，如“杝（枱）、楪（枖）、榫（榷）、椉（檄）、檕（槽）”⑧ 等均可解释，有些可能更符合许慎原貌。

实际上已经充分证明了残卷的真实性。不过就字形而言，前人针对木部残卷篆形

① 参见何九盈《再谈〈说文·木部〉残帙的真伪问题》，载《民俗典籍文字研究》（第 6 辑），商务印书馆 2009 年，第 307 页。

② 周祖谟：《唐本说文与说文旧音》，载《问学集》，中华书局 1966 年，第 723 页；《关于唐本〈说文〉的真伪问题》，《中国语文》1957 年第 5 期，第 49 页。

③ 李中华：《〈唐写说文木部〉真伪论考》，载《西泠印社》（总第 34 辑），西泠印社出版社 2012 年，第 70—77 页。

④ 李宗焜：《唐写本〈说文〉残卷研究》，载《出土文献与古文字研究》（第 6 辑），上海古籍出版社 2015 年，第 755—775 页。

⑤ 沈之杰：《试说唐写本〈说文·木部〉残帙在清代以前的定位与流传》，《中国语文》2007 年第 6 期，第 569—571 页。

⑥ 徐时仪：《唐写本〈说文〉管窥》，《黔南民族师范学院学报》2002 年第 1 期，第 19—27 页。

⑦ 李家浩：《唐写本〈说文〉木部残卷真伪研究》，载《古文字与古代史》（第 5 辑），“中研院”历史语言研究所 2017 年，第 441—495 页；李家浩：《唐写本〈说文解字〉木部残卷为李阳冰刊定本考》，载《安徽大学汉语言文字研究丛书·李家浩卷》，安徽大学出版社 2013 年，第 354 页；李家浩：《谈〈说文〉“桶”字说解——兼谈唐写本〈说文〉木部残卷的真伪》，载《中国语言学》（第 9 辑），北京大学出版社 2019 年，第 161—166 页。

⑧ 括号中为二徐用字，括号外为残卷用字。

的考察多是从古文字角度研究其是否可以解释[①]，或者与大小徐本对比讨论字形是否讹变[②]，以此作为木部残卷更早更真的证据，而基本没有将其篆形放到《说文》构形系统以及整个唐代篆文的背景下展开讨论。何九盈明确指出“考证既要注意细节，又要将残帙置于广阔的历史背景之下来验证”[③]，故下面我们从残卷篆形与《说文》构形以及唐代篆文对比的角度出发，一方面对真品说做出补充，另一方面亦可展现唐代篆文在《说文》篆形校理中的价值。

残卷第四字为“楔”，其篆形、说解与大小徐本[④]对比如下：

表 11 “楔”字篆形对比表

残卷篆形	残卷说解	大徐篆形	大徐说解	小徐篆形	小徐说解
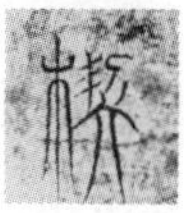	楔，櫼也。从木契声。工鍇。先结。		楔，櫼也。从木契声。		楔，櫼也。从木契声。

三者说解无别，唯篆形有小异：残卷所从之“契”之“大”作“亣”，大小徐则作“大”。“大、亣”的关系，段玉裁有比较详尽的解释[⑤]：

大徐本卷十下大部：“（大），天大，地大，人亦大。故大象人形。古文大也。凡大之属皆从大。”

段本：天大，地大，人亦大焉。（依《韵会》订。）象人形。（《老子》曰：“道大，天大，地大，人亦大。人法地，地法天，天法道。”按，天之文，从一大，则先造大字也。、之文，但象臂胫，大文则首手足皆具，而可以参天地，是为大。徒盖切。十五部。）古文也。（下云古文，下云籀文，此以古文、籀

① 参见李家浩《唐写本〈说文〉木部残卷真伪研究》，载《古文字与古代史》（第 5 辑），“中研院”历史语言研究所 2017 年，第 460 页。

② 参见王平《唐写本〈说文·木部〉残卷与大徐本小篆比较研究》，《古籍整理研究学刊》2001 年第 4 期，第 17 页。

③ 何九盈：《再谈〈说文·木部〉残帙的真伪问题》，载《民俗典籍文字研究》（第 6 辑），商务印书馆 2009 年，第 308 页。

④ 以下如未特别说明，则大徐本篆形用国家图书馆藏额勒布本《说文解字》；小徐本用日本静嘉堂藏述古堂宋钞本《说文解字系传》。

⑤ 参见（清）段玉裁撰，（清）张文虎、（清）唐仁寿批校《说文解字注》，国家图书馆出版社 2022 年，第 1980、2006 页。

文互释，明祇一字而体稍异。后来小篆偏旁或从古，或从籀，故不得不殊为二部。亦犹从人从儿必分系二部也。然则小篆作何字？曰：小篆作古文也。）

大徐本卷十下亣部：“亣（亣），籀文大，改古文。亦象人形。凡大之属皆从亣。”

段本：籀文大。改古文。（谓古文作大，籀文乃改作亣也。本是一字。而凡字偏旁或从古，或从籀不一。许为字书，乃不得不析为二部。犹人儿本一字，必析为二部也。顾野王《玉篇》乃用隶法合二部为一部，遂使古籀之分不可致矣。）亦象人形。（亦者，亦古文也。大象人形，此亦象人形。其字同，则其音同也。而大徐云大徒盖切，亣他达切。分别殊误。古去入不分。凡今去声之字，古皆入声。大读入声者，今惟有会稽大末县。独存古语耳。实则凡大皆可入，非古文去、籀文入之谓。）

也就是说，“大、亣”乃古籀之别，因为各有辖字而分为两部。残卷“楔”从“亣”，前人都没有过多关注。莫友芝注、梁光华评均未言及。[①] 王平认为“其中‘大’篆异写，对照出土的古文字材料，唐写本与亣（《泰山刻石》）、亣（《新嘉量》2）等写法相同；大徐本与大（《粹》172）、大（《颂鼎》）、大（《石鼓文》）写法相同，说明小篆‘大’字有另一种写法，而且大徐本‘楔’篆近古”[②]，只是将这种情况归入构件异写。我们认为，“楔”从“亣”，并不是简单的构件异写，而有其深意。

尽管段玉裁指出“大、亣”是古籀之别，但今人更普遍地认为二者在《说文》中更可能是因所处位置不同而产生的部件异写。如徐复、宋文民认为“大部……皆上形下声……亣部……下皆从亣，上为声。实因结构殊异而分，古无此别也”[③]；邹晓丽认为“亣”形“作偏旁时多在下”[④]。李国英[⑤]、董莲池[⑥]、王彤伟[⑦]、季旭昇[⑧]等人亦有

① 参见梁光华《唐写本说文解字木部笺异注评》（修订本），上海古籍出版社2016年，第10—11页。

② 王平：《唐写本〈说文·木部〉残卷与大徐本小篆比较研究》，《古籍整理研究学刊》2001年第4期，第20页。

③ 徐复、宋文民：《说文五百四十部首正解》，江苏古籍出版社2003年，第315页。

④ 邹晓丽：《基础汉字形义释源〈说文〉部首今读本义》，中华书局2007年，第9页。

⑤ 李国英：《小篆形声字研究》（修订本），中华书局2020年，第64页。

⑥ 董莲池：《说文解字考正》，作家出版社2004年，第412页；《说文部首形义通释》，东北师范大学出版社2000年，第314页；《说文部首形义新证》，作家出版社2007年，第290页。

⑦ 王彤伟：《〈说文解字〉五百四十部首疏讲》，巴蜀书社2012年，第325页。

⑧ 季旭昇：《说文新证》，艺文印书馆2014年，第781页。

相似看法。这一判断大体是正确的。可参下图①：

图 6 “大”部字形图

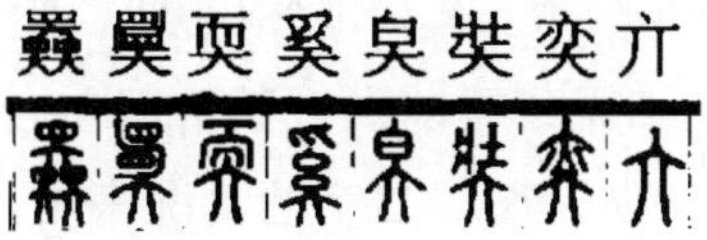

图 7 “亣”部字形图

不过前人说大部“皆上形下声”或“凡是‘大’旁在上面大字”② 都归入大部，是不够严谨的，因为大部“夹、夷”的“大”形实际是在全字中间。所以二者的对立大体可以理解为“大”是否在全字下方。但特殊的是大部的“契”字，“大”形在下面却不用“亣”，如大徐本作“契”，小徐本作“契”。我们核查了《说文》诸本，所有“契”以及从“契”之字（不含新附字）③，均从“大”在下，而不从“亣”。这与《说文》的体例是不合的，但似乎只有张舜徽注意到这一问题，认为“大、亣二部，虽似从大之字，大多在上；从亣之字，亣多在下。然若契篆已入大部，则奕、奘、臭、奚、耎、奰、奱诸篆，又何必别自为部耶”④，但是没有深究。我们认为今本《说文》将“契”置于“大”部而非“亣”部，并不合于许书原貌。

第一，就许书体例来说，因构件空间布局的不同而设立不同的部首，不仅体现在“大、亣”二部上，“人、儿”二部也是如此。核查“人”部诸篆，除了“敳”因为《说文》分析为“从人从攴，岂省声”而用“人”去填补省去的部分，于是在全字的左下，可以看作变例外，其他诸字均不在全字布局的下方；而从“儿”的诸篆，则均在全字下方⑤。

---

① 参见（汉）许慎撰，（宋）徐铉校定《说文解字》，中华书局 2013 年，第 212—213、215 页。图片有拼接。

② 黄天树：《说文解字通论》，北京大学出版社 2014 年，第 130 页。

③ 即“趨、鶧、楔、郟、窫、偰、類、鍥”，共 8 个。

④ 张舜徽：《说文解字约注》，华中师范大学出版社 2009 年，第 2534 页。

⑤ 这里说的是“从儿则在下方”，而不是“在下方即从儿”。因为现在的大徐本中“见、光、鬼、竞、元、兀、先”诸字，虽在下，但从“人”不从“儿”。考虑到“羌、凶、冗”等字仍从“儿”，则“见”等诸字应该是较早就变异为从“人”了，段注均改作从“儿”，合于许书惯例。

第二，“契”字是“大”部倒数第二个字，今本《说文》一部之末的字存在误列的情况。如示部末四字为“祼、祘、禁、禫”，由于有“叠文居末”的体例，故“祘”后不应该还有他字。“契”在今本《说文》所处的位置，可能也是误列的结果。

第三，《说文》新附“猰、喫”二字，从“契”得声。新附字的添加，徐铉《上〈说文〉表》说：“复有经典相承传写及时俗要用而《说文》不载者，承诏皆附益之，以广篆籀之路，亦皆形声相从，不违六书之义者。”其中“猰”字，宋本《说文》从“亣”作，如“”（额勒布本）、“”（王祂本）。而“喫”字，在宋本中作“”（额勒布本）、“”（王祂本）。仔细观察可以发现其下部左右两笔仍然是分开的，是“亣”而不是“大”。因此，从新附“猰、喫”二字的情况来看，徐铉认为“契”字是应当从“亣”的。

第四，就唐代篆文的整体情况看，所有“契”形均从“亣”不从“大”。

表 12　“契”字唐代篆形

688 美原神泉诗碑（阳）	688 美原神泉诗碑（阳）2	712 契苾明墓碑（额）	730 契苾嵩墓志（盖）	744 契苾李中郎墓志（盖）	书·唐写本《说文》木部残卷

《说文》成书以前的“契”字，无论篆隶，均不写成从“亣”。如春秋金文作“”（春秋晚期·枎氏壶）①；战国陶文作“”（陶四 127）、“”（秦陶 487）②；秦汉简帛、玺印、陶文作“”（睡虎地·日甲·35 背）③、“”（北大简·老 116·11）④、“”（西汉契陶片）⑤、“”（增征 10·11）⑥。而《说文》成书以后，在《汗简》《古文四声

① 董莲池编：《新金文编》，作家出版社 2011 年，第 1443 页。

② 高明、涂白奎：《古陶字录》，上海古籍出版社 2014 年，第 57 页。

③ 孟良：《新编〈睡虎地秦简牍〉文字编》，安徽大学硕士学位论文 2017 年，文字编第 191 页。

④ 李红薇：《北京大学藏西汉竹书集释及字表》，吉林大学硕士学位论文 2015 年，字表第 188 页。

⑤ 赵敏：《汉代陶文的整理与研究》，安徽大学博士学位论文 2019 年，第 406 页。

⑥ 李鹏辉：《汉印文字资料整理与相关问题研究》，安徽大学博士学位论文 2017 年，上编第 907 页。

韵》所收录的《义云章》① 中才出现了从“亣”的形体，如“”（四・义 5・12）、“”（汗・义 39）等②。到了宋代，“契”字又写成从“大”了，如“”（1123 年《朱济道呈妙空禅师诗》）③，晚于大徐本雍熙三年（986）刊定的时期。大徐本作为《说文》第一个刊印梓行的定本，后来的书写者本之是很正常的。

另外，《说文》从“大”形却在正下方者，又有“美、天”等字④。从唐代篆文的情况看，或许本来也应该是从“亣”的。

【美】《说文・羊部》：“美，甘也。从羊从大。羊在六畜主给膳也。美与善同意。”各本均从“大”在下。唐代篆文“美”字 8 见，除了一形为因为俗书“廾”“大”相混而回改篆文作“”［750 王公妻李氏墓志（盖）］外，其余均从“亣”在下：

表 13 “美”字唐代篆形

670 碧落碑（阳）	688 美原神泉诗碑（阳）	688 美原神泉诗碑（阳）2	688 美原神泉诗碑（阳）3	688 美原神泉诗碑（阳）4	688 美原神泉诗碑（阳）5	765 怡亭铭（铭）

其中，《怡亭铭》为李阳冰所书，宋人释梦英所书《篆书千字文》亦作“”。释梦

---

① 黄锡全说：“《汗简》中《义云章》与《义云切韵》是分注的，但据是部‘题’下、齿部‘龡’下注‘义云章切韵’，知《义云章》与《义云章切韵》应是一书。《古文四声韵》书目标题将《义云章》与《义云章切韵》分列，而编中所注一律是《义云章》。”（《〈汗简〉〈古文四声韵〉中之〈义云章〉“古文”研究》，载《古文字研究》（第 20 辑），中华书局 2000 年，第 242—251 页）既然有别名“切韵”者，自当为汉之后书。据黄锡全研究，《义云章》中之古文存在与《说文》正篆相合的情况，可见其“古文”范围比较宽。

② 刘建民：《传抄古文新编字编》，复旦大学博士学位论文 2013 年，第 377 页。

③ 王冠一：《宋代石刻篆文研究》，吉林大学硕士学位论文 2013 年，第 304 页。

④ 另外，《说文・㸚部》：“爽，明也。从㸚从大。𡙁，篆文爽。”其篆文“𡙁”字，大徐诸本以及《说文解字五音韵谱》均从“亣”，如大徐本作“”。唯小徐本作“”，《说文解字篆韵谱》略同，汪启淑、祁寯藻本则改从“亣”。段玉裁曾质疑“篆文𡙁”之形，认为“此字浅人窜补，当删。爽之作𡙁、奭之作𡙁，皆隶书改篆，取其可观耳。浅人补入《说文》，云此为小篆。从㸚既同。何不先篆后古籀乎？凡若此等，不可不辨。”从《原本玉篇》㸚部第二百八十一云：“……《说文》从大㸚……，《说文》篆文字也。”可以看出，彼时所见《说文》确实仅以“爽”为篆文而未有“𡙁”字，段说可信，故不纳入讨论。又《说文・户部》：“戾，辎车旁推户也。从户大声。读与釱同。”诸本从“大”，在全字右下方。严格地说，此字或许应从“亣”。鉴于掌握的资料有限，在此按下不表。

英篆法承李阳冰而来，可知唐人“美”字篆法确实与我们推测的《说文》义例相合。宋天圣三年（1025）《回山王母宫颂》中有了从“大”的“”字，当本自大徐《说文》。

【天】《说文·一部》：“天，颠也。至高无上，从一、大。”各本均从“大”在下。就《说文》内部的情况看，从“天”之字尚有“祆、吞、忝”三字，其中“祆”是新附字，而“吞、忝”各本均从“亣”①，或是后人改之未尽，此即“天”当从“亣”在下之内证。而在我们收集到的唐代篆文中，字种“天”共含58个字样，可分为三个字位：字位一作“”[670 碧落碑（阳）2]，1见；字位二作“”[670 碧落碑（阳）3]、“”[882 毗沙门天王碑（额）]，2见；字位三55见，其中可视为从“大”者，有10字：

表14 “天”字唐代篆形

670 碧落碑（阳）	774 滑台新驿记（阳）	828 唐故赵府君墓志铭并序（盖）	867 唐赵余墓志并盖（盖）	868 唐赵善心墓志并盖（盖）
		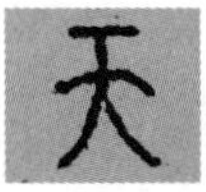	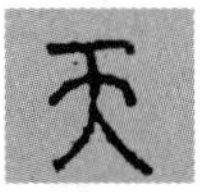	
876 唐前河南府录事赵虔章墓志（盖）	878 唐赵素真墓志并盖（盖）	书·五星二十八宿神形图	书·五星二十八宿神形图 2	官·天山县之印

此外，则有43字均从“亣”，如“”[655 浩君墓志（志）]、“”[871 李钦说妻赵氏墓志并盖（盖）]。另外，还有2字作“”[855 赵石墓志（盖）]、“”[870 赵宗祐墓志（盖）]，下方阙笔，但是从运笔来看，应该也是要写作“亣”形的，可以类比“”[852 赵仕良墓志（盖）]字的运笔。简而言之，“天”之从“亣”者在唐代篆文中占据绝对优势。且从“天”之“忝”亦见于唐代篆文，作“”[688 美原神泉诗碑（阴）]，与今本《说文》同从“亣”。因此，从唐代篆文的整体书写情况来看，“天”本当从“亣”，方与《说文》义例相合。

此外，在从“大”之“天”的诸形之中，《滑台新驿记》为李阳冰所书。可以发

① “忝”字宋钞本《系传》阙，汪启淑本亦阙，祁寯藻本不阙，从“亣”。

现，时间明确从“大”形的“天”，除《碧落碑》外均出现在李阳冰以后的中晚唐。李阳冰专门学习《碧落碑》的文字，曾“七日而不忍去，学之十二年而不成”①，他受到《碧落碑》的影响是很自然的。释梦英《篆书千字文》作“”，亦可证李阳冰之篆法。宋代重刻的李阳冰篆迹中，“天”字或作“”（《三坟记》）、“”（《栖先茔记》），也是从“大”的。李宗焜指出《五星二十八宿神形图》的篆文构形多与李阳冰篆法相合，其临摹时代当在李阳冰之后②，上揭“”即从“大”。因此，我们颇疑从“大”之“天”形在中晚唐时的突然增多，以至于在今本《说文》中以此形为字头，与李阳冰不无关系。《说文·示部》“祆”作为新附字而从“大”，或许也是受到李阳冰篆法影响的结果。宋代石刻篆文中，“天”字从“大”者远超从“亣”者③，亦可参验。

以上“美、天”二字可与“契”字互证，证明依《说文》体例，“大”在下时当作“亣”，今作“大”形者当为后人改动所致。综合地看，把从“亣”之“契”看作是经过许慎整理后而合于《说文》体例的特定字形是有一定依据的。《说文》“契”字原从“亣”，原当列于“亣”部之下，这一写法在唐代仍然是普遍的。今本列于“大”部之末者，是后人不明许书体例改从“大”形后归部调整的结果。明确了这一点，木部残卷的真伪不言自明。残卷之“楔”从“亣”的特征，恰恰是在许慎系统优选字形之后、徐铉刊定梓行《说文》之前这段时期的独特表现，具有排他的性质。站在唐代篆文的背景下，我们没有理由怀疑残卷的真实性。

（刘昕曜，北京师范大学民俗典籍文字研究中心，100875，北京）

① （清）孙承泽撰，白云波、古玉清点校：《庚子销夏记·卷七·绛州碧落碑》，浙江人民美术出版社 2019 年，第 157 页。又吾丘衍云：“《碧落碑》，在绛州。字虽多有不合法度处，然布置美茂，自有神气，当以唐碑观之。世传阳冰卧看三日，毁其佳者数字。”（金少华点校：《学古编·合用文集品目》，浙江古籍出版社 2019 年，第 12 页）

② 参见李宗焜《从李阳冰改篆论〈五星二十八宿神形图〉的时代》，载《古文字与古代史》（第 5 辑），“中研院”历史语言研究所 2017 年，第 415—439 页。

③ 参见王冠一《宋代石刻篆文研究》，吉林大学硕士学位论文 2013 年，第 45 页。“天”下共收 12 字，除一字“萸”外，剩下 8 字从“大”，3 字从“亣”。

联绵词与疑难字考释二题*

张青松　俞绍宏

摘　要：佛经文献“嵥（礏）岳”即《说文》“丵岳”，本状群峰拱聚、高低错落，引申为不平貌。“嵥”“礏”“岷”均为“丵岳”之“丵”的后补本字：“嵥”字换形旁即为“礏”；“丵”《说文》读若“浞”，将“浞”字形旁“水”改换为“山”则为“岷”。“岅（岈）岈”“嵖岈”“嵯岈”同词异形，为叠韵联绵词，本状山峰参差耸立，引申之，则可指树木等纵横错杂貌。“岅岈”本作“杈枒”（或作“叉牙”），“嵖岈”本作“楂枒”（或作“查牙”），“嵯岈”本作“槎枒”（或作“差牙”）。“杈枒”“楂枒”“槎枒”同词异形，为叠韵联绵词，本状树枝纵横杂出貌，引申之，则可用于云、山、碑、石等物。

关键词：嵥（礏）岳　岅岈　联绵词　疑难字

一、“嵥岳”及相关字词汇释

西晋安法钦译《佛说道神足无极变化经》卷第四：“其世界地坚如铁石，嵥岳不平，譬如蒺蔾蹈伤人脚。”《玄应音义》卷七《道神足无极变化经》第四卷音义：“嵥岳，仕角反，下语角反。”《慧琳音义》卷三十《道神足无极变化经》第四卷音义：“礏岳，上床学反，下音岳。案：礏岳者，丘墟土也；不平貌也。经作‘嵥’，非。”《龙龛手镜·山部》：“嵥，俗。士角反。《经音义》作‘礏’。”郑贤章（2004：180）：“《经音义》即玄应《一切经音义》。‘嵥’即‘礏’字之俗。”今谓作“礏”者乃《慧琳音义》，非《玄应音义》。

* 基金资助：国家社会科学基金重大项目“清代《说文》学新材料普查、整理与研究”（21&ZD299）阶段性成果。

《集韵》屋韵仕六切："嵊，聚齐貌。"《类篇》音义与《集韵》同。《汉语大字典·山部》据之收录"嵊"字，注音为 zú。《改并五音类聚四声篇海·山部》引《馀文》："嵊，才六切。聚齐也。"《字汇·山部》："嵊，昨木切，音族。聚齐也。"《正字通·木部》："嵊，旧注：'音族。聚齐也。'不知族聚古借族，或作蔟。故《尔雅》云：'木族生。'俗作嵊，非。"

《汉语大字典》《汉语大词典》失收"嵊（磩）岳"之"嵊（磩）"，"嵊"《集韵》训聚齐貌，"磩（嵊）岳"《慧琳音义》训不平貌，两者似乎没有意义上的联系，或许这就是郑贤章（2004）没有征引传世字书的原因。

问题在于：《玄应音义》"嵊"《慧琳音义》转引作"磩"，凭什么说"嵊"是"磩"的俗字呢？

《龙龛手镜·山部》："嵊、岾，士角反。二同。"《改并五音类聚四声篇海·山部》引《龙龛》："嵊，士角切。又音族。""岾，士角切。"又引《川篇》："嵊，士角切。""嵊"即"嵊"字俗讹。《五侯鲭字海·山部》："岾，山名。"《字汇补·山部》："岾，士角切，音斵。义阙。"

《汉语大字典·山部》（第 1 版）据《龙龛手鉴》和《字汇补》收录"岾"字，未收"嵊"字。《中华字海·山部》："嵊，'嵊'的讹字。字见《篇海》。"张涌泉（2000：344/2020：227）据《中华字海》谓"岾"亦当是"嵊"的讹俗字。《汉语大字典·山部》（第 2 版）"岾"字条据《龙龛手鉴》注音，据《五侯鲭字海》释义。

《可洪音义》卷五："嵊岳，上仕角反，下五角反。"元明本作"碌磩"。《集韵》觉韵仕角切："碌磩，地不平。一曰石也。"又屋韵千木切："碌磩，石地不平貌。"在张涌泉（2000）与郑贤章（2004）的基础上，杨宝忠（2015；2018：84）据《可洪音义》异文材料谓《五侯鲭字海》"岾"训山名为望形生训，是；然非探本之论。

今谓"嵊岳"即《说文》"丵岳"。《说文·丵部》："丵，丛生草也。象丵岳相并出也。凡丵之属皆从丵。读若浞。"段玉裁注："谓此象形字也。丵、岳叠韵字。或作嵊岳。吴语不经见者谓丵岳。""丵"是"凿"的象形初文（季旭升，2019），假借为"丵岳"之"丵"。"丵岳"本状群峰拱聚、高低错落，引申为不平貌。"丵"的语源义既有聚集义，也有高低不平义。《说文·丵部》："丛（叢），聚也。从丵，取声。""叢"当为双声符字。

"丵（凿）""族""丛""聚"古音相通。《集韵》屋韵作木切："蝣蝣，蝣蝣，虫聚貌。"（与"族"同小韵）"凿"可用作"镞"。金董解元《西厢记》卷第二："春笋般指头儿十个，与张弓怎发金凿。"凌景埏校注："金凿，指箭。"宋末元初戴侗《六书故·地理一》："凿，镞也。"《汉语大字典》"凿"字条据之收录义项"箭，箭头"，但未沟通二者字际关系。“族”的语源义既有聚集义，也有高低不平义。《尔雅·释木》：“木族生为灌。”郭璞注：“族，丛也。”《广雅·释诂三》：“族，聚也。”殷寄明（2018：689）谓“族”声字有聚集义，其例有三：簇、蔟、掭。《集韵》“嵙”训聚齐貌，亦即其例。《原本玉篇残卷·石部》：“碌，力木反。《埤苍》：‘碌磢，多沙石也。’玉皃。石录录为琭字，在玉部。磢，且木反。《埤苍》：‘碌磢也。’”《龙龛手镜·石部》：“磢，千木反，石貌。”“多沙石”是沙石聚集的结果。《慧琳音义》卷八十一《三宝感通传》中卷音义：“碌磢，上笼谷反，下葱鹿反。《苍颉篇》云：‘碌磢，谓砂石粗白也。’《考声》云：‘石地不平貌也。’录文作碌〈石速〉，误也。”

总之，“嵙”“磢”“岤”均为“𡴀岳”之“𡴀”的后补本字：“嵙”字换形旁即为“磢”；“𡴀”《说文》读若“浞”，将“浞”字形旁“水”改换为“山”则为“岤”。

二、“𡵅（𡵉）岈”及相关字词汇释

郑贤章（2016：118）：

> 《憨山老人梦游集》卷五十：“然外望屋宇，参差𡵅岈，略无一线通透，此祖道所以壅塞而不畅有由矣。”（X73，p0809a）按：“𡵅”疑为“嵯”字。《憨山老人梦游集》卷二四：“溪下望之，嵯岈嵚岑。”（X73，p0632a）“𡵅岈”即“嵯岈”，其中“𡵅”即“嵯”字。从形体上看，“𡵅”乃“嵯”换声旁所致。《汉语大词典·山部》：“嵯岈，错杂不齐貌。”明王世贞《过故陆虞郭第有感》诗：“此梅十亩阴，老龙吐嵯岈。”

今按：“𡵅”清马元、释真朴《重修曹溪通志卷六·憨山集·新祖庭以尊瞻仰》作“**𡵉**”。

“叉”及“叉”旁俗书作“义”，“义”旁或讹省为“乂”旁，此乃俗变通例。例如“靫”俗或作“𩉂”，魏张揖《广雅·释器》：“𩉂（原注：义），矢藏也。”蒲松龄《日用俗字·裁缝章第十五》：“马蹄袖口兴弓𩉂（原注：插），又见驴蹄变一遭。”又如“扠”俗讹作“𢪃”，明兰陵笑笑生《金瓶梅词话》第二十三回（大安影万历刻本）：“这玉箫把帘子掀开，老婆见无人，急伶俐两三步就𢪃出来，往后边看茶去了。”清吴任臣《字汇补·手部》（汇贤斋本）：“𢪃，扠字之讹。见《帝京景物略》。”

《汉语大字典·山部》：

峩，chā〔峩岈〕山峰参差耸立貌。唐独孤及《招北客文》："三峡两壁，乱峰如戟，峩岈屹崪，澒洞划坼。"（第 1 版第 761 页；第 2 版第 786 页）

《中华字海·山部》：

峩，音茶阴平〔～岈〕（山峰）参差耸立△独孤及《招（白）[北] 客文》："乱峰如戟，峩岈屹崪。"（第 461 页）

杨宝忠（2018：80）：

按：《唐文粹》收录《招北客文》，作者为独孤及，字作"峩岈"；《文苑英华》收录《招北客文》，作者为岑参，"峩岈"作"槎枒"，明曹学佺《蜀中广记》同。"峩岈、槎枒"同词异形，为叠韵联绵词，状山势高耸，犹嵯峨也。字或作"嵖岈"，《太平寰宇记》卷二十："嵖岈山，在县北三十里，其山形势嵖岈为名。"

今按，《汉语大字典》应该根据《憨山老人梦游集》增收"岎"字，再将"峩"字与"岎"字认同。

郑贤章先生引《汉语大词典·山部》："嵯岈，错杂不齐貌。"认为"岎"是"嵯"的换旁字。杨宝忠先生认为"岎岈、槎枒"同词异形，"岎岈"字或作"嵖岈"，但未明言"岎"是"嵖"的换旁字，且言及"槎枒"而未及"嵯岈"；又认为："'岎岈、槎枒'……状山势高耸，犹嵯峨也。""错杂不齐"与"山势高耸"词义不同。因此，对于"岎（峩）岈"及相关字词还有继续探讨的必要。

"岎岈""嵖岈""嵯岈"① 同词异形，为叠韵联绵词，本状山峰参差耸立，引申之，则可指树木等纵横错杂貌。

(1) 龙骨蜕峩岈，霜剥蛇鳞碎。（清胡文学《甬上耆旧诗·怪松篇与伯玉同咏》）

(2) 巨镇村之西曰龙备山，周围数里。南北各有洞一，岎岈张裂曰龙眼，突兀而起者曰角，蜿蜒而垂者曰须，穹窿佶屈而下者曰鼻，鼻下有小山，圆累累然，则颔下珠，谓龙体略具，故曰备。（《壶关县志·艺文志上·紫团拾遗记》）

① 《汉语大词典》"嵯岈"条释义为："错杂不齐貌。""嵯"字据《广韵》楚宜切注音为 cī，非是。当作 chá。

（3）至洞口，舍马前进。所过乱石㞹岈，平者人卧，骇者兽立。（《韩国文集·金履安〈三山斋集〉》）

（4）银河汹涌翻晴浪，玉树嵖岈生紫烟。（宋陈思编、元陈世隆补《两宋名贤小集·安乐窝中诗一编》）

（5）崱屴崟嶔，天门嵖岈。（王夫之《南岳赋》）

（6）嵯岈枯木（一作老树）无碧柯，六月大阴飘（一作飞）急雪。（清顾嗣立《元诗选·陈治中孚〈居庸迭翠〉》）

（7）下山如井上如梯，乱石嵯岈割马蹄。（清顾嗣立《元诗选·陈治中孚〈自永福县过八十里山〉》）

（8）此梅十亩阴，老龙吐嵯岈。（明王世贞《弇州四部稿·过故陆虞部第有感》）

（9）对峙两青苍，嵯岈百千丈。（清吴绮《林蕙堂全集·亭皋诗集·石钟山》）

若为探本之论，"㞹岈"本作"杈枒"，"嵖岈"本作"楂枒"，"嵯岈"本作"槎枒"，为叠韵联绵词，本状树枝纵横杂出貌，引而申之，则可用于云、山、碑、石等物。

（10）槎枒矛戟合，屹仡龙蛇动。（唐元稹《寺院新竹》）

（11）芝栭攒罗以戢香，枝掌杈枒[①]而斜据。（《文选·王延寿〈鲁灵光殿赋〉》）

（12）文榱刻桷，镠镐杈枒。（唐黄滔《泉州开元寺佛殿碑记》）

（13）半身苍藓雪楂枒[②]，直到顶头才数花。（宋方岳《雪后梅边》之三）

"杈枒"亦作"枒杈"，"槎枒"亦作"枒槎"。

（14）巅崖老树缠冰雪，石鬓枒杈横积铁。（元王恽《赵邈龊虎图行》）

（15）倚鸧砑恶枒槎老树临溪汉，闹唧喳隔幽花鸟鸣山凹。（元汤式《醉太平·约游春友不至效张鸣善句里用韵》）

---

① 四部丛刊、文渊阁四库全书《六臣注文选》作"扠枒"。李善注："参差之貌。"

② 一作"槎枒"。

（16）两个拳头，和尚钵盂模样；一双蓝脚，悬崖槢柮枒槎。（明吴承恩《西游记》第28回）

《说文·木部》："杈，枝也。从木，叉声。"段玉裁改训"杈枝也"，注云："三字句。《广韵》曰：'《方言》云：江东言树枝为桠杈也。'枝如手指相错之形，故从叉。"唐杜甫《雕赋》："击丛薄之不开，突杈枒而皆折。"

"杈枒"或作"叉牙"，"楂枒"或作"查牙"，"槎枒"或作"差牙"，形容错杂不齐之状。

（17）叉牙妨食物，颠倒怯漱水。（唐韩愈《落齿》）

（18）其意绪文辞，叉牙相抵而不合。（唐柳宗元《辩文子》）

（19）荒畦九月稻叉牙，蛰萤低飞陇径斜。（唐李贺《南山田中行》）

（20）堕月兔毛干觳觫，失云龙骨瘦查牙①。（唐曹唐《病马》）

（21）嵌咢咢而查牙兮，上攒罗而戛天。（唐孙樵《出蜀赋》）

（22）又似大鲸吞尽沧海波，查牙露出珊瑚树。（宋王禹偁《谢宣赐御草书急就章并朱邸旧集歌》）

（23）记西湖，水边曾见，查牙老树如此。（元张翥《摸鱼儿·题熊伯宣藏梅花卷子》）

"槎枒"亦作"槎牙""牙槎""槎岈"。

（24）滉瀁雪海翻，槎牙玉山碎。（唐刘禹锡《客有为余话登天坛遇雨之状，因以赋之》）

（25）鸟曳鹤毛干氄毨，杖携筇节瘦槎牙。（唐韩屿《赠进士李守微》）

（26）槎牙死树鸣老乌，向之俯啁如哺雏。（宋王安石《虎图》）

（27）空肠得酒芒角正，肝肺槎牙生竹石。（苏轼《郭祥正家醉画竹石壁上，郭作诗为谢，且遗二古铜剑》）

（28）断碑槎牙弃道边，后岭杂沓如惊奔。（宋陆游《断碑叹》）

---

① 《汉语大词典》："查牙，错出不齐貌。唐李贺《马诗》之六：'饥卧骨查牙，粗毛刺破花。'此指瘦骨突露。"（4-906）《文苑英华》"查牙"下引《病马》诗，注云："一作'牙槎'。"文渊阁四库全书本《御定全唐诗·病马》"牙槎"注："一作'查牙'。"《汉语大词典》"牙槎"条引《病马》诗，释义为"瘦削貌"。《汉语大词典》"槎牙"条引《病马》诗："堕月兔毛轻斛蔌，失云龙骨瘦槎牙。"一本作"牙槎"，释义为"形容错落不齐之状"。

(29) 山翁劝留句，强为写槎牙。（宋苏轼《游三游洞，有亭吏乞诗，乃复以此诗授之》）

(30) 嗟哉古桧毁，仅见孤根存。槎岈插高空，突兀撑重门。（明李东阳《悼手植桧，次匏庵先生韵》）

与“嵖（岎）岈”用法相同的联绵词还有“齇齖”“齇齖”“龃龉”等，本指牙齿不整齐，引申为高低不平。

(31) 坳径石齇齖，梅枝碍竹斜。（宋吴钢《崇寿寺》）

(32) 城雉齇齖出波尺，高谷深陵感畴昔。（清黄景仁《望泗州旧城》）

(33) 犖粟陟砠，山石龃龉。（清李必恒《铙歌·役者讴》）

我们认为，以上联绵词都有相同的用法，其字词关系比较复杂：有些属于异形词，有些属于同源词。

兰佳丽（2012：112）收录“鉏铻”词族云：

语源义为参差貌、不平貌。属于这个词族的联绵词有：鉏铻（鉏吾、鉏鋙、锄铻）、鉏牙、齇齖、龃龉、岨峿、嵖岈、捷业、岝峈、砟硌、嵯岈、痄痄①、杈枒（杈桠）、齇齵、驺虞、嵳嶷、溠减、浘涢、齹齹、睚眦（眦睚）、崖柴、疵疵等。

又兰佳丽（2012：117）收录“嵯峨”词族云：

语源义为高耸貌。属于这个词族的联绵词有：嵯峨、巑岏、嶕峣（嶣嶢）、崱嶷、岝崿、磼碟、巀嶭（巀嶭）②、嶜礹（嶜岩）、岑岩（岑嵒）、崔嵬（摧崣）、厜㕒、峥嵘（崝嵘）、曾闳、屹崒（屹崪）、峣峥（峣崝）、峣嶭（嶢嶭）等。

① 本作“庌房”，明杨循吉《都下将归述怀》：“况今一病已到骨，兼与世事多庌房。”俗讹作“庌房”“痄痄”。“痄痄”《玉篇》训病甚也，《集韵》训创不合，《字汇》训疮不合也，皆为望形生义。《汉语大字典》“庌房”“庌房”“痄痄”用例均为明杨循吉《都下将归述怀》，即其明证。

② 《说文·山部》作“巀嶭”。或作“巀嶭”，《文选·张衡〈南都赋〉》：“坂坻巀嶭而成巘。”李善注引郭璞《上林赋》注：“巀嶭，高峻也。”六臣本“嶭”作“嶭”。

按，从兰氏的举例来看，至少存在两个问题。首先，随意性比较强，缺乏代表性。比如，“槎枒”“差牙”“嵯岈”全部失收；收录“嵖岈”而失收“楂枒”“查牙”；收录“杈枒（杈桠）”而失收“叉牙”“岈岈”。由此可见其收录原则不明确。

而且有些联绵词的归类值得商榷。比如，将“捷业”归入“鉏铻”词族而“礏礏”归入“嵯峨”词族。沈约《郊居赋》：“千栌捷嶫，百拱相持。”《佩文韵府》引作“嶕嶫”。《班马字类·补遗》：“嶕嶫，《汉书·司马相如传》：‘嵯峩嶕嶫。’音捷业。《史传》作‘礏礏’。上音杂，下五合反；《埤仓》上士劫反，下鱼楫反；《字林》上才匝反，下五帀反。”司马贞索隐引《埤苍》：“高貌也。”《正字通·山部》：“崨，七接切，音捷。崨嶫，山连属貌。又山高貌。张衡《西京赋》：‘嵳峩崨嶫。’相如《子虚赋》‘嶕嶫’注：‘嶕音捷。’义同。《集韵》作‘礁’，泥。”又如，将“岝峉”“硈硌”归入“鉏铻”词族而“岝崿”① 归入“嵯峨”词族。由此可见其分类标准不统一。

当然，兰氏已经认识到这两个联绵词词族的词义复杂性，故而在“鉏铻”下用脚注加以说明：

> 许多学者将“嵯峨”词族、“鉏铻”词族中的一部分联绵词，如嵯峨、崔嵬、岝崿、鉏铻、龃龉、岨峿等看作同族关系。如任继昉曾总结为，这些联绵词“其基本意义为山峰的尖锐高峻、牙齿的参差交错、树枝的分杈斜挺、人事的旁出邪曲，它们之间有着引申派衍的关系”。（任继昉：《汉语语源学》，187 页）我们通过大量的同族词分析，认为这些词其实有不同的语义核心，一为“高峻貌”，一为“参差不平貌”。尽管两个词族的声式基本相通，追溯起来早期可能同出一源，但是随着发展，形成了各自更为突出的核心意义，考虑到语义关系的层次性，我们将其分为两个词族。

我们原则上同意兰氏的观点，但其具体归类有待进一步探讨。同源词的亲属关系有远有近，具体词义有同有异，错综复杂。有些联绵词不一定是非此即彼的关系。比如，《汉语大字典》“岈岈”释义“山峰参差耸立貌”其实是最准确的。也就是说，“鉏铻”词族和“嵯峨”词族都应该收录“岈岈”“嵯岈”“嵖岈”。至于形容山峰的其他联绵词，其词义演变轨迹相似，可以类推。

① 刘刚（2018）认为“岝崿”又可写作“岝峉”“岝嶺”，为叠韵联绵词，形容山势起伏貌。

参考文献：

[1] 季旭升. 试论《说文》“丵”字的来源 [J]. 汉字汉语研究，2019（2）.

[2] 兰佳丽. 联绵词族丛考 [M]. 上海：学林出版社，2012.

[3] 刘刚.《越绝书》校勘一则——附论与“岸粤”有关的几组联绵词 [M] //中国文字学报（第九辑）. 北京：商务印书馆，2018.

[4] 杨宝忠.《汉语大字典》山部疑难字考释 [M] //语言学论丛（第 52 辑）. 北京：商务印书馆，2015.

[5] 杨宝忠. 疑难字三考 [M]. 北京：中华书局，2018.

[6] 殷寄明. 汉语同源词大典 [M]. 上海：复旦大学出版社，2018.

[7] 张涌泉. 汉语俗字丛考 [M]. 北京：中华书局，2000.

[8] 张涌泉. 汉语俗字丛考（修订版）[M]. 北京：中华书局，2020.

[9] 郑贤章.《龙龛手镜》研究 [M]. 长沙：湖南师范大学出版社，2004.

[10] 郑贤章. 汉文佛典疑难俗字汇释与研究 [M]. 成都：巴蜀书社，2016.

（张青松：贵州师范大学文学院/郑州大学汉字文明研究中心贵州师范大学基地，550025，贵阳；俞绍宏：集美大学文法学院，361021，厦门）

近代通俗文献中“髻”义的用字分类辨析*

吴小萱

摘　要：近代通俗文献中表“髻”义的字不少，本文主要讨论的是以“纂”“攒”“揪”“撮”为核心的四类十几种写法，它们在构形上多从“扌”或“髟”。各类用字实同源，皆取义于“聚”，由“手指聚拢抓取”引申出“束发”的动作和名词义的“发髻”。

关键词：近代通俗文献　“髻”义　用字　聚

古时男女蓄发不剪，挽在头顶或脑后的发结就叫“髻”。《玉篇·髟部》：“髻，发结也。”又《说文新附·髟部》：“髻，总发也。”但“髻”字大概在西汉时才真正出现，例见《后汉书·马援传附马廖》：“长安语：‘城中好高髻，四方高一尺。’”它的初文是“结”，由其“聚积”和“系扎”义引申指挽发时的动作。《集韵·霁韵》：“结，束发也。”段注曰：“结，古无髻字，即用此。”名动本相因，“结”也能作名词。《楚辞·招魂》：“郑卫妖玩，来杂陈些。激楚之结，独秀先些。”王逸注：“结，头髻也。”《汉书·李广传附李陵》：“两人皆胡服椎结。”颜师古注：“结，读曰髻。”

“髻”作为“结”后起专造字一直应用至今，语义显豁。但在近代通俗文献中，还有其他多个同样表“髻”义的字，它们的书写形式和语源关系也值得我们深入梳理和分析。

一、“髻”义的用字形式

1. {纂}：纂、篹、鬗、鬟、攥

“纂”是近代通俗文献中除“髻”外较为通用的字。《直隶太仓州志》卷五《风土

* 本文系国家社科基金青年项目“明清南方俗曲文献语言文字研究”（23CYY010）和杭州市哲学社会科学规划课题“清抄曲本用字研究”（Z23JC089）的阶段性成果。

志·方言》："髻曰纂。"① 例如：

（1）a. 为甚的缘由，为甚的缘由，儿，揉乱青丝纂。

b. 墙角上攀花，墙角上攀花，娘，挂乱了青丝纂。

c. 云雨偷情，云雨偷情，儿，弄乱青系（丝）纂。

d. 一阵昏迷，一阵昏迷，娘，我也顾不得青丝纂。（明《摘锦奇音·娘女问答》）

（2）前呼后拥，一个春香伴。凤髻消除，打不上扬州纂。（明《牡丹亭》四十八出）

（3）挽上一个扬州纂，插上一枝镀金钗，髻高到有半尺外。（清路本《聊斋俚曲集·禳妒咒》二十八回）

（4）你哥污的两眼，神头鬼脑的打着两个纂。（清《醒世姻缘传》五十八回）

（5）请白老爷坐了，打开发纂，先将发内泥土洗去，又换水添上香豆面，洗了一回，然后用木梳通开，将发纂挽好，扎好网巾。（清《七侠五义》五十七回）

（6）（大义士）看见两个人在面前蹲着……全都未戴头巾，高挽发纂。（清《小五义》十回）

例（1）是一篇由四支小曲组成的问答体套曲，结构相同，"纂"的组合关系也完全一致。"青丝"喻指黑发，"青丝纂"就是"发髻"，与（5）（6）两例的"发纂"同义。(2)（3）两例的"扬州纂"皆与前后的"髻"相应，当指明清时流行于淮扬一带的发式。例（4）的"纂"在他本中作"髻"②，也是参证。

《汉语方言大词典》（下简称《汉方》）也收纳了"纂"在东北官话、中原官话、晋语、江淮官话和吴语中的使用情况，并列出了"纂纂""纂纂子""粑粑纂""毛纂""绾纂儿""绾纂纂"等相关说法。③ 可见"纂"的通行范围之广以及它在现代方言中的影响之深。

"纂"或因音近形近而讹写作"篹"，如：

---

① 曹小云、曹嫄辑校：《历代方志方言文献集成》，中华书局 2021 年，第 2075 页。

② （清）西周生著，筱月校点：《醒世姻缘传》，文化艺术出版社 1995 年，第 509 页；（清）西周生著，汪乃刚标点：《醒世姻缘传》，海南出版社 1996 年，第 584 页；（清）西周生：《醒世姻缘传》，浙江古籍出版社 1998 年，第 576 页。

③ 参见许宝华、［日］宫田一郎《汉语方言大词典》，中华书局 1999 年，第 7483、5144、838、5870 页。

(7) 把自己头上带的一只累金点翠、嵌宝衔珠的雁钗摘下来，给张姑娘插在簒儿上。（清《儿女英雄传》十二回）

跟“结”有后起专造字“髻”一样，为减轻语义负担，“纂”也有改从“髟”的写法。例（3）中的“扬州纂”在盛本中就写作“扬州鬞”。又如：

(8) 鬞儿不匀枣核大，满脸上搽些土粉，好一似发了粉的东瓜。（清路本《聊斋俚曲集·增补幸云曲》十二回）

蒲本用字同上，并注曰：“‘鬞’同‘纂’。”盛本则正作“纂”。异文用字可为确证。同理，“簒”也有此变。

(9) 吊了帽子看见鬘，绫缟塔撒甚么款？（清路本《聊斋俚曲集·俊夜叉》）

(10) 三姐说：“咱今已是破了脸，摘了帽子看鬘；一行要休又要斫，哎哟，你今可就唬煞俺。”（清路本《聊斋俚曲集·俊夜叉》）

此二例的“鬘”在蒲本中亦如此形，例（10）后同样出注勾连出了它与“纂”的异体关系。例（9）的“鬘”同样见于盛本，但例（10）的“鬘”就已改为“纂”了。这些都能证明三形通用不别。

以广东揭阳话为代表的闽语还偶用“攥”表名词的“发束”义。① 增“扌”旁应是为突出扎束成髻时的动作性。

这里有必要区分一例：

(11) 有《沉醉东风》为证：动人心红白肉色，堪人爱可意裙钗。裙拖着翡翠纱，衫袖挽泥金攥，喜孜孜宝髻斜歪。恰便似月里姮娥下世来，不枉了千金也难买。（明《金瓶梅词话》四回）

《〈金瓶梅词话〉〈醒世姻缘传〉〈聊斋俚曲集〉语言词典》将“纱”归下句，并释“攥”作“发髻”义。②“泥金”指一种金色颜料，多用来涂饰书笺或器物，应该不能直

---

① 参见许宝华、[日] 宫田一郎《汉语方言大词典》，中华书局 1999 年，第 7516 页。

② 参见徐复岭《〈金瓶梅词话〉〈醒世姻缘传〉〈聊斋俚曲集〉语言词典》，上海辞书出版社 2018 年，第 942 页。

接涂在发髻上；其他文献中亦未见“泥金攥”或用“泥金”形容发髻的表达。《金瓶梅字典》则将“攥”视作“‘摖’的形近讹字”，并认为“摖”是“扌”意“寨”声造字，义指“把衣服附件缝上”。① 做动词用的“摖”不能贴合例句的结构和表达，它与“攥”间的讹变也缺少其他的字形证据。

查检异文，“攥”在明刻本《新刻绣像批评金瓶梅》和清刻本《皋鹤堂批评第一奇书金瓶梅》中皆作“带”，二形相去甚远。如例中所言，此判词是有出处的。对比《雍熙乐府》卷十七《杂曲》中所收的原调《沉醉东风・遇美》：“裙拖翡翠纱，衫襌泥金袖。”说的也是“泥金袖”，与“泥金带”接近，则原“攥”或仅属讹误。

2. {攒}：攒、纉/綪（缵）、𦇱、鬢/鬢

用“攒”表“髻”的用例基本集中在明本《新刻绣像批评金瓶梅》，且多见于固定搭配“杭州攒”。请看：

（12）半日，李桂姐出来，家常挽着一窝丝杭州攒。（明《新刻绣像批评金瓶梅》十五回）

（13）惟金莲不戴冠儿，拖着一窝子杭州撵，翠云子网儿，露着四鬓，上粘着飞金，粉面额上贴着三个翠面花儿，越显出粉面油头，朱唇皓齿。（明《新刻绣像批评金瓶梅》二十七回）

（14）郑爱月出来，不戴鬏髻，头上挽着一窝子杭州纉，梳的黑鬖鬖光油油的乌云，云髩堆鸦，犹若轻烟密雾。（明《新刻绣像批评金瓶梅》五十九回）

“杭州攒”应与（2）（3）两例中的“扬州纂”类似，是当时流行于苏杭一带的发式。例（13）的“撵”是讹写，清刻本《皋鹤堂批评第一奇书金瓶梅》中字正不误。俗书中“赞”“賛”二旁混用，“车（車）”亦与“貝”形略近。例（14）的“纉（缵）”也用非本字。

“攒”还有其他异写形式。

（15）a. 为甚的缘由，为甚的缘由，揉乱青丝𦇱。
b. 墙角上扳花，墙角上扳花，（娘）挂乱青丝綪。
c. 云雨偷情，云雨偷情，（儿）弄乱青丝𦇱。
d. 一阵昏迷，一阵昏迷，（娘）我顾不得青丝𦇱。（明《大明春・附问答

① 参见张鸿魁《金瓶梅字典》，警官教育出版社 1999 年，第 497 页。

挂枝儿》）

此例与例（1）互为异文，“𩯣/缵”与“纂”的异体关系甚明。从字形上看，“𩯣”就是“攢（攒）”赘添“髟”的结果。b例中的“缵”左旁如“乡”，乃“纘（缵）”的变体（俗书中“糸”旁常讹如“乡”形），与例（14）的写法一致，这里也能理解成“𩯣”受了前字“丝”影响而类化的结果。

更常见的是省去“扌”的“鬢/鬢”。《蜀语》：“绾发为髻曰鬢。鬢音缵。”①《长寿县志》卷四《人事部·方言》：“绾发曰鬢。音纂。”② 足见“鬢/鬢”与“缵”“纂”的音同通借关系。又《简阳县志》卷二二《礼俗篇·方言》：“绾发为髻曰鬢鬢。音转。”③也是确切的书证。

(16)（那丫头）倒是一头黑鬒鬒的好头发，挽着个鬢。（清《红楼梦》二十四回）

(17) 一时将正妆卸去，头上只随便挽着鬢儿，身上皆是长裙短袄。（清《红楼梦》六十三回）

(18) 梳笼竹篦髻头用，头髮挽鬢扎网网。（清《日用俗字·器皿》）

上三例都用“挽”搭配“鬢”。例（17）的“鬢儿”就是例（7）的“簒儿”和例（8）的“鬘儿”；例（18）的“挽鬢扎网网”也与例（5）的“将发纂挽好，扎好网巾”相当。

据《汉方》，冀鲁官话、中原官话和晋语中可用“梳鬢”表“挽鬢儿；挽头”；西南官话中表达“挽发髻”时也可说“挽鬢鬢”或“挽毛鬢儿”；兰银官话中则说“挽鬢子”④，皆证“鬢”使用之广。

3.｛揪｝：揪、鬏/𩭶、啾

仍据《汉方》，北京话中有熟语“打不过揪儿挽不过纂儿来”，说的是妇女的头发少了，就打不上头揪，挽不上头纂，以此借指一个人收入少，不够生活开支；以贵州话为代表的西南官话中也用“揪揪”表“发髻”义。⑤

① （明）李实：《蜀语》，中华书局1985年，第29页。

② 曹小云、曹嫄辑校：《历代方志方言文献集成》，中华书局2021年，第5977页。

③ 曹小云、曹嫄辑校：《历代方志方言文献集成》，中华书局2021年，第6177页。

④ 许宝华、［日］宫田一郎：《汉语方言大词典》，中华书局1999年，第5262、4738页。

⑤ 参见许宝华、［日］宫田一郎《汉语方言大词典》，中华书局1999年，第1102、6021页。

当然，更常见的是从“髟”的“鬏”。

（19）梳着个霜雪般白⿱髟狄髻，怎戴那销金锦盖头？（元《感天动地窦娥冤杂剧》一折）

（20）（老太太）见范进的娘子胡氏家常戴着银丝⿱髟⿰犭秋髻。（清《儒林外史》三回）

（21）被阿德保按住阿金鬏髻，只一撳，直撳下去。（清《海上花列传》三回）

（22）金钗拿在手，牙梳桌上丢，绕上一个鬏儿且去风流。（清《白雪遗音·剪靛花》）

（23）（林之洋）头上梳了鬏儿，搽了许多头油，戴上凤钗。（清《镜花缘》三十三回）

“⿱髟狄”即“鬏”，“犭”“禾”形近。（19）—（21）例中“鬏”“髻”更同义连用。《窦娥冤》的作者关汉卿是北方人，曲调［剪靛花］也流行于北方民间，《儒林外史》则多见江淮官话痕迹，《海上花列传》的吴语色彩浓厚，说明“鬏”在元明清时期南北通用。

《汉方》还收录了“鬏鬏”“鬏鬏子”等说法；还有“旗旗鬏儿”，指满族和蒙古族已婚妇女的一种发式。①

“鬏”还能改换声旁作“⿱髟咎”。冀鲁官话用“⿱髟咎儿”指“发髻”；西南官话中也有说“⿱髟咎⿱髟咎”② 的，可为参证。

4. ｛撮｝：撮、⿱髟最

今云南保山仍有“和尚光头，道士有撮儿”③ 的说法，“撮儿”即指盘好的发髻。另据《孝感市志》卷二十五《民情风俗·发式》：“辛亥革命后……城乡幼儿蓄‘桃子尖’，少儿或蓄‘小搭毛’‘筲箕撮’。”④“筲箕撮”当与“扬州纂”“杭州攒”“旗旗鬏儿”等类似，指的是形如“筲箕”的发式。

字书收了从“髟”的“⿱髟最”。《类篇·髟部》：“⿱髟最，髻也。”《陇右方言发微》卷上：“今陇南武山、甘谷一带，至今犹称妇女之头髻曰⿱髟最，重言曰⿱髟最⿱髟最。读若‘钻’。”⑤“钻”音如“纂/攒”。又《正字通·髟部》：“⿱髟最，髻也。《诗·小雅》‘淄撮’，借用撮，

① 参见许宝华、［日］宫田一郎《汉语方言大词典》，中华书局1999年，第7444、6889页。

② 许宝华、［日］宫田一郎：《汉语方言大词典》，中华书局1999年，第7333页。

③ 宋素圆、赵卫民：《保山方言图赞》，云南美术出版社2016年，第259页。

④ 湖北省孝感市地方志编纂委员会：《孝感市志》，新华出版社1992年，第844页。

⑤ 李恭：《陇上学人文存·李恭卷》，甘肃人民出版社2016年，第64页。

义同。”亦揭“鬟”“撮”的通用关系。

小结一下，近代通俗文献中“髻”义的用字形式十分丰富，包括以“纂”“攒”“揪”“撮”为核心的四类十几种写法。每一类中都有与动作性相关的以“扌”为形旁的写法，也都有涉义专造的以“髟”为形旁的写法，还有其他一些由形近或音同引起的变体。

二、各类用字间的语源关系

虽然近代通俗文献中“髻”义的用字形式较为多样，但它们实属同源。就像“髻”来自“结”的“聚积”和“系扎”义一样，以“纂”“攒”“揪”“撮”为核心的四类用字也皆以“聚”义为核心，并从动词性的“扎、束”义引申作名词义“髻”。

《说文·㐺部》：“聚，会也。从㐺，取声。”《广韵》音慈庾切，从母侯部字。而《类篇·糸部》：“纂，集也。”又李贤注《墨子·迎敌祠》“令命昏维狗纂马掔维”曰：“纂，系也。”《广韵》音作管切，精母元部字。而《集韵·换韵》：“攒，聚也。”《广韵》音在玩切，从母元部字，精从二母亦旁纽。更有李善注《文选·笙赋》“歌枣下之纂纂”曰：“古《咄唶歌》曰：‘枣下何攒攒，荣华各有时。’……攒，聚貌。纂与攒，古字通。”音近义通，“纂”“攒”与“聚”同源。

陈晓强等认为“纂”是“总绾（读如挽）”的合音①，这显然是犯了孤立溯源的错误。甚至“总”字也是与“聚”同源的。《说文·糸部》：“总，聚束也。”又《释名·释首饰》：“总，束发也，总而束之也。”《广韵》音作孔切，精母东部字。精从二母旁纽，东侯二部阴阳对转。

《尔雅·释诂上》：“揫，聚也。”郭璞注：“揫，敛也。”“揫”以秋为声，“秋”是清母幽部字，与“聚”旁纽双声，幽侯二部亦合韵。“揫”今作“揪”，《字汇·手部》：“揪，手揪。”即用手聚拢抓取之义，正与“束发”的动作相当。“秋”又与“酋”通，《周礼》：“秋者，酋也。”《太玄》注：“酋之言聚也。”“鬙”即是“鬏”的讹字。

又《说文·冖部》：“冣，积也。从冖，从取，取亦声。”段注：“冣与聚音义皆同，与冃部之‘最’音义皆别……至乎南北朝，‘冣’‘最’不分②。”《干禄字书·去声》：“冣最，上通下正”。《集韵·泰韵》：“最，聚也。”《庄子·德充符》：“彼为己，以其知得其心，以其心得其常心，物何为最之哉?”陆德明《释文》引司马云曰：“聚也。”又

---

① 参见陈晓强、陈晓春、陈晋《陇西方言词语研究》，甘肃人民出版社 2015 年，第 289 页。

② 此二字在西汉后期就已经混用，详参赵团员《“冣”“最”形音义考》，《语言学论丛》2020 年第 1 期，第 157—165 页。

《公羊传·隐公元年》："会犹最也。"何休注："最，聚也。"皆证"最"有"聚"义。

《玉篇·手部》："撮，三指取也。"《正字通·手部》："《增韵》：'撮，蹙聚而捎取之也。'"可见"撮"的本义是用手指把东西汇拢抓起来，这也与"束发"的动作一致。《庄子·人间世》："支离疏者，颐隐于脐，肩高于顶，会撮指天，五管在上，两髀为胁。"陆德明引司马彪曰："会撮，髻也。"

文献中表达扎"髻"时亦常用"撮"，例如：

(24) 男才放已，尼持财走男随后趁，引手撮头空髻在手。（唐《根本说一切有部苾刍尼毘奈耶》卷二十）

(25) 蒲[1]甘国，官民皆撮髻于额，以色帛系之。（宋《诸蕃志》卷上）

(26)（圆通禅师）作颂云："谁能一日三梳头，撮得髻根牢便休。大抵是他肌骨好，不施红粉也风流。"（宋《侯鲭录》卷四）

(27) 妇人撮髺（髻）脑后，下围白布。（明《瀛涯胜览·锡兰国　裸形国》）

"撮"以最为声，最亦从取。"撮"是清母月部字，与"聚""揫（揪）"旁纽双声，并能与"纂""攒"对转。《庄子·秋水篇》："鸱鸺夜撮蚤。"《释文》："撮，崔本作冣。《淮南》作聚。"郝懿行亦曰："冣、聚声近撮。三字俱声转义同也。"又《一切经音义》卷三五："右手攥，纂括反，或从最作撮。《说文》：'三指撮。'两体并通也。"（T54/541/a）皆证其同源关系。

更有《黄侃论学杂著·蕲春语》："《广韵》入声十三末：'䌨，缁布冠。'《诗》作撮，仓括切。妇人之髻，亦蒙此名；《文选·西京赋》注引《通俗文》：'露髻曰䯻，以杂麻为髻，如今撮也。是汉魏之际，谓妇人假髻为撮，今北方谓此为纂儿，纂与撮正对转音也。吾乡谓之鬏，即由切。《广韵》作[illegible]。'"[2] 可为明证。

综上所述，近代通俗文献中"髻"义的用字形式较为多样，包括以"纂"为核心的"纂、篡、[illegible]、[illegible]、攥"，以"攒"为核心的"攒、纘/[illegible]（缵）、[illegible]、[illegible]/[illegible]"，以"揪"为核心的"揪、鬏/[illegible]、[illegible]"和以"撮"为核心的"撮、[illegible]"四类。它们都是同源关系，语音相近，皆取义于"聚"，由"手指聚拢抓取"引申出"束发"的动作和"发髻"这一结果，所以在用字时也多见从"扌"和从"髟"之形。

---

① 《汉语大字典》引用时脱"蒲"字（2073页），当补。

② 黄侃：《黄侃论学杂著》，上海古籍出版社1980年，第420—421页。

对“髻”义的用字分类辨析也启示我们，应在相同或相近的语义表达下，以语音转换为线索挖掘更多的字面。对不同用字形式的梳理和语源关系的分析也能在孤立的考释工作之外，帮助我们更深入地研究近代汉语词汇的共时面貌和字词对应关系。

（吴小萱：浙江财经大学人文与传播学院，310018，杭州）

趋向动词“拢”“拢来”“拢去”历时与共时考察*

崔山佳

摘　要：明清白话文献有趋向动词“拢”，复合趋向动词“拢来”“拢去”，吴语区作家的使用频率最高，其他方言区作家也有用例。现代方言如吴语也有趋向动词“拢”“拢来”“拢去”，其他方言区作家也有用例。一些近代汉语词典和方言词典等未收“拢”“拢来”“拢去”，不妥。也有一些学者在处理“V拢”时有不妥之处。

关键词：趋向动词　拢/拢来/拢去　历时　共时

一、引言

普通话的趋向动词，张斌（2010：102）有一张“单纯趋向动词和复合趋向动词的构成关系”表：

	上	下	进	出	回	过	开	起
来	上来	下来	进来	出来	回来	过来	开来	起来
去	上去	下去	进去	出去	回去	过去	开去	××

普通话没有“起去”，但明清白话文献与一些方言有。查“中国知网”，有关趋向动词“起去”有31篇论文。其中最早的是覃盛发（1987），后来又有张清源（1998），邢福义有好几篇论文涉及“起去”，如邢福义（2002，2003，2005，2015）。

* 国家社科基金重大项目“晚明以来吴语白话文献语法研究及数据库建设”（21&ZD301）。

此外，还有一些趋向动词明清白话文献就有，通语似乎不见，有些方言延续下来，如“拢”“拢来”“拢去”就是如此。

二、明清白话小说中的“V拢”“V拢来”“V拢去”

蒋宗福（2002：471）收“拢来”：“靠过来；聚合起来。”例如：

（1）那店小二那里敢过来，连那正要买肉的主顾，也不敢拢来。（《水浒传》第3回）

（2）众家人听得家长声唤，都走拢来看时，过迁已自去得好远。（《醒世恒言》卷17）

（3）庙中左右壁厢，俱伏有甲士，一齐拢来，将石厚绑缚。（《东周列国志》第6回）

（4）差人依旧寻见了前日的乡约地保，要了甘结，寻了三四片破席，拼得拢来，将尸裹了。（《醒世姻缘传》第13回）

（5）好兄弟你拢来姐有话谈，回家去须当要苦读圣贤。（《跻春台》卷3）

上面5例中的“拢来”并非是同一个意思，而是有区别的。例（2）和例（4）中的“拢来”不是“靠过来；聚合起来”义，而是语法化为趋向动词，作补语，前面分别有动词“走”和“拼”，其他3例的“拢来”是动作动词。

“拢”“拢来”“拢去”是趋向动词，除“拢去”用例较少外，“拢”“拢来”明清白话文献有大量例子。

（一）V拢

（6）医人华佗道：“若要此疾毒消，可立一铜柱，上置铁环，将臂膊穿将过去，用索拴牢，割开皮肉，去骨三分，除却箭毒，却用油线缝拢，处用敷药贴了，内用长托之剂，不过半月，可以平复如初……”（《水浒传》第110回）

（7）只见火光彻天，一时间，水上连拢的船一只也放不开，只得向小船中逃走。（《英烈传》第47回）

（8）渔翁闻言，即忙撑拢。（《西游记》第15回）

（9）柳青就要跪下去磕头谢恩，争奈臀股中伤，一时合拢费力，就要连身蹲下。（《隋炀帝艳史》第33回）

（10）官儿一去，众人一齐攒拢，也有问的，也有笑的，总都是混混沌沌，不知为着甚么勾当，前街后巷纷纷谣讲。（《醋葫芦》第9回）

（11）邻里并过往人都攒拢观看，皂隶喝道：“奶奶在里边，还不闪开！”（《石点头》卷2）

（12）众人聚拢询问，妇人指着庵里道：“我卧房内失火。”（《禅真后史》第7回）

（13）妯娌两个吃了素，祷告了天地，许了冬日穿单，长斋念佛，每人俱在左股上

割下一块肉来，合拢作了一碗羹汤，瞒了婆婆，只说是猪肉。（《醒世姻缘传》第52回）

（14）敬松道："只可打拢，仔么打开？我不去，不做这没阴骘事。"（《型世言》第26回）

（15）众人各劝道："夫妻每的事，闹不开的，就到官也打拢不打开……"（《别有香》第10回）

上（14）（15）例可见，"拢"的反义词是"开"。

"V拢"可带宾语，例如：

（16）宋江又叫小喽罗筛锣，聚拢众好汉，且战且走。（《水浒传》第48回）

（17）船后艄敲着渔梆，舡舡荡荡，正贴拢岸边而来。（《英烈传》第49回）

（18）群臣谢了恩，众内相即将御船一只只俱撑拢岸边。（《隋炀帝艳史》第11回）

（19）韩娘偏生走拢一步，挨肩擦背，祖小官只是不理。（《西湖二集》卷29）

（20）这泥丸催产原也希奇，那人又更神其说，围拢了无数的人，乱要买将起来。（《醒世姻缘传》第28回）

可用介词"把"将宾语前置，例如：

（21）将银子藏了，即现原身，掣铁棒把呆子划拢，用手提着脚，扯上来，解了绳。（《西游记》第76回）

（22）菩萨见他心恶，把杨柳蘸一点甘露洒去，把怪物两手合拢。（《西游记传》卷4）

（23）储玉章并不说些别话，仍旧把门拽拢了，把绳子端然系著，回身正待要走，只见叶敬塘欢天喜地道："那远远来的，便是刘瑞园了。"（《龙阳逸史》第9回）

（24）便把船儿摇拢，众皆走上，艄公摇动，不一刻已到了金沙滩。（《醋葫芦》第2回）

（25）寻了尺把白杭细绢，拿了一只雄鸡，把大针在那鸡冠上狠掇，掇的那鸡冠就如程大姐的那东西一般稀烂，挤出血来，滴在白绢上面，假妆是程大姐的破身喜红，教程大姐藏在身边，头两夜断不可依从，待两三夜后，等他吃醉的时节，然后依他；断然要把两只腿紧紧夹拢，不可拍开，把那绢子垫在臀下。（《醒世姻缘传》第72回）

可用于被动句，例如：

（26）这耿直年方弱冠，又自生得瘦小，足上被夹棍收拢，苦痛难禁，恰似杀猪的一般喊叫起来。（《禅真后史》第5回）

（27）这道士把一席的话，撮拢做一句说了。（《三宝太监西洋记通俗演义》第57回）

上例"V拢"后面还有"做"，是"成"义，也作补语。

如果用否定副词，多用于"V拢"的中间，例如：

（28）秋鸿道："不妥，说不拢。"（《明珠缘》第13回）

（29）张千见没了馒头，惊得上唇合不拢下唇，慌把手扭住湘子，叫喊起来。（《韩湘子全传》第15回）

（30）二官便放心和二娘调得火热，只恨走不拢身。（《欢喜冤家》第9回）

上（29）（30）例后面还带宾语。

（31）昔日王文成阳明先生，他征江西桃源贼，问贼首如何聚得人拢，他道：“平生见好汉不肯放过，有急周急，有危解危，故此人人知感。”（《型世言》第14回）

（32）成珪倒头在枕上，那里合得眼拢？（《醋葫芦》第7回）

上（31）（32）例也较特殊，是“V得O拢”，据曹广顺（1995：10），“得”是动态助词，例（4）的“得”也是。

“V拢”的“V”都是单音节，可能与韵律有关。

（二）V拢来

“V”既可单音节，也可双音节。例如：

（33）智深两条桌脚，着地卷将来，众僧早两下合拢来。（《水浒传》第4回）

（34）众家人听得家长声唤，都走拢来看时，过迁已自去得好远。（《醒世恒言》卷17）

（35）宣议看见道：“冰结拢来，原是花的。偶像桃花，不是奇事。”（《二刻拍案惊奇》卷19）

（36）停了半日，不见疯皇走来，方知是讹传，才有人走拢来。（《西湖二集》卷5）

（37）那孩子慌了，流水般拼命要撑拢来，冤家的竹竿陷在泥中，再拨不起。（《英烈传》第14回）

（38）杜伏威伸着两足，任凭公人收紧绳索，纥铮铮地夹拢来，恰似夹木头石块一般，动也不动。（《禅真逸史》第25回）

（39）二人戏笑了一回，及左右排上早膳，众美人走拢来时，宫中又报掌灯矣！（《隋炀帝艳史》第32回）

（40）到了次早，众姐妹又聚拢来。（《别有香》第12回）

（41）吴翰林与杨御史都挨拢来看，只见上写道：……（《玉娇梨》第1回）

（42）惊动了附近港口泊的客船，共有十余只，都划拢来救应。（《禅真后史》第7回）

以上“V”是单音节。

（43）背后四路军兵，分作两路夹攻拢来。（《水浒传》第55回）

（44）后来脱去，见了同伙，团聚拢来，各出所获之物，如簪钗、金宝、珠玉、貂鼠暖耳、狐尾护颈之类，无所不有。（《二刻拍案惊奇》卷5）

（45）喊声未毕，月光之下，只见有二三十只小船，四围攒绕拢来，各将挠钩把客船搭住。（《禅真逸史》第23回）

（46）此时幸有准备，各衙门拨来的守宿弓兵民壮四面围合拢来，放火厮杀。（《禅真后史》第21回）

（47）官兵报了消息，胡公亲自穿了甲胄，率领官兵四面合围拢来，保靖兵当先，河朔兵继后。（《西湖二集》卷34）

（48）张便挨到那女子身边道："……两个团凑拢来，这才叫做缘。"（《别有香》第15回）

（49）这个机会，虽是缘分所使，中间也决少不得一个停当的牵头，说合拢来。（《龙阳逸史》第2回）

（50）渐渐众客齐集拢来，上了座。（《醒世姻缘传》第1回）

以上"V"是双音节。

"V"后可带宾语，构成"VO拢来"，例如：

（51）那边两个人，即便撑船拢来。（《喻世明言》卷21）

（52）吴氏一见他标致，动火久了，只是还嫌他小些，而今却长得好了，见他说风话，不觉有意，便一手勾他拢来做一个嘴，伸手去摸，太素此物翘然，却待要扯到床上干那话儿，不匡黄知观见太素不来，又叫太清来寻他，到堂中叫唤。（《初刻拍案惊奇》卷17）

（53）李都管道："……我看后日是个好日，接些房族亲眷拢来，做了亲罢。不要狗咬骨头干咽唾。"（《型世言》第25回）

（54）只见那将也收舡拢来，合兵一处。（《英烈传》第15回）

（55）口里叫道："你那梢公，快摇船拢来！"……那岸上这伙人大喝道："你那梢公，不摇拢船来，教你都死！"……岸上那伙人又叫道："你是那个梢公？直恁大胆！不摇拢来！"……那长汉道："你既见我时，且摇拢来和你说话。"……那长汉道："你且摇拢来和你商量。"那梢公又道："我的衣饭倒摇拢来把与你，倒乐意！"那……那梢公一头摇橹，一面说道："我自好几日接得这个主顾，却是不摇拢来，倒吃你接了去！……"（《水浒传》第37回）

上例文字不多，既有"VO拢来"，又有"V拢O来"，还有"V拢来"，共有7处，可见使用频率之高。

也有在"拢来"中间插入宾语的用法，除例（55）中的"摇拢船来"外，又如：

（56）两个猎户听了，又惊又喜，叫拢那十个乡夫来。（《水浒传》第23回）

（57）一霎时却凑拢十数尾金色鲤鱼来。（《水浒传》第38回）

（58）那些随从贼人，在岸上忙乱起来，齐声叫道：“快撑拢船来！咱们也要过江的。”（《水浒传》第109回）

（59）一时间，走拢几百人来，都说是何礼所杀。（《欢喜冤家》第8回）

（60）说犹未了，只见那厢房内的道人走将出来，地上睡的道人醒将起来，两个合拢身来，端只一个道人，那里去寻两个？（《韩湘子全传》第15回）

（61）陈守备放了一个炮，会拢人来，吩咐众兵：“我们离海已远，回军不迭……”（《辽海丹忠录》第17回）

（62）好好的一阵海风，把千百号宝船，齐齐的打拢在山下来了。（《三宝太监西洋记通俗演义》第68回）

上例“V拢”后面有介词结构“在山下”，也作补语，后面又有“来”作补语。

有的用介词“把”“将”把宾语前置，例如：

（63）那梢公听得多与银两，把船便放拢来。（《水浒传》第37回）

（64）这干人只把船傍拢来，都不动手。（《型世言》第20回）

（65）宋军船上望见，连忙将船泊拢岸来，那船上水手，都跳上岸去。（《水浒传》第106回）

上例比较特殊，先用介词“将”把宾语前置，又在“拢来”中间插入“岸”。

还有“V将拢来”的说法，例如：

（66）县前有几个做公的走将拢来看时，认得是宋江，便劝道：“婆子闭嘴！押司不是这般的人，有事只消得好说。”（《水浒传》第21回）

（67）才住定了船，就有一伙惯伺侯接海客的小经纪牙人攒将拢来，你说张家好，我说李家好，拉的拉，扯的扯，嚷个不住。（《拍案惊奇》卷1）

（68）那空阔之处一声锣响，几个飞狠的庄客走将拢来，多是有手段的强盗头，一刀一个。（《二刻拍案惊奇》卷4）

（69）那些牛头马面纷纷的走将拢来，要把铁索套在头上。（《西湖二集》卷30）

（70）东、南、北三面，密密丛丛的军校，杀将拢来。（《英烈传》第46回）

（71）那蛇昂起头来，将雷履阳脖颈上紧紧地盘绕住了，圈将拢来，抵死不放。（《禅真逸史》第14回）

（72）那小二是个极蛮蠢不怕死的赖皮，一夹将拢来，便杀猪一般叫将起来，泣道：“老爷不须夹了，待小人替父亲认了个罪名罢。”（《欢喜冤家》第2回）

（73）只见那些募缘僧人，手里捧本缘簿，一齐攒将拢来，你也道是修正殿，我又说是造钟楼，一连十多起和尚，声声口口念着弥陀，句句声声只要银子，把个现在功德，说得乱坠天花，眼灼灼，就似活现一般。（《醋葫芦》第2回）

（74）梁生两个道："……要只将现有的几两银子带了来，两个合将拢来，不知够六百两不够。"（《醒世姻缘传》第15回）

（75）斗不数合，蒋太守恐俞福有失，指麾众军助战，四面围裹将拢来。（《禅真逸史》第26回）

"V"多为单音节，但上例"V"是双音节，少见。

钟兆华（2015：323）收"将"，分副词、连词、介词、助词、词缀。作为助词，又分4点，其中有一个"按"指出，助词"将"是表"携带"义的动词"将"虚化而来的。在近代汉语中，常见的格式是"动词＋将（＋宾语或补语）＋趋向补语"。例如：

（76）是小僧将佛前供果，捩破些与他吃，他就是一口轂碌吞将下去。（明罗懋登《西洋记通俗演义》第3回）

（77）原来是一个老鼠从梁上走滑了脚，掉将下来。（清吴敬梓《儒林外史》第10回）

只是未提及"V将拢来"。

还有"V了拢来"，例如：

（78）把目前寄顿在别人家的物事，多讨了拢来，同寺中带出去的放做一处，驾起一辆大车，装载行李，顾个脚夫推了前走。（《二刻拍案惊奇》卷36）

也有"V得拢来"，例如：

（79）晁大舍这个浑帐无绪官人，不说你家里有一块大大的磁石，那针自然吸得拢来，却说："杨古月真真合咱相厚，不惮奔驰，必定要来自己亲看。"（《醒世姻缘传》第3回）

据曹广顺（1995：10），"将""了""得"都是动态助词。

如果是否定句，否定副词多用于"V""拢来"中间，例如：

（80）喜得个杨妈妈双脚乱跳，口扯开了收不拢来，叫儿子去快请姊夫进来。（《初刻拍案惊奇》卷34）

（81）再说那青萍姐向与盛子都有奸，自从搬至冷家，因有一姐碍眼，都飙又日日在家，故此一路竟动不得，虽子都时常往来，只好做衙门首的石狮子，两个眼睛厮看，再也走不拢来。（《醋葫芦》第20回）

（82）又算计那些族人，如今既有了儿子，许他们上门往来，况且止得七八个，每人与他五十亩地，都叫他们大家有饭吃，碌碌动寻思了半夜，天还不曾大亮，一骨碌跳起来，看了春莺，叫人熬了粥，看他吃了；又慢慢的掀开被子，看了娃娃，喜得晁夫人张开口合不拢来。（《醒世姻缘传》第21回）

（83）那成珪不道是周智，便把手中一个酒盏扑的掉落地下，开了张口，闭也闭不拢来，回头见是周智，两人大笑一场。（《醋葫芦》第2回）

上例是“V也V不拢来”，也是否定句，较为特殊。

（三）V拢去

（84）两个斗不到十合，林冲卖个破绽，放一丈青两口刀砍入来，林冲把蛇矛逼个住，两口刀逼斜了，赶拢去，轻舒猿臂，款扭狼腰，把一丈青只一拽，活挟过马来。（《水浒传》第48回）

（85）仔细听着，象是伯伯的声音，便道："不问是不是，这个哭，哭得好古怪，就住拢去看一看，怕做甚么？"（《二刻拍案惊奇》卷26）

也有“VO拢去”，例如：

（86）遥见大船上灯光未灭，众人摇船拢去，发声喊，都跳上船头。（《喻世明言》卷21）

也有用“将”把宾语前置的，例如：

（87）遇春听了便说："……但只与二位相反的：薛将军说将船底连拢去向后边放火，俞将军虑及以下攻上，且无掩蔽，重伤必多。……"（《英烈传》第47回）

还有“V将拢去”，例如：

（88）羊雷赶进一步，那勇汉猛抬头见一铁灯檠竖在壁旁，急忙抢在手里，迎住厮斗，被羊雷横挺着木棍，逼将拢去。（《禅真后史》第43回）

（89）故意挨将拢去，把他提的盒来一撞。（《别有香》第6回）

还有“V了拢去”，例如：

（90）此时便把舌头剪了下来，嘴唇缝了拢去，也没一毫用处。（《二刻拍案惊奇》卷18）

“拢去”的使用频率远不如“拢来”，显示两者极不平衡。

清代白话小说有更多的例子，民国白话小说也有，明清戏曲也有不少用例，由于篇幅所限，又因大同小异，故略。

《调腔传统珍稀剧目集成》（2022）（浙江绍兴新昌）有“V拢”“V拢来”“V将拢来”等，未见“V拢去”。

三、传教士文献中的“V拢”“V拢来”

西方传教士因为传教的需要，他们忠实地记录当时当地的口语，也记录了“V拢”“V单拢”等例子。

同是“约翰 11：52”，宁波圣经土白的例子如：

（1）也弗单只为了一国百姓，还要收集拢箇醒⁼散开间神明个儿子，拨其拉做一个生介。“拢”的音是“long”。

温州圣经土白的例子如：

（2）亦弗单只为箇一国百姓死，是要叫散开四方上帝箇儿囡也好聚拢做一。

“拢”的音是“lúng”。

台州圣经土白的例子如：

（3）也弗单只为箇一国百姓死，还要收集箇些散开上帝箇儿囡拨渠许做一个生。[阮咏梅（2019：188—189）]

阮咏梅（2019：234）指出，台州圣经土白译本中常见的趋向补语有“上、落下、出、还回”等，而另带处所宾语的趋向补语以“出、到”为多。

可见，宁波、温州圣经土白有趋向动词“拢”，但台州圣经没用“拢”。

宁波圣经土白还有“V单拢”，例如：

（4）尔拉先收拾个醒⁼稗草，把打把缚单拢，好烧火。（马太 13：30）[阮咏梅（2019：183—184）]

上例的“单”应该是“带”。

美睦礼逊的《宁波方言字语汇解》（2016）中有“V打拢”。第 45 页有“和拢”“和打拢”“串拢”“摒拢”，与“串得调匀”“相连”并列在一起。第 134 页有“对摺拢”。第 135 页有“走拢来”“近拢来”。第 168 页有“扇子好收拢”。“和打拢”的“打”即例（4）的“单”。

周志锋（2012：230—233）有一文是《“走带过来”的“带”》，认为“带”是结构助词，用在动词与表示结果或趋向的补语之间。有两个特点，其中第二点是“带”连接动词与趋向补语。如：走带进去；坐带拢来；看带落去；吃带起来；手伸带出去；头抬带起来；下饭买带来介多。“V带”后有好几个趋向动词，其中就有“坐带拢来”。

明清吴语作品中，也有一些类似的例子，不过字写作“担”“搭”“得”“打”等。可以这么说，宁波话“走带过来”的“带”是由明清时期助词“担”“搭”“得”“打”等发展演变而来的。[周志锋（2012：232—233）]这就与《醒世姻缘传》第 3 回“吸得拢来”、第 13 回“拼得拢来”，《醋葫芦》第 7 回的“合得拢来”等例子等联系起来了。

《路加传福音书》（1853）是第一部汉语方言圣经单行本罗马字译本，虽为译本，但其语言地道，反映了当时宁波话的基本面貌。例如：

（5）耶稣个阿娘等兄弟走到耶稣坞荡来，因为有一潮人来东，近身弗拢耶稣的母亲和他弟

兄来了，因为人多，不得到他跟前。（8：19）［转引自林素娥（2021：20）］

普通话的否定副词“不”，宁波话中常写作“弗”或“勿”。

虽然只有几例，但充分说明，传教士为了传教的需要，方言的圣经只能用当地的方言来记录，不可能像有些学者所说的那样用的是“欧化”语法。

四、吴语中的“V拢”

（一）宁波话的“V拢”等

1. V拢

宁波话有“V拢”，例如：

（1）小人子孔头还呒没合拢。

（2）眉头管皱拢。

（3）窗门关拢。

（4）狗淋湿嚅，攃两 攃毛艌刮拢嚅。

（5）簟局卷拢。

（6）用过纸头捁拢掮掉。

（7）风介大，窗门摇拢仔。

（8）脚跔拢。

（9）乌贼晒勒跔拢嚅。

（10）做勒背脊骨蔽拢。

（11）苍蝇哄拢。

（12）人簇拢。

（13）鱼肚肠再勿掮掉，苍蝇要簇拢的嚅。

（14）介多小人走拢，房间里转浆嚅。

（15）新鲜海蜇盐过蚀拢呒没多少东西。

（16）雨淋着，鸡毛刮拢嚅。

（17）雨扬进来嚅，窗门快关拢！

（18）三个小人客走拢，风煞嚅。

（19）东西宅宅整拢。

（20）鼻炎加重感冒，双夹嘴同时碰上两件麻烦事夹拢嚅，人比死还难熬。

（21）种了三日田，百筋百骸肋拢嚅。

（22）亲眷是只桶，敲开好箍拢；朋友是只缸，敲开呒商量。

上面有的是谚语。

谜语也有，例如：

（23）两只白水牛，牵拢碰一头（打建筑物部件名）——纸窗。

歌谣也有，例如：

（24）杖锡呒六月，乌拢就落雪。

（25）种种一大畈，割拢只一担。

（26）七窍勿通将成病，百（八）筋朸拢实堪伤。

（27）造孽劝开，夫妻劝拢。

（28）好走拢眼，坏走开眼。

与明代白话小说一样，上（27）（28）例也说明，趋向动词“开”是“拢”的反义词。

（29）百粒芝麻地头摊，收拢起来一大滩。

上例特殊，“V拢”后面又带趋向动词“起来”。可见，此例的“收拢”已词汇化。

2. V带拢

（30）小朋友团团圈圈坐带拢听老师讲故事。

（31）该面啥事体啦，人蓬带拢介多？

（32）两个人搂带拢介要好。

（33）人哄带拢介多，勿结出了啥事体。

（34）该面阿啥干啦，人蓬带拢介多？

（35）小李要结婚嚅，阿拉钞票斗凑（钱）带拢搭其买了一样东西。

（36）节头节面亲眷呕带拢吃餐饭，总是介。

（37）青菜、黑木耳、红萝卜和带拢炒。

（38）该边勿结来的卖啥西，人蓬带拢抢荒年介。

（39）东南西北风，团团吹带拢。

上面的“带”即传教士文献中的“单”。《调腔传统珍稀剧目集成》（2022卷二：327）有1例“V带拢来”与宁波方言用法一致。浙江绍兴新昌与宁波奉化接壤，新昌有“V带拢来”属正常现象。

3. V勿拢

（40）介多钞票，一时三刻拽勿拢个。

（41）账对勿拢，呒数要吃赔账的嚅。

（42）账时格对勿拢，落去要吃赔账嚅。

（43）斗账斗勿拢嚅。

(44) 我搭其轧道轧勿拢。

上面(43)(44)例是动词拷贝句，比较特殊。宁波话这里用否定副词“勿”。

4. VV拢

(45) 窗帘布敛敛拢。

(46) 要落雨嚯，水泥地坪晒的谷快用摊谷耙耙耙拢。

(47) 砖头笓笓拢。

(48) 席子局卷局卷拢。

(49) 苗绳(种田绳)萦萦拢。

(50) 花生米捞捞拢。

(51) 晒场里谷藰藰拢。

(52) 出去辰光门摇摇拢。

(53) 衣裳钩破嚯，针驮来绕绕拢。

(54) 花种落，烂泥脯脯拢。

(55) 门搭替;给我关关拢。

上面是单音节动词重叠带趋向补语。动词重叠带趋向补语在吴语中较常见。

云南通海方言(属西南官话)也有“VV＋补语”，其中就有“抦抦拢”。[杨锦(2008：61)]

5. V拢来

(56) 天叆拢来嚯。

(57) 闷声大发财，元宝奔拢来。

6. V带拢来

(58) 倷两人门关带拢来的讲啥小货闲话啦?

7. V拢去

(59) 门轻轻叫介关拢去。

朱彰年等用于词语解释的句子也有用“V拢”等，可见宁波方言的使用频率，如：

擶草耙　擶音癞，耙又音盘。装有长柄，一端有竹齿或铁齿的耙子，用于聚拢乱草或柴叶：擶草耙擶松毛丝。

摊谷耙　耙又音盘。用于翻晒或聚拢谷物的器具，装有长柄，一端是长方形的木板：要落雨嚯，水泥地坪晒的谷快用摊谷耙耙耙拢。

刷帚　①用来粉刷墙壁的刷子：箬壳刷帚。②用来清除赃物或聚拢细物的刷子。

搿　音克。拇指和食指合拢的大小：一搿葱。

纵　①鼻或眉的肌肤蹙拢：鼻头管纵仔｜眉头管纵仔。元马致远《汉宫秋》第一折："眉头一纵，计上心来。"

颬 音花。撮拢嘴巴吐出热气：颬两口气，眼镜擦擦清爽。《广韵·麻韵》："颬，吐气。许加切。"

搊 音求。①把放长的绳、线收拢：搊鹞线。

攋 音癞。……③用耙子等工具聚拢柴草：攋草绒｜攋松毛丝。

上面的"耙耙拢"也是"VV 拢"。以上宁波话的例句全来自朱彰年等（2016）。

（二）其他吴语的"V 拢"等

浙江其他吴语也有"V 拢"。例如：

（60）乌大菱壳，氽拢一堆生。［《中国谚语集成·浙江卷》（1995：142）］

上例是绍兴的谚语。

绍兴话也有"VV 拢"，其中就有"收拾收拾拢"。［杨葳等（2000：17—18）］"V"是双音节动词，这少见。吴子慧（2007：118）收有"团拢"："把纸等揉成一团。"如"纸头团拢"。但王福堂（2015：297）收有 21 个趋向动词，其中单音节 8 个，双音节 13 个，未见"拢""拢来""拢去"。

绍兴柯桥话也有，盛益民（2021：176）列有一张趋向动词表，有"拢""拢来""拢去""开""开来""开去"。盛益民（2021：180）把"拢（来/去）"与"开（来/去）"并列在一起，与明清白话小说、宁波话相同，认为两组趋向动词最基本的趋向用法分别是表示从外围靠拢参照物这个中心点和从参照物这个中心点往外散开。普通话没有对应于"拢"的趋向补语，需要用"往中间"等介词短语。例如：

（61）人有呆个丛拢亨哉聚集了很多人了。

（62）慢慢叫嗰走拢去/拢来/开来/开去慢慢地往中间走去/来/走开去/走开来。（2021：180）

杭州话也有，例如：

（63）电梯门闭拢快的快关上了。［汪化云、姜淑珍（2020：178）］

（64）电梯门快闭拢快得电梯门快关上了。［荆亚玲、汪化云（2021：56）］

义乌话也有。施俊（2021：455）有一张义乌话趋向补语表，也有"拢""拢来""拢去""开""开来""开去"。施俊（2021：459—460）指出，"拢来/去"没有与普通话对应的趋向补语，只能用诸如"聚一起"或"往中间"等其他结构来解释，它们所搭配的动词一般是动作性较强的动词。如：

捆拢来捆一起，走拢来走到一起，摆拢来摆一起

捆拢去捆一起，走拢去[①]走到一起，摆拢去摆一起

---

① "去"原文作"来"，误。

郑伟（2017：184—196）第四章是“趋向词及其语法化”，第三节是“趋向词‘开’到体标记的语法化”，但没有“拢”“拢来”“拢去”的语法化。

（三）吴语区作家作品中的“V拢”等

浙江籍的作家中也有不少用例，例如：

（65）吃饭之后，看过戏的少年们也都聚拢来了，高高兴兴的来讲戏。（鲁迅《社戏》）

（66）并且身边有了那样一位一泡水似的年青姨太太，冯云卿的精神也大不如前；所以最近内地土匪蜂起，农民骚动，冯云卿的胆大镇静，就远不如齐卢战争那年，他只好把所有的现款都搜括拢来，全家搬到上海，——一半是怕土匪和农民，一半也为的依顺了姨太太的心愿。（茅盾《子夜》）——另《蚀》有“包围拢来”，《故乡杂记》有“讲讲拢”，也是“VV拢”。

（67）“……回响过后，两人不期而遇的将视线凑集了拢来，更同时破颜发了一脸微笑，也同时不谋而合的叫了出来说：‘真静啊！’”（郁达夫《半日的游程》）——另《我的梦，我的青春！》有“采刮拢来”，《书塾与学堂》有“走拢来”，《远一程，再远一程！》有“闭拢来”。

上例是用“将”把宾语前置。

（68）就论这一次秦淮夜泛罢，从来处来，从去处去，分析其间的成因自然亦是可能；不过求得圆满足尽的解析，使片段的因子们合拢来代替刹那间所体验的实有，这个我觉得有点不可能，至少于现在的我们是如此的。（俞平伯《桨声灯影里的秦淮河》）——《湖楼小撷》《西湖的六月十八夜》各有1例“合拢来”，《读〈毁灭〉》有“把颓废主义与实际主义合拢来”，是用“把”将宾语前置。

（69）大仙祠附近的街道上，杂货店，小兰花便饭馆，锅魁店门口忽然起哄，人围拢来，“什么事？”有人在问。（夏衍《憩园》）——另《烈火中永生》《革命家庭》各有1例“围拢来”。

（70）狮子叫几声后住了，它吼声所裂开的夜又合拢来，好一会，家畜等仿佛明白危险暂时已过，都透了口气，态度松懈下去。（钱锺书《上帝的梦》）——另《围城》有“合不拢来”。

（71）这时园内的人多围拢来瞧热闹，我觉得很有些不好意思，杰也站身不住，就抱起保儿一面骂了出去，在路上还愤愤的说外国小孩都是野蛮种。（苏青《小天使》）——另《拣奶妈》有“围了拢来”。

（72）那些红色的、银白色的、暗黑色的、统统都聚拢来了，它们极尽它们的洒脱与安闲，各个都有各个不同的丰采，水里活泼泼地游着。（陈学昭《献给我的爱母》）

（73）他走近一看，不由得张大了口合不拢来，但见树干断处脉络尽皆震碎，正是七伤拳练到最深时的功夫。（金庸《倚天屠龙记》）——另《天龙八部》《雪山飞狐》各有 1 例“合不拢来”，《白马啸西风》有“围拢来”，《神雕侠侣》有“围了拢来”。

（74）“照这样说，应该是照她的锦囊妙计，一步一步走拢来；七姐对你有没有表示?”（高阳《红顶商人胡雪岩》）

（75）西湖的盛大，归拢来说，在于它是极复杂的中国文化人格的集合体。（余秋雨《西湖梦》）

（76）她一转过来，看到芳契，张大嘴巴，硬是合不拢来，下巴的韧带像是坏掉了。（亦舒《紫薇愿》）

江苏籍作家也有，例如：

（77）同时一双双的耳朵似乎自觉竖得特别起，群众的圈子渐渐收缩拢来。（叶圣陶《晨》）——另《三种船》有“拉拢来”。

（78）寒气又来侵袭我，手指疼痛到麻木，浑身的骨节酸酸的好像在收缩拢来，人坐不住了，不由地发抖，想下楼去，又不好意思。（陶晶孙《冬》）

（79）黄昏空闲时，人们聚拢来聊天，他总只听不说，别人讲话也总不朝他看，因为知道他不会答话，所以就像等于没有他这个人。（高晓声《陈奂生上城》）

上海籍作家也有，例如：

（80）尤其是在夜晚，你两眼一摸黑，耳边的声音却很丰富，油锅爆响，开水沸腾、小孩啼哭，收音机播音乐，那是从四面八方上下左右围拢来。（王安忆《长恨歌》）

五、北京大学现代汉语语料库（CCL）中的“V 拢”等

明清白话小说吴语区作家比例很大，但其他方言区作家也有用例，如施耐庵的《水浒传》、吴承恩的《西游记》、杨致和的《西游记传》、佚名的《明珠缘》、桃源醉花主人的《别有香》、京江醉竹居士的《龙阳逸史》、西周生的《醒世姻缘传》等，石汝杰等（2005）附录（四）吴语文献资料书目中未见。可见，除了主要见于吴语文献外，其他方言文献也有。

据北京大学现代汉语语料库（CCL），除吴语区作家外，也有不少大量的非吴语区作家的作品中有“V 拢”等。如老舍、沙汀、巴金、何其芳、罗广斌、马识途、叶紫、周立波、丁玲、琼瑶、叶蔚林、林徽因、冰心、欧阳山、靳以、冯德英、曲波、刘流、李晓明、姚雪垠、知侠、雪克、白桦、杜鹏程、马峰、张贤亮、权延赤、陈世旭、刘醒龙、毕淑敏、铁凝、残雪等。这些作家既有南方人，又有北方人，分布范围较广。

甚至连《人民日报》、新华社新闻报道、1994年报刊精选、市场报、《读书》、《读者》（合订本）等都有。还有大量的翻译作品中有“V拢”等，其翻译者的方言背景较复杂。

至于吴强、周而复在上海生活、工作过，其作品中有“V拢”等，可能受上海话的影响。

湖南益阳（泥江口）方言（属湘语）也有趋向动词“拢”“拢来”“拢去”，但只有单音节的“开”，没有双音节的“开来”“开去”。［夏俐萍（2020：301）］夏俐萍（2020：302）指出：趋向动词虽然是一个封闭的类，但关于趋向动词的范围，学界仍有争议，如赵元任（1979）认为“非直指性趋向动词”包括“拢”，但在朱德熙（1982：128）、刘月华（1998：420—421）的趋向动词表里面，却没有“拢”。在泥江口话中，“拢”是很普遍的趋向动词，表示事物由外围向中心的一种位移活动，不仅能单用，而且可以与“来、去”组成复合趋向动词。在趋向动词的组合中，“开”不能与“来”“去”构成复合式。

除了上面所说到的方言外，其他方言也有。贵州赤水方言有“拢”，义项有二：一是“抵达，到”；二是“合拢（作动词的补充成分）”，如“脚并拢”“人些站拢点”。义项二的“拢”是趋向动词。［陈遵平（2012：284）］

贵州桐梓方言也有。如“抵拢”，义项有三。一是“靠拢”，例如：

（1）把床抵拢壁头安起。［蓝卡佳（2012：137—138）］

二是“到达”。三是“接近”。

又有“围拢”一词，义为“围成一团”。例如：

（2）天气太冷叻，大家围拢点烤火。［蓝卡佳（2012：197）］

（3）这个花瓶着打烂叻，看生不生得拢。［蓝卡佳（2012：244）］

贵州绥阳方言也有“抵拢”，义项有二。一是“靠拢，到达尽头”。例如：

（4）桌子抵拢墙边边。

二是“到达，逼近”。例如：

（5）付款的时间都抵拢了，他还不慌不忙的。［姚丽娟等（2012：85）］

赤水方言、桐梓方言、绥阳方言都属西南官话。有的“V拢”也已经词汇化了，如“抵拢”“围拢”等，其中“围拢”《现代汉语词典》（第7版）（2016：1361）已收。

前面所说的属西南官话的云南通海方言有“抦抦拢”，就不足为奇了。

陈忠实的著名长篇小说《白鹿原》中也有“V拢”。例如：

（6）嘉轩已经起来了，把前院后庭的积雪扫拢成几个雪堆，开了街门，给鹿三招呼一声，让他用小推车把雪推出去，自己要出门来不及清除了。（第2章）

（7）平日在村子里割草砍柴、浮水、掏雀蛋时建立的友谊，很快又在学堂里重现，孩子们自然地围拢到猴王黑娃的周围。（第 5 章）

（8）仙草却把对女儿的思念转变为怨气，有机会就向嘉轩发泄出来：“惯呀惯呀，这下惯得收拢不住了！”（第 8 章）

例（7）、例（8）的“围拢”“收拢”，《现代汉语词典》（2016：1200）已收，说明已经词汇化。

六、辞书中的“拢”“拢来”“拢去”

白维国（2011：962）收“拢”，有四个义项，未收趋向动词义项，未收“拢来”“拢去”。

白维国（2015：1204）收“拢”，有四个义项，未收趋向动词义项，未收“拢来”“拢去”。

许少锋（2008：1190）收“拢”，有五个义项，未收趋向动词义项，未收“拢来”“拢去”。

《汉语大词典》（1990：963）收“拢”，义项一是：“聚合在一起；到一块儿。”例如：

（1）聿经始于洛沫，拢万川乎巴梁。（晋郭璞《江赋》）

（2）这等说起来，神仙也讲不拢，劝你不要思量。（清李渔《凤求凰·阻兵》）

（3）芸看见觉民进来，连忙站起，拢手对他拜了拜。（巴金《秋》三）

看例（2），“讲不拢”中的“拢”应该是趋向动词，与另外两例的“拢”不同，不能放在一起为同一义项。

《汉语大词典》未收“拢来”“拢去”。

《汉语大字典》（第二版）（2010：37）收“拢”，义项五是：“靠近。”例如：

（4）当有镇上居民及近村几个农夫都走拢来观看。（《水浒全传》第 90 回）

（5）黛玉便拢上来要抓他，口内笑说：“你越发疯了！”（《红楼梦》第 57 回）

（6）他马上跳下车子，走拢柳村。

“又到达”。例如：

（7）没想到你今天会拢得这么早！（李劼人《大波》第三部第五章）

（8）我拢得顶早，到的时候小学校才升旗。（沙汀《记贺龙》十七）

看例句，例（4）“走拢来”中的“拢来”，例（6）“走拢”中的“拢”，都是趋向动词，其他例句的“拢”是一般动词，也不能放在一起为同一个义项。同时，例（4）是“拢来”，却当作“拢”来处理，也是不妥的。

阮智富等（2000：813）收“拢”，有九个义项，未设趋向动词义项。未收“拢来”“拢去”。

《现代汉语词典》（2016：843）收“拢”，有五个义项，未设趋向动词义项，未收“拢来”“拢去”。

李荣（2002：6128）收“拢”，南京方言点的注释是：“从不同方向聚集起来。”如“大家都围拢过来看”“把地下的乱东西都收收拢”。看例句，此“拢”应该是趋向动词。

成都方言点义项有三：①合上。如“他笑得嘴巴都合不拢了”。②到（达）。如“我们黑了晚上才拢成都”“走拢了再说”。③靠近。如“你走拢点儿才看得到”①。义项①例句中“合不拢”的“拢”应该是趋向动词，注释为“合上”不确。义项②例句中“走拢了”的“拢”也应该是趋向动词，解释为“到（达）”，也不确。义项③例句中“走拢点儿”的“拢”也应该是趋向动词，解释为“靠近”，也不确。

上海方言点“拢”义项有三：①合上。如“嘴胎拢”。②总合。如“拢共”“拢总”。③放在动词后，表示聚拢，向内。如“缩拢”。看例句，义项①、义项③其实就是趋向动词。

温州方言点“拢”义项有三：①表示动作有结果。如“逮门关拢”“笑㐅嘴阿合不拢”。②达到一定的目的。如“我想逮渠两个人讲讲拢使两人重归于好”“冇屋宕，两夫妻阿走不拢不能一起过夫妻生活”。③集中。如“逮粪扫扫拢”“逮大家人叫拢照集体照”。看例句，“关拢”“合不拢”“讲讲拢”“走不拢”“扫扫拢”“叫拢”，“拢”应该都是趋向动词。其中“讲讲拢”“扫扫拢”也是“VV拢”。

金华方言点“拢”注释是：“间隔小，挨得近。”如“靠拢”“园园放得拢拢点儿，省地方点儿”。看例句，“靠拢”的“拢”也应该是趋向动词。

奇怪的是，宁波话有众多“V拢”的用例，但宁波方言点却未收“拢”［作者为汤珍珠等（1997）］。朱彰年等（1996）也未收“拢”。

许宝华等（2020：2798—2799）未立“拢”的趋向动词义项，未收“拢去”。收“拢来”，义项有二，但未见趋向动词义项。

石汝杰等（2005：405）“拢”义项二是：“〈动〉用作补语，表示靠近；聚集；合上。”例如：

（9）一骨碌扒将起来，请拢了众原中，写了一纸卖契。（《拍案惊奇》卷15）

（10）昔日王文成阳明先生，他征江西桃源贼，向贼首：“如何聚得人拢？”（《型世

① “到”原文作“倒”，误。

言》第 14 回）

（11）到河边道："那里是揽载船?"各船都撑拢，问："是要那去?"（《型世言》第 22 回）

（12）依旧把鞍辔拴了停当，带在门首，便把大门关拢，锁得好好的。（《鼓掌绝尘》第 12 回）

（13）柳氏和小夫妻两个快活得落开了嘴合不拢，睡梦里也几遍笑醒来。（《醒梦骈言》第 12 回）

（14）门口旁边扫拢一大堆西瓜子壳及鸡鱼肉等骨头。（《海上花列传》第 31 回）

也收"拢来"："〈动〉用作补语，表示（向说话人）靠近；合起来；聚集。"例如：

（15）街上人听得宅里闹炒，也聚拢来，围住大门外闲看。（《古今小说》40 卷）

（16）冰结拢来，原是花的，偶像桃花，不是奇事。（《二刻拍案惊奇》卷 19）

（17）我看后日是个好日，接些房族亲眷拢来，做了亲罢。（《型世言》第 25 回）

（18）随传集那班好汉一起拢来，道："我有句话说，众兄弟恰要依我。"（《鸳鸯针》卷 2 第 2 回）

（19）那小二是个极蛮蠢不怕死的赖皮，一夹将拢来，便杀猪一般叫将起来。（《欢喜冤家》第 2 回）

（20）二人俱已喝得东倒西歪，连说话都说不拢来。（《续海上繁华梦》第 1 集第 19 回）

（21）历年薪水花红拆息，并算拢来，也积蓄了三千多金。（《最近上海秘密史》第 8 回）

也收"拢去"："〈动〉同'拢来'。但方向相反。"例如：

（22）遥见大船上灯光未灭，众人摇船拢去，发声喊，都跳上船头。（《古今小说》卷 21）

（23）此时便把舌头剪了下来，嘴唇缝了拢去，也没一毫用处。（《二刻拍案惊奇》卷 18）

（24）步拢墙去，忽然脚尖头一踢，几乎绊了一跤。（《生绡剪》第 6 回）

（25）俚搭黎大人来哚说闲话，笑起来阿要难看！一只嘴张开仔，面孔浪皮才牵仔拢去，好像镶仔一埭水浪边。（《海上花列传》第 15 回）

注释中所说的"〈动〉"其实就是趋向动词。

因此，一些近代汉语词典与方言词典未收"拢""拢来""拢去"趋向动词的义项是不妥的。同时，《现代汉语词典》（2016：843）、阮智富等（2000：813）也未设"拢""拢来""拢去"趋向动词义项也是不妥的。

七、“V拢”的词汇化

朱彰年等收“和拢”：“和读去声。混杂。”例如：

(1) 大凑大，小凑小，莫和拢。(2016：117)

(2) 瓜子搭壳莫和拢。(2016：152)

“和拢”的“拢”是构词语素，即“和拢”已经词汇化为词。

《现代汉语词典》(2006：95，220，489，524，709，734，769，1200，1361) 收不少“V拢”：

并拢：“合拢：两脚～｜～翅膀。”

凑拢：“朝一个地点靠近：大伙儿～一点儿，商量一下明天的工作。”

归拢：“把分散着的东西聚集到一起：～农具｜把桌上的书～～。”

合拢：“合到一起；闭合：～书本｜～心里焦急烦躁，到半夜也合不拢眼。”

聚拢：“聚集。”

靠拢：“挨近；靠近：大家～一点儿。”

拉拢：“为对自己有利，用手段使别人靠拢到自己方面来：～人｜～感情。”

收拢：义项有二。其一是：“把散开的聚集起来；合拢：～队伍。”其二是：“收买拉拢：～人心。”

围拢：“从四周向某个地方聚拢：队员们～在教练身边听取指导。”

可见，“并拢”“凑拢”“归拢”“合拢”“聚拢”“靠拢”“拉拢”“收拢”“围拢”等已经词汇化。贵州一些方言的“V拢”也已经词汇化。

八、语言学界对“拢”“拢来”“拢去”的认识

《琉球官话课本三种》是指《官话问答便语》《白姓官话》《学官话》，据有人研究，三种琉球官话课本分别作于18世纪初期（1703或1705）、中（1750）、末（1797）。从内容看，《官话问答便语》《学官话》基本是福州“对外汉语”老师为来华学习的琉球学生编写的实用口语教材。其中有不少语法现象比较特殊，其中就有趋向动词“拢”。例如：

(1) 白纸扇一把，红布尺余用线结拢一堆，用竹竿挂起，竖在船头。这个就叫做锦标。(《官话问答便语》28)

(2) 至除外，父母、兄弟、妻儿大家坐拢，吃个团年酒。(《官话问答便语》46)

（3）到初四日这里的船也到那霸港口，会拢一处斗爬。（《白姓官话》5）

还有“V拢去”，例如：

（4）我走拢去看，是扮一班跌竹马的小孩子，又会弹又会唱，实在好。（《学官话》49）

陈泽平（2021：23）收有“滚拢”，例如：

（5）（老鼠）几个相打，滚拢一堆，叽叽叫，炒（吵）我睡不着，真真可恶。（《官》14）

陈泽平（2021：23）有一“按”指出：福州方言的一部分单音节的动词可以拆分为两个音节，从而使单音节动词所表示的动作行为更形象生动一些，这样兼有摹状作用的动词变形是动词的“生动貌”。音节拆分的规律是：原单音节的从声母到韵腹这一截作为第一音节，以［l-］拼原单音节的韵母为第二音节。第一音节变调，第二音节读原调。“滚拢”的后字“拢”就当是“滚”衍生的音节。

我们以为，把“拢”当作“滚”衍生的音节的说法是不符合汉语事实的。其实，这“拢”是趋向动词，与“拢”相关的还有复合趋向动词“拢来”“拢去”。

趋向动词“拢”“拢来”在近代汉语较常见，“拢去”使用频率低。现代方言除福建福州外，分布范围最广的是吴语，其他方言也有分布。

崔山佳（2007：364）指出，宁波话中，“拢来”也有作补语用的例子，有“过来；起来”义。此词《汉语大词典》未收。

宁波奉化方言也有“拢”“拢来”“拢去”。

温岭方言的趋向动词分为单纯式与复合式：

单纯式：上、落、进、出、转、过、起、开、到、来、去

复合式：上来、落来、进来、出来、转来、过来、起来、上去、落去、进去、出去、转去、过去［阮咏梅（2013：255）］

温岭方言未见“拢”“拢来”“拢去”。

三门方言也未见“拢”“拢来”“拢去”。王怀军（2022：366）说到“动词＋趋向补语”，有“爬上去”“走进来”“飞过去”“爬……上去”“走……进来”“飞……过去”“坐……上来”等说法。

我们询问天台的叶晨同学，她回答说，天台没有“拢”“拢来”“拢去”。

肖萍等（2014：338—339）说到鄞州方言的“趋向动词”，举有不少例子，但未见“拢”“拢来”“拢去”。

肖萍（2011：273—274）说到余姚方言的“趋向动词”，举有不少例子，但也未见“拢”“拢来”“拢去”。我们曾问过余姚黄梦娜同学：余姚方言有没有趋向动词“拢”

“拢来”“拢去”？如：窗门快关拢。门关关拢。门轻轻叫介关拢去。闷声大发财，元宝奔拢来。她回答说：“拢”“拢来”有的。“拢去”好像没有，没听到过。又说：“我爸说都有的。”

肖萍不是宁波人，是江西人，可能没有语感。其实余姚有趋向动词“拢”“拢来”“拢去”。鄞州与余姚、奉化相邻，与新昌也相近，余姚、奉化、新昌都有“拢”等，鄞州应该也有。

我们询问上海教育出版社的毛浩博士，他说浦江也没有。

结　语

总之，无论是明清白话文献，还是现代方言都有“拢”“拢来”“拢去”，其分布范围比“起去”还要广，使用频率也比“起去”要高，北京大学现代汉语语料库（CCL）中不同背景的作家有用例，一些报刊如《人民日报》、新华社新闻报道等也有用例，所以，应该承认这几个趋向动词的存在。上面说过，关于“起去”已有不少人关注过，而“拢”“拢来”“拢去”似乎关注的人太少了，理应改变这种现象，给它们应有的一席之地。

参考文献：

［1］白维国．白话小说语言词典［M］．北京：商务印书馆，2011．

［2］白维国．近代汉语词典［M］．上海：上海教育出版社，2015．

［3］曹广顺．近代汉语助词［M］．北京：语文出版社，1995．

［4］陈泽平．《琉球官话课本三种》校注与研究［M］．福州：福建人民出版社，2021．

［5］陈遵平．赤水方言志［M］．北京：中国文史出版社，2012．

［6］崔山佳．宁波方言词语考释［M］．成都：巴蜀书社，2007．

［7］汉语大词典编辑委员会．汉语大词典（第6卷）［M］．上海：汉语大词典出版社，1990．

［8］汉语大字典编辑委员会．汉语大字典（第二版）［M］．成都：四川辞书出版社、崇文书局，2010．

［9］蒋宗福．四川方言词语考释［M］．成都：巴蜀书社，2002．

［10］荆亚平，汪化云．杭州方言中的框式状语［J］．语言研究，2021（1）．

［11］李荣．现代汉语方言大词典［M］．南京：江苏教育出版社，2002．

［12］蓝卡佳．桐梓方言志［M］．北京：中国文史出版社，2012.

［13］林素娥．19世纪中叶宁波话的句法类型特征——基于《路加传福音书》(1853）的考察［J］．宁波大学学报，2021（2）.

［14］刘月华．趋向补语通释［M］．北京：北京语言文化大学出版社，1998.

［15］睦礼逊（William T. Morrison）．宁波方言字语汇解［M］．朱音尔，姚喜明，杨文波，校注．游汝杰审订．上海：上海大学出版社出版，2016.

［16］覃盛发．略说趋向动词"起去"［J］．广西民族学院学报（哲学社会科学版），1987（2）.

［17］阮咏梅．温岭方言研究［M］．北京：中国社会科学出版社，2013.

［18］阮咏梅．从西洋传教士文献看台州方言百余年来的演变［M］．北京：中国社会科学出版社，2019.

［19］阮智富，郭忠新．现代汉语大词典［M］．上海：汉语大词典出版社，2000.

［20］盛益民．吴语绍兴（柯桥）方言参考语法［M］．北京：商务印书馆，2021.

［21］施俊．义乌方言研究［M］．上海：复旦大学出版社，2021.

［22］石汝杰，宫田一郎．明清吴语词典［M］．上海：上海辞书出版社，2005.

［23］太田辰夫．中国语历史文法（修订译本）［M］．蒋绍愚，徐昌华，译．北京：北京大学出版社，2003.

［24］汤珍珠，陈忠敏，吴新贤．宁波方言词典［M］．南京：江苏教育出版社，1997.

［25］汪化云，姜淑珍．吴语中的后置副词状语［J］．中国语文，2020（2）.

［26］王福堂．绍兴方言研究［M］．北京：语文出版社，2015.

［27］王怀军．吴语三门方言研究［M］．上海：上海交通大学出版社，2022.

［28］吴子慧．吴越文化视野中的绍兴方言研究［M］．杭州：浙江大学出版社，2007.

［29］吴宗辉，俞志慧．调腔传统珍稀剧目集成［M］．杭州：浙江工商大学出版社，2022.

［30］夏俐萍．湘语益阳（泥江口）方言参考语法［M］．北京：商务印书馆，2020.

［31］肖萍．余姚方言志［M］．杭州：浙江大学出版社，2011.

［32］肖萍，郑晓芳．鄞州方言研究［M］．杭州：浙江大学出版社，2014.

［33］邢福义．"起去"的普方古检视［J］．方言，2002（2）.

［34］邢福义．有关"起去"的两点补说［J］．方言，2002（3）.

[35] 邢福义．“起去”的语法化与相关问题［M］//汉语方言语法研究和探索——首届国际汉语方言语法学术研讨会论文集．哈尔滨：黑龙江人民出版社，2022.

[36] 邢福义．“起去”的语法化与相关问题［J］．方言，2003（3）.

[37] 邢福义．《西游记》中的“起去”与相关问题思辨［J］．古汉语研究，2005（3）.

[38] 邢福义．“起去”：双音趋向动词语法系统的一个成员［J］．汉语学报，2015（1）.

[39] 许宝华，宫田一郎．汉语方言大词典（修订本）［M］．北京：中华书局，2020.

[40] 许少锋．近代汉语大词典［M］．北京：中华书局，2008.

[41] 杨锦．通海方言语法研究［D］．昆明：云南师范大学，2008.

[42] 杨葳，杨乃浚．绍兴方言［M］．北京：国际文化出版公司，2000.

[43] 姚丽娟，占升平．绥阳方言志［M］．北京：中国文史出版社，2012.

[44] 张斌．现代汉语描写语法［M］．北京：商务印书馆，2010.

[45] 张清源．成都话的“V起来、V起去”和“V起xy”［J］．方言，1998（2）.

[46] 郑伟．吴语虚词及其语法化研究［M］．上海：上海教育出版社，2017.

[47] 中国民间文学集成全国编辑委员会，中国民间文学集成浙江卷编辑委员会．中国谚语集成（浙江卷）［M］．中国ISBN中心，1995.

[48] 中国社会科学院语言研究所词典编辑室．现代汉语词典（第7版）［M］．北京：商务印书馆，2016.

[49] 钟兆华．近代汉语虚词词典［M］．北京：商务印书馆，2015.

[50] 周志锋．周志锋解说宁波话［M］．北京：语文出版社，2012.

[51] 朱德熙．语法讲义［M］．北京：商务印书馆，1982.

[52] 朱彰年，薛恭穆，汪维辉，周志锋．宁波方言词典［M］．上海：汉语大词典出版社，1996.

[53] 朱彰年，薛恭穆，周志锋，汪维辉．阿拉宁波话（修订版）［M］．周志锋，汪维辉，修订．宁波：宁波出版社，2016.

（崔山佳：浙江财经大学人文与传播学院，310018，浙江杭州）

常用词｛棵｝历时用字演变研究

刘传鸿　姚洁如

摘　要：｛棵｝是现代汉语常用词，可作名词表植株，亦可作量词称量植物。其最早用字为“科”，名词用法三国已见，南北朝出现了量词用法。唐代，由于“科”的职能扩展，“窠”被引入表｛棵｝，并在宋代成为主要用字。元代，“科”重新兴起，“棵”在此期亦进入｛棵｝的用字系统。明代，“颗”“稞”“柯”亦用表｛棵｝，但在与“棵”的竞争中处于劣势，“棵”成为主要用字。清代，“棵”已占据绝对优势，并一直延续到现代，成为｛棵｝的规范用字。｛棵｝由“科”之品类义引申而来，“窠”为借字，“棵”则为后起专造本字，有学者认为“科”“窠”表｛棵｝由其巢穴、圆坑义引申而来，未得本真。

关键词：｛棵｝　用字　历时演变　意义来源

｛棵｝是现代汉语称量植物的常用量词，古代汉语中，“棵”主要表两个义项：①名词，植物的植株。②量词，多用于称量植物。本文所讨论的词语｛棵｝即指此。

一、｛棵｝历代所用字及字词关系考察

从我们的调查看，词语｛棵｝主要有“科”“窠”“棵”“颗”“稞”“柯”六个字位①。

（一）字位“科”

《说文·禾部》：“科，程也。从禾，从斗。斗者，量也。”段玉裁注：“《广韵》曰：‘程也，条也，本也，品也。’又‘科，断也’，按实一义之引申耳。”《广雅》亦收

① 另有一个“夥”字，当为“颗”之误，故未计入。

“科”字，《释诂》：“科，本也。”《释言》：“科，蘽也。”“科，条也。”“科，品也。”《玉篇·禾部》：“科，程也。”《集韵·歌韵》沿袭了《说文》对“科”的解释。

据《说文》，“科”之本义为“程”，其何以用表｛棵｝，学界有不同看法，本文第四部分将专门讨论。我们认为当由其本义引申而来。《说文·禾部》：“程，（程）品也。十发为程，一程为分，十分为寸。”段玉裁注：“品者，众庶也。因众庶而立之法，则斯谓之程品。”唐慧琳《一切经音义》卷27：“品者，汇聚也。”“科”之本义为“程”，“程”乃程品义，指因众庶而立法，词义中包含“众庶”这一义素，众庶即“品”，亦即事物之汇聚，“科”之品类、等级义以及后期科目义都由此引申而来。“科”用作｛棵｝的早期用例均表丛生之植株或称量丛生之植物，这正与“科”之众庶义素相应。其引申途径当为：科→程品（包含事物之汇聚这一义素）→丛生之植株→称量丛生之植株。“科”与词语｛棵｝的字词关系为本字记录本词。

（二）字位“窠”

《说文·穴部》：“窠，空也。穴中曰窠，树上曰巢。”段玉裁注：“窠，空也，双声为训，其字亦作窾。高诱曰：‘窾，空也是。’或借‘科’为之。”《玉篇·穴部》全引《说文》，《广韵·歌韵》：“窠，窠窟。又巢。”

“窠”之本义为空，一说为鸟巢，二义实通。“窠”何以会用表｛棵｝，亦有诸多学者论及，下文第四部分将专门讨论。我们认为，“窠”用作｛棵｝乃属假借，它是“科”在唐代功能扩展之后引入的替代用字，“窠”与｛棵｝的字词关系为借字记录他词。

（三）字位“棵”

《说文》未收“棵”字，《广雅·释器》收有此字：“梡、棵，几也。”王念孙《疏证》：“《说文》：‘几，踞几也。象形。’……案‘梡’者断木之名，《庄子·天下篇》‘椎拍輐断’，义与‘梡’同，故郑云‘断木为四足’也。‘棵’亦‘梡’字也。”《集韵·缓韵》：“梡、棵，断木也。一曰木名，一曰薪蒸束。或作棵。”同小韵：“棵、梡、欵，断木也。或从完，从款。”又《集韵·果韵》：“棵，俎名，或从爿。”

“棵”乃“梡”之异体，几案义，其音本作苦管切，《集韵》又音苦果切。“棵”何以会用作｛棵｝，有很多学者讨论，下文第四部分将专门论及。我们认为，“棵”用作｛棵｝当为后代出于表达需要而专造，只是偶然与“梡”之异体俗字“棵”同形。“棵”与｛棵｝的字词关系为后起本字记录本词。

（四）字位“颗”

《说文·页部》：“颗，小头也。从页，果声。”段玉裁注：“颗，引申为凡小物一枚之称。珠子曰颗、米粒曰颗是也。”《广韵·果韵》：“颗，小头，苦果切。”梅膺祚《字汇》："颗，苦果切，上声。小头，今言物一颗犹一头也。又珠颗，又土块。"

"颗"之本义为小头，引申作量词，指珠子、米粒等粒状或圆形的物体。"颗"亦可用作｛棵｝，用以称量植物，作量词。其读音与"科""窠"相近，当属借用。"颗"与｛棵｝的字词关系为借字记录他词。

（五）字位"稞"

《说文·禾部》："稞，谷之善者，从禾果声。一曰无皮谷。"《广韵·戈韵》："青稞，麦名。"《类篇·禾部》："稞，苦禾切，青州谓麦曰稞。又鲁果切，无皮谷。"

"稞"在文献中主要用表青稞，其读音与"棵"同，且字形上从"禾"，借用表｛棵｝，特别是禾类植物十分自然。"稞"与"棵"的字词关系为借字记录他词。

（六）字位"柯"

《说文·木部》："柯，斧柄也。从木可声。"段玉裁注："柯之假借为枝柯。"《玉篇·木部》："柯，音哥，枝也。《说文》'斧柄也'。"《广韵·歌韵》："柯，枝柯，又斧柯。"《正字通·木部》："苦呵切，可平声。柯，木名。《广志》云生广南山谷，可为船舫，一名木笒。又木枝大者曰柯。又斧柄。"

"柯"本义为斧柄，假借表枝柯，读作"哥"，明代读音与"棵"同。理论上讲，"柯"由枝柯义完全可以引申出称量植株的量词用法，但其仅用于少数文献，且用量很少，我们更倾向于认为它只是临时借用表｛棵｝。"柯"与｛棵｝的字词关系为借字记录他词。

二、｛棵｝所用字字际关系考察

（一）"科"与"棵"

"科"用表｛棵｝由其本义引申而来，而"棵"为｛棵｝之后起本字，"科"与"棵"的字际关系为本字与后起本字的关系。

（二）"窠"与"科"

"窠"与"科"在很多义项上可通用，如空义、印窠义等。就表｛棵｝来说，"科"为本字，而"窠"为借字，"窠"与"科"为借字与本字的关系。

（三）"棵"与"窠"

"棵"为｛棵｝的后起本字，其产生是出于替代借字"窠"及本字"科"的需要，是受"窠""科"影响而为｛棵｝专造的后起形声字。"棵"与"窠"为后起本字与借字的关系。

（四）“颗”与“科”

“颗”本义为小头，用表{棵}乃借用作“科”。“颗”与“科”亦为借字与本字的关系。

（五）“稞”与“棵”

“稞”用作{棵}时，“棵”已经比较通行，由于其字从“禾”，当{棵}用表禾类时具有表义优势，借用它十分自然。“稞”与“棵”为借字与本字的关系。

（六）“柯”与“棵”

“柯”可表枝柯，明代与“棵”同音，其字形从木，因而在少数文献中借用表{棵}，其与“棵”是借字与本字的关系。

三、{棵}各时代用字考察

{棵}之用字在不同时代使用情况不同，且存在历时更替，以下试加考察描写。

需要说明的是：考察用字所用语料版本非常重要，理论上讲应当使用同时代的出土文献或刊刻于同期的版本，但{棵}所用字明代之前用量较少，且使用范围有限，很难兼顾用量及版本，故下文在选用文献时首先考虑用量，所用版本多为明清刻本。不过，从我们的考察可知，明清时期，“棵”占据{棵}主字地位，因而改它字作“棵”的可能性较大，而改作“科”“窠”的可能性则较小。再有，我们在考察用字时，一般同时参考其他文献所引相同内容的用字情况，如《全唐诗》用例，其他典籍往往亦有引用，我们在考察时，注意到了这些不同典籍的用字异同。故总体而言“科”“窠”用例应当能大致反映其用字情况。

（一）汉魏六朝时期{棵}的用字考察

就目前文献所见，{棵}在三国时期开始使用，用“科”表示。三国陆玑《毛诗草木鸟兽虫鱼疏》（古经解汇函本）有四个用例，均以“科生”形式出现，此举其二：

（1）莪，蒿也，一名萝蒿。生泽田渐洳之处，叶似邪蒿而细，科生。（《毛诗草木鸟兽虫鱼疏》“菁菁者莪”注）

（2）纻亦麻也，科生，数十茎，宿根在地中，至春自生，不岁种也。[①]（《毛诗草木鸟兽虫鱼疏》“可以沤纻”注）

① 有学者将此例中的“科”看作量词，如李小平（2011：107），原因在于后期文献引用时有作“一科数十茎”者。按：此解恐误，后期文献引用时，作了改动，陆玑《毛诗草木鸟兽虫鱼疏》中另有三处“科生”，均作名词，此例亦当如此解。

“科”指丛生的植物茎干，“科生”指植株以科的形式生长。“科”表丛生植株的用法在北魏贾思勰的《齐民要术》（四部丛刊景明钞本）中大量使用，如：

（3）有蚁者，以牛羊骨带髓者，置瓜科左右，待蚁附，将弃之。（卷 2）

（4）菜生竹林下，似芹，科大而茎叶细，生极概。（卷 9）

“科”在《齐民要术》中可指香菜、莴苣、萝卜、西瓜、蒜、红蓝花、栀子花、竹菜、莪蒿等植物的植株，它们都有丛生的特点。

由表植株的名词用法引申，“科”可用作量词，称量植物，《齐民要术》中亦有诸多用例，如：

（5）五月中新雨后，即接湿耧耩，拔栽之。三茎作一科，相去八寸。（卷 5）

（6）又方：耕地中拾取禾茇东倒西倒者——若东西横地，取南倒北倒者，一垄取七科，三垄凡取二十一科，净洗，釜中煮取汁，色黑乃止。（卷 6）

“科”在文中可用以称量五谷、薤、蓝草、禾茇等，它们同样为丛生植物。

《齐民要术》还引有《氾胜之书》的三个“科”的用例：

（7）氾胜之区种瓜：一亩为二十四科。区方圆三赤，深五寸。一科用一石粪，粪与土合和，令相半。以三斗瓦瓮埋着科中央，令瓮口上与地平。盛水瓮中，令满。种瓜，瓮四面各一子。①（卷 2）

这三个“科”当用作“坎”，乃坑义，《广雅·释水》：“科，坑也。”清朱骏声《说文通训定声·随部》：“科，假借为坎。科坎双声。”可比较以下用例：

（8）氾胜之区种大豆法：坎方深各六寸，相去二赤，一亩得千六百八十坎。其坎成，取美粪一升，合坎中土搅和，以内坎中。临种沃之，坎三升水。坎内豆三粒。（卷 2）

---

① 汪维辉（2007：130）认为此例中的“科”表土地单位。

例中“坎”与例（7）“科”用法相同。

《齐民要术》中还有一个“窠”很值得注意：

（9）栽石榴法：三月初，取枝大如手大指者，斩令长一赤半，八九枝共为一窠，烧下头二寸。掘圆坑深一赤七寸，口径赤。竖枝于坑畔，置枯骨、礓石于枝间，下土筑之。一重土，一重骨、石，平坎止。水浇常令润泽。既生，又以骨、石布其根下，则科圆滋茂可爱。（卷 4）

例中“窠”乃丛义，指将植物的枝条合并为一丛，以利烧头，它与表丛生植物的“科”有明显不同①，这可能正是《齐民要术》使用“窠”而非“科”的原因。

（二）唐五代时期｛棵｝的用字考察

唐五代时期｛棵｝的用字有“科”“窠”“颗”三个，“颗”当为后人所改，具体用字情况如表 1。

表 1　唐五代文献中｛棵｝的用字情况

时代	文献	版本	科	窠	颗
唐五代	六臣注文选	四部丛刊景宋刻本	0	1	0
	白氏长庆集	宋刻本	4	1	0
	酉阳杂俎	四部丛刊景明本	0	5	0
	剧谈录	明刻本	0	1	0
	四时纂要	朝鲜刻本	11	2	0
	全唐诗	清康熙四十四至四十六年刻本	13	12	1
	敦煌变文	王重民《敦煌变文集》	1	2	0
总量			29	24	1

1. 科

唐五代“科”用表｛棵｝仍较常用，名词量词用法均有，如：

（10）剪黄憎旧本，科绿惜新生。（唐齐己《和孙支使惠示院中庭竹之什》，出《全唐诗》卷 840）

① 此例“窠”的理解存在争议，下文第四部分将具体分析。另《齐民要术》渐西村舍丛刻本“窠”作“科”。

(11) 闲临静案修茶品，独傍深溪记药科。（唐陆龟蒙《和袭美冬晓章上人院》，出《全唐诗》卷 626）

(12) 佛告父王："如伊兰林方四十由旬，有一科牛头栴檀，虽有根牙，犹未出土。"（唐释道绰《安乐集》卷上，大正藏本）

(13) 三升今岁垄三亩，一粒来年收一科。（《敦煌变文集·双恩记》）

上举第（12）例"科"用以称量非丛生植物"牛头栴檀"，这是"科"用法上的一个新发展。不过此例中牛头栴檀尚未出土，还没有独立的株干，因此不够典型。总体来说，此期"科"仍以表丛生植物为主。

2. 窠

此期"窠"开始用作｛棵｝，可作名词，局限于成丛的植株，与"科"相当，如：

(14) 山客长须少在时，溪中放鹤洞中棋。生金有气寻还远，仙药成窠见即移。（唐王建《寻李山人不遇》，出《全唐诗》卷 300）

(15) 家住寒梅翠岭东，长安时节咏途穷。牡丹窠小春余雨，杨柳丝疏夏足风。（唐徐夤《义通里寓居即事》，出《全唐诗》卷 709）

(16) 乌鹊巢顶，养子得成。头如蓬窠，项似针钉。（《敦煌变文集·降魔变文》）

"窠"亦可用作量词，同样局限于称量成丛的植物，如：

(17) 上农区田谓穿坎为区，广深六寸，相去七寸，区中种谷一窠，秋收每区三升，计亩当百斛也。（《文选·嵇康〈养生论〉》"不知区种可百余斛也"，唐张铣注）

(18) 买得足云地，新栽药数窠。（唐贾岛《王侍御南原庄》，出《全唐诗》卷 573）

(19) 预若采花胡蝶，般旋只在虚空，忽见一窠牡丹，将身便采芳蕊。（《敦煌变文集·庐山远公话》）

3. 颗

(20) 近来无奈牡丹何，数十千钱买一颗。今朝始得分明见，也共戎葵不校多。（唐柳浑《牡丹》，出《全唐诗》卷 196）

此例“颗”的可靠性存疑，它出自清人所编《全唐诗》，而《酉阳杂俎》（四部丛刊景明本）、《协律钩玄》（清嘉庆刻本）、《韵语阳秋》（宋刻本）、《全芳备祖》（明钞本）等引用时均作“窠”，作“颗”者均出自明代之后的刻本，如《余冬诗话》（明刻本）、《诗评密谛》（明天启刻本）、《广群芳谱》（明刻本）等。据我们考察，明清时期“颗”用作｛棵｝称量植物较常见，而唐宋时代“窠”则常用于称量植株，唐代文献中用“窠”称量牡丹犹多，故此例“颗”很可能为后人所改。

唐五代时期｛棵｝用字小结：

此期“科”的用法与前期相当，同时“窠”开始用表｛棵｝，且增长势头较猛，渐与“科”用量相当。究其原因，主要有以下两点：第一，“科”的职能扩展。隋唐时期，开始实行科举制度，“科”被大量用于与之相关的内容，成为热门用字，使用量大大增加，且有很多用于称量，与表｛棵｝的用法存在形式上的交叉，这必然会造成理解的困难，给交际带来障碍。因此，为“科”的部分职能寻找新的用字，成为迫切需要。第二，“窠”与“科”语音相同，早期在诸多功能上都可通用，将它引入分担“科”表｛棵｝的功能是十分自然的选择。

（三）宋代｛棵｝的用字考察

宋代｛棵｝的用字有“科”“窠”“棵”三个，“棵”当为后人所改，具体用字情况如表2。

表2　宋代文献中｛棵｝的用字情况

时代	文献	版本	科	窠	棵
宋代	太平广记	明嘉靖四十五年谈恺刻本补配清钞本	0	1	3
	茅亭客话	清光绪琳琅秘室丛书本	1	1	0
	文昌杂录	清学津讨原本	0	1	0
	证类本草	四部丛刊景金泰和晦明轩本	5	16	0
	本草衍义	清十万卷楼丛书本	0	5	0
	诚斋集	宋端平二年刻本	0	9	0
	全芳备祖	明毛氏汲古阁抄本	0	11	0
总量			6	44	3

1. 科

此期“科”的用例明显减少，仍以表丛生植物为主，但也出现了表非丛生植物的用法。如：

(21) 即掘竹，四面凿断大根，科连根以绳锢定，昇时勿令动着根须。（宋黄休复《茅亭客话》卷8）

(22)（牡荆）枝茎坚劲，作科，不为蔓生，故称牡。（宋唐慎微《证类本草》卷12）

(23) 莳梅盈百科，洗石出岖奇。（宋黄庭坚《灵龟泉上》，出《山谷集·外集》卷5，明嘉靖六年刻本）

(24) 是事且置当务本，菜圃已添三万科。（宋陈与义《秋雨》，出《简斋集》卷7，武英殿聚珍版）

(21) 例值得注意，竹既有丛生，亦有独株者，而就移竹来说，独株的可能性更大。(23) 例“梅”明显是非丛生植物。

2. 窠

此期“窠”的用量明显增加，如：

(25) 木香，生永昌山谷，今惟广州舶上有来者，他无所出……根窠大类茄子，叶似羊蹄而长大。（宋唐慎微《证类本草》卷6）

(26) 旋种花窠二百株，不知种了有花无。（宋杨万里《金陵官舍后圃散二首》，出《诚斋集》卷31）

(27) 欲舞腰身柳一窠，小梅催拍大梅歌。（宋苏轼《答子勉》，清光绪重刊明成化本）

(28) 帘绣卷，黄菊两三窠。（宋周紫芝《小重山》，明崇祯毛氏汲古阁刻宋名家词本）

(29) 手种江梅五百窠，小窠开早更花多。（宋杨万里《与山庄子仁侄东园看梅四首》，出《诚斋集》卷37）

“窠”仍以表丛生植物为主，同时也有表非丛生植物的用法，如（27）（29）例[①]用以称量“柳”“梅”等，这一点与“科”亦相应。

3. 棵

“棵”在宋代有三个用例，均出现于李昉《太平广记》中，且都引自唐段成式《酉阳杂俎》卷19：

① 麻爱民（2015：135）认为“窠”“棵”个体量词用法（即称量单株植物的用法）产生于元代，不确。

(30) 唐开元末，裴士淹为郎官，奉使幽冀，回至汾州众乡寺，得白牡丹一棵，值于长兴私地。(卷409)

(31) 乃竖箔曲尽遮牡丹丛，不令人窥，掘棵四面，深及其根，宽容人坐。(卷409)

(32) 长安兴唐寺有牡丹一棵，唐元和中，着花二千一百朵。(卷409)

此三例很可疑：第一，原典《酉阳杂俎》中，此三例均作“窠”；第二，从我们的考察看，宋代其他文献未见“棵”用作｛棵｝的用例；第三，目前《广记》各版本均为明代之后所抄刻，据我们考察，明代“棵”在农书、医书外的其他典籍中已占据主导，且有改早期用例中的“窠”“科”为“棵”的情况。基于此三点，我们认为《太平广记》中的三个“棵”很可能是后人所改。① 不过有一点需要注意：敦煌变文中已有“棵”作量词的用例：

(33) 请金盘一面，宝珠一棵，令壮士惊少？(《敦煌变文校注·悉达太子修道姻缘》)

此处“棵”用同“颗”，用以称量珠宝，虽然与称量植株不同，但不能完全排除《广记》选择字形与植株相关的“棵”来称量植物的可能性。

另：宋代还有一个“颗”比较特殊：

(34) 箧中收大竹十余颗，每有客则斫取少许煎饮。(宋陶谷《清异录》卷1，明万历宝颜堂秘笈本)

此例“颗”虽用以称量竹，但并非植株，这从其可置于箧中可知，此用法乃“颗”之本用。

宋代｛棵｝用字小结：

此期“科”明显衰落，“窠”成为表｛棵｝主字，延续了唐五代用字发展趋势。另外一点值得注意：“科”与“窠”都有了表非丛生植物的用法。

---

① 李计伟（2012：38）亦持此观点。李小平（2011）认为“棵”最晚在宋代已经产生，麻爱民（2015：135）亦认为“棵”出现于宋，可商。

（四）元代｛棵｝的用字考察

元代，｛棵｝的用字有“科”“窠”“棵”三个。具体用字情况见表3：

表3　元代文献中｛棵｝的用字情况

时代	文献	版本	科	窠	棵
元代	农桑辑要	武英殿聚珍版书本	47	3	0
	王祯农书	武英殿聚珍版书本	19	2	0
	农桑衣食撮要	珠丛别录本	0	13	0
	朝野新声太平乐府	四部丛刊景元刻本	3	1	0
	清閟阁遗稿	明万历二十八年刻本	0	0	1
	元曲选	明万历刻本	9	0	0
总量			78	19	1

1. 科

元代“科”的用量相比宋代有增多的趋势，除农书外，元散曲、杂剧中亦有较多用例，如：

（35）离香阁近花科，丫鬟唤我，渴睡也去来呵。（元马致远《掬水月在手》，出《朝野新声太平乐府》卷6）

（36）（唱）我则索割舍了残生撞松科。（元郑廷玉《布袋和尚忍字记》第4折，出《元曲选》）

（37）你不要着一人看见，也不要开言，悄悄里一径砍倒这科桃树，我着那桃花女板僵身死。（元王晔《桃花女破法嫁周公》第3折，出《元曲选》）

（38）去时节这一科松柏树儿高似我，至如今便长得疾，莫不是雨水多？（元郑廷玉《布袋和尚忍字记》第4折，出《元曲选》）

值得注意的是，此期“科”用于非丛生植物用量明显增多，上举（36）（38）例即属此类。《元曲选》中量词用例六个，均用于非丛生植物。

2. 窠

元代“窠”的用量相对前期有明显萎缩，此期用例主要出现于农书中，其他文献如散曲、杂剧等用例较少。如：

(39) 根窠生长灵芽，旗枪搠立烟花，不许冯魁串瓦。(元周德清《天净沙·嘲歌者茶茶》，出《朝野新声太平乐府》卷3)

(40) 收子阴干，向阳掘地，粪土和子种之，种麻一窠以遮日色。(元鲁明善《农桑衣食撮要》卷上)

元代“窠”在农书《农桑衣食撮要》中用量很多。此书乃元鲁明善出任安丰肃政廉访使时，凭借古籍知识，并结合自己在江淮地区任职时实地考察得到的农业生产情况撰写而成。此书所作之时，于宋未远，且主要反映江淮地带的农事，故沿用宋时用字。

3. 棵

元代，有一个“棵”的用例：

(41) 雪盦菜：用春菜心，少留叶，每棵作二段。(元倪瓒《清閟阁全集》卷11)

此期仅见这一个用例，且其版本并非元刻，不排除后人所改的可能性。但倪瓒为元末明初人，考虑到明代中期“棵”已经比较常见，早期出现个别用例亦有可能。

此期｛棵｝用字小结：

元代“科”重新兴起，成为｛棵｝之主字，而“窠”则明显萎缩，另有个别“棵”的用例出现。引起这些变化的原因有以下几点：第一，就字形来说，“窠”用表｛棵｝存在很大缺陷，而“科”表｛棵｝显然更加合适。第二，元代科举制度衰落，“科”与科举相关的用法减少。第三，“科”与“窠”均用表语言中的常用词，二者表｛棵｝均存在很大不足，文字系统有寻求更合适用字的需求。此期｛棵｝用表独立株干木本树类用例明显增多，“棵”因此而产生亦属自然。

(五) 明代｛棵｝的用字考察

明代｛棵｝的用字有“科”“窠”“棵”“颗”“稞”“柯”六个。具体用字情况见表4：

表4 明代文献中｛棵｝的用字情况

时代	文献	版本	科	窠	棵	颗	稞	柯
明代	便民图纂	明万历二十一年刻本	11	0	0	0	3	0
	西游记	明万历二十年金陵唐氏世德堂刻本	9	0	0	19	0	0
	顾文康集	明崇祯十三年至清顺治二年刻本	0	0	1	0	0	0

续表

时代	文献	版本	科	窠	棵	颗	稞	柯
	金瓶梅	明万历刻本	0	0	1	0	0	0
	本草纲目	明万历三十一年刻本	27	13	1	0	0	0
	农政全书	明崇祯十二年平露堂刻本	148	8	1	4	0	0
	西洋记	明万历二十五年刻本	0	0	0	17①	0	6
	树艺篇②	明纯白斋抄本	88	22	4	1	1	0
	亳州牡丹史	明万历刻本	0	4	0	0	0	0
	遵生八笺	清嘉庆十五年刻本	5	10	0	0	0	0
	警世通言	明天启四年刻本	0	0	5	0	0	0
	醒世恒言	明天启刻本	0	0	4	2	0	0
	二刻拍案惊奇	明崇祯五年刻本	1	0	0	1	0	1
	汝南圃史	明万历四十八年刻本	4	0	2	0	2	5
总量			293	57	19	44	6	12

1. 科

明代，“科”在农书、医书中较常用，多为前代用例的继承。通俗作品中用量较少，如：

（42）油炒乌英花，菱科甚可夸。（明吴承恩《西游记》第 86 回）

（43）大众道：“就变科松树罢。”悟空捻着诀，念动咒语，摇身一变，就变做一科松树。（明吴承恩《西游记》第 2 回）

（44）拿着锲刀，望山前地上下手斫时，有一科草甚韧，刀斫不断。（明凌濛初《二刻拍案惊奇》卷 19）

（42）例“菱科”指菜品，但“科”指“菱”之科株。另《西游记》中有几个“草科”用例，值得注意：

（45）斗不数合，小龙委实难搪，将身一幌，变作一条水蛇儿，钻入草科中去

① 此数据包括一个“夥”的用例。

② 此书有将其附于元代者，据李飞、李莉考证，实作于明万历中期。参《古农书〈树艺篇〉的版本流传及其价值研究》，《安徽农业科学》2012 年第 1 期，第 622 页。

了。（明吴承恩《西游记》第15回）

（46）却说那猪八戒，从离了沙僧，一头藏在草科里，拱了一个猪浑塘。（明吴承恩《西游记》第30回）

这些“科”指草聚集所成之丛，与其表植株的用法不同，其来源或当为“科”之庶品义，抑或用作“窠”，由“窠”之巢穴义引申而来。

2. 窠

明代“窠”亦主要用于农书、医书中，通俗文献几未见使用①。如：

（47）笑靥花……然无子可种，根窠丛生，茂者数十条，以原根劈作数墩，分种易活。（明高濂《遵生八笺》卷16）

（48）（虎掌）一窠生七八茎，时出一茎作穗，直上如鼠尾。（明李时珍《本草纲目》卷17）

（49）更有松本一根二梗三梗者，或栽三五窠，结为山林排匝，高下差参，更多幽趣。（明高濂《遵生八笺》卷7）

“窠”的用例除《遵生八笺》外，几乎都引自前代文献，这体现出农书、医书的继承性，同时说明此期医书、农书用字并不能反映真实用字情况。

3. 棵

明代“棵”用量增多，但名词用法很少，如：

（50）种法，宜于八月终锄地，九月初打潭下子，十二月土冻，用干草薄盖，立春撤去，将棵旁土锄松。（明周文华《汝南圃史》卷12）

（51）姐儿生得矮婆娑，好像南山老茶棵。（明冯梦龙辑《山歌》，明崇祯刻本）

量词用法则较常见，成丛与非成丛植物都可称量，以非成丛的独干树为主，｛棵｝用法上的这种变化元代已现，此期更加明显：

① 通俗文献中有“柴窠”（《韩湘子全传》第28回），“草窠”（明冯梦龙《醒世恒言》卷40、《四游记·西游记》卷2），“荒草成窠”（《牡丹亭》第24出），“菱窠”（明抱瓮老人《今古奇观》第29卷），这些“窠”均非指植物植株，而是指柴草等所聚之丛，其来源或当为“窠”之巢穴义。

（52）汝可拿二人着实痛治，逐一追问，要招出卖与何人，坟几个，得银多少，偷去松树几棵，何人动手。（明顾鼎臣《顾文康集》三集卷 3）

（53）只见春梅拔了几棵凤仙花来，整叫秋菊捣了半夜。（《金瓶梅词话》第 82 回）

（54）却说桑枣园中有银杏一棵，大数十围。（明冯梦龙《警世通言》卷 25）

（52）例作者顾鼎臣为明嘉靖时人，时代早于《金瓶梅》，这个用例是目前发现的第二早的用例。

值得注意的是，此期医书、农书中很少用“棵”，《树艺篇》中有四个用例，很值得注意：

（55）五月收取梅核，至来年二月间，方种于庄前后岗阜高处或水边桥下，种一二棵，取影倒于水中，又可观。（《树艺篇》卷 2，出《臞仙神隐书》）

（56）蜀中王木多香楠及沙枋，径一二丈，大者为异材，每棵值银壹千贰百两。（《树艺篇》卷 3，出《允斋记》）

（57）插莳耕熟水田，约五六茎为一丛，六棵为一行，稞行宜直，以利耘塲。（《树艺篇》卷 4，出《便民图纂》）①

（58）昔见李冠卿说杨州所居堂前杏一棵，极大，花多而不实。（《树艺篇》卷 2，出《文昌杂录》）

《树艺篇》为农书汇纂，内容多引自前朝文献，故多承袭使用“科”“窠”。而上举（55）（56）（57）例出自明人作品，（58）例出自宋人作品，引用时改“窠”作“棵”。明人所作农书用“棵”，改宋人“窠”作“棵”，体现出“棵”在明代已较通行的事实。②

4. 颗

此期“颗”亦可用作｛棵｝，量词远多于名词，非丛生植株远多于丛生植株，如：

（59）苗初顶两叶时，止划去草，颗宜密留，以备死伤，再锄，尚宜稍密，三锄则定苗，颗宜疏不宜密，大约每花苗一颗相距八九寸远，断不可两颗连并。（明

① 《便民图纂》中“六棵”作“六稞”。

② 《汝南圃史》的两个用例，也都是明人所作，同样反映了这一点。

徐光启《农政全书》卷35，引自明《张五典种法》）

（60）又走处，那山风来得甚猛，呼的一声，把颗枯木刮倒，滚至面前。（明吴承恩《西游记》第32回）

（61）王明看了一会，只见山顶上有一颗树，生得就有些古怪。（明罗懋登《西洋记》第52回）

（62）元礼顾不得别人，事急计生，耸身跳出后窗，见庭中有一颗大树，猛力爬上，偷眼观看。（明冯梦龙《醒世恒言》卷21）

《西洋记》中还有一个“夥”用作｛棵｝：

（63）拿定了元神，勒住了马，带定了狼牙钉，住会儿睁开了两只眼，只见坐下的马一头儿撞在一夥大柳树上。（明罗懋登《西洋记》第37回）

“夥”的这种用法我们仅发现这一个用例，考虑到此字读音与｛棵｝有别，且《西洋记》多用“颗”表｛棵｝，“夥”“颗”二字形近，“夥”更可能是“颗”之形误。

明代“颗”表｛棵｝用量多于“棵”，但主要集中于《西游记》《西洋记》及《农政全书》所引《张五典种法》中。《西游记》为江淮官话，《西洋记》则受《西游记》影响，且为流寓南京的罗懋登编写而成；《张五典种法》是张五典任南京大理寺正卿时，出巡吴地，发现棉花种植过密，影响产量，故而创作，其用字、用语当反映南京地域用字、用语习惯。我们推测，“颗”用作｛棵｝或许与方言用字有关。

5. 稞

明代还出现了另一表｛棵｝用字“稞”，用例不多，名词与量词用法均有，如：

（64）拔秧……插莳耕熟水田内，约五六茎为一丛，六稞为一行，稞行宜直，以利耘扬。（明邝璠《便民图纂》卷2）①

（65）待至蔓长，作架引之，拣取强者，两茎相贴，用麻缠合，各除一头，茎既相着，如前再贴。如是数次，并为一稞。（明周文华《汝南圃史》卷3）

6. 柯

“柯”在明代也可用作｛棵｝，主要集中于《西洋记》中，其他文献亦有少量用

① 此例《树艺篇》引“稞”作“棵”。

例，如：

（66）丞相道："白鹤香是长成的一柯树，劈开来片片是香。"（明罗懋登《西洋记》第 32 回）

（67）小人其时就怕后边或有是非，要留做证见，埋处把一柯小草树记认着的，怎么不现在？（明凌濛初《二刻拍案惊奇》卷 28）

此期｛棵｝用字小结：

明代，"科"与"窠"用量较多，但事实上已经衰落：二字主要出现于农书、医书中，多为前代用例的直接或间接引用，沿袭了前代用字，普通文献中几未见使用。二字的衰落与科举在明代重新兴起、"窠"字形表义存在很大缺陷密切相关。"科""窠"二字的衰落，产生了引入新字的需求，"棵""颗""稞""柯"进入表｛棵｝用字行列："棵"在此期逐渐兴起，由于其职能单一，且字形上最能契合｛棵｝之义[①]，故得以广泛使用，但作为表｛棵｝主字的地位还未确立；"颗"的用量多于"棵"，但主要集中于少数文献，它可能是江淮方言中表｛棵｝的习用字，"颗"出现之时，"棵"尚未推广开来，其使用同样有避免"科"与"窠"表达缺陷的原因，但这个字本身有其常用功能，且字形上与｛棵｝义无关，因而很难被广泛接受；"稞"进入｛棵｝的用字系统，多用于禾类，当与其形体有关，由于此期｛棵｝更多用于独干之树，故"稞"很难被推广；"柯"本表枝柯，字形从木，且明时与表植株的｛棵｝读音相同，故而被借用表｛棵｝，但其使用时"棵"已经比较通行，故而最终亦未被接受。

（六）清代｛棵｝的用字考察

清代｛棵｝的用字有"科""窠""棵""颗""稞""柯"六个，用字情况见表 5：

表 5　清代文献中｛棵｝的用字情况

时代	文献	版本	科	窠	棵	颗	稞	柯
清代	说岳全传	清康熙刻本	0	0	12	0	0	0
	隋唐演义	清四雪草堂刻本	0	0	6	0	0	0
	授时通考	清乾隆七年刻本	76	7	1	5	2	0
	儒林外史	申报馆丛书本	0	0	0	8	0	0
	农桑易知录	清乾隆二十五年刻本	0	0	0	0	6	0

① 从元代开始，｛棵｝用于非丛生的独干植株的用量显著增多，"棵"从木正与此相应，这应当是"棵"字产生的重要原因。

续表

时代	文献	版本	科	窠	棵	颗	稞	柯
	红楼梦	清乾隆五十六年活字印本	0	0	6	4	0	0
	霓裳续谱	清刻本	0	0	5	1	0	0
	国朝宫史续编	清嘉庆十一年钞本	0	0	0	0	0	1
	那文毅公奏议	清刻本	0	0	10	1	0	0
	白雪遗音	清刻本	0	0	5	2	0	0
	刑案汇览	清刻本	0	0	0	6	0	0
	翁文恭公日记	稿本	0	2	25	0	0	0
	圆明园内工则例	清钞本	0	0	142	0	0	0
	有泰驻藏日记	稿本	0	0	12	0	0	0
总量			76	9	224	27	8	1

1. 科

清代“科”主要用于农书中，多引自前代文献；其他文献中用例很少，此举其二：

(68) 雷破而中分之，木身熠烬者十之七，自上科至下根，斩然离绝近三尺。(清方苞《题天姥寺壁》，出《望溪集》卷14，清咸丰元年刻本)

(69) 只这冷土荒堆树半科，便是娉婷袅娜，落来的好巢窝。(清洪昇《长生殿传奇·冥追》，民国八年暖红汇刻传奇本)

2. 窠

与“科”相似，“窠”在清代亦基本用于农书，且引自前代文献，其他文献很少使用，此举二例：

(70) 只疑人在潇湘外，遍写新题满竹窠。(清崔冕《素吟集》卷6，清康熙刻本)

(71) 十二日仍微雨，冥濛旋止，晚又濛濛，风止矣，买得桃花四窠，植于圃。(清翁同龢《翁文恭公日记·光绪辛丑》)

3. 棵

清代“棵”用量明显增加，有作名词者，如：

（72）移葱者三支为一本，移薤者四支为一本，然支多者棵圆大，故以七八为率。（清王芷《稼圃辑》，清钞本）

（73）还亏那草楼像生根柱棵，不然一霎儿就捱倒了。（清褚人获《隋唐演义》第22回）

（74）野花极多，有一种似秋海棠之艳，梅花形，草本，似蓼，花浅米色，棵甚大。（清有泰《有泰驻藏日记》卷14）

量词用法更是多见，如：

（75）大台下竖一棵百尺高竿，挂着一个碗口大的金钱。（清陈端生《再生缘全传》卷6，清道光二年刻本）

（76）宝玉听说，便跟了他，离了钗玉两个，到了一棵石榴树下。（清曹雪芹《红楼梦》第27回）

（77）放生池，僧送芭蕉二棵，盆莲二，余草花四种。（清翁同龢《翁文恭公日记·光绪丙戌》）

“棵”在此期已占据绝对主导，名词用法较少，多用于成丛之植株；量词用法众多，草本、木本均无限制。除此以外，与独干植株相似的“柱”“杆”等亦可用“棵”表示，如例（73）（75）。

4. 颗

清代“颗”亦有一定用例，主要集中于《授时通考》《儒林外史》《红楼梦》《刑案汇览》中，如：

（78）我如今亲自手种一颗柳树，你们众百姓每人也种一颗。（清吴敬梓《儒林外史》第40回）

（79）门前有三颗柳，院中有数颗花，有柳有花就是奴的家。（《白雪遗音》卷1）①

（80）嗣张七宝亦盗砍坟树二颗，王二格亦商允伊弟王坡儿偷砍坟树二颗。（清祝庆祺《刑案汇览》卷12）

---

① 此例抑或与江淮方言有关，“马头调”是运河南北流通时艺人在客、货船中演唱的一种小曲，而运河所穿行主要区域即江淮地区。

《授时通考》例引自《张五典种法》，即前（59）例，前文已有分析，可参看；《儒林外史》《红楼梦》作者吴敬梓、曹雪芹主要生活在南京地区，《刑案汇览》中有五个用例出自江苏司说帖，此亦可佐证"颗"的使用当与江淮方言用字有关。

5. 稞

清代"稞"有少量用例，如：

(81) 实可服食，稞可壅田，诚为农工要务。（清郑之侨《农桑易知录》卷 1）

(82) 大约六茎为一丛，六稞为一行，行不厌长，适如田形而布。（清郑之侨《农桑易知录》卷 1）

6. 柯

清代"柯"亦偶尔使用，如：

(83) 观妙室斋左水石间有古槐一柯，构亭其间。（清庆桂纂《国朝宫史续编》卷 68）

此期｛棵｝用字小结：

此期"科"与"窠"基本限于农书、医书，且主要引自前期文献，它们已经退出了现实用字。"稞"与"柯"的使用仅限于个别文献，用例极少，亦非现实用字。此期｛棵｝的主要用字毫无疑问是"棵"，名词、量词均有用例，量词用例居多；草本、木本植物均可使用，甚至一些形似植株的柱杆物亦可用"棵"。"颗"在此期亦有一些用例，但用量及使用文献有限，从这些文献的作者来看，它当是江淮地区的方言用字。

（七）民国及现代汉语时期｛棵｝的用字考察

民国时期，"科""窠"已不再用表｛棵｝，"棵"乃此期主字，由于当时并无严格的语言文字规范，"颗"在部分文献中仍有少量有例。

现代汉语中，"科""窠""棵""颗""稞""柯"六字各有其确定用法，六字竞争的结果是字符"棵"成为｛棵｝的标准用字。

｛棵｝历时用字总结：

从现有文献看，名词｛棵｝产生于三国，南北朝时期产生了量词用法，用字符"科"表示。隋唐时期科举制度兴起，"科"表｛棵｝用例渐少，"窠"被引入表｛棵｝，并很快通行，宋代即成为表｛棵｝主字，而"科"则明显衰落。"窠"用表｛棵｝字形上有很大缺陷，元代科举制度衰落后，"科"又重新成为表｛棵｝主字，但它毕竟在文献中过于常用，故用字系统有寻求新字替代“科”的需求，“棵”在此期进入｛棵｝的用字行列。“棵”职能较单一，且字形上与｛棵｝表植株相应，故很容易被接受，明代即渐渐推广开来；明代“颗”用例亦较多，但主要用于特定文献，带有方言用字特色；“稞”“柯”亦用于表｛棵｝，但在与“棵”的竞争中处于弱势；“科”与“窠”基本限于继承性较强的医书、农书中。清代，“棵”已占据绝对优势，“颗”在部分反映江淮方言的文献中有少量用例，其他诸字仅偶尔使用。民国时期，“棵”占据统治地位，“颗”亦有少量用例。现代，“棵”成为表｛棵｝的规范用字，其他字符承担各自职能。

以下我们对｛棵｝的字词、字际关系以及各时代的使用情况列表作一总结，如表6所示：

表6　｛棵｝相关用字情况①

字位	字形分析	使用属性	字际关系	使用时代							
				汉魏六朝	唐五代	宋	元	明②	清	民国	现代
科	会意，从禾从斗	本用	与“棵”为本字与后起本字的关系	**+**	**+**	+	**+**	+	+		
窠	形声，从穴果声	借用	与“科”为借字与本字的关系		+	**+**	+	+	+		
棵	形声，从木果声	本用	与“窠”为后起本字与借字的关系				+	**+**	**+**	**+**	**+**
颗	形声，从页果声	借用	与“科”为借字与本字的关					**+**	+	+	
稞	形声，从禾果声	借用	与“棵”为借字与后起本字的关系					+	+		
柯	形声，从木可声	借用	与“棵”为借字与后起本字的关系					+	+		

① 表中加粗“+”表此期主要用字。

② 明代我们将“棵”“颗”二字定为主字：“棵”用例少于“颗”，但使用面更广。

四、一些争议问题的讨论

有关｛棵｝的争议主要有以下几点：

（一）“科”表｛棵｝的语义来源

主要有以下三种看法：

1. “科”由窠穴、坑穴义引申指植物聚生之丛，并进而引申出量词用法。董为光（2003）、陈亦文（2010：96）持此观点。曾良（2009：305）亦认为“科”用作量词来自于表树或草蓬科而生，但未提及名词义从何而来。

2. “科”由坎、空义语法化为称量植物的量词，进而逆语法化引申出名词义，表植物之丛，李计伟（2012：41—42）持此观点。

3. “科”由品类、等级义发展出近乎量词的用法，表示类别，并进而引申出称量植物的用法（大多是成丛的植物），王绍新（2018：79）持此观点。

我们认为：第一，“科”确实有坑穴义，而且在《氾胜之书》中直接用表种瓜所挖之坑，但由此引申出表丛生的植株用法，则比较困难。理由有五：（1）“科”表坑、穴义并不常见，用表种植植物的坑更是少见。（2）种植植物的坑与植物体虽有关联，但意义相差较远，二者很难产生引申关系。古汉语中“坑”“坎”“区”都可表种植物的坑，且比“科”更常见，它们都没有植株义，现代汉语方言中“窝”亦可表种植植物的坑，并用于称量植物，也没有表植株的名词用法。（3）“科”早期表植株或称量植物，均为丛生。从农书记载及实践经验可知，挖坑种植的对象多为种子或根条，当长成植株时，这些坑早已不在；而栽种树木时，虽有植株，但往往为独干。即便种植植物所挖之坑能够引申出表植物的用法，也不当限于丛生。（4）由称量植物引申表植株，涉及逆语法化问题，这种引申途径与认知规律相违，很难实现（下文将具体讨论）。（5）从我们的调查看，“科”用作名词表植株，三国已见，而用作量词称量植物，则后魏始见，语言事实亦不支持由量词到名词的看法。第二，据《说文》，“科”之本义为“程”，“程”含有品类、众庶义素，由此引申表丛生之植株十分自然（参第一部分“字位‘科’”下论述），故上述第三种观点得其本真，只是王先生未关注三国及北魏大量“科”作名词表丛生植株的用法，因而其所述词义发展过程缺少一个重要环节。

（二）“窠”表｛棵｝的语义来源

主要有以下几种观点：

1. 用同“科”，《汉语大词典》持此观点。

2. 用同“棵”，《汉语大字典》持此观点。

3. 来自于其巢穴义。持此种观点者有陈亦文（2010：96）、麻爱民（2015：134）、王绍新（2018：80）等。

4. 由巢穴义引申表种植植物的圆坑，进而引申称量植物，再引申作名词表植物的整个植株。李计伟（2012）持此观点。

陈亦文（2010：96）、麻爱民（2015：134）、王绍新（2018：80）只讨论了“窠”称量植株作量词的用法，而未关注与量词用法相应的表植株的名词用法，这会影响结论的可靠性。李计伟的观点则更加全面，同时有详细论证，以下主要针对他的论述展开讨论：

先看其观点（2012：36）：

> “窠”从“巢穴”的意义通过隐喻指种植植物的“圆坑”，又从种植植物的“圆坑”发展为计量植物的量词，即从名词“窠”发展为量词“窠”，这可以看作是一个语法化的过程。
>
> 由于“窠”计量整个植物，所以随着其使用频率的增加和进一步的扩展使用，在一定的语境中，“窠”指整个植物的语用意义就被强化并逐渐语义化了，这样“窠2”[①] 就又发生了实义化的现象，成为一个名词，其意义就是指植物的整个植株，这又可以视为语法化的逆过程。

再看其证据：

李计伟（2012：33）指出，据《现代汉语方言大词典》（2002：5012），成都方言中“窝”可用于植物，如“一窝树子、一窝白菜；一窝玫瑰（菊花、牡丹）”；亦可用于点播或移植农作物，如“点了几窝包谷”。而这两种用法，近代汉语中的“窠”都具有。据此他认为（2012：34）：

> 汉语史上“窠”计量植物的用法是其自身发展出来的。理由是：“窝”与“窠”是具有历时替换关系的同义词语，在概念层面，二者是相同的。由于相同的认知心理和交际，在语义演变的方向上，二者应该具有相似或相同的地方。

① 李文（2012）的“窠2”指的是“用于计量植物株数”的量词“窠”。

“窝”称量植物[①]，并不限于成都方言，笔者所处江淮方言也有相似用法，如：“我昨天在园子里种了几窝白菜。”“窝”的这种用法来自于其表种植植物坑穴的名词用法，如：“打窝、丢肥料、栽苗、淋粪水，你们那儿是这样子种玉米的吗？”

“窝”与“窠”关系密切，它们在许多义项上相同，考察“窝”的使用情况有助于“窠”的研究。但这种考察必须客观全面，而李文显然忽略了一个重要信息：无论是成都方言，还是笔者所处江淮方言，“窝”都没有表植株的名词用法。之所以如此，主要有以下几方面的原因：第一，“窝”用于称量植物的量词用法与表坑的名词用法，意义上并没有多大改变[②]，而坑义与植株义却存在根本区别。第二，“窝”称量植物，所搭配的植物种类众多，很难归纳出与植株相关的意义。第三，由名词到量词的语法化过程比较容易，而由量词引申出名词的逆语法化则非常困难，正如李计伟（2012：37）引 Heine（2003：582）所指出：

> 与证明语法化单向性假设的大量例子相比，反例实在微不足道。更为重要的是，“完整的语法化的逆过程”的例子至目前为止还没有发现。

“完整的语法化的逆过程”的例子之所以到目前为止还没有发现，正是因为其不符合意义发展规律。“窝”由种植植物的坑引申用于称量植物，而未见表植物的名词用法，正与词义发展规律相符。

与“窝”相似，还有一个“墩”，这个词本为土堆义，名词，引申用于称量丛生或几棵合在一起的植物，如：“在一般土壤肥力条件下，每亩花生种八千至九千墩，每墩两粒为宜。”这个词同样没有表植株的名词用法。

与“窝”“墩”不同，“窠”在唐代同时拥有了表植株的名词用法及称量植物的量词用法，且量词用法似更早一些。这种差别不是“窠”语法化单向性假设的一个反例，而是因为它另有来源，详参下文。

李计伟在论证时，还举了一些“窠”表“坑”的用例，均可商榷[③]：

---

① “窝”与普通话称量植物的“棵”区别明显，据笔者调查，“窝”一般用于植物较小的时候，这可能正是因为“窝”来自于种植植物时所挖的坑。成都方言中，与普通话的“棵”相当的是“根”，见《现代汉语方言大词典》，第3110页。

② 通常由普通名词引申出量词用法，意义均基本不变，如“碗”“杯”等。

③ 这些用例即便可解作坑，对论证的作用也有限，因为它们多为“窠”广泛用于称量植物之后的用例。如果“窠”由表种植植物的圆坑义引申而来，应当有更早、更多的用例。

(84) 栽石榴法：三月初，取枝大如手大指者，斩令长一尺半，八九枝共为一窠，烧下头二寸。掘圆坑深一尺七寸，口径尺。竖枝于坑畔，置枯骨、礓石于枝间，下土筑之，一重土，一重骨石，平坎止。（后魏贾思勰《齐民要术》卷4）

例中“窠”，《汉语大词典》、汪维辉（2007：243）释作“一穴同时生长的植物”，王绍新（2018：81）认为用以称量同穴生长的成丛植物，麻爱民（2018：134）认为“一窠”就是“一个土坑”，也就是“一埯”。李计伟（2012：35）指出：此例“窠”似乎可以解释为“丛”，“八九枝共为一窠”即“八九枝放在一起成为一丛”之义。不过他最终还是将“窠”解作“用于一穴同时生长的植物”，意在强调“窠”与穴对应。

按：“八九枝共为一窠”理当解作“八九枝放在一起共为一丛”，此时的石榴枝并未放入坑中，且只是枝条，谈不上植株。另外，“八九枝共为一窠”的目的并不是放于圆坑中种植，而是为了放在一起，以方便烧头，下面这个用例可证实这一点：

(85)《务本新书》曰：栽条法……腊月内拣肥长鲁桑条三二枝，通连为一窠，快斧斫下，即将楂头于火内微微烧过，每四五十条与秆草相间作一束，卧于向阳坑内，以土厚覆，春已分后取出。（明徐光启《农政全书》卷32）

此例所记与上文“栽石榴法”相似，从文句可以看出，将桑条“通连为一窠”，是为了便于斫和烧；至于栽种，则是“四五十条与秆草相间作一束”放于一个坑内，与“三二枝通连为一窠”无关。

(86)（侄拜谢，徐曰：“某有一艺，恨叔不知。”因指阶前牡丹曰：“叔要此花青、紫、黄、赤，唯命也。”韩大奇之，遂给所须试之。）乃竖箔曲尽遮牡丹丛，不令人窥，掘窠四面，深及其根，宽容人座。（唯赍紫矿、轻粉、朱红，旦暮治其根。凡七日，乃填坑，白其叔曰：“恨校迟一月。”）（唐段成式《酉阳杂俎》卷19）①

李计伟（2012：35）认为句中“窠”似乎可以解释为种植“牡丹”的“圆坑”，显有不当。此例是说：韩愈的一个疏从子侄有能使牡丹开出青、紫、黄、赤等各种颜色的花的本事，因此韩愈就让他治理台阶前的一窠牡丹，于是他的侄子竖起箔曲，完全

① 为了更好地理解这句话，我们在括号中将前后文一并引出。

遮住牡丹丛，不让人窥视，然后在牡丹丛的四周挖了深及牡丹丛根部、宽能容人坐的坑。“掘窠四面”相当于掘“窠”之四面，“窠”并非种植牡丹的“圆坑”，而是指牡丹植株，后文的“深及其根”正是此“窠”之根。另外，今本《太平广记》引“窠”作“棵”，虽为后人所改，但也提醒我们应当如何理解这个“窠”。当然一定要勉强将这个“窠”解作坑也可说通：“掘窠四面”相当于掘坑于四面，不过这个坑是为了便于治理牡丹根而挖，与种牡丹无关。①

(87) 若竹稍长者，芟去颠叶，缠竹架之，恐风摇动即死。每窠相去二尺余。不须实劚，只以一脚踏之，来年生笋速也。（宋黄休复《茅亭客话》卷8）

李计伟（2012：35）认为此例为植竹，故“窠”解释为种植竹子的圆坑为宜，而不必解释为丛。按：这种解释亦显牵强，“窠”称量竹，文献十分常见，且此例与其称量其他植物亦无区别，实无必要另作他解。再说，竹是植株较大的植物，栽种时要求保持一定距离，有何必要将并不显眼的“坑”拉进来。正如我们栽树，要求保持一定的距离，只需说每棵树之间相距多远，相信不会有人特别强调树坑之间保持多远的距离。②

(88) 手栽甘菊岩之阿，一十一茎为一窠。（元觉恩《甘菊叹》）

李计伟（2012：35）认为此例为栽菊，“一十一茎”放在一个“窠”里，就是“一十一茎为一窠”，而不必把“一窠”解释为“一丛”。按：此例“窠”与“科”同义，“一十一茎为一窠”指一十一茎合为一丛，文句中并无表放置的词语，“窠”也不是什么种植植物的“圆坑”，可比较以下二例：

(89) 移葱者，三支为一本；种薤者，四支为一科。（《齐民要术》卷3）

(90) 五月中新雨后，即接湿耧耩，拔栽之。三茎作一科，相去八寸。（《齐民要术》卷5）

此二例与（88）例用法相同，“本”“科”“窠”均为丛义。

---

① 《酉阳杂俎》中另有四个表植株的“窠”，此例如此解亦十分顺畅，显然不必强解作坑。

② 前文第（5）例“科”亦有相类用法，均指植株，而非坑穴。

（91）初无他术，只有八字：疏种密种浅种深种。疏种谓三四步种一棵，欲其地虚行鞭；密种谓种虽疏，每窠却种四五竿，欲其根密。（明徐光启《农政全书》卷39）

李计伟（2012：38）认为此例“棵”用于计量所种植的植物，而“窠”用于计量植树的圆坑，二者所计量的对象已经有了明确的分工。按：此解误，句中“棵”乃后人所改，此文当出自唐郭橐驰《种树书》卷中（夷门广牍本），宋吴欑（一作怿）《种艺必用》（永乐大典本）亦有载，二书“一棵”均作“一窠”，后文“每窠”乃承“一棵”而言，指竹之丛。这一点从文句亦可知晓：“密种谓种虽疏，每窠却种四五竿”义谓密种亦同疏种，三四步种一棵，不同之处在于，每棵种四五竿。文句中单支竹用量词“竿”，而非“棵”。另外，《种树书》中此条之前条亦谈及种竹，其文曰：

（92）月菴种竹法……或无马粪，以笼糠代之。夏月令稀，冬月令稠，然后种竹。须三四茎作一丛者。（卷中）

“三四茎作一丛”与“每窠却种四五竿”相当：“茎”“竿”义同，用于称量单支竹。“丛”“窠”义同，用于称量成丛之植株。

我们对历代与植物用法相关的“窠”作了较全面考察，未见确定表种植植物圆坑者。

与“窠”有历时更替关系的“窝”可称量植物，但未见表植株的名词用法。而“窠”既可称量植物，又可表植物之植株，却未见明确表种植植物圆坑的用例，再加上由称量植物引申表植株需要违背常规的逆语法化以及意义上由坑到植株的巨大改变，我们认为“窠”不太可能由表种植物的圆坑引申出称量植物的量词，并进而引申出表植物植株的名词。李计伟以此反推“科”之来源，自然也不能成立。

“窠”的真正来源当为“科”，理由如下：

第一，“科”与“窠”表植株的名词和量词用法完全相同。

“窠”从唐代开始用作表植株的名词和量词，且限于丛生植物，这一点与“科”的用法完全相同，就搭配来说，二者亦存在明显对应，如《全唐诗》中，二字即均可用于“药”（独傍深溪记药科；宫花野药半相和，藤蔓参差惜不科①。仙药成窠见即移；寻栏记药窠；药溉分窠数；新栽药数窠）、“竹”（暗养清音竹数科；问君移竹意如何，

① “科”在这里作动词，指成科。

慎勿排行但间窠)、“薤”(薤垄擘科秧;科圆早薤齐;时时一窠薤)、“花”(宫花野药半相和,藤蔓参差惜不科;牡丹窠小春余雨;帘外芭蕉三两窠)等。后代二字功能有一定变化,但基本保持同步(详参本文第二部分)。李计伟(2012:39)认为:根据我们对文献的考察,跟“窠”与“棵”有那么多前后不同时代的“异文”用法相比,“科”与“棵”没有此类现象。① 李文如此说,是为了表明“棵”来自于“窠”,而与“科”差别甚大。然而这种说法并非事实,综观整个汉语史,“科”“窠”“棵”在表｛棵｝用法上并无根本区别,只是不同时代各字的用量有所不同。

第二,“窠”表植株的量词用法与名词用法几乎同时产生,并未经历由量词发展到名词的过程。

唐开元时,“窠”有一个称量植株的量词用例,中唐时期,出现少量名词及量词用法,根本不存在李计伟(2012:36)所说的“随着其(量词用法)使用频率的增加和进一步的扩展使用”而产生表实义的名词用法的情况。这从一个侧面表明两种用法不是正常的引申关系,而继承之前已有的用法则可合理解释。

第三,“窠”用表｛棵｝晚于“科”,二字用量在唐宋时代存在明显的此消彼长情况。

“科”用表植株的名词用法始见于三国,北魏时用于称量植物,“窠”的这两种用法晚于“科”:唐代,“窠”开始使用后,“科”渐趋衰落,二者用量相当;宋代,“窠”则明显占优,“科”除在部分医书中有少量用例外,其他文献很少使用,二者表｛棵｝用量上存在明显的此消彼长情况,历时更替关系十分清楚。

第四,“科”与“窠”读音相同,唐代之前即存在通用情况。

《广雅·释诂》:“科,空也。”王念孙疏证:“科者,《说卦传》‘其于木也,为科上槁’,释文云:‘科,空也。’……《说文》:‘窠,空也。一曰鸟巢也。穴中曰窠,树上曰巢。’《孟子·离娄》篇‘盈科而后进’,赵岐注云:‘科,坎也。’义并相近。”《广雅·释水》:“科,坑也。”王念孙疏证:“《孟子·离娄》篇‘原泉盈科而后进’,《尽心篇》‘流水之为物也,不盈科不行’,赵岐注并云:‘科,坎也。’……科之言窠也。卷三云:‘科,空也。’《说文》云:‘窠,空也。’”“科”有空、坑义,而据《说文》,“窠”之本义即“空”②。

《说苑·立节》:“楚庄王猎于云梦,射科雉得之。”此“科雉”指刚出窠之雉,“科”用作“窠”。

---

① 李文所说的“窠”与“棵”的“异文”是指它们用法相同。

② 朱骏声认为“科”表坑,乃“坎”之音转,“坎”或为“科”“窠”空坑义之源。

隋唐之际，科举兴起，“科”的功能有了很大扩展，其表科举与表植株的用法可能会影响理解（特别是量词用法），“科”用表｛棵｝的功能有必要寻找新的用字，与“科”存在密切关系的“窠”成为其表｛棵｝的替代字实属自然。

“窠”作为“科”的替代字引入表｛棵｝，而“棵”为｛棵｝的最终用字，故《汉语大词典》的观点最准确，《汉语大字典》的观点亦无问题。

（三）“棵”表｛棵｝的来源

“棵”在元明之际用表｛棵｝，有几位学者谈及其来源：

叶桂郴（2008：61）认为由“梡（棵）”之枝义引申用作量词，称量植物，读音则依照形体读作“苦果切”。

陈亦文（2010：96）亦认为由“棵”的本义引申而来，至于读音，他推测认为，是中华民国初期的国语政策（或者民国政府）发挥了较大的作用，将通行于社会上的通俗说法通过行政手段加以采用。

李计伟（2012：39）从语音及语义两方面指出“棵”不可能以“梡”的俗字身份引申表｛棵｝，他认为“量词‘棵’的出现与‘科’了无关涉，‘棵’是在‘窠’实义化的基础上而出现的取代‘窠’的一个后起俗字”。

我们认为：第一，《集韵》中“棵”有“苦果切”一音，与｛棵｝仅声调不同，事实上同为“苦果切”的“颗”即可用作｛棵｝，“棵”用作｛棵｝在语音上不存在问题。第二，作为“梡”的俗字的“棵”在字书中虽出现很早，但普通文献几乎未见用例，再加上其意义与｛棵｝存在较大差异，不太可能由其本义引申而表｛棵｝，它更可能是基于｛棵｝之音义并受“窠”的影响而另造的一个新字，只是偶然与“梡”的俗字“棵”同形。第三，认为量词“棵”的出现与“科”了无关涉不是事实。前文已述，“窠”是“科”在唐代功能扩展、用量增多后借入的表｛棵｝的替代字，从文献用例看，“窠”在宋代为表“棵”主字，但由于其字形并不适合表｛棵｝，且其固有义文献常用，元代科举制度衰落后，它又将主字地位让渡给“科”；但“科”毕竟是文献中功能众多的常用字，因此人们并未停止探求更合适的用字，“棵”即因此而产生，并被广泛接受，沿用至今。

五、结语

以上我们详细分析了词语｛棵｝与其历代所用字的字词关系以及各字之间的字际关系，同时结合文献用例，对｛棵｝在各历史时期的用字情况进行了细致描写，并分析了历时用字更替的原因。结合用字情况考察，我们还对当前有关“科”“窠”“棵”

的来源分歧进行了探讨。相关看法文中已有总结，此不赘，这里仅谈两点研究感受：

第一，细致考察描写汉语词，特别是常用词的历时用字很有必要。“科”“窠”“棵”用作量词称量植物，很多学者都有研究，相关成果众多，如董为光（2003）、叶桂郴（2008）、陈亦文（2010）、李计伟（2009；2012）、李小平（2011；2012）、麻爱民（2015）、王绍新（2018）等。但由于缺乏系统全面的历时用字考察，很多结论都可商榷，如量词｛棵｝的产生时代，“棵”表｛棵｝的产生时代及来源，“科”“窠”用作｛棵｝的语义来源，“科”与“窠”的关系，诸字表｛棵｝在各时代的具体用法等。李运富先生（2017；2021：457）多次提出对汉字汉语的动态关系进行研究（其中之一即语符用字考察），实为高见，此类研究应当引起学界的高度重视。

第二，研究某个词，不能仅限于某个义项，而要对联系紧密的相关义项作综合研究，如此才能更准确、更深入地了解其性质。诸家在对“窠”称量植物的量词用法进行研究时，多未关注其表丛生植物的名词用法，因而很自然地认为“窠”的量词用法来自于其巢穴义。然而，如此理解则很难解释其同时大量用于表植株的名词用法。李计伟（2012）的研究关注了“窠”的名词用法，为发现其来源提供了线索，遗憾的是，他受成都方言“窝”用于称量植物用法的干扰，而强以逆语法化为释。但无论如何，他的研究相对前者都有很大推进。

参考文献：

[1] 陈亦文. 名量词“棵”的历史变迁［J］. 汉语史研究辑刊，2010（13）.

[2] 董树人. 关于量词“棵”的出现时间［J］. 语言教学与研究，1987（3）.

[3] 董为光. 量词义语义源流三则［J］. 中国语文，2003（5）.

[4] 李计伟. 量词“窠”的产生、发展与量词“棵”的出现［J］. 语言科学，2009（4）.

[5] 李计伟. 类型学视野下汉语名量词形成机制研究［M］. 北京：商务印书馆，2012.

[6] 李荣. 现代汉语方言大词典［M］. 南京：江苏教育出版社，2002.

[7] 李小平.《齐民要术》指称植物的量词“科”及其演变［J］. 衡阳师范学院学报，2011（4）.

[8] 李运富. 汉字汉语论稿［M］. 北京：学苑出版社，2012.

[9] 李运富. 论汉字职用的考察与描写［J］. 上海师范大学学报，2017（1）.

[10] 李运富等. 汉字学研究现状与展望［J］. 语言科学，2021（5）.

[11] 刘君敬. 唐以后俗语词用字研究［M］. 北京：商务印书馆，2020.

［12］麻爱民．汉语个体量词的产生与发展［M］．北京：中国社会科学出版社，2015.

［13］汪维辉．《齐民要术》词汇语法研究［M］．上海：上海教育出版社，2017.

［14］王力．王力古汉语字典［M］．北京：中华书局，2000.

［15］王念孙．广雅疏证［M］．北京：中华书局，2019.

［16］王绍新．隋唐五代量词研究［M］．北京：商务印书馆，2018.

［17］叶桂郴．明代新生量词考察［J］．古汉语研究，2008（3）.

［18］曾良．明清通俗小说语汇研究［M］．南昌：江西教育出版社，2009.

［19］张鹏丽，陈明富．古代"树木"个体量词历时考察［J］．北方论丛，2012（1）.

［20］张双棣，陈涛．古代汉语词典［M］．北京：北京大学出版社，1998.

［21］李小平．量词"窠"的产生、演变及其更替［J］．云梦学刊，2012（2）.

（刘传鸿，姚洁如：浙江财经大学人文与传播学院，310018，杭州）

“鎔”“勫”字词关系补说

——兼谈相关诸字

漆健桦

摘　要：“鎔”“勫”在近、现代汉语中都可表“物消磨”。段玉裁、朱骏声、章炳麟以“勫”为“物消磨”之本字。本文系统调查“鎔”“勫”用例，梳理其语义、语用、语音演变，分析二者的时代属性和地域属性，认为“鎔”“勫”为一词多形的关系，即变音词。“鎔”的“物消磨”义位可能通过词义引申或词义感染获得，“鎔”为“物消磨”之本字，“勫”为其方言记音字。另外，“鎔”又音“容”，“鎔”“镕”两字混用。

关键词：鎔　勫　字词关系

一、引言

《说文》有“勫，劳也”。段注：“按凡物久用而劳敝曰勫。明杨慎答中官问，谓牙牌摩损当用鎔字。今按非也，当用勫字。今人谓物消磨曰勫是也。苏州谓衣服久箸曰勫箸。”明人杨慎在《俗言》[①] 以“鎔”表“物消磨”，段玉裁、朱骏声以为误，改“鎔”为“勫”，章炳麟从之[②]。字书中“鎔”和“勫”形、音、义相去甚远，其本义与“物消磨”的关系亦不明显，何以在“磨损”语义场中相互替换？

针对两者替换关系的研究尚少，对其替换机制进行讨论的仅有陈源源《“鎔”的读音问题》一文。陈文通过鱼韵字的语音演变和文白异读判定“勫”是“鎔”的方言记

① 杨慎撰：《俗言》，中华书局 1985 年。

② 朱骏声《说文通训定声》：“（苏俗语）谓衣可耐久曰勫着。”；章炳麟《新方言》：“今谓器物磨损为勫。段玉裁说。”

音字。[①] 而《四川方言词语考释》[②]《四川方言词语续考》[③] 和《方言与文化》[④] 皆以“𨦟”为本字，虽指出“鋊”同“𨦟”，但缺乏说理考辨。其余研究并未意识到“鋊”“𨦟”之间的关系，仅对其一进行讨论。如吴连生仅讨论“鋊”，认为“磨损”乃从其“铜屑”义位引申而来。[⑤] 而唐七元仅讨论“𨦟”，通过语音比对发现苏州、温州等地表“磨损”的“𨦟”同源。[⑥]

由于缺乏相关研究，词典对“鋊”“𨦟”的关系不加阐述，两词“磨损”义项的排布也比较模糊。《四川方言词语汇释》[⑦]《成都话方言词典》[⑧]《成都方言词典》[⑨]《重庆方言词解》[⑩] 中“鋊”有“磨损”义项。《新华字典》[⑪]《标准汉语字典》[⑫]《新现代汉语词典》[⑬] 中“𨦟”有“磨损”义项。以上研究，虽未能阐明“鋊”“𨦟”之间的关系，却体现出“鋊”“𨦟”之间的地域分异。

为解释“鋊”和“𨦟”在“磨损”语义场中的替换机制，本文拟从词义演变、语音演变等视角对两者字词关系加以考探。

二、“鋊”和“𨦟”的词义演变

（一）“鋊”的词义演变

《说文・金部》：“鋊，可以句鼎耳及炉炭，从金，谷声，读若浴，一曰铜屑。”《广韵》：“炭钩又铜屑也。”“鋊”最早可表“炭钩”和“铜屑”。“鋊”作“炭钩”在字书之外已几不可见，作“铜屑”最早见于《史记・平准书》中“今半两钱法重四铢，而奸或盗摩钱里取鋊……乃更请诸郡国铸五铢钱，周郭其下，令不可磨取鋊[⑭]焉”。后代

① 参见陈源源《“鋊”的读音问题》，载《汉语史学报》（第九辑），上海教育出版社 2010 年，第 109—114 页。
② 蒋宗福：《四川方言词语考释》，巴蜀书社 2002 年，第 778—779 页。
③ 蒋宗福：《四川方言词语续考》，巴蜀书社 2014 年，第 1087—1093 页。
④ 朱建颂：《方言与文化》，华中师范大学出版社 2008 年，第 71—72 页。
⑤ 参见吴连生《四川方言中保留的古语》，《吴中学刊》1998 年第 1 期，第 50—53 页。
⑥ 参见唐七元《汉语方言同源词研究》，复旦大学博士学位论文 2009 年，第 248—249 页。
⑦ 缪树晟编著：《四川方言词语汇释》，重庆出版社 1989 年，第 249 页。
⑧ 罗韵希等编著：《成都话方言词典》，四川省社会科学院出版社 1987 年，第 235 页。
⑨ 李荣主编，梁德曼、黄尚军编纂：《成都方言词典》，江苏教育出版社 1998 年，第 71 页。
⑩ 曾晓渝主编：《重庆方言词解》，西南师范大学出版社 1996 年，第 396 页。
⑪ 中国社会科学院语言研究所编：《新华字典》，商务印书馆 2000 年，第 581 页。
⑫ 张书岩主编：《标准汉语字典》，汉语大词典出版社 2000 年，第 98 页。
⑬ 王同亿主编：《新现代汉语词典兼作汉英词典 With English Translation》，海南出版社 1996 年，第 1093 页。
⑭ 本句中的“鋊”又作“镕”，本文的第五部分对二者关系有较详细的论述。

“鎔”作“铜屑”的用例基本转引《史记》，如《汉书·食货志》：“而奸或盗摩钱质而取鎔。”“鎔”的“磨损”的用例多见于明清时期。现将其“磨损”义位用例列表整理，如下：

表1 “鎔”的“磨损”义位用例（小学专著）

时代	出处	出处说明	用例	方言区
明	郝敬《五音谱》	以湖北京山方言为基础编写的韵书	磨礲渐销曰鎔	西南官话区
明	杨慎（蜀人）《俗言》	研究民谚、民谣、俚语俗言的专著	今俗谓磨光曰磨鎔是也 牙碑磨鎔①	西南官话区
明	杨慎《丹铅总录》	笔记	鎔，音裕，今读为已，物经磨而渐薄也	西南官话区
明	焦竑《俗书刊误》	刊正伪字之书	金石久用无楞曰鎔	
明	《方言据》	考证方言词语的专著	物磨损谓之鎔	
明	顾充《古隽考略》	考证词语的专著	从《五音谱》	
清初	李实《蜀语》	研究蜀地方言的专著	磨之渐销曰鎔	西南官话区
清	翟灏《通俗编》	解释俗语和方言词语的专著	从《五音谱》《丹铅总录》	
清	唐枢《蜀籁》	研究蜀地方言的专著	上下磨子一齐鎔	西南官话区
清	范寅《越谚》	研究绍兴方言俗语的专著	鎔，异，坚硬器物磨礲渐销	吴方言区
清	Adam Grainger《西蜀方言》	汉英字典	嘴巴皮说鎔了 my lips are worn away with speaking	西南官话区

表2 “鎔”的“磨损”义位用例（诗歌文集）

时代	出处	用例
明	《国朝献征录》	未几，铁复鎔
清	《古今钱略》	其仅存者，磨鎔翦郭往往毁于贾竖
清	《天府广记》	五铢…体质坚厚，又磨鎔
清	《金石契》	御用都归销鎔欲

① 1936年商务印书馆发行的《丹铅杂录丹铅续录俗言》一书写作“牙碑磨鎔”，《通俗编》中写作“牙牌磨鎔”。

续表

时代	出处	用例
清	《唐县开元寺》	开元古寺北平西，石子哓哓鋊马蹄
清	《结客少年场》	马蹄鋊铁岭，峨眉驮玉鞍
清	《朱宪副宅观商彝歌》	五彩并非时世观，闹装还似磨鋊后
清	《晚晴簃诗汇》	至今僵立土司界，偷儿磨鋊辄遭械
清	《答李太守论周尺汉尺书》	盖自周以来数千年，增损以渐，或日久销鋊，势使之然
清	《霞外攟屑》	殆奸民磨鋊，或销毁改铸矣

表 3 “鋊”的“磨损”义位用例（方志）

时代	出处	涉及方言区	文例
明·嘉靖	《四川总志》	西南官话区	鋊德于石
清·康熙	《嘉定县志》	吴方言区	物渐磨去曰磨鋊，鋊音裕，今俗呼如异
清·康熙	《宝山县志》	吴方言区	物渐磨去曰磨鋊，鋊音裕，今俗呼如异
清·雍正	《泽州府志》	晋方言区	（麻）唯产陵川者中外坚韧，绹制桅索，外虽磨鋊而内不绝股，故舟人利之
清·嘉庆	《直隶太仓县志》	吴语区	磨鋊，俗呼如异，物渐磨耗也
清·道光	《遵义府志》	西南官话区	磨之渐销曰鋊，俗读作遇
清·光绪	《通州直隶州志》	江淮方言与吴方言北片交错过渡区	鋊，磨物渐薄也
清·光绪	《资州直隶州志》	西南官话区	从有桑维翰铸，砚之怀磨，还期乎铁鋊
清·光绪	《叙州府志》	西南官话区	磨之渐消曰鋊
清·光绪	《垫江县志》	西南官话区	磨光曰鋊
清·光绪	《黎平府志》	西南官话区	磨物渐消曰鋊，音遇
清·光绪	《井研县志》	西南官话区	磨之渐消曰鋊
清·光绪	《陵川县志》	晋方言区	（麻）唯产陵川者中外坚韧，绹制桅索，外虽磨鋊而内不绝股，故舟人利之
民国	《华阳县志》	西南官话区	磨之渐消曰鋊，俗读作遇
民国	《荣县志》	西南官话区	今刀钝曰铅，俗作鋊
民国	《云阳县志》	西南官话区	鋊，光也
民国	《万源县志》	西南官话区	磨礲渐销曰鋊了
民国	《息烽县志》	西南官话区	谓磨礲渐销曰鋊
民国	《南川县志》	西南官话区	五金器物渐消磨曰鋊

续表

时代	出处	涉及方言区	文例
民国	《贵州通志》	西南官话区	磨之渐销曰鎐，俗读作遇
民国	《邛崃县图志》	西南官话区	磨消曰鎐，音裕
民国	《蓬溪县近志》	西南官话区	磨之渐消曰鎐，俗读作遇
民国	《新修合川县志》	西南官话区	磨之渐消曰鎐，俗读作遇
民国	《简阳县志》	西南官话区	磨礲渐销曰鎐
民国	《长寿县志》	西南官话区	磨渐销曰鎐
民国	《西昌县志》	西南官话区	磨之销曰鎐
民国	《犍为县志》	西南官话区	磨物渐销曰鎐
民国	《沿河县志》	西南官话区	磨之渐消曰鎐
民国	《定海县志》	浙方言区	从《五音韵谱》
民国	《上海县续志》	吴方言区	鎐，俗呼如异，物渐磨去也
民国	《萧山县志》	浙方言区	按今读若已音，盖鎐之转耳

此外，近代蜀地的作家在文学创作中，尤其是在记录口语时，也常用到"鎐"。如李劼人《大波》："这些麻筋麻肉的话，你表婶娘的耳朵早听鎐了！"① 沙汀《过渡集·夏夜》："姜桂芳插嘴道：'……人嘴都拌鎐了。'"②

（二）"勚"的词义演变

《尔雅·释诂》："勚，劳也。"《说文》："勚，劳也。"《广韵》："勚，苦也。""勚"古已有之，本义为"劳、苦"，如《诗·小雅·雨无正》"正大夫离居，莫知我勚"，《毛传》"勚，劳也"③。"劳苦"义位沿用到近代，同治年间的政府文件中还可见"谨将该员劳勚情形，附片陈明"④。民国时期的县志也多见"勚"作"劳、苦"之义，如民国二十四年版的《萧山县志稿》中便有"欢欣忘勚"之用例。⑤ 其"劳苦"义位长期保持活跃，"磨损"义位的用例首见于明末，且较为少见。

需注意的是，"易""夷"和"翳"也可表"磨损"。蒋宗福按，"易""翳"均为

---

① 李劼人：《大波》，四川文艺出版社 2011 年。

② 沙汀：《过渡集》，人民文学出版社 1979 年。

③ 参见毛公等《毛诗正义》，上海古籍出版社 1990 年，第 408—411 页。

④ 刘传标编纂：《近代中国船政大事编年与资料选编》第 22 册，九州出版社 2011 年，第 8079 页。

⑤ 参见南开大学地方文献研究室、杭州市萧山区人民政府地方志办公室整理《萧山县志稿》，南开大学出版社 2010 年，第 40 页。

“勚”音借。[①]《软侬吴语松江好》亦指出，“勚”写作“易”和“夷”，是依音记字的体现。[②] 鉴于四者读音相近，“磨损”义位出现的时空范围高度重合，现将四字表“磨损”的用例归为一类进行整理，如表 4 所示。

表 4 “勚”的“磨损”义位用例

时代	出处	出处说明	用例
明末	《玉娇梨》	小说	王举人就接着说到：“……嘴唇皮都读易了”
清	《芜湖县志》	江淮官话区方志	牙牌用久磨消其质谓之易③
清	《何典》	小说	几乎连阶沿砖都踏烊易了④
清	《石莲闇诗》注	诗歌注疏	熹平年代祇娄寿、耿勳二碑……今已磨翳，旧拓方能辩之⑤
清	《金石汇目分编》	金石学著录	永寿明刊小字二行，今已磨翳
民国	《嘉定县志续》	吴语区方志	勚，俗谓物消磨曰勚……故今谓器物磨损为勚。案前志作鎕
民国	《续修盐城县志稿》	江淮官话区方志	器物磨损曰勚
近代	《哭丧歌》	上海浦东地区妇女歌唱的传统礼俗歌	稗草钵头笃脱货，烂夷麦柴搭底货

（三）小结

通过对“鎕”和“勚”用例的调查，我们可以得到以下结论：第一，“鎕”的“炭钩”“铜屑”义位很早就不再活跃（明清时期“铜屑”义位虽有大量用例，但多是不加改动地引用《史记》）。至明代开始，“磨损”成为“鎕”的常用义位，活跃至今。第二，“勚”的常用义位从《诗经》时代到近代都是“劳苦”。至明末，“勚”才出现“磨

① 参见蒋宗福《四川方言词语续考》，巴蜀书社 2014 年，第 1092 页。

② 参见上海市松江区地方志办公室编《软侬吴语松江好》，上海辞书出版社 2019 年，第 145 页。

③ 嘉庆十二年《芜湖县志》：“牙牌用久磨消其质谓之易……且磨则变有变易义，磨则轻有轻易义，字皆当从易。而杨升菴《丹铅录》云有中官以牙牌磨（易）之字为问，杨据《汉书·食货志》：‘奸或盗摩铜质而取鎕’，从鎕字对之。不知《汉书》……鎕为屑是有质之义，易为销磨是无质之义，若以鎕当销磨解，则《汉书》奸之盗磨，又何取乎？李焘《五音谱》亦谓‘今俗谓磨光曰磨鎕’，说皆非是。鎕，师古音浴，《集韵》音欲，亦非易音。”《芜湖县志》的编纂者只知“鎕”可以作“铜屑”讲，以《汉书》臣瓒注和《铸钱议》《西京黄图序》为证否定了“鎕”的“磨损”义位；又只知表“磨消”的词可读若“易”，不知该词在其他方言区还可读若“浴”，故误。

④ 刘复注：烊易，谓因摩擦多而消损；雷汉卿《近代方俗词丛考》“烊易”谓“‘易’即‘鎕’”。

⑤ 清吴重熹《石莲闇诗》卷六《题钱仲仙大令熹平三年镜》之二：范合从来汉代优，熹平年代纪三秋。耿勳娄寿勘同赏，最惜模糊项伯修。原注：熹平年代祇娄寿、耿勳二碑……今已磨翳，旧拓方能辩之。

损”义位，虽沿用至今，但其使用频率远低于“劳苦”。

三、“磨损”语义场中“鋊”和“勚”对比分析

本部分在上面用例整理的基础上讨论三个问题：在“磨损”语义场中，“鋊”和“勚”是否存在语用差异、时代性更替或空间性分异。

（一）“鋊”和“勚”的语用差异

1.“鋊”和“勚”的文献材料性质差异

两者多见于“俚俗体”或“直白体”的语体，少有“文饰体”或“古雅体”。① 就口语和书面语的非同质性而言，“勚”更具口语用词特征，主要体现在以下三方面：其一，明末小说《玉娇梨》是“勚”表“磨损”最早的确证，其中“勚”正见于王举人的谈话中，不过该词换“易”字表示；“勚”最晚见于近代上海妇女传唱的礼俗歌中，换同音字“夷”表示。其二，表“磨损”时，“勚”“夷”“易”“翳”同音字混用，体现其使用过程中的记音倾向。其三，清康熙年间的《嘉定县志》和《宝山县志》有“物渐磨去曰磨鋊，鋊音裕，今俗呼如异”，“今俗呼如异”则说明了县志的编订者已然认识到了“异（勚）”的口语性。

2.“鋊”和“勚”的构词能力差异

“鋊”和“勚”都可单独使用，表“磨之渐销”。二者的构词能力都比较弱，这也符合汉语词汇发展的规律，即“口语性强的单音新词，构词能力不强；文言性强的单音旧词，构词能力却较强”②。语素“鋊”组成的复合词有磨鋊、销鋊；语素“勚”组成的复合词有烊易、勚脱、勚箸。其中“磨鋊”出现频率最高，且沿用至今。

故在语用与语义方面，“鋊”“勚”别无二致。

（二）“鋊”和“勚”的时代性差异

基于上文的整理，可发现，“鋊”和“勚”表“磨损”的用例绝大多数都出现于清代，故两者之间不存在时代性更替。但“鋊”表“磨损”出现的时间更早，且在同一时代，“鋊”表“磨损”出现的频率更高。

（三）“鋊”和“勚”的空间性差异

上揭材料（尤其是地方志）中，可以清楚地看到“磨损”语义场中“鋊”和“勚”的地域分布呈互补状：“鋊”多出现于西南官话区，少见于江淮官话区和吴方言区；

---

① 参见蒋绍愚《汉语史的研究和汉语史的语料》，《语文研究》2019 年第 3 期，第 1—14 页。

② 方一新、孟奕辰：《中古译经中的“愚”“痴”考探——兼谈基本词更替过程的复杂现象》，《中国语文》2021 年第 4 期，第 475 页。

“勚”多出现于吴方言区，少见于江淮官话区，几乎不见于西南官话区。

陈源源解释到，清代吴语区部分鱼韵字读为 i 音，“勚”为“鋊”的方言记音字，鱼韵字文白异读，“鋊”为文读音，“勚”为白话音。① 但陈文以鱼韵字语音演变推演“鋊”的音变不确。“鋊”与“浴”“欲”“裕”等字语音演变相近，在某些方言中还保留入声，不应为鱼韵字，而是屋部合口三等韵。故陈文无法解释“鋊”在广州话中的入声读法。

表 5　从“谷”字字音比对表②

字头	上古音	《广韵》	《洪武正韵》	南昌音	广州音	武汉音	重庆音	上海音	丹阳音	苏州音
裕	屋部	去声 遇韵	去声 御韵		jy^{22}	y^{35}	y^{214}	y^{324}		jy^{31}
浴	屋部	入声 燭韵	入声 屋韵	ȵiuʔ^{4}	jʊk^{2}	iou^{213}	y214	ɦioʔ^{23}	ɦioʔ^{24}	ɦioʔ^{23}
欲	屋部	入声 燭韵	入声 屋韵		jʊk^{2}	iou^{213}	y^{214}	yoʔ^{12}		jioʔ^{23}
鋊（铜屑）	屋部	入声 燭韵	入声 屋韵							
鋊（磨损）				y^{11}	Sit^{22}	y^{35}	y^{214}	ɦi^{13}	i^{11}	i^{512}

故本文虽认可“勚”为“鋊”的方言记音字，但该结论当从屋韵的语音演变谈起。“鋊”作为三等屋韵与鱼韵合流③，读为 y 音，继而在吴方言区变读为 i 音。是故有《萧山县志稿》“按今读若已音，盖鋊之转耳”④ 和《嘉定县续志》“前志作鋊”⑤ 的记载。

---

① 参见陈源源《“鋊”的读音问题》，载《汉语史学报》（第九辑），上海教育出版社 2010 年，第 109—114 页。

② 本表方言音的来源有：李荣主编，张成材编纂《现代汉语方言大词典》，江苏教育出版社 1994 年；许宝华、[日] 宫田一郎主编《汉语方言大词典》，中华书局 1999 年；侯精一、温端政主编《山西方言调查研究报告》，山西高校联合出版社 1993 年；北京大学中国语言文学系语言学教研室编《汉语方音字汇》（第二版重排本），语文出版社 2003 年；李如龙、张双庆主编《客赣方言调查报告》，厦门大学出版社 1992 年；刘纶鑫主编《客赣方言比较研究》，中国社会科学出版社 1999 年；安徽省地方志编辑委员会编《安徽省志・方言志》，方志出版社 1997 年。

③ 参见熊燕《官话方言屋沃烛韵的音变》，《方言》2019 年第 1 期，第 54—66 页。

④ 南开大学地方文献研究室、杭州市萧山区人民政府地方志办公室整理：《萧山县志稿》，南开大学出版社 2010 年。

⑤ 上海书店出版社编：《上海府县志辑・民国嘉定县续志光绪嘉定县志影印本》，上海书店出版社 2010 年。

现代汉语方言中"鋊""勚"的读音也可以印证这一结论。笔者据《现代汉语方言大词典》① 和《汉语方言大词典》② 中"鋊""勚"的读音制表如下：

表 6 "鋊""勚"现代方音对比表③

《现代汉语方言大词典》

	成都	武汉	南昌	绩溪	贵阳	南京	丹阳	崇明	上海	苏州	杭州	宁波	温州	广州
鋊	y^{214}													
勚		y^{35}	y^{11}	y^{22}	i^{24}	i^{44}	i^{11}	hi^{313}	hi^{13}	i^{512}	ʔi^{55}	ɦi^{213}	Ji^{11}	Sit^{22}

《汉语方言大词典》

	成都	武汉	腾冲	邛崃	扬州	宿迁	丹阳	镇江	上海	苏州	杭州	苍南
鋊	y^{213}				y^{13}					ɦi^{13}		ɦi^{213}
勚		y^{35}	i^{2}		i^{55}	i^{11}	i^{11}	l^{42}	ɦi^{23}	i^{512}		ʔi^{212}

两套辞书的编纂者都未注意到"鋊""勚"两字之间的关系，但他们收集的语音材料都验证了上文的结论："勚（鋊）"这个词在方言区的读音和在方言区文献中的用字相对应，即在"磨损"语义场中，决定两者共时互补的根本原因是这个词在方言区的读音差异。在官话区，"磨损"这个词读若-y 音，故用"鋊"记词；在吴方言区，"磨损"这个词读若-i 音，故用"勚"记词。

"鋊"的语音演变与"汩"的语音演变有相似之处，"汩"有"于笔切""古忽切""胡骨切"三个读音，陈明富指出："'于笔切'表'治水'义，应该是最初的基本读音，'古忽切''胡骨切'应为'于笔切'之俗音或方言变体。当俗音或方言变体使用长了，也可能代替原音以至于达到音变造词的效果。"④

① 李荣主编，张成材编纂：《现代汉语方言大词典》，江苏教育出版社 1994 年。

② 许宝华、[日] 宫田一郎主编：《汉语方言大词典》，中华书局 1999 年。

③ 除《现代汉语方言大词典》《汉语方言大词典》外，《四川方言词语汇释》记录"鋊"在巴蜀地区的现代方言读音为 [y213]。《成都话方言词典》记录"鋊"在成都地区的现代方言读音为 [y213]。《重庆方言词解》记录"鋊"在重庆地区的现代方言读音为 yu4。《四川方言词典》有"鋊（玉、勚），yu4（音玉）"谓"器物的棱角、锋芒经过磨损变得光滑"，将"勚"读为四川方言中"鋊"的读音。《四川方言词语汇编》选定"窳（音 yu214，读玉）"作"器皿用久失棱变形"。

④ 陈明富：《"汩"之音义关系考——兼论古书混淆"汩""汨"字形之误》，《河南科技大学学报》（社会科学版）2013 年第 4 期，第 64 页。

（四）“鎔”和“𪟝”关系分析结论

《古白话词汇特点考探》一文指出：“汉语方言的演变具有地域性，古白话常常带有方言色彩，南北有别，各地存异，反映了口语的地域性。”① “磨损”语义场中，“鎔”和“𪟝”在语义和语用上并无差别，不存在历时更替，仅存在共时层面上的地域分异。从词的角度来看，“鎔”和“𪟝”义同音异，语音关系紧密，当是同一个词的变体，即“变音词”②。两者词义演变如图 1 所示：

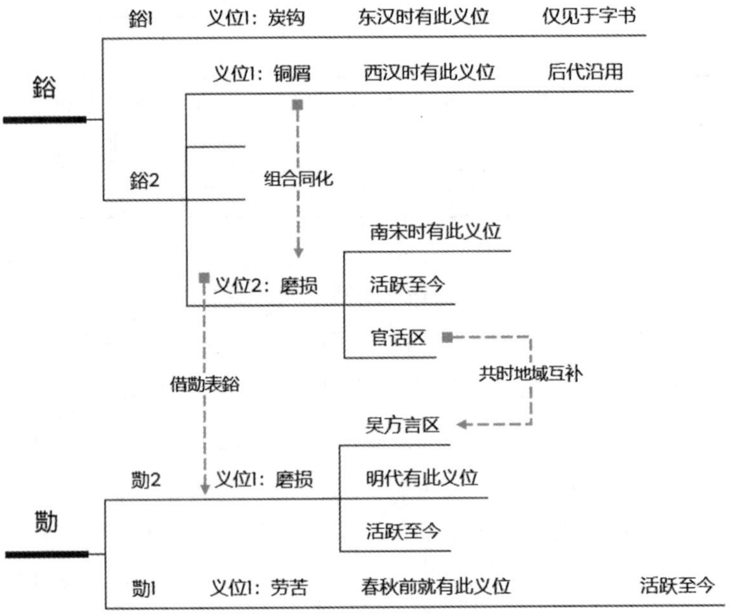

图 1 “鎔”“𪟝”词义演变

从字的角度来看，我们认定“鎔”为该词的本字，原因有以下两点：

第一，从词义演变的角度来看，“鎔”之“磨损”义位可能源自“铜屑”义位的词义引申或者“磨”“鎔”之间的组合同化。自西汉始，“磨”“鎔”便出现于同一语境中；“磨鎔”可以看作“磨钱取鎔”的紧缩③，其中“鎔”的词义已弱化；明代“磨鎔”的主体不再限于铜币，所指范围扩大，如《俗言》有“牙牌磨鎔”；清代文献不乏

① 徐时仪、吴亦琦：《古白话词汇特点考探》，《上海师范大学学报》（哲学社会科学版）2023 年第 2 期，第 107 页。

② 蒋绍愚：《古汉语词汇纲要》，商务印书馆 2005 年，第 31 页。

③ 参见王姝《词义感染发生机制——紧缩》，《哈尔滨师范大学社会科学学报》2021 年第 2 期，第 104—109 页。

“鋊”单独成词。在此过程中，组合体两要素间的语义界限逐渐模糊，这为语义同化的发生提供了必要的条件。[①] 而这种组合同化的结果便是，“鋊”受“磨”的影响出现“磨损”义。

第二，从用字角度来看，“勚”类字（“勚”“易”“翳”“夷”）具有明显的记音特征，从“鋊”到“勚”符合屋韵字的语音演变，故“鋊”为本字，“勚”为“鋊”的方言记音字。

四、“鋊”的读音问题

本部分对“鋊”的读音再研究，主要验证直音法为“鋊”注音的合理性以坐实上文的结论。

（一）浴、欲、鋊

《经籍籑诂》《书文音义便考》《正字通》和《汉书》中颜师古注用“浴”为“鋊”注音，《龙龛手鉴》用“欲”为“鋊”注音。《广韵》中“鋊”“浴”“欲”三字同属一小韵，读音相同，为余蜀切，本文不再赘言。

（二）裕、御、玉、遇、鋊

明书《丹铅总录》和《俗书刊误》分别用“裕”和“御”为“鋊”字注音，近代地方志用“玉”和“遇”为“鋊”字注音，[②] 五字中古音和近代音具体情况如表 7：

表 7　裕、御、玉、遇、鋊中古音、近代音比对表

韵书	字头	韵摄	声调	韵目	字母	开合	等第	清浊
《广韵》	鋊	通	入	燭	喻	合	三	次浊
	玉	通	入	燭	疑	合	三	次浊
	御	遇	去	御	疑	开	三	次浊
	裕	遇	去	遇	喻	合	三	次浊
	遇	遇	去	遇	疑	合	三	次浊

① 参见张博《组合同化：词义衍生的一种途径》，《中国语文》1999 年第 2 期，第 129—136 页。

② 用“玉”为“鋊”字注音的地方志有民国二十六年《犍为县志》、民国三十一年《西昌县志》；用“遇”为“鋊”字注音的地方志有道光二十一年《遵义府志》、光绪八年《黎平府志》、光绪二十一年《叙州府志》、民国十年《新修合川县志》、民国十七年《长寿县志》、民国二十三年《华阳县志》、民国二十四年《蓬溪县近志》、民国三十七年《贵州通志》、民国三十二年《西昌县志》。

续表

韵书	字头	韵摄	声调	韵目	字母	开合	等第	清浊
《洪武正韵》	鋊		入	屋	喻			次浊
	玉		入	屋	疑			次浊
	御		去	御	疑			次浊
	裕		去	御	喻			次浊
	遇		去	御	疑			次浊

从声母来看，“鋊”“裕”为喻纽字，“御”“玉”“遇”为疑纽字；从韵母来看，“裕”“遇”为虞韵去声字，“御”为鱼韵去声字。陈源源指出上揭字为“鋊”注音反映了当时喻疑母合并、虞鱼相混的语音现象。① 虽然舒促有异，韵尾有别，但主要元音舌位相近，读音相似。

五、“鋊”“镕”相混

《汉书·食货志》“摩钱里取鋊”一句当袭自《史记》。《史记·平准书》：“今半两钱法重四铢，而奸或盗摩钱里取镕，钱益轻薄而物贵，则远方用币烦费不省……乃更请诸郡国铸五铢钱，周郭其下，令不可磨取镕焉。”在《癖谈》② 一书中，“不可磨取鋊”亦写作“不可磨取镕”。可见《史记》中“镕”处，作“镕”或“鋊”存有争议。

时间较早的刻本，如宋景祐本和南宋绍兴刻本多作“鋊”，“镕”刻本晚见。清人张文虎校“镕”作“鋊”。③ 黄仕忠在《摩钱取镕与五铢钱》一文中以“镕”为确，黄文认为“摩”“磨”通“摹”，可释“镕”为“钱范”，故“摩钱里取镕”即“据钱币有字的一面，拓一个钱模子，制成钱范，再用来铸钱”，并以《汉书》“冶镕炊炭”一条“应劭注：‘镕，形容也，作钱模也’”为证。④

黄先生通过理校法证“镕”为确，但结合当时的铸币方法和钱币形制来看，这种说法恐难以成立。首先，从“奸或盗摩钱里取镕”到“令不可磨取镕焉”，民间盗铸受阻是因为五铢钱“周郭其下”的币形改变，这种币形改变恐怕并不会增加民间制范和铸钱的难度。党顺民在《从出土钱范探讨西汉五铢的铸钱工艺》一文中提出：“1. 郡

① 参见陈源源《“鋊”的读音问题》，载《汉语史学报》（第九辑），上海教育出版社 2010 年，第 109—114 页。
② （清）蔡云谈：《癖谈》，商务印书馆 1939 年。
③ 参见张文虎《校刊史记集解索引正义札记》，中华书局 2012 年。
④ 参见黄仕忠《摩钱取镕与五铢钱》，《杭州大学学报》1984 年第 4 期，第 106—107 页。

国铸钱初期，在形制上虽明文规定加铸周郭，但背面仍继承半两钱遗风而为平背。由于工艺不高，难阻盗铸。2. 后由京师官铸，虽加背模，也难免民间‘巧法用之’。”①相反，币形的改变却可以防止钱币的磨损，俞沛铭在《货币史话》中写道：“五铢钱相当精美……采用了战国时刀币、环钱边缘突起的轮廓，以保护币上的文字不致磨损，同时增加牢度。”② 此种说法与《平准书》中所言“钱益轻薄”是相应的。《隋书》卷二四：“其后奸狡稍渐磨鑢钱郭，取铜私铸，又杂以锡钱。递相放效，钱遂轻薄。”③ 亦能证明黄先生的说法存疑。

笔者认为《平准书》之“镕”仍可作“铜屑”解。“镕”“鋊”相混的情况可能出现。从上古音来看，“鋊”和“容”读音相近。容，从宀，谷声。鋊，从金，谷声，段玉裁谓“同谐声者必同部”。按照董同龢所拟定的上古音语音系统，“容”字为东部字，“鋊”字为屋部字，两字对转。从中古音来看，两字读音亦近。《集韵》和《正字通》以“容”直音“鋊”。《玉篇》《类篇》《正字通》指出“鋊”字为多音字，当“鋊”读为“余鍾切（《玉篇》《篆隶万象名义》）”或“馀封切（《集韵》《类篇》）”时，与“容”读音相近。④

从用例来看，“鋊”和“镕”不乏相混。《说文解字校录》直言“鋊、镕二字疑古本通容”。又有《震川先生集》⑤：“虽世所竞，俳优轧茁，铣豂虬户。”注：“宋人尝讥作文喜换字者，以‘金谷’为‘铣豂’。‘龙门’为‘虬户’。昆山本‘豂’作‘鋊’，常熟本作‘镕’。误，今正之。”以“金谷”为“铣豂”，乃换字以为涩体。又昆山本作“铣鋊”，常熟本作“铣镕”，虽注者以为误，但足以见得“鋊”“镕”二字间存在混用情况。

《史记·平准书》：“今半两钱法重四铢，而奸或盗摩钱里取镕……乃更请诸郡国铸五铢钱，周郭其下，令不可磨取镕焉。”裴骃《集解》引徐广曰：“音容。”李慈铭曰：“《史记》徐广曰容，误。”⑥ 裴骃、徐广以“容”直音“镕”，李慈铭反对，当与李慈铭使用的《史记》版本有关，亦可见得“鋊”“馀封切”的读音在清代并不常见。

综上，“鋊”为多音字，读“馀封切”时与“容”音近。“鋊”“镕”在古书中可能存在相混的情况。

---

① 党顺民：《从出土钱范探讨西汉五铢的铸钱工艺》，《考古与文物》1994 年第 5 期，第 17—18 页。

② 俞沛铭：《货币史话》，中华书局 1981 年，第 14 页。

③ （唐）魏征等撰：《隋书》，北京图书馆出版社 2006 年。

④ “鋊”在《篆隶万象名义》中仅有“余鍾切”一个读音。

⑤ （明）归有光著，周本淳校点：《震川先生集》，上海古籍出版社 2007 年。

⑥ （清）李慈铭：《越缦堂日记》，广陵书社 2004 年。

六、“鎔”“鑢”不混

本文曾在近代汉字研究第四届学术年会上宣读过，景盛轩先生在会议上指出，表“磨损、磨光”义的本字可能为“鑢”。《说文》：“鑢，错铜铁也。从金慮声。”幸蒙景先生指点，本文的研究视野得以拓展至“鑢”，但笔者认为“鎔”“鑢”不混，现阐述如下。

从音韵学视角出发，“鎔”“鑢”读音存在一定的差异。“鑢”在《广韵》中为“良倨切”，为来母御韵字。“鎔”为喻母燭韵字。二者虽然主要元音相近，但声纽发音差异较大。此外，通过方言调查和语音史梳理，来母字发展为零声母的情况少见，故从音韵学视角出发，“鎔”“鑢”同源的说法难以成立。

另一方面，“鎔”“鑢”虽然都有“磨鎔”“磨鑢”的用例，但在语境相似、用例相同的情况下，两者语义存在出入。如下：

其后奸狡稍渐磨鑢钱郭，取铜私铸，又杂以锡钱。递相放效，钱遂轻薄。①

魏志曰铸小钱，大五分，无文章，肉好无轮郭，不磨鑢也。②

……更薄小，无轮郭，不磨鑢，谓之“耒子。”③

所有当千当五百大钱均用净铜铸造，务使磨鑢精工，色泽光润。④

“磨鑢”亦可作“磨鐧”，笺云：“玉之缺可磨鑢而平，即磨鐧也。”⑤ 但“磨鐧”用例较为少见，且几乎都出现在字书中。故将“磨鎔”“磨鑢”的用例进行对比研究发现，“磨鑢”可视作两动词同义连用，“鑢”仍表“磨”这个动作行为，而“磨鎔”中的“鎔”更倾向于表示“磨光”“磨之渐消”的状态。

以上从语音和语义两个视角区别了“鎔”“鑢”，两者之间并不存在共时或历时层面的替代关系，“鑢”为“磨光”之本字的说法恐难成立。

七、浅谈字词关系

“鎔”和“勬”之间的字词关系已有定论，现对本文涉及的其他同词异字和同形异

① （唐）魏征等撰：《隋书》卷二四，北京图书馆出版社 2006 年。

② （晋）陈寿撰：《三国志・魏书・董卓传》，上海古籍出版社 2011 年。

③ （宋）司马光编著：《资治通鉴・宋纪十二》，上海古籍出版社 1987 年。

④ （清）周家楣、缪荃孙编纂：《光绪顺天府志・经政志六》，北京古籍出版社 1987 年。

⑤ （清）丁晏撰：《周礼释注》，上海古籍出版社 1996 年。

词现象略谈如下。

（一）“勩”“易”“夷”“翳”：同词异字

前文将音同义同的“勩”“易”“夷”“翳”视为同一个词，这里浅说其一词多形的问题。“翳”可表“灭”，如“翳灭”，“勩”有劳苦义，“翳”“勩”与磨损义并非毫无关系（段注有“凡物久用而劳敝曰勩”），两字作记音字有字义上的合理性。“易”“夷”为常见字，写法简单，假借两字表磨损，“经济便捷”。①

与之相对的是两组字所见的文献材料，“勩”见于方志与字书，“翳”见于《石莲闇诗》注与《金石汇目分编》；“易”除一例见于方志外皆见于小说中的白话，“夷”见于浦东妇女口口相传的礼俗歌曲。可见“易”“夷”两字出现的语言环境并未严格要求采用何字记音。而段玉裁等人则是从训诂的角度严格地从字音字义两方面界定本字，但惜犹存缺憾。

（二）“鎔”：同形异词

对“鎔”字进行讨论的前提是区别“谷”和“𧮫”。许可先生审读本文后提出，表磨损义的本字可能为“鎔”，从“𧮫”得声，为鐸部字，与月部字“勩”通转，两者同源，后讹混作“鎔”。笔者以为存疑。其一，“谷”和“𧮫”在许慎著《说文》时已讹混②，而表“磨损”的“鎔”南宋才出现，字书中未见“鎔”。其二，“勩”自先秦即表“劳苦”，同源一说难以成立。其三，“𧮫”“去”一字异体③，“鎔”与“鉣”也可能存在异体字关系，而《说文》中“鉣”字义为“组带铁”。

排除“鎔”“鎔”讹混的可能，再讨论表“炭钩”和“铜屑”的“鎔”，可能为同形字，即“外形虽然相同，实际上却是不同字”④。《集韵》中“鎔”存在音义分异，作“钩鎔取炭器”的“鎔”读“餘封切”，而“《说文》可以钩鼎耳及炉炭，一曰铜屑”中的“鎔”读“俞玉切”，故“鎔”最早可能是形同音异义异的两个字。但《集韵》外的韵书和字书对此不加区别，可能两字极早就相混了，表现为“鎔”一字多音义。且从“金”的字中不乏同形字，如表示“弩眉”的“镠”和表示“黄金之美者”的“镠”⑤，

① 参见胡津龄《汉字丛谈》，天津社会科学院出版社 2019 年，第 113 页。

② 参见李铁、李守奎《〈说文〉“𧮫”字探源——兼说文字演变的复杂性》，载《中国文字研究》（总第十辑），大象出版社 2008 年，第 111—115 页。

③ 参见李铁、李守奎《〈说文〉“𧮫”字探源——兼说文字演变的复杂性》，载《中国文字研究》（总第十辑），大象出版社 2008 年，第 111—115 页。

④ 裘锡圭：《文字学概要》（修订本），商务印书馆 2013 年，第 204 页。

⑤ 《说文解字》：“镠，弩眉也。一曰黄金之美者。从金翏声。”

表示“磨损”的“铝”① 和金文中表示铸铜原料的“铝”②，表示“方钟”的“钫”③ 和表示“镬属”的“钫”④。

八、结语

本文就“鋊”“勚”在“磨损”语义场共存这一语言现象讨论两个问题：1.“鋊”“勚”两词之间的关系；2.“鋊”“勚”两字中何者为“磨损义”之本字。此外对所涉及的“镕”“鑢”二字也略加论述。基于对文献材料的穷尽整理，结合“鋊”“勚”的词义演变与“浴”“欲”“裕”“御”“玉”“遇”“异”“已”“容”“易”“翳”等相关诸字的读音演变，从时代性和地域性对以上问题进行分析，本文最后得到以下结论：

第一，“鋊”“勚”为变音词，两者同词异形，其并行和分异是屋部字在方言中读音演变的结果，体现了“古白话的方言色彩”与“方言演变的地域性”。

第二，“鋊”为“磨损”义的本字，“勚”为“鋊”的方言记音字。“鋊”磨损义位来源于其铜屑义位的词义引申或“磨”“鋊”之间的组合同化，其产生机制可能是“磨钱取鋊”的紧缩。

第三，“鋊”为多音字，又音“容”。古书中存在“鋊”“镕”相混的情况。

第四，“鋊”“鑢”之间音义有别。

第五，表“炭钩”的“鋊”和“铜屑”的“鋊”可能为同形字。

（漆健桦：华东师范大学中文系，200241，上海）

---

① 《方言》：“希、铄，摩也。燕齐摩铝谓之希。”

② 于省吾：《双剑誃吉金文选》，中华书局1998年，第110页。

③ 《说文解字》：“钫，方钟也。”

④ 《类篇》：“《说文》方钟也。《博雅》鍪谓之钫。一曰镬属。”

关于“环珓”非“環珓”问题的考察*

赵曜曜

摘　要：“杯珓”是宋元语言生活中的高频词，历代文献对其记载异体繁多，“环珓”即是其中之一。在固有名词“环珓”中，“环”并非“環”的简俗字，而是“杯”字的俗体，当读作 bēi。此外，文章还从文字学、词汇学的视角，追溯了由单音词“珓”至复音词“杯珓”及“环珓”的历程，并对“环珓”之“环”误识为“環”的时代及原因作了必要的考证。

关键词：杯珓　环珓　環珓　俗字

黎靖德所编《朱子语类》卷七十《易六·谦》：“初但有占而无文，往往如今之环珓相似耳。但如今人因火珠林起课者，但用其爻而不用其辞，则知古者之所占，往往不待辞而后见吉凶。”其中“环”字，在《汉语大字典》（第2版）、《中华字海》、《汉语大词典》等字典辞书中，它的唯一义项是作为“環”① 的简俗字。《汉字简化说略》《简化字溯源》中称“环”始见于清刻本《目连记弹词》。张涌泉先生认为“‘环’字古书只用同‘環’，没有歧义”②。

笔者以为“环”除了作为“環”的简俗字外，在固有名词“环珓”中，当属“杯”字的俗体，读作 bēi。“环”一形而身兼两词，其致俗源头和构字理据则完全不同。不论是作为“環”的俗写，还是“杯”的俗体，其出现年代大体都在元代。明代后期，随着掷珓占卜的式微，人们对“环珓”的了解程度相对降低，刻本中出现将“环珓”之“环”繁化讹作“環”的现象，今《汉语大词典》也误录“環珓”为词条。由此可知，将“环珓”识为“環珓”的错误已十分久远，纠正“环珓”为“杯珓”，并探明两

* 本文为江苏省社科基金“明清时期家礼图像文献整理与研究”（编号：22LSC006）的阶段性成果。

① 为了辨明“環”与“环”的繁简关系及演变路径，保留古籍及字典辞书中“環”的繁体字形。

② 张涌泉：《简化字与古同形字》，载《中国文字学报》（第四辑），商务印书馆 2012 年，第 172 页。

者的关系是亟待解决的问题。

一、考《朱子语类》异文，“环珓”即“杯珓”

核勘《朱子语类》卷七十各版本间的异文，朝鲜古写宝祐二年（1254）再校徽州本（简称“徽州本”）、明成化九年（1473）陈炜覆刻本（简称“成化本”）、《四库全书》本（简称“四库本”）、徐时仪及杨艳《朱子语类汇校》本（简称“徐本”）、王星贤点校《理学丛书》本（简称“王本”）皆作“环珓”。郑明等校点《朱子全书》本（简称“郑本”）则作“杯珓”。《汉语大词典》引《朱子语类》卷七十内容作为“環珓”条的书证，然而今检各版未有作“環珓”，《汉语大词典》未曾核审《朱子语类》原章，径改文字以就合书证，本身就是一种疏失。

除《朱子语类》同卷不同版本存在“环珓”与“杯珓”的差异外，同一版本前后文中两形亦有混同，以“成化本”为例，该词共出现 5 次，卷七十“环珓”不计，卷七十一《易七・无妄》另见 4 处，即：

（1）人之卜筮，如决杯珓❶，如此则吉，如此则凶。杯珓❷又何尝有许多道理！

（2）如今人问杯珓❸，杯珓❹上岂曾有道理？自是有许多吉凶。

将《朱子语类》众多别本异文或同本异篇中“环珓”“杯珓”窜乱杂混的情况归表如下：

表 1 《朱子语类》不同版本中“环珓”“杯珓”异文情况汇总

卷数・篇次	徽州本	成化本	四库本	王本	郑本	徐本
卷七十・易六・谦	环珓	环珓	环珓	环珓	杯珓	环珓
卷七十一・易七・无妄（1）	柸珓 柸珓	杯珓 杯珓	杯珓 杯珓	杯珓 杯珓	杯珓 杯珓	柸珓 柸珓
卷七十一・易七・无妄（2）	柸珓 柸珓	杯珓 杯珓	杯珓 杯珓	杯珓 杯珓	杯珓 杯珓	柸珓 柸珓

“不”为“帮”纽“之”部，“丕”为“滂”纽“之”部，两部件读音及形体皆相近，俗书常混用不别。因此，“徽州本”及“徐本”所载“柸”为“杯”的增笔俗字，“柸珓”同“杯珓”。此外，审辨《朱子语类》上表异文，并借助语境对词汇意义的确定性和排他性，可知“环珓”即“杯珓”，两者为训诂同义词，所指同一事物，即占卜所用的器具，成对使用，抛投于地或盘，观其俯仰，以占吉凶。《朱子语类》卷七十、

七十一主要围绕朱熹的“周易观”展开，朱子认为孔传前的《周易》属于卜筮末技，与抛掷“环珓”（即“杯珓”）以俯仰来判断吉凶的原始占卜相同，并无深刻的思想内蕴。

而对于卷七十中，多个版本字形作“环珓”的原因，学者在校理时仅仅誊录而不作说明，也有部分学者认为是由于形近而造成的误写。如朱杰人先生认为“环珓”不文，“杯”和“环”由于形近致误。[①] 杨艳说：“（环珓）知当为‘杯珓’之误。”[②] 甘小明（2011）认为“杯”受“珓”偏旁类化的影响，从而出现“环珓”的写法。若单从“环”“杯”两字字形角度分析，上说皆可成立，然将其置于“杯珓”诸多异写中系统分析，“环”并非受形近或类化因素产生的错字，而是“杯”改换形符产生的俗体。

二、器物的材质对字形的影响

作为复音词的“环珓”或“杯珓”皆是由单音词“珓”发展而来。文献史料中载有“掷珓”“卜珓”“抛珓”“打珓”等习俗，“珓”也常与词缀“子”“儿”结合，构成复音词“珓儿”“珓子”。“珓”占术何时产生，难有确论，据容肇祖（1928）先生考证，它大约产生于汉魏六朝，主要在荆楚、吴越等南方地区流行。周绍良先生（2009）也持此说。此种占卜方法最初借音表义，只记音，文字并无定式，字形最早见于南北朝时期的文献，写作“教”，如南朝梁宗懔《荆楚岁时记》[③]：“掷教于社神，以占来岁丰俭。”隋杜公瞻注：“教以桐为之，形如小蛤。言教，教令也。其掷法，则以半俯半仰者为吉也。”宋程大昌《程氏演蕃露》[④] 卷三“卜教”条云：“珓者，本合为教，言神所告教，现于此之俯仰也。后人见其质之为木也，则书以为‘校’字。”黄侃先生在《量守庐群书笺识》中言：“掷筊，正当作‘教’，或即‘爻’字，‘筊’借字也。”[⑤] 曾昭聪先生于《〈通俗编〉黄侃评语“正字”辨》中申明黄侃之说，认为“珓”的词源为“教”，也可能是“爻”。[⑥] 关于“珓”的词源，吴朝阳（2018）有系统的说明，他认为

---

① 参见（宋）曾敏行撰，朱杰人标校《独醒杂志》，上海古籍出版社 1986 年，第 29 页。

② 杨艳：《〈朱子语类〉版本及语言问题考论》，广西人民出版社 2015 年，第 170 页。

③ 《荆楚岁时记》原书及注文久亡，今传本多为明清时人自类书中辑录而出，内容多寡不同。本文所引宗懔原文及杜公瞻注文，传本不见，乃摘录自国家图书馆藏宋刻本《程氏演蕃露》所载《荆楚岁时记》之散佚资料。

④ 程大昌《程氏演蕃露》一书，宋刻本一般作“演蕃露”，嘉靖本之后作“演繁露”。本文所采版本为国家图书馆所藏宋刻本，题名《程氏演蕃露》。

⑤ 黄侃：《量守庐群书笺识》，武汉大学出版社 1985 年，第 428 页。

⑥ 参见曾昭聪《〈通信编〉黄侃评语“正字”辨》，载《中国文字研究》（第二十一辑），上海书店出版社 2015 年，第 146 页。

"教"和"爻"相通，"珓"即是"爻"，其核心义表示易卦，故而在此不对"珓"字的词源作过多的阐发。

总之，受汉字意音文字性质的影响，在音近"教"的读音基础上，卜具质料的不同，造成文字形符选择不同，历代文献中常见的字形有珓、筊、簎、笤、筶、校，细析如下：

（1）以玉石为材质制成的占验用具采"珓"为字形。"珓"字，《说文》《玉篇》等早期字书未录，据《程氏演蕃露》记载，首见于《唐韵》。今重审《唐韵》残篇，不见"珓"字踪迹。字书中至《广韵·去声·效韵》始收，云："珓，杯珓，古者以玉为之。"

（2）从"玉"的字并非全为玉质，色泽莹白类玉的贝属亦多从"玉"，如珠、玑、珕，故而以贝类制成的卜具亦以"珓"为字形。《程氏演蕃露》云："至其谓'以玉为之'，决非真玉，玉虽坚，不可飏掷，兼野庙之巫，未必力能用玉也，当是择蚌壳莹白者为之，而人因附玉以为之名。"

（3）由于玉石及贝类受地理环境及生活条件限制较大，困窘无资者常将易得的竹根斫削后进行占卜。前蜀诗人贯休《禅月集》（《四部丛刊初编》影宋本）收录有五律《咏竹根珓子》[①]，诗题中便言明了竹制。司马光《司马氏书仪》"冠仪"中解释"杯珓"说："其制取大竹根判之。"（文渊阁《四库全书》本，卷二）以"竹"制成的卜具，字形常用"筊""簎""笤""筶"四体。

（4）用木头做成的以"校"为字形，如上文《荆楚岁时记》杜公瞻注说以"桐"木制，清人胡文英《屈骚指掌》云："珓或用木，或判竹，或以蜃蚌，各随风土用之。故字或从玉、从竹。"[②]

需要补充说明的是，刻本中亦多见"茭"字，表示卜具，如元刻本《古今杂剧·大都新编关目公孙汗衫记》："我问甚玉杯茭下下，惹大个东大岳耶耶。"宋张洞玄《玉髓真经》："内一格杯茭合立者，如羊蹄之状。"（明嘉靖刻本，卷八）宋高似孙《纬略》"杂卜"条下引《荆楚岁时记》："掷茭于社神，以占来岁丰歉。"（文渊阁《四库全书》本，卷三）这是由于部件"⺮""艹"俗写常混同不别[③]，故而"筊"讹作"茭"造成的。典籍中未见以草制"珓"的记载，因此"茭"的产生仅是由于部件形近而造成的传写错误，与器物的材质无关。今遍搜字典辞书，"茭"下皆未收录其作为占卜用具的

---

① 贯休诗各本文字略殊，《四部丛刊》初编影印徐氏藏影宋钞本《禅月集》卷八，作《咏竹根校子》；而《四库全书》本《全唐诗》卷八百二十九，作《咏竹根珓子》。本文采宋钞本字形。

② 胡文英：《屈骚指掌》，北京古籍出版社 1979 年，第 28 页。

③ 部件"艹""⺮"混用之说，诸多学者曾例示详析，今可参看曾良《俗字及古籍文字通例研究》一书："⺮""艹"旁不别例（百花洲文艺出版社 2006 年，第 122—124 页）。

义项，应据之补苴读音为 jiào，并阐明“筊”与“茭”的关系。

总之，以“玉”为义符更加贴合中国的审美与占卜文化，且“珓”字兼具了汉字表音兼释义的特征，在文献中使用范围最广，并被诸多大型辞书作为正字收录，如明张自烈《正字通·玉部》云：“珓义从珓为正，珓之从玉，象玉德示珍重也，非必以玉为之。”① 故而最早的“教”字湮没不见，“珓”字在竞争中取得胜利。② 将“珓”视为正体也较为妥帖。上述分析列表如下：

表 2　“珓”字俗体汇总

正体		俗体	
形符	从“玉”	从“竹”	从“木”
字形	珓	筊、簼、筶、箬	校

三、由“珓”至“杯珓”“环珓”

以“珓”卜验法萌芽发展于汉魏，而此时期从词汇学上看，属中古词汇阶段，词汇双音化逐步形成，复音词显著增多。以“珓”“筊”“校”等单音词为中心语素，与修饰性语素“杯”组合，形成偏正式复音词“杯珓”，即形似杯形的珓。具体铺陈如下：因声记形以“珓”为代表的上述字，凭借文字读音、形符，阐释了此种卜器得名的源头、制作的材质。然而正如王云路先生所说，为了准确命名日益丰富的新事物，常在单音词中添加表示形象、特征的语素，从而形成复音词。③ 从“珓”的形状来追溯附加语素“杯”的原因，《程氏演蕃露》云：“杯者，言蛤壳中空，可以受盛，其状如杯也。”“珓”具早期以两片蚌壳制成，状如半圆或弯月，加之贝属中空，两片相合与古之“耳杯”形似，后人因地制宜将玉、竹、木等加工成此形。综上，在准确描摹事物情状、传递信息的需要下，通过修辞手段，将该器物的形状特征“杯”添附“珓”上，最终形成了“杯珓”一词。

“珓”称“杯珓”最早见于唐代，韩愈《谒衡岳庙遂宿岳寺题门楼》诗云：“手持杯珓导我掷，云此最吉余难同。”李商隐《义山杂纂》中也载有“殢人掷柸珓（即杯

---

① （明）张自烈、廖文英：《正字通》，中国工人出版社 1996 年，第 673 页。

② 参见周翠英《〈演繁露〉词语探源述评》，《东方论坛》2016 年第 6 期，第 42 页。

③ 参见王云路《中古汉语词汇史》，商务印书馆 2010 年，第 108 页。

珓）”。由“珓”至“杯珓”的过程，是汉语词汇双音化的结果，是词汇表义精确化、细致化的体现。

在“珓”字异体繁多的基础上，加之“杯”字改换形符或声符、部件混同而致俗，使得“杯珓”一词异写的情况错综复杂。首先，“杯”字常见俗字有柸、桮、盃，这三种俗体在敦煌俗字、碑刻俗字中蔚然可观，《玉篇》《广韵》等字书早已明辨了它们之间的正俗地位，今不复赘言。其次，与单音词“珓”形体讹变的成因相类，“杯”字另有俗体是由卜材的不同而造成的文字讹舛。分析如下：

（1）“杯”改换形符从“玉”作“环”，例见宋舒岳祥《阆风集·田公姥词》：“岁岁田头管风雨，春三秋九享鸡豚，环珓神灵如对语。”（文渊阁《四库全书》本，卷二）由于部件“不”和“丕”相混，或作“⿰王丕”，如宋王明清《挥麈后录》：“太祖皇帝草昧日，客游睢阳，醉卧阏伯庙。梦中觉有异，既醒，焚香殿上，取木⿰王丕珓以卜平生。”（宋龙山书堂刻本，卷一）张洞玄《玉髓真经》：“⿰王丕筊一峰，顶上微破，远望如竖⿰王丕筊。”（明嘉靖刻本，卷十二）

（2）“杯”字改换形符，从“竹”作“⿱竹不”；或作“⿱竹丕”。如宋张洞玄《玉髓真经》：“右⿱竹丕筊，应贱龙、单龙之穴。”（明嘉靖刻本，卷八）“⿱竹不”字我国文献未见，然而朝鲜汉籍恰恰收录了“⿱竹不”，填补了我国该字形的缺失，如许传《士仪》：“环珓，《韵书》判竹为之，其长二寸，用二片，以竹之表里为俯仰。或作‘⿱竹不筊’。”（首尔大学奎章阁藏本）现将“杯”字俗体陈表如下：

表 3 “杯”字俗体汇总

正体	俗体						
	改换声符		改换形符			声形俱异	
杯	柸	桮	盃	环	⿱竹不	⿰王丕	⿱竹丕

“杯”“珓”两字正体与俗体间交错搭配，使“杯珓”一词变体众多，历代文献中见有柸珓、柸筊、盃珓、桮筊、杯箁、环珓、⿰王丕珓、⿰王丕筊、⿱竹不筊、⿱竹丕筊等。其中“环珓”为“杯珓”不同文字记录形式之一，“环”为“杯”的俗体，读音为 bēi。宋戴侗《六书故》卷二八释“盃”，下云：“又作桮、⿷匚丕、环。”① 张自烈《正字通·皿部》注“⿱麻皿”：“俗字。杯或作桮、⿷匚丕、环、盃。改从麻，非。”② 由“盃”“⿱麻皿”为媒介，可知

① 戴侗：《六书故》，中华书局 2012 年，第 642 页。

② （明）张自烈、廖文英：《正字通》，中国工人出版社 1996 年，第 727 页。

字书中也标明了“杯”和“环”（bēi）是正体与俗体的关系。总之，以“不”为声符，形符从“玉”“竹”“木”的不同，是为了区别“杯珓”的用料质地。因此，“环”并非受形近或类化因素产生的俗字，而是“杯”改换形符形成的俗体。

四、“环珓”之“环”误识为“環”

“環”，《说文·玉部》载：“璧也。肉好若一谓之環。从玉睘声。”“環”本义指边宽与中孔直径等长的玉璧，引申为圆圈状物体。1935 年《简体字表》收入“环”（huán）字，1956 年公布的《汉字简化方案》定“环”（huán）为“環”的简化字。《简化字溯源》《汉字简化说略》称“环”（huán）始见于清初刊行的《目连记弹词》。然而今检四部丛刊初编影印蒋氏密韵楼藏元刊本《元丰类稿》，卷七有《環波亭》一诗，同卷后有《雨後环波亭次韻四首》[①]，以“环”代“環”。因此，就“环”（huán）作为“環”简俗字产生的时间来说，最早见于元代文献，然当时使用范围较小。直到明时简俗字“环”（huán）才习见，明郭一经《字学三正·体制上·时俗杜撰字》：“環，俗作环。”[②] 明确了“環”“环”（huán）两字的正俗关系。至于“環”讹俗的原因，前彦时贤多有探讨，《汉字简化说略》认为“不”为简省符号，《简化汉字字体说明》以为“环”（huán）由“環”草书楷化而来[③]，其致俗原因至今未有确论，以上诠释皆可备一说。

此外，如上文所揭，“坏”“环”两形皆为“杯珓”一词中“杯”的俗写。其中，“坏”（bēi）字先见，宋刻五卷本《家礼》卷五“四时祭”载：“置卓子于主人之前，设香炉、香合、坏珓及盘于其上。”上文王明清《挥麈后录》宋龙山书堂刻本也载有“坏珓”。有元一代，“坏”（bēi）形继续沿用，例如元后至元三年（1337）刻本《慈溪黄氏日钞分类》卷三十七有“坏珓”：“《易》本卜筮之书，圣人因之以明教。想当初伏羲画卦之时，只是阳为吉，阴为凶，如今坏珓相似，使之趋利避害，以成天下之务。”同时期，“环”（bēi）作为“杯”的俗体开始出现，最早见于元刻本《晦庵朱文公易说》卷二十一“卜筮”条：“初但有占而无文，往往如今之环珓相似耳。”明清时期的文献中“杯”的俗体“环”（bēi）仍然沿用，但仅限于“环珓”一词。明嘉靖九年（1530）内府刻本《大明集礼》及明万历内府刻本《大明会典》载有筮日工具的“环珓”，可见该字形曾进入官方礼典书写系统。

---

① 为了论证“环”作为“環”的简俗字最早见于元代文献，依照元刊本《元丰类稿》原文誊录，保存其中《環波亭》及《雨後环波亭次韻四首》中的繁体字形。

② 郭一经：《字学三正》，北京出版社 2000 年，第 221 页。

③ 参见陈光垚《简化汉字字体说明》，中华书局 1956 年，第 17 页。

因此，“环”既是“環”字的简俗字形，在词语“环珓”中又是“杯”字的俗体，两者同时在元代产生。通过对文献史料的梳理，得知元代的杂剧、散曲、野史中保存有丰富的“掷珓”“投珓”“抛珓”资料，以“珓”占卜的风习在元代盛行于民间。由于使用人群的广泛性，对“环（bēi）珓”的字形结构人们有着明晰的认识，未见将“环珓”中“环”（bēi）误识为“環”的记录。然而“环珓”（即杯珓）自古以来就是衍生并主要流布于南方的占卜方式，随着其他占卜术法的兴起，以及对问卜结果确切化的需求，明清后“环（bēi）珓”的使用“在我国大部分地区却逐渐趋于消失”①。以“珓”卜问的式微，使人们对“环（bēi）珓”的了解程度相对降低，与此同时“环”作为“環”的简俗字在社会生活中的使用频繁起来，从而导致明末刻本中出现了将“环（bēi）珓”之“环”误录作“環”的现象，如明万历四十五年（1617）《纪录汇编》本《庚巳编》卷九载“環珓”：“谋建法事，择主行者祷于所事真武，以環珓卜之，连举数人皆名流，不许，最后举玄妙观沈道士，乃得之。”然而此现象明时较为稀见。直至清代，此种错误的文例才多了起来。将“环（bēi）珓”错识为“環珓”并非我国文献的特例，域外汉籍中亦有目及，如首尔大学奎章阁所藏郑逑《寒冈先生四礼问答汇类》卷三“时祭卜日”条：“環珓今不知为何物，以意造作而用，反涉不虔乎。”

综上，在固有名词“环珓”中，“环”读为 bēi，是“杯”的俗体，与表示玉璧或圆圈状物体的“環”并无关联。

五、小结与思考

“环珓”一词虽字面普通，然而想要厘析该词产生、讹变的历程及规律，不免要涉及语言学、文献学、民俗学的相关知识。上文通过异文辨析与字样比对，推勘出“环珓”即“杯珓”。字形的偶合，使得“杯珓”中“杯”的俗体“环”与“環”的简俗字构成了同形字。今大型辞书多漏收“环珓”项，已收录者则往往将其作为“環珓”的简写。此外，在训释“杯珓”时，由于对字词源流不明，造成词条收录冗余、援引语料文字讹舛的现象，增加了览者分辨和识记的困难。以《汉语大词典》为例，录有“杯珓”“杯筊”“柸珓”“柸校”“柸筊”“盃珓”“環珓”七个词目，彼此释义重复，征引文献存在交叉。上述七词的本质在训说同一器物，应以“杯珓”为规范条目，指出其中字形讹变的关系，删削重复的文献例证，纠正“環珓”为“环珓”，终止自明末以来将“環”与“环珓”之“环”（bēi）混作一谈的错误。

---

① 吴朝阳：《杯珓综考》，载《民俗典籍文字研究》（第二十一辑），商务印书馆2018年，第56页。

总而言之，文章以传世文献中的“环珓”为考察对象，揭橥诸异体间的字际关系及同形字的演变路径，重审大型字典辞书编纂中的疏漏，纠正前人的误识，以期为汉语发展史的研究提供有力的参考佐证。失当之处，恳请鸿儒博雅正之。

参考文献：

[1] 陈光垚. 简化汉字字体说明 [M]. 北京：中华书局，1956.

[2] 戴侗. 六书故 [M]. 党怀兴，刘斌，点校. 北京：中华书局，2012.

[3] 甘小明.《朱子语类》校勘十则 [J]. 巢湖学院学报，2011 (4).

[4] 郭一经. 字学三正 [M]. 北京：北京出版社，2000.

[5] 胡文英. 屈骚指掌 [M]. 北京：北京古籍出版社，1979.

[6] 黄侃. 量守庐群书笺识 [M]. 武汉：武汉大学出版社，1985.

[7] 黄士毅. 朱子语类汇校 [M]. 徐时仪，杨艳，汇校. 上海：上海古籍出版社，2014.

[8] 黎靖德. 朱子语类 [M]. 王星贤，点校. 北京：中华书局，1986.

[9] 黎靖德. 朱子语类 [M]. 郑明，点校. 上海：上海古籍出版社，安徽教育出版社，2010.

[10] 容肇祖. 占卜的源流 [J]. 中央研究院历史语言研究所集刊，1928 (1).

[11] 沈克成，沈迦. 汉字简化说略 [M]. 北京：人民日报出版社，2001.

[12] 王云路. 中古汉语词汇史 [M]. 北京：商务印书馆，2010.

[13] 吴朝阳. 杯珓综考 [M] //民俗典籍文字研究（第二十一辑）. 北京：商务印书馆，2018.

[14] 杨艳.《朱子语类》版本及语言问题考论 [M]. 南宁：广西人民出版社，2015.

[15] 曾敏行. 独醒杂志 [M]. 朱杰人，标校. 上海：上海古籍出版社，1986.

[16] 曾昭聪.《通俗编》黄侃评语“正字”辨 [M] //中国文字研究（第二十一辑）. 上海：上海书店出版社，2015.

[17] 张书岩等. 简化字溯源 [M]. 北京：语文出版社，1997.

[18] 张涌泉. 简化字与古同形字 [M] //中国文字学报（第四辑）. 北京：商务印书馆，2012.

[19] 张自烈，廖文英. 正字通 [M]. 北京：中国工人出版社，1996.

[20] 周翠英.《演繁露》词语探源述评 [J]. 东方论坛，2016 (6).

[21] 周绍良. 绍良书话 [M]. 北京：中华书局，2009.

（赵曜曜，淮阴师范学院文学院，223300，江苏淮安）

刻本小说释读之津梁，明清俗字研究之渊薮

——《明清小说俗字典》评介

刘宇舒　赵家栋

摘　要：曾良先生和陈敏博士编著的《明清小说俗字典》是一部汇集明清小说俗字的工具书，该书首次广泛而全面地反映了明清时期俗写面貌，是汉语俗字研究领域的重要学术成果，在俗字学、文献学、辞书编撰等方面具有重要的学术价值与应用价值。本文着重从该书的体例、特点、价值及影响等方面进行评介，并提出几点修订建议，以期引起更多语言文字研究者的关注。

关键词：《明清小说俗字典》　体例　特点　价值　修订建议

曾良先生、陈敏博士编著的《明清小说俗字典》（以下简称为《俗字典》）[①] 于2018年2月由广陵书社正式出版，该字典是明清俗字研究的一部力作。从学术研究的纵深来看，明清俗字研究领域在众多学者的努力探索下虽已取得许多共识和成就，但鲜少涉及明清俗写材料的系统搜集和整理。《俗字典》是第一部针对明清俗字汇编校理的字典，在文字学史上占有重要地位。《俗字典》整理工作积编者十余年之力，沥血裒集，从卷帙浩繁的明清小说中反复订正增补，由此可见两位学者殚精竭思、严谨扎实的学术品格。笔者拜读之后，感触颇深，现结合自身理解，略陈体会如下，囿于闻见，不妥之处，敬祈方家批评指正。

---

① 曾良、陈敏编著：《明清小说俗字典》，广陵书社2018年。《俗字典》是2009年国家社科基金“三百种明清小说俗字研究”课题研究成果之一，2016年度国家出版基金资助项目，2013—2025年国家辞书编撰出版规划图书项目，“十三五”国家重点图书出版规划项目，2011年国家社科基金重大招标项目“汉字发展通史”阶段性成果，江苏省“十三五”重点图书出版规划项目。荣获“全国古籍出版社年度百佳图书（2018）”二等奖，第二十二届“华东地区古籍优秀图书奖”特等奖。

一、体例完备，博约精当

《俗字典》全书共151万字，体大思精，以通行的繁体正字为参照系，每个正字字头下罗列不同的俗写形式，每一俗写均附有相应的语例出处，语例开头标明书名、版本、回数，以完整的一句话为标准，并于其后标明该语例起始页码，编撰细致严谨，为相关研究提供了可靠的依据。采用音序排列法，读音相同的字，以笔画为序，编排科学合理，便于研究者查阅和比较。书后专辟参考文献部分，不仅可以帮助研究者详尽了解《俗字典》语例来源概貌，更是一篇厘清主要明清刻本、抄本小说文献的目录，为从事相关研究的学人提供了准确的研读材料与方向，鱼渔皆授，足见编者用心缜密、梯航后学的大家风范。纵观全书，《俗字典》无论从规模、体例、内容、装帧无不博约相辅、精益求精，是汉语史研究的一项标志性工程。

（一）真实可信，取精用宏

《俗字典》所取材料真实可信。《俗字典》所纳俗写均出自明确的明清刻本、抄本小说，曾良先生在明清俗字研究领域辛勤耕耘数十载，理论素养和文字考释功力是该领域的领军学者，同时积累了丰富的语料资源。《俗字典》是在凝结前期丰硕成果的基础上编撰而成的，考订细致，内容广博，是编者对明清刻本、抄本小说俗字整理集大成的汇编总结。正如曾良先生在《俗字典》中所说："这项工作虽持续了很多年，依然未敢说将俗写收集得很全面，实际上也难以把所有的俗字收齐；但从中可以看出许多俗字的原理和规律了。"①

《俗字典》列正字字头2959例，辑录俗写字形12021个，语料主要以明清刻本、抄本小说为主。收字原则是形体稍异即收，亦收个别形讹。俗写重点收录《汉语大字典》②（以下简称《大字典》）未收字形，例如"扒"《俗字典》在该字头下列形体"**杴**""**扻**""**剥**"，增补了《大字典》遗漏未添形体。对于《大字典》已收俗字，但未给出语例的，《俗字典》予以补充。如"策"之俗"筞"在《大字典》中仅给出字形，未有相关语料说明，《俗字典》为其补充了两处语例：《集成》明刊本《孙庞斗志演义》卷三："曾向云梦山鬼谷仙师处，授得六韬三略，战筞兵书。"同前："云梦曾攻战筞文，下山七国望彰名。"有的俗字虽然《大字典》已收，但为全面反映明清俗写面貌，也作酌情收录。如《大字典》收"曹"俗写"曺"，并以《武荣碑》《孔龢碑》中例句

---

① 曾良、陈敏编著：《明清小说俗字典》，广陵书社2018年，第7页。

② 汉语大字典编辑委员会：《汉语大字典》（第二版），四川辞书出版社、崇文书局2010年。

为材料，《俗字典》亦收该字，并增补了明清刻本小说语例：《集成》明嘉靖刊本《三国志通俗演义》卷二《曹操兴兵报父仇》："有一将引军数百人来投𣍘操，乃泰山巨平人也，姓于，名禁，字文则。"这样的收字原则，既避免了不必要的重复，且《俗字典》与《大字典》又可相互参证、互为补充，为研究者提供了极大的便利。

（二）收录广泛，兼顾稀见

《俗字典》所收俗写以上海古籍出版社影印的《古本小说集成》（以下简称《集成》）为主要语料来源，以通俗小说为主，明代和清初小说基本全收，清乾、嘉小说中选取精品，晚清小说择影响较大者，如"艾"字从《集成》明刊本《二刻拍案惊奇》和《集成》清刊本《吕祖全传》《红楼梦补》《风月梦》处分别整理出"艾""艾""艾""艾"四种俗写形式纳入《俗字典》，并标明字例出处。此外，还将中华书局影印的《古本小说丛刊》及佛经文献、敦煌文献、出土墓志、各种传世文献以及传统小学的各种字书、韵书等作为辅助材料进行参考。如"丐"，俗写也作"匄"，该俗写形体取自两处佛经文献，语料翔实：《碛砂藏》本《六度集经》卷二："逝心言：'我在他国，闻王功德，故来相见，今欲乞匄。'"（33/93/b）《大正藏》本《大方便佛报恩经》卷五："时五百大臣语婆罗门言：'汝用是臭烂脓血头为?'婆罗门言：'我自乞匄，用问我为?'"（3/150/a）"报"俗写或作"报"，编者不仅从《集成》明刊本《二十四尊得道罗汉传》及《集成》清刊本《绣鞋记》两处找到字例来源，亦从《古本小说丛刊》第一七辑《双凤奇缘》第十八回找到该俗写形体："卫律道：'报什么事?'"再如"转"俗写或作"抟"，编者在列出《集成》明刻本《唐三藏出身全传》与《集成》清刊本《凤凰池》中两则语例的基础上，加入敦煌文献辅以例证：敦煌卷子伯 2149《维摩书释前小序抄》："论议胜者折手谢之。"（7/68）又如"躧"俗写或作"跚"，将《集成》清刊本《忠烈侠义传》第三十七回中作"跚"与《集成》清刊本《七侠五义》中作"躧"两处形成互证，说明"跚"乃"躧"之俗，且辅以字书《汇钞三馆字例》，从正字的角度作进一步说明："躧：不作跚。堂签。"可见语料来源广泛多样，为研究者提供了翔实的出处材料。编者纂著的缜密用心还体现在广泛收录的同时，兼顾孤本，如《三教开迷归正演义》《二度梅全传》《五鼠闹东京传》等；而《壶中天》《跨天虹》等则为曾良先生个人的庋藏秘籍。如"枯"之俗"楛"从孤本《三教开迷归正演义》中择取；"看"之俗"看"从孤本《五鼠闹东京传》中摘录；"鸾"之俗"鸾"从孤本《二度梅全传》中撷取；"裹"之俗"裹"、"跹"之俗"蹮"更是从哈佛特藏稿抄孤本《双奇梦全传》中选择；"纵"之俗"縦"则是在曾良先生私藏《壶中天》中发现。《俗字典》对明清小说俗字进行了全面、科学、系统的整理，所取材料博而能周，有一定价值者，均尽量辑录，语料按年代顺序依次列举，逻辑清晰，为明清俗字研究提供了宝贵的资料。

（三）图文结合，清晰规范

《俗字典》收字规范、图片清晰、装帧精美、版面设计独具匠心。正字字头下类聚了不同的俗写形式，《俗字典》采用先进的图片处理技术，将俗写图片直接从对应语料中按真迹原比例截取，清晰度极佳，对俗字的结构及来源进行了出色的实例演示。语例出处均经过严缜的校勘比对，保持了字形本真的面貌，避免了过去由于转写、摹录、技术等因素造成的失真、误摹、误读等问题，应用价值极高，一手材料的真实性为后续研究提供了可靠的保证，对准确识读明清小说、归纳俗字构形、特点及发展脉络、破解疑难俗字等方面的研究具有重大意义。该书的装帧也匠心独运，硬皮茶色布艺封面封底，兼顾美观的同时有效保护书芯；纸张手感厚重，颜色柔和；书脊采用圆脊锁线胶装，结实耐用，便于查阅。无论是整体设计还是细节雕琢，无不体现编者尽善尽美的求精态度。

二、价值丰硕，意义深远

明清时期通俗文学作品数量繁多，大量俗写夹杂其中，明清小说在汉语史研究中具有重要的语料价值，所以对文献的正确释读是从事相关研究的基础。《俗字典》作为明清俗字研究权威的工具书，对明清刻本、抄本小说中的俗写进行了全面细致的归纳与整理，内容宏富、图例清晰、语料准确，为明清俗字研究提供了丰富的字形资料，有力地推动了近代汉字研究的进步，具有重要的语言文字学价值。《俗字典》的问世，对丰富明清时期的文献语料、深入探讨明清小说中的俗字现象、梳理汉字形体由中古到近代发展演变的脉络、从俗写现象中抽绎出新的规律规则、补苴其他字典辞书等方面均具有重要的意义，其丰厚的文字学、文献学、辞书编撰价值自不待言。

（一）文字学价值

俗字研究是文字学的重要分支，是语言文字学研究的重要一环，而明清俗字研究又是汉语俗字研究的重要组成部分，整理明清刻本、抄本小说俗字有利于文字学体系的完善和文字学学科的发展。唐兰先生在《中国文字学》中说道："由中国文字学的历史来看，《说文》《字林》以后，可以分成五大派：一、俗文字学；二、字样学；三、《说文》学；四、古文字学；五、六书学。"① 张涌泉先生指出："近代汉字研究和古文字研究是车之两轮、鸟之两翼，缺一不可。"② 黄征先生也曾论述俗字研究的重要价值："我

---

① 唐兰：《中国文字学》，上海古籍出版社 2005 年，第 148 页。

② 张涌泉：《大力加强近代汉字的研究》，《浙江教育学院学报》2003 年第 6 期，第 3 页。

们以往研究俗字时存在着一种‘楷书中心论’，即搜寻、考察、辨析的基本上都是隋唐以来的楷书，根本就把隶书俗字忘了。这是一个重大缺陷：以为某字就是隋唐以后产生的，不再追寻其来源。而实际上这个字形可能早已有之，通过隶变俗字的搜寻对比，可以清晰地看出它的讹变轨迹。当然，造成这种情况的其他原因很多，其中最突出的要算资料短缺。虽然我们在研究过程中有时可能也想知道更早的字形情况，但是目前并无一本这样的字典辞书，也没有这样一本图集。”① 俗字研究的重要性日益凸显，总结吸收前期研究成果并结合先进科技手段编纂俗字典成为学界亟须，明清小说文献中包含俗字众多，俗字本身表现出鲜明的特点，必然具有重要的文字学价值，《俗字典》的纂著出版恰逢其时。

1. 有助于探讨俗写规律

《俗字典》所收俗写具有可靠性、准确性、客观性的特征，真实地反映出明清时期俗写原貌，极大地补充了明清时期俗写研究资料，使后续深入研究明清小说俗字成为可能。《俗字典》中丰富的俗写字例为揭示俗写规律、总结汉字字形结构发展情况提供了重要依据。毛远明先生指出：“汉字的演变集中体现于部件的变化，异体字的产生，最主要的是部件的增减、混同和变异。”② 增加部件是汉字分化的有效途径，亦为俗字产生的主要方法之一。部件增繁主要与汉字的音义相关，主要可以概括为增加形符与声符两类。在明清刻本小说中，当所记的词表动作义或作动词时，俗书往往增加形符“扌”，如《集成》明刊本《西洋记》第二十一回：“贫僧讨了他这一个口诀儿，才把钵儿搯起了软水。”“舀”俗作“搯”，“舀”作动词，文中表“掏取”义，故俗书增“扌”作“搯”。增加声符的俗字如“斗”俗作“㪷”，《集成》明刊本《广艳异编》卷十三《卢生》：“因怀中探乌革囊，出七首刃，势如偃月，执火前熨㪷，削之如札。”简省部件的俗字是为了书写便捷的需要，明清刻本小说中经见减少形符的俗字，如“紮”俗作“札”，《集成》明刊本《西洋记》第二十五回：“唐英道：‘依我学生之愚见，札立军营，在此伺候。’众将道：‘伺候便罢，何必札营？’”《类篇·糸部》：“紮，缠束也。”《正字通·糸部》：“紮，侧八切。音札。束也，一曰缠弓弝也，通作扎。”“紮”简省形符“糸”作“札”。亦有简省同形部件之例，这部分俗书存在两个及以上的同形的部件，出于书写便捷的需要，俗书常常省略其中的一个或多个部件，进而形成俗字。这种省简同形部件的方式，不仅可以简化形体，避免重复，还可以保留部分汉字的构字理据，如“燃”俗作“焿”，《集成》明刊本《古今律条公案》卷五《戴府尹断姻亲误

① 黄征：《敦煌俗字典》，上海教育出版社 2005 年，第 9 页。

② 毛远明：《汉魏六朝碑刻异体字研究》，商务印书馆 2012 年，第 234 页。

贼》：“是夜，朝栋回家，𤍠香告于父。”《说文·火部》：“燃，烧也。从火，肰声。”《正字通·火部》：“灬，即火字变体。凡四点在下者俱属《火部》，犹水之从氵也。”“燃”简省部件“灬”作“燃”。汉字的每个形体都是由不同功能的部件组装而成，不论从共时的角度梳理，还是从历时的角度观察，同一个汉字都存在着部件改换的变体，明清刻本小说俗字亦然。隶变后，形声字数量庞大，明清刻本小说中，当字所记录的词语义发生改易时，为适应新的意义特征，改换形符是其主要表现，如“汝”常作人称代词，《集成》清刊本《雷峰塔奇传》卷一：“伖姊夫因衙内有事，清早出门去了。”盖“汝”俗写作“伖”，“氵”旁改换作“亻”旁。亦有改换声符之例，如“剃”俗作“剃”，《集成》明刊本《古今小说》卷十八《杨八老越国奇逢》：“其男子但是老弱，便加杀害；若是强壮的，就把来剃了头发，抹上油漆，假充倭子。”“剃”之声符由“弟”改换作“替”，《中原音韵》中“弟”归端母齐微韵，“替”归透母齐微韵，古音相近。部件空间位置的移动，是明清刻本小说俗字产生的主要原因之一，如“飘”《集成》清刊本《驻春园小史》第十一回作“飘”，“懇”《集成》明刊本《杜骗新书》卷三《用银反买焙纸妇》作“懇”，“甜”《集成》清刊本《云钟雁三闹太平庄全传》作“甜”等。俗写中部件混用情况屡见不鲜，“啄”“琢”两字俗写分别作“喙”“瑑”，盖俗写中“豖”“彖”相混。“陕”“啕”俗写分别或作“陕”“陶”，俗书中“口”与“阝”常混用。“叉”之俗写有“义”“叉”“乂”“乂”等形，盖“叉”“叉”“义”“乂”四形古籍中往往不别。《集成》清刊本《跻春台》卷一《双金钏》：“你家富足，应宜栽植，使归于正，何必伤他性命！”“栽”是“培”之俗写，实际上“培”受下文“植”字的影响，而类化为“栽”。部分俗写受到常用字同化，如“罢”，也俗写作“罢”“丢”，盖由“罢”→“丢”，下部的形体演变是受到常用字“去”的同化影响。为书写求速，亦有简省符号代替某部件的情况，如“妇”“姐”“如”分别俗作“归”“归”“⺈口”，这里的“归”“归”“⺈口”不是误字，而是右旁“女”常作简省符号“⺈”。“谈”或俗作“谈”“谈”，其部件“炎”下部的“火”换作部件重叠符号“又”或两点。

2. 有利于探讨简化字来源

汉字的简化经历了几次大的演变阶段，由繁到简，是汉字本身发展的趋势，用唐兰先生的话来概括：“中国文字既以形体为主，讹变是免不了的，由商周古文字到小篆，由小篆到隶书，由隶书到正书，新文字总就是旧文字的简俗字。”① 楷书简化字在南北朝时期初露端倪，唐宋后不断涌现，至明清时期广泛存在于通俗文学作品之中，简化是汉字发展的主要趋向。明清刻本小说中出现的很多简俗字成为今天官方推行的

① 唐兰：《中国文字学》，上海古籍出版社 2005 年，第 183 页。

简化字。汉字的简化已有很长的历史，对汉字发展情况梳理得越清楚，汉字简化的必然性也就越明确，推行简化字的依据也就越充分。如《古本小说丛刊》第一七辑《说呼全传》第二十九回："不道文姬倒吃了一京，延龙撞见了人，心里也是一唬。"同前："庞妃这说，唬得四虎将胆战心京。"《古本小说丛刊》第一七辑嘉庆丙子刊本《双凤奇缘》第二五回："忽又听得大砲京天，喊声振地，见一员少年将军，杀进重围，把那些埋伏兵杀得纷纷四散。"这里的"京"是"惊"的俗写，盖"惊"与"京"同音，故常用笔画简洁的"京"来代替。因古籍中习用"京"来表示，人们又觉得"惊"的语义常与"心情"有关，如"胆战心惊""大惊小怪""吃了一惊"等，故加形符"忄"，成为"惊"。许多简化字承自前代而来，我们从俗书中可以梳理出简化字形成的轨迹，如"覽"《集成》清刊本《前明正德白牡丹传》作"覧"，部件"見"进一步简省作"见"，现代规范汉字作"览"。"龔"《集成》本《壶中天》作"龚"，部件"龙"先简笔作"尤"，又进一步省作"龙"，现代规范汉字作"龚"。"備"《集成》明刊本《西洋记》作"偹"，又进一步简省形符"亻"，现代规范汉字作"备"。"淺"《集成》明刻本《唐三藏出身全传》作"浅"，"淺"包含两个相同部件"戈"，俗书先将部件"戔"的笔画合并作"戋"，部件"戋"又进一步减少一横画俗作"戋"，现代规范汉字作"浅"。可见，简化字并不是随意创制，其产生往往有着深厚的历史文化缘由，历代产生的大量简俗字展现出人们对汉字简化的实际使用需求。简省是汉字发展的主流走向，亦是汉字演变的主要规律。文字是人类社会最重要的交流载体，因此形体简化具有必要性和必然性，俗字研究可以使人们加深对汉字简化工作的了解，明晰汉字演进情况有利于探源明变，为今天的汉字简化工作提供历史依据及有益的帮助。

3. 有助于汉字的整理与规范

汉字的异体众多，不同地区文字使用不够统一，为文化传播带来诸多不便。许多构拟的规范字实则历史上早已出现，通过对近代汉字的研究，我们可以清晰地认识到汉字演变发展的历程，为汉字规范化提供重要的参考与借鉴。如"边"或作"边"，《集成》明刊本《天妃娘妈传》第十四回："果有法术高强者，即进之朝廷，以备边用。""庙"或俗作"庙"，《乾隆抄本百廿回红楼梦稿》第二十四回："前儿我出城去，碰见你们三房里的老四，坐着好体面车，又带着五辆车，有四五十个和尚道士，往家庙里去了。""难"俗写也作"难"，《集成》明刻本《唐三藏出身全传》卷一《猴王得仙传道》："丹成之后，鬼神难容。""边""庙""难"等当代通行用字均是历史上流行过的俗字。

（二）文献学价值

古书在传抄和刊刻过程中其文字结构、用字习惯等也在逐步发生改变，明清文献中存在大量的俗字、俗音及讹误字形，《俗字典》在浩繁翔实的文献语料基础上编纂而成，提高了研究者对明清刻本、抄本小说用字情况的认识，揭示了明清时期真实的书写状况，对准确把握古籍内容，进而解决古书中的疑难问题，准确释读古籍大有裨益，是文献学研究可资参考的重要材料。

1. 有利于对汉字形、音、义演变规律进行溯源疏流

厘清字形演变的途径与线索，反过来利用这些规律分析疑难字构形特点，为古籍整理、匡正讹误、破解疑难字等方面提供理论支持。如“粮”俗写有“⿰米艮”“⿰米卜”等形，利用俗字学原理，较早时“娘”或可俗作“⿰女卜”，在使用过程中，渐渐用更简易的“卜”旁替代“良”旁，故“⿰米艮”可讹为“⿰米卜”。再如“松”俗写也作“⿰糸公”，《集成》明刊本《皇明通俗演义七曜平妖全传》第三十回：“裴良一马撞过营来，众军士上前拏住，到了中军帐中，许参将曰：‘快⿰糸公了绑。’即便为礼。”“松”作“⿰糸公”，从语境中可知意思与绳子有关，故形符从“糸”。“抖”俗写或作“⿰糸斗”，古籍中“扌”旁常误作“糸”旁，类似的构形还有“总”俗写为“⿰糸总”。“帀”因形近在古籍中常被误读为“市”，实际上“帀”当是“众”之俗讹，有丰富的文献语料可以证明，如《古本小说丛刊》第一辑《瓦岗寨演义全传》第十三回：“帀反王看见，即命将上前。”又第二十回：“大土因一时之错，如今省痦，请帀兄弟回城。”同前：“怪不得帀兄弟不肯回来。”“玄”俗体有“⿱亠糸”“⿱丿糸”等形，盖“玄”古字作“8”，楷化后写为“⿱亠糸”，而“糸”在使用上更占优势，故“⿱亠糸”又同化作“⿱丿糸”，《集成》清刊本《隋唐演义》第九十二回：“且说⿱亠糸宗既流下天子，车驾向西而进，来至岐山。”同前第七十八回：“⿱丿糸宗急令高力士回奏，言太平公主结党谋乱，今俱伏诛，事已平定，不必惊疑。”

2. 有助于扫清文献识读过程中的障碍

《俗字典》可以帮助研究者解决文字释读方面的诸多问题，有益于更好地理解古籍语义。如“斗”俗作“⿱丷十”，《集成》清刊本《白圭志》第一回：“将手一抛，见一星自袖中出，其大如⿱丷十，清光满室。”《旧五代史·太祖本纪第三》：“［边］冈曰，木星入斗，帝王之兆也。木在斗中，‘朱’字也。”这里如果从正字的角度去理解“木”与“斗”相组合，则不能理解文义，盖俗写“⿱丷十”与“木”才可组成“朱”字。再如唐郑处诲《明皇杂录》卷上：“时刘晏以神童为秘书正字，年方十岁，形状狞劣，而聪悟过人。玄宗召于楼上帘下，贵妃置于膝上，为施粉黛，与之巾栉。玄宗问晏曰：‘卿为正字，正得几字?’晏曰：‘天下字皆正，唯“朋”字未正得。’”若从正字角度，则无法体会刘晏回答之妙。当时“朋”俗写为呈歪斜状的“朋”，从俗写的视角即可理解文意。

明清小说底本在抄写、刊印的过程中，难免出现有意篡改和无意讹误的现象，编者在还原文献底本语例用字的同时，对行文误字进行考辨、纠正，将正确用字在误字后用括号标出，既还原了完整真实的文献语言，又极大地提高了文献阅读的质量，下面试举几例：

（1）【樂】——【藥】

《集成》清刊本《跻春台》卷一《十年鸡》：

“我买樂（藥）材湖广贩，即办布匹下江南。”

按：此处“樂”应改为“藥”。“樂”与“藥”二字构形相近，下半部分皆为“樂”，“藥”又在上部多加了形符“艹”，故两字书写时易混淆。这里根据文意当写作“藥材”。

（2）【固】——【個】

《集成》清刊本《说呼全传》第一回：

“二位将军听禀，小人有固（個）妹子凤奴赵三姐，今被庞丞相的儿子抢了去了。”

按：此处应为量词“個”。“固”“個”两字右半部分部件相同，皆作“固”，“固”较“個”少了部件“亻”，此处将“個”误写作“固”。

（3）【卜】——【不】

《集成》清刊本《双凤奇缘》第二十回：

“番王连呼平身，便问：‘你在汉朝为相，好卜（不）尊贵，来到我国，是何元故?’”

按：此处误将“不”写作“卜”。笔者发现在《集成》清刊本《双凤奇缘》中，多处“好不”写作“好卜”，究其原因，“不”“卜”二字读音相近，而“卜”的构形既是“不”构形的一部分，写法又较之更为简易，故用“卜”代替“不”。

（4）【其林】——【麒麟】

《集成》清刊本《双凤奇缘》第二十三回：

“一边是名清要上其林（麒麟）阁，一边是五凤楼前夺头功。”

按：此处为专有名词“麒麟阁”。或因“麒麟”二字书写较为繁复，此处用音同且书写更为简易的“其林”二字代替。

（5）【斡】——【斡】

《集成》明刊本《天妃娘妈传》第五回：

“独有普济星君所论济世之道，谓道若皆以虚无恬淡、寂寞无为为上，则天维何以张，地纪何以理，亦何所称为斡（斡）天旋地。”

按：此处“斡”为“斡”之误。“斡”“斡”左半部分构形相同，皆写作“𠦝”，右上部皆作“人”，“斡”右下部作“干”，“斡”右下部作“斗”，略有不同。根据上下文意，此处有“天旋地转”之义，故当为词组“斡天旋地”。

（6）【姑】——【沽】

《集成》清刊本《醒风流奇传》第一回：

“大凡为臣的，须要体贴君心，上和下睦，我最怪那些姑（沽）名吊誉，自恃为忠直，触君之怒，成君之过。”

按：此处当为成语“沽名吊誉”，形容“有意做作或用某种欺骗的手段来谋取名誉”。“姑”较“沽”字更为常用，“沽”“姑”二字读音相近，构形仅左半部分形符“氵”“女”之别，故这里用同声的“姑”代替“沽”。

（7）【且】——【旦】

《集成》本《连城璧》子集《谭楚玉戏里传情　刘藐姑曲终死节》：

“他那班次里面有这等一个女且（旦），也就勾出名了。”

按：此处“且”当写作“旦”。“且”在明清时期常俗作“且”“皿”等，“旦”俗讹或为“且”，二字形体结构十分相近，抄录过程中易混。由语境可知，此处当取“旦角”之义，故为“女旦”。

（8）【蜜】——【密】

《集成》清刊本《大清全传》第六十九回：

“他练会各样削器木牛流马、木狗、自行人马，与各样崩腿绳、绊腿锁、立刀、窝刀、自发弩、闷棍、扫堂腿、赃坑、净坑、梅花坑、滚瓦坡房，各种稀奇的西洋蜜（密）法。”

按：此处“蜜”或为“密”之误。“密”在刊本中误作“蜜”，二字声同形近，仅下部形符“虫”“山”之别，在刊印过程中易误刻。据前文可知，此处所叙为各项技能，具有“神秘”“秘密”的特点，故为“密法”。

以上选取了八例典型传抄、刻印中形成的疏误，概括而言，大致分为四种误作情况：一、原字与误字构形相近，在抄录过程中丢失部分部件形成误字，如上揭（1）（2）例；二、原字构形较为复杂，书写不便，则用同音简易字或常用的形近字代替，如上揭（3）（4）例；三、固定词组，或因传抄刊印者只知其音而不通晓其准确写法而误作，如上揭（5）（6）例；四、或因刊印过程中误抄、误录成无音义联系的形近字，但读者可根据文意判断出原字，如上揭（7）（8）例。

《俗字典》不仅对语料进行披沙炼金的搜集，去粗求精的吸收，编者还在适当位置加入按语予以考证，以精要的语言，酌情对相关字形及语例进行考释、甄辨，作出令人信服的阐释，展现自己学术见解的同时给研究者以启发与帮助。如“踩”或俗作“躧”，编者对其原因作出解释，盖“躧”是“踩”的本字，后世语言变化，音如采。

又举字书证明，明末刻本《新刻增校切用正音乡谈杂字大全》“地理门”：“乡谈：踏熟土。正音：躧熟泥（采）。”“采”是对“躧”的注音。列书证的同时辅以旁证：“躧”与“海”“楷”“拐”等字押韵，可看出其实际读音。又如《集成》清刊本《雪月梅》第一回：“姑夫已故，单生一子，名叫郑璞，已入黉门，为人朴实，却有些憨耍。”这里的“憨耍”易误读，编者附按语解释，“憨耍”即“憨傻”，盖方音“傻”“耍”同音。《通俗编》卷三十六：“傻，数瓦切。《广韵》：傻俏，不仁。《集韵》：轻慧貌。按：此即俗言‘耍公子’‘耍孩儿’之‘耍’也。‘耍’字初见《篇海》，宋以前人少用之，盖当正用傻字。”编者不仅从音韵的角度进行分析说明，又列语料旁证《集成》本《隋炀帝艳史》第十七回：“宝儿却无一点恃宠之意，终日只是憨憨的耍笑，也不骄人，也不作态。”明显可以看出“耍笑”即为“傻笑”。

此外，古书具有不同的历史层次，字形随历时的发展演变而带有明显的时代烙印，是汉语史研究的重要凭借和依据。想考证某部书是否成书于明清时期，将书中俗字写法与《俗字典》中的字形进行比对，可为文本断代提供重要证据。

（三）辞书编撰价值

《俗字典》的价值还体现在辞书编纂方面。编纂《俗字典》是一项非常重要的基础性工作，明清刻本、抄本小说文献因其语料的丰富性、内容的广博性及刻本、抄本本身的文本特点决定了其在大型辞书编纂和修订上具有重要的价值。

1. 填补明清俗写辞书整理的空白

明清时期通俗文学蓬勃发展，同时雕版、活字等印刷技术普遍应用开来，使得明清小说大量刻印出版并在民间广泛流传，通俗小说至明清时期达到鼎盛。因其创编者、抄写者、刻印者不循规范，导致刻本、抄本用字往往正俗并列，故明清小说中夹杂了大量俗字。“俗字”是相对于“正字”而言的概念，张涌泉先生在《敦煌俗字研究》中解释道：“汉字史上各个时期与正字相对而言的主要流行于民间的通俗字体称为俗字。”① 费锦昌先生将汉字史大体分为三个阶段：秦代小篆和小篆以前的古文字研究；秦汉隶楷直到“五四”以前的近代汉字研究；“五四”以来记录现代汉语的现代汉字研究。② 俗字研究是近代汉字研究的主要内容，但受重正轻俗的传统观念影响③，俗字研

---

① 张涌泉：《敦煌俗字研究》，上海教育出版社 2015 年，第 6 页。

② 参见费锦昌《汉字研究中的两个术语》，《语文建设》1989 年第 5 期，第 25 页。

③ 蒋礼鸿《中国俗文字学研究导言》：“俗文字学在文字学这个部门中到今天还几乎是空白的。”（《杭州大学学报》1959 年第 3 期，第 132 页）李荣《文字问题》（修订本）：“我们的文字学向来是偏重古的，着重研究许慎《说文解字》及其以前的文字；对刻板以后流行的印刷体，对现在通行的文字都不够注意。”（商务印书馆 2012 年，第 2 页）

究在20世纪80年代前颇为沉寂，近三十年来，俗字研究方兴未艾，在明清俗字研究领域，前辈学者作出许多有益的探索，成果丰硕。1930年，刘复、李家瑞编撰的《宋元以来俗字谱》可以看作宋元以来刻本俗字研究之滥觞。该书以宋元明清时期十二种通俗文学作品的民间刻本为研究对象，对其中6240个俗字进行辑录，以部首为序、正字为字头，将俗字摹写于字头之下，但它仅是字形的简单罗列，语例的收集相对匮乏。1987年，李荣先生《文字问题》中的部分篇章以《水浒传》《金瓶梅词话》《古今小说》等明清刻本小说为研究对象，对其中俗字的源流发展作出了精当的考辨，并对俗字构形等问题作出精辟的论述。1992年，张季皋先生主编的《明清小说辞典》整理及汇释了明清主要通俗小说中的词语，对词语的注音、释义、出处等进行了全面注解，取材广泛，在挖掘语料新词新义方面颇有创见。1995年，张涌泉先生的《汉语俗字研究》出版，该书是近代汉字研究的奠基之作，对历代俗字的发展演变作出总结性概括，也对明清刻本小说中的俗字进行了分析和描写。1996年，黄沛荣先生编撰的《历代重要字书俗写研究》对部分明清时期字书进行辑录考释，对俗字研究具有一定的参考价值。1998年，周志锋先生纂著《大字典论稿》，收明清俗字二百余例，补苴了《汉语大字典》中存在的部分阙漏。1999年，张鸿魁先生的《金瓶梅字典》问世，该书全面反映了《金瓶梅词话》的用字情况，是近代汉字领域首部以专书为研究对象的字典，体例严谨，材料翔实，考辨尤见功力，极具开创性意义。2001年，黄沛荣先生编的《明清俗字辑证——〈全明传奇〉俗字辑证》对《全明传奇》二百余种明刻本中出现的俗字进行编排整理，每一俗字逐一查阅并标明出处，将俗字字样造成计算机字，归纳为《全明传奇俗字字表》。2003年，许锬辉先生的《明清俗字辑证：〈明抄本俗字辑证〉》对明代子部、集部中的五十三种明抄本俗加字以辑录和考释，考辨精审，创获颇丰。2006年，周志锋先生的《明清小说俗字俗语研究》为系统研究明清小说俗字提供了良好的视角和范式，对明清小说中的一百余例俗字俗语进行了严谨精辟的考证。2006年，曾良先生的《俗字及古籍文字通例研究》对俗写及其形体演变进行了规律性探索，部分内容涉及对明清刻本俗字的释读。2009年，曾良先生的《明清通俗小说语汇研究》以《古本小说集成》《古本小说丛刊》为主要语料，将明清刻本小说中的字形与语汇相结合并进行深入研究，书中论及不少明清俗写问题。2012年，温振兴先生撰《影戏俗字研究》，以清代至民国初期的戏曲抄本为主要研究对象，首次对影戏抄本中的俗字进行系统整理，收录俗写材料丰富，字形真实清晰。2017年，曾良先生编著的《明清小说俗字研究》出版，在占有丰富语料的基础上，对明清小说中俗字的价值、构形、释读等问题进行了深入细致的阐释和论述，考辨缜密，多有创获。2019年，杨小平先生编撰《清代手写文献之俗字研究》，该书搜集清代各类手抄写本文献，材料浩繁，对清代手写文献俗字从共时和历时横纵两方面进行深入探讨分析，并对部分疑难俗字进行考释，角度新颖，论证翔实。

总体而言，俗字研究领域在前贤时彦的努力下成果丰硕，但在明清俗字辞书整理方面较为薄弱。曾良先生和陈敏博士编著的《明清小说俗字典》对明清小说中的俗字进行了广泛收录，在结合前人研究成果的基础上，首次全面描写了明清时期俗写面貌，填补了明清小说俗字辞书整理的空白。

2.《俗字典》有助于其他字典辞书整理与补苴

《俗字典》对《大字典》失收字形作了有益补充。以“直”为例，《大字典》收“直”字形11例，虽已广泛收录，但“直”作为常用字，形体在使用过程中变化多样，还有部分遗漏，故《俗字典》又为其增补4例字形，分别为“亙”“𥄂”“真”“𥩍”。再如“粉”，《大字典》收“粉”字形3例，分别为“粉”“𥹀”“𥺁”，均较为常见，《俗字典》增补了2例“粉”不易识读的形体“粉”“粉”。《俗字典》收录了相当数量的《大字典》未收字形，很多字形若无系统整理，在阅读过程中不易辨认。《俗字典》的增益补充为研究者检字查阅提供了极大便利，能够帮助研究者更好地处理古籍整理中的一些问题，同时也对《大字典》的修订提供了大量、可靠的珍贵资料。

《俗字典》对大型字书及语文辞书中文献例证及义项作了增补与纠正。如“祸”俗写或作“𥘶”，《三国志后传》第六十七回：“顾荣见谈不听，知齐王必有大𥘶，将累及身，欲去不得，及闷闷于心。”《大字典》虽收“𥘶”字，但未附语例。字典没有语例就缺乏血肉，俗字没有书证说明便不能称上严谨。再如“苏”或俗写作“𦬸”，“𦬸”是由“苏”略去“鱼”旁省简而来，常出现于明清刻本小说中，如《古本小说丛刊》第一一辑清咸丰刊本《瓦岗寨演义全传》第十三回：“江陵萧统用𦬸洪为元帅。”同前：“明州张称金用𦬸定方为元帅。”《集成》清刊本《万花楼演义》第三回：“又言江南省𦬸州府内包门，三代行孝。”这里的“𦬸洪”“𦬸定方”“𦬸州”为人名或地名。而在《大字典》中“𦬸”词条音为“hé”，且仅有“草名”一种义项①，显然不全。又如“馔”字在《现代汉语词典》（第7版）中虽列有解释“饭食”及词条“酒馔”，但未列举语例，《俗字典》可为其补充语料证明：《集成》明刊本《二刻拍案惊奇》卷六：“一同仆人到城市中，办了些牲醴酒馔，重到墓间浇奠一番。”《集成》明世德堂本《西游记》第三十一回：“虽无酒馔欵待，头却是有的，快快将头伸过来，等老孙打一棍儿当茶!”“斋饭”一词，《现代汉语词典》（第7版）释为：①僧尼向人化缘得来的饭。

① 参见汉语大字典编辑委员会《汉语大字典》（第二版），四川辞书出版社、崇文书局2010年，第3403页。

②寺庙里素的饭食。① 然而“斋饭”既可指寺庙里和尚吃的斋食，也可指信奉佛教、道教的人吃的素食；既可指化缘、乞讨而来的饭食，又可指和尚、尼姑、道士自办的伙食。《俗字典》就提供了丰富的语料为例证：《集成》清刊本《铁冠图》第三回：“原来食斎念佛的人，立心行事，惨过食人的猛虎。”《集成》高丽刊本《九云梦》卷一：“仍设斎以待八仙，于其皈致谢之意。”由此可见，《现代汉语词典》（第7版）的词条释文仍不可全面概括“斋饭”含义，或可改为：①僧尼、道士向人化缘得来或主动施舍的素食。②道观、寺庙里素的饭食。

综上，《俗字典》为大型字书及语文辞书在增补字形、补充义项、扩充语例、填补阙漏等方面的修订提供了直接丰富的原始语料，丰富了辞书书证体系，具有较高的借鉴与参考价值。作为第一部明清俗字字典，《俗字典》在编排体例、字形剪切技术等方面都体现了现代辞书的科学性、规范性、完善性。近年来，俗字的整理与研究受到学界重视，各种文字材料的梳理工作亟待加强，《俗字典》为今后大型字典辞书的编撰提供了范式，颇具启发意义。

三、白璧微瑕，值得探讨

《俗字典》规模宏大，纂辑细致，编纂意义重大，取得了令人瞩目的成就，但也存在少数可供进一步探讨之处，笔者略述拙见，不当之处，敬请海涵。

（一）可增加部首检字表

明清底本中的许多俗写因时代久远、书写不规范等原因，体污漫漶，字形笔画连写、模糊不清的情况颇为常见，与正字差异较大，导致许多俗字不能准确识读其音义，难以准确找到相应字头进行查检。《俗字典》可根据明清俗写特点，编排俗写部首检字表，帮助读者在不确定俗写音义的情况下快速找到俗字对应页码，极大地方便了使用者查检俗字，而且可使检索途径更加丰富多样，简洁高效。若增加俗写的部首检字表，不仅便于查检，还可明显提高释读的准确率。

（二）可扩增字头数量

《俗字典》择列正字字头近三千例，字头基本囊括了常用字，明清刻本俗字数量繁多，存在疏漏之处实属正常。研究者在识读过程中难免遇到疑字、难字、僻字、怪字，这些疑难处常常是释读考证的关键，如果可以把收字范围再扩大一些，多择取字头并对其俗写进行收录，或更为全面。笔者在阅读明清小说底本过程中发现部分字头具有

① 参见中国社会科学院语言研究所词典编辑室编《现代汉语词典》（第7版），商务印书馆2016年，第1642页。

一定参考价值，但《俗字典》未收，此处尝试加以补充。

（9）【愆】——【愆】

《集成》清刊本《绣鞋记》第十八回：

“今在枉死城中，不胜凄楚，回忆生前既蒙嫂嫂曲屈相周，于今死后还祈嫂嫂推情超度，为之诵如来一卷，俾得忏解愆尤，彼岸诞登，莫使沉沦阿鼻，此恩此德，世世不忘。”

按：《说文·心部》：“愆，过也。”徐灏注：“过者，越也；故引申为过差。”《增韵》：“愆，罪也，失也。”故“愆”有“罪过、过失、耽误”等含义，文献语言中较为常用，在《集成》清刊本《绣鞋记》第四十八回中出现“愆”，其俗写形体为“愆”，上半部分“彡”与正字写法有所不同。

（10）【琛】——【堔】

《集成》清刊本《万年清奇才新传》第二回：

“刘庸读完圣旨，大惊失色，急忙前往拜会九门提督颜汝堔。”

按：“琛”字在文献中习见，《尔雅·释言》：“琛，宝也。”邢昺疏：“谓珍宝也。”在《集成》清刊本《万年清奇才新传》第二回中形作“堔”，右半部分声符保持不变，左半部分的形符少了一横，简省作“土”。

（11）【翎】——【翖】

《集成》清刊本《云钟雁三闹太平庄全传》第四十回：

“张成大京道：‘雁翖父子骁勇非凡，不可轻敌。’”

按：《玉篇·羽部》：“翎，箭羽。”“翎”有“鸟翅膀或尾巴上的长羽毛”之义。“雁翎”“翎毛”“翎扇”等词惯见于语境中，《集成》清刊本《云钟雁三闹太平庄全传》四十回中就出现词语“雁翎”，此处“翎”形作“翖”。根据部件演变的类推性规律，明清刻本小说中多见“令”作“合”的情况，又如“领”俗作“頜”，《集成》清刊本《云钟雁三闹太平庄全传》第四十回：“恰好董金瓶兄妹二人，招了三千人马，操演精熟，得了信，正要起兵，不想正遇陈玉頜了些兵，到乌风寨来做守备，正遇董红起兵。”

（三）可进一步丰富扩充俗写字形

明清刻本、抄本体量庞大，众多俗写表现出简化、繁化、讹变、讹混、类化、易位等诸多问题，编者在辑录及识读方面作了大量工作，付出了艰辛努力，难免存在缺憾。笔者在阅读明清小说底本之余，发现部分具有一定参考价值的俗写形体《俗字典》未收，现试举几例：

（12）【廉】——【廉】

《集成》清刊本《绣鞋记》第四回：

“爹爹不独不肯应承，而且甚属生气，骂我与你罔顾亷耻，败坏门风。”

按：《俗字典》“廉”字条下收录“亷”“㢘”两种俗写形式。笔者在《集成》清刊本《绣鞋记》第四回中发现“廉”的另一俗写形式“亷”，该字体在字书中也鲜见收录，具有一定参考价值，《俗字典》未收，可加以补充。

（13）【写】——【寫】

《集成》清刊本《大清全传》第七十四回：

“他就把与花珍珠定计抢刘凤岐之妻，自刺身死，移尸之故，又从头说了一遍，寫了供底，花得雨亲手画了狎，呈上去。”

按：《俗字典》“写”字条下选录“㝍”“寫”“冩”“寫”“寫”等形。《集成》清刊本《大清全传》第七十四回中“写”俗作“寫”，在保留正字大致构形特点的基础上，对下半部分四点进行简化，改作两撇，《俗字典》未收该字形，可加以补录。

（14）【卿】——【卿】

《集成》清刊本《双凤奇缘》第九回：

“汉王大喜：‘毛卿可将鲁皇新（亲）召一（上）殿来见朕。’”

按：《俗字典》“卿”字条下收“卿”“卿”“卿”“卿”“卿”等俗写形式。由以上俗写可知，“卿”的俗写主要集中在左半部分部件的改换，《集成》清刊本《双凤奇缘》中“卿”形作“卿”，左半部分部件换作“女”，由俗讹规律可知，俗写“卯”常改换作“女”。该形体《俗字典》未收，可加以收录。

（15）【羁】——【覊】

《集成》清刊本《绣鞋记》第八回：

“［荫芝］声称：‘岳母，小婿今在覊旅，俗冗缠身，不能久待，尔俟再来荷扰冰厨。’”

按：《俗字典》收“羁”俗写形体“覊”。在《集成》清刊本《绣鞋记》第八回中出现“羁”的另一俗写形式“覊”，该构形多个部件发生变异，字形进一步繁化，与常见俗写形式差异较大，《俗字典》没有辑录该字形，可加以扩充。

（16）【炎】——【炎】

《集成》清刊本《前明正德白牡丹传》第十一回：

“原来李桂金因天时炎热，方才乘凉，却忘记了缚胸。”

按：《俗字典》收“炎”字两种俗写“炎”“炎”。“炎”上下重文，皆为“火”，由《俗字典》收录俗写可知“又”为重文符号。《集成》清刊本《前明正德白牡丹传》第十一回“炎”形作“炎”，此处可印证“大”也可作重文简化部件，《俗字典》可增补该字形，有助于探讨俗字发展演进的相关规律。

（四）语例用字与底本繁简不一致

《俗字典》每一俗写下均附有俗写形体语例出处，语料取完整句子进行摘录，足见编者细致严谨之学风。文献底本字形繁简混杂，明显带有明清之际用字特点。《俗字典》辑录语料绝大多数与底本繁简用字一致，细致区分，编撰严谨，还原了底本文献真实的用字情况，但仍有部分字形与原始文献有所出入，如此繁杂的录入工程有所疏失实属正常，如《集成》清刊本《枕上晨钟》第一回："无盐之丑，纵使装尽脂粉，终不能增其妍。"文献底本写作"尽"，《俗字典》误录为"盡"。

四、结语

编纂《俗字典》是一项浩繁的工程，难免存在值得商榷之处，但瑕不掩瑜，《俗字典》在汇集众多字例和语料的基础上，对明清刻本、抄本小说的俗写情况作出全面搜集和科学整理，极大地丰富了学界对明清俗写面貌的认知，为明清俗字研究提供了全面、真实、准确的参考资料，对总结明清俗写特征、推动汉语俗字研究、阐明汉字演变发展规律、构筑完整的汉语文字学体系有筚路蓝缕之功。总之，《俗字典》是一部鸿篇巨制的开拓之作，对该领域研究具有示范引领作用和重要参考价值。

参考文献：

[1] 曾良．明清通俗小说语汇研究［M］．南昌：江西教育出版社，2009.

[2] 曾良．明清小说俗字研究［M］．北京：商务印书馆，2017.

[3] 曾良．俗字及古籍文字通例研究［M］．南昌：百花洲文艺出版社，2006.

[4] 刘复，李家瑞．宋元以来俗字谱［M］．北京：文字改革出版社，1957.

[5] 温振兴．影戏俗字研究［M］．太原：三晋出版社，2012.

[6] 杨小平．清代手写文献之俗字研究［M］．北京：北京师范大学出版社，2019.

[7] 张鸿魁．金瓶梅字典［M］．北京：警官教育出版社，1999.

[8] 张季皋，王允安．明清小说辞典［M］．石家庄：花山文艺出版社，1992.

[9] 张涌泉．汉语俗字研究［M］．长沙：岳麓书社，1995.

[10] 周志锋．大字典论稿［M］．杭州：浙江教育出版社，1998.

[11] 周志锋．明清小说俗字俗语研究［M］．北京：中国社会科学出版社，2006.

（刘宇舒，赵家栋：南京师范大学文学院，210097，南京）

古籍整理亦当尊重和吸收前人成果

——以两种《文馆词林》整理本为例

梁春胜

摘　要：古籍整理是学术研究的一部分，亦当充分尊重和吸收前人成果。弘仁本《文馆词林》的国内两种整理本，未能很好地吸收晚清民国以来学者的相关成果，今后的整理者当引以为戒。

关键词：《文馆词林》　弘仁本　古籍整理

一、引言

唐许敬宗编《文馆词林》，是一部多达一千卷的文学总集。惜乎其书卷帙浩繁，至宋初便散佚殆尽，现今仅留残卷于日本。日本古典研究会1969年出版的《影弘仁本〈文馆词林〉》（以下简称"弘仁本"），囊括了日本所发现的弘仁本及其他古钞、刻本，相比于国内晚清民国时期的各种传录本更为完善。但此书在国内一直未见影印本。2001年，中华书局出版了罗国威先生的《日藏弘仁本文馆词林校证》（以下简称《校证》），该书是对弘仁本的校录、标点本，对国内学者了解弘仁本提供了很大帮助。该书出版后，陆续有学者发表文章针对其中的一些疏误进行了校正。① 2021年，中国社

① 例如熊清元《日本影弘仁本〈文馆词林〉中的两个问题》，《黄冈师范学院学报》2003年第5期；吴金华、崔泰勋《日藏弘仁本〈文馆词林〉整理研究刍议》，载《中国学研究》（第八辑），济南出版社2006年；吴金华、季忠平《古写本〈文馆词林〉文字问题三议》，载《中国文字研究》（第七辑），广西教育出版社2006年；季忠平《〈文馆词林〉韵文的校点问题》，《古籍整理研究学刊》2006年第4期；吴金华《〈文馆词林校证〉八议》，载《古文献整理与古汉语研究续集》，凤凰出版社2007年；李柏《日藏弘仁本〈文馆词林〉校读札记》，《兰州学刊》2008年第10期；王晓平《日藏弘仁本〈文馆词林〉讹字类释》，《西华师范大学学报》（哲学社会科学版）2017年第6期。

会科学出版社又出版了林家骊、邓成林先生的《日本影弘仁本〈文馆词林〉校注》（以下简称《校注》），该书在校录之外，又增加了注释。蔡伟先生在《读〈文馆词林〉》一文中说："林家骊、邓成林《日本影弘仁本〈文馆词林〉校注》是'后出转粗'的一个劣本，不仅没有吸收学者们的已有成果，而且其录文及注释的错误率之高，令人瞠目结舌。用错误百出（此书错误千出肯定不止）来形容，都毫不为过。"① 虽然批评比较尖锐，但也基本符合实情。应该说，以上两种整理本，都存在不少问题，远没有达到理想的整理本的标准。究其原因可能有多个，但非常重要的一点，应当是两种整理本都没有很好地遵守学术研究（同时也是古籍整理）的一条重要规范，即充分尊重和吸收前人的研究成果。

《文馆词林》残卷的发现和出版，始于1800年日人林述斋《佚存丛书》，该书收录了卷662、664、668、695，共4卷。此后，晚清民国时期陆续传入国内，先后有：①1853年伍崇曜《粤雅堂丛书》本，覆刻《佚存丛书》4卷；②1884年杨守敬《古逸丛书》本，收录了卷156、157、158、347、452、453、457、459、665、666、667、670、691、699，共14卷；③1893年杨葆初成都刻本，收卷152、346、414、665、669及卷158首目，共6卷；④1914年张钧衡《适园丛书》本，收录卷152、156、157、158、160、346、347、414、452、453、457、459、662、664、665、666、667、668、669、670、691、695、699、残简一、残简二，共25卷；⑤1927年董康影印本，收卷152、156、157、158、160、346、347、453、457、459、664、665、666、667、669、670、695、699，共18卷；⑥1936年王云五《丛书集成初编》本，合《佚存丛书》《古佚丛书》，共18卷。这些传录本往往并非只是照录原文，还作了一定的校勘工作，校改了写卷本身的不少讹误。孟森《文馆词林校记》校正了写本和前人录文中的很多疏误，有不少很精辟的意见。② 另外《全上古三代秦汉三国六朝文》《唐文拾遗》《先秦汉魏晋南北朝诗》等辑佚之作在利用《文馆词林》辑录佚篇时，也对文字有所校订。按照古籍整理的基本规范，现代学者校录《文馆词林》时，不能不参考这些校勘意见。但很遗憾的是，无论是《校证》还是《校注》，都基本忽视了这些成果。《校证》出版后，针对《校证》的相关研究成果，也没有被后出的《校注》很好地吸收。以下即从这两个方面，分别举例说明。

---

① 蔡伟：《读〈文馆词林〉》，载《古文献丛札》，花木兰文化事业有限公司2022年，第269页。

② 参见孟森《文馆词林校记》，载《孟森遗稿汇刊》第四册，中华书局2014年，第1875—2026页。此书电子版承友生何亚星提供，谨以致谢！

二、《校证》《校注》都忽视了晚清民国学者的校勘意见

《校证》在“凡例”第一条中说：“本书以日本影弘仁钞本《文馆词林》作底本，这个影印本，实际上是一百多年来日本所发现的弘仁钞本及其它古钞本的总汇。此影印本囊括了《佚存》《古佚》《适园》等丛书中所收《文馆词林》刊刻本之祖本，故除极个别情况（如影弘仁本已佚而刊刻本存的少数文字）外，此数种刊本不作参校本，只以载有《文馆词林》所存篇目的其他典籍作比勘。所谓比勘，只是交代其他文献的刊载情况，个别残脱文字据之补入，并不予以通校。”由此可见整理者只是简单地对比了晚清民国传录本与弘仁本的卷次、篇目对应关系，而没有注意到晚清民国传录本和辑佚之作中校勘意见的价值，从而使得《校证》注定成为一个“先天不足”的本子。《校注》在“点校说明”中列举校勘本时，也根本没有列出晚清民国传录本，辑佚之作除了列出《全上古三代秦汉三国六朝文》外，其他著作概未列出。这也就使得《校注》作为后出之作，基本上沿袭了《校证》的大量失误，而无法做到“后出转精”；并且由于《校注》的整理者态度很不认真，产生了大量《校证》所没有的新的疏误，从而使得该书反而如蔡伟先生所言“后出转粗”。

首先，《校证》《校注》如果参校了晚清民国学者的成果，不少疏误就完全有可能避免。例如：

1. 卷156西晋孙承《赠陆士龙》：“明明大象，玄鉴照微。显允君子，求福不同。善挹余庆，险以德祈。澄浊以清，罔有不晖。”（《校证》32）

按：“同”弘仁本作“**同**”（29a），《适园丛书》本（415b）①、《文馆词林校记》（1893）校录作“回”，《陆云集》（81）②、《先秦汉魏晋南北朝诗》③ 亦皆作“回”，是也。《诗·大雅·旱麓》：“岂弟君子，求福不回。”郑笺：“不回者，不违先祖之道。”（《十三经注疏》516b）④“求福不回”即出此。西晋时“微”“回”“祈”“晖”皆为脂部字（《魏晋南北朝韵部之演变》105）⑤，正合于押韵要求。而“同”为东部字（《魏晋南北朝韵部之演变》271），作“同”则失韵。《丛书集成初编》本录作“同”（1690/

① 收入《续修四库全书》第1582册，本文即以此为据。

② （晋）陆云：《陆云集》，中华书局1988年。

③ 逯钦立辑校：《先秦汉魏晋南北朝诗》，中华书局1983年，第724页。

④ （清）阮元校刻：《十三经注疏》，中华书局1980年。

⑤ 周祖谟：《魏晋南北朝韵部之演变》，台北东大图书股份有限公司1996年。

5a)①，非是。《校注》亦录作“同”而失校（73）。

2. 卷 157 西晋曹摅《赠韩德真》：“时不久留，日月其除。玄景嗟跎，忽沦桑榆。”（《校证》41）

按：“嗟跎”不辞。“嗟”弘仁本作“𧿳”（36a），《适园丛书》本校录作“蹉”（418a），《先秦汉魏晋南北朝诗》承之（750），是也。“足”旁俗书或省作“口”，如《慧琳音义》“距”或作“㕂”②，《可洪音义》“蹶”或作“噘”（《可研》531）③，《龙龛手镜·口部》“趹”俗作“吷”（267）④，《广雅》旧本“踳”或作“㖫”（《广雅疏证》73a）⑤，皆其例。《可洪音义》“蹉”或作“嗟”（《可研》404），是其切证。“玄景蹉跎，忽沦桑榆”，谓时光虚度，忽然已至暮年，文意通顺。《丛书集成初编》本（1690/8a）、《校注》（90）亦失校。

3. 卷 157 西晋曹摅《赠韩德真》：“尔足既骏，尔御亦殊。顾我驽塞，能不踟蹰。”（《校证》41）

按：“塞”弘仁本作“𡨄”（36b），《丛书集成初编》本（1690/8a）、《适园丛书》本（418a）、《先秦汉魏晋南北朝诗》（751）皆校录作“蹇”，是也。“驽蹇”指能力低劣，正合于文意。“驽塞”则不辞。《校注》亦失校（90）。

4. 卷 157 西晋枣嵩《赠荀彦将》：“时惟惠后，黎人牧绥。乃授明德，赋政近畿。”（《校证》49）

按：“牧”弘仁本作“牧”（44a），《丛书集成初编》本（1690/11a）、《适园丛书》本（420b）、《先秦汉魏晋南北朝诗》（774）皆校录作“攸”，是也。“攸”犹“所”，“黎人”即“黎民”，“时惟惠后，黎人攸绥”，谓当今仁厚爱民之君，是安抚百姓的好皇帝，文意通顺。陆云《赠汲郡太守》：“乐只君子，茂德攸绥。”（《陆云集》42）“攸绥”义同⑥，可以比参。《校注》亦失校（103）。王晓平《日藏弘仁本〈文馆词林〉讹字类释》以为“收”字之讹（12），“收绥”是收容安抚义。其说不可从。“收绥”不辞，故作“收”非是。

5. 卷 157 东晋羊徽《答丘泉之》：“余实无良，沉痾弥祀。孰是怀之，则惟吾子。

① 收入《丛书集成初编》1690—1691 册，本文即以此为据。

② （唐）释慧琳：《一切经音义》（习称《慧琳音义》），《中华大藏经》第 58 册，第 269 页中栏。

③ 韩小荆：《〈可洪音义〉研究——以文字为中心》，巴蜀书社 2009 年。简称《可研》。

④ （辽）释行均：《龙龛手镜》，中华书局 1985 年。

⑤ （清）王念孙：《广雅疏证》，中华书局 2004 年。

⑥ 《诗·周南·樛木》：“乐只君子，福履绥之。”毛传：“履，禄。绥，安也。”郑笺：“妃妾以礼义相与和合，又能以礼乐乐其君子，使为福禄所安。”（《十三经注疏》278c）陆诗即本此，可见“攸绥”即“为……所安”义。

岂徽王事，骤驾无已。”（《校证》61）

按：“徽”弘仁本作“徽”（56a），《丛书集成初编》本（1690/16a）、《适园丛书》本（425a）、《先秦汉魏晋南北朝诗》（940）皆校录作“微”，是也。“微”俗书或与“徽”相混，如隋于仪墓志“华盖正对紫微之宫”之“微”作“徽”①，唐张义墓志“翦金微之戎羯”作“徽”②，皆其比。“微”有“无、没有”义，正合于文意。《校注》亦失校（124）。

6. 卷158梁武帝《赠逸人》：“夏兴石泉，春游香林。勸踰丝竹，乐过瑟琴。”（《校证》72）

按：“勸”弘仁本作“勸”（65a），《先秦汉魏晋南北朝诗》校录作“歡”（1527），是也。此处“歡”与“乐”对文同义，若作“勸”则文意不通，故非是。《丛书集成初编》本（1690/18b）、《适园丛书》本（428b）、《校注》（145）亦皆失校。

7. 卷346后汉崔骃《南巡颂》：“赎逋罪，省狱刑，捊变群品之叙，酝万化之原。”（《校注》199）

按：“捊”弘仁本作“捊”（88b），《适园丛书》本（437a）、《文馆词林校记》（1916）校录作“将”，是也。“将”俗书与“捊”形近，如中村032《妙法莲华经》卷四“诸佛各将一大菩萨以为侍者”之“将”作“捋”③，敦煌俗字“将”或作“捋”④，《可洪音义》“将”或作“捋”（《可研》507），字形皆与“捊”相近，盖因此而致讹。此处“将”是“将要”义，正合于文意，作“捊”则文不可通。《校注》云：“捊，读音póu，引取，聚集。”不知字误，注释因而亦非。《校证》亦失校（102）。

8. 卷347后汉崔骃《窦将军北征颂》：“揵雕戈兮韔重弓，双麾棨兮旌旄憧。”（《校证》119）

按：“憧”弘仁本作“憧”（109a），《丛书集成初编》本（1690/22b）、《适园丛书》本（444a）、《文馆词林校记》（1923）校录作“幢”，是也。“旌旄”指军旗，“幢”亦指军旗，“旌旄幢”为同义并列结构，“幢”盖为凑足字数而加。“巾”“忄”二旁俗书常相混，故“幢”俗书与“憧”相混，如中村023《华严经》卷二九“师子幢云”之“幢”作“憧”⑤，宋孝武帝《讲武原降诏》“军幢以下”作“憧”（《文馆词林》299a），

① 胡戟：《珍稀墓志百品》，陕西师范大学出版社2016年，第26页。

② 河南省文物研究所、河南省洛阳地区文管处：《千唐志斋藏志》，文物出版社1984年，第141页。

③ 矶部彰编：《中村不折旧藏禹域墨书集成》上册，二玄社2005年，第176页上栏。

④ 黄征：《敦煌俗字典》（第二版），上海教育出版社2019年，第368页。

⑤ 矶部彰编：《中村不折旧藏禹域墨书集成》上册，二玄社2005年，第134页上栏。

《龙龛手镜·心部》“幢”俗作“憧”（54），皆其例。《校注》亦失校（243）。

9. 卷457北齐魏收《兖州都督胡延碑铭》：“诞由内主之训，克隆外成之重。”（《校证》188）

按：“成”弘仁本作“戚”（198a），《丛书集成初编》本（1690/72b）、《适园丛书》本（471a）校录作“戚”，是也。此处是说由于内主（皇后）的缘故，造成了外戚的权势。碑主胡延，其姑为胡灵太后，生后魏肃宗孝明帝；其女为北齐武成帝皇后，生后主；其孙女又为后主皇后。故一家三代为皇后，是当时著名的外戚。若作“成”则文意不通，故非是。《校注》（384）、《全北齐北周文补遗》① 亦失校。

10. 卷667西晋愍帝《地震大赦诏》：“其大赦天下，唯刘载赵舟家室不从赦例。”（《校证》317）

按：孟森《文馆词林校记》指出“刘载”即刘聪，“赵舟”即见于《晋书》的“赵冉”，又作“赵染”，为刘聪部将（1988）。李柏《日藏弘仁本〈文馆词林〉校读札记》亦持此说（191）。皆是也。“舟”弘仁本作“冄”（316b），“舟”“冉”俗书皆可写作此形，前者如魏长孙琼墓志“水盛延舟”之“舟”作“冄”（《北图》4/19），唐韩忠节墓志“潜移舟壑”作“冄”②，P. 2044V《释门文范》“慈舟已沉”作“冄”（《法藏》3/132a），后者如苻秦张产碑“渐冉累纪”之“冉”作“冄”（《北图》2/123），魏马鸣寺根法师碑“颜冉罕得比其高”作“冄”（《北图》4/132），隋李和墓志“蹈颜冉而为俦”作“冄”（《隋汇》1/26），唐张玄弼墓志“宪章颜冉”作“冄”（《北图》17/171），曹摅《答赵景猷诗》“荏冉时驰”作“冄”（《文馆词林》42a）。此处据文意当是“冉”字。“冉”“染”同音，故可通用，如魏染华墓志称其为周文王之少子冉季之后，高祖为冉闵③，《元和姓纂》卷七染氏下亦云：“《石赵录》云：石季龙将染闵，魏郡内黄人，或作冉氏。”④ 皆“冉”“染”相通之证。《丛书集成初编》本照录原形（1691/127a），《适园丛书》本（510b）、《校注》（561）、《全三国两晋南朝文补遗》（32）同误。

其次，《校证》《校注》如果参校了晚清民国学者的成果，就可能避免一些误上加误或郢书燕说的情况。例如：

11. 卷157西晋夏靖《答陆士衡》：“履谦居冲，恒若不足。上交不謟，不交不渎。”（《校注》104）

---

① 韩理洲等辑校编年：《全北齐北周文补遗》，三秦出版社2008年，第20页。

② 中国文物研究所、河南省文物考古研究所编：《新中国出土墓志·河南　贰》，文物出版社2002年，第284页。

③ 参见毛远明《汉魏六朝碑刻校注》第6册，线装书局2009年，第62页。

④ （唐）林宝撰，岑仲勉校记：《元和姓纂》（附四校记），中华书局1994年，第1149页。

按："謟"弘仁本作"謟"（44b），《适园丛书》本（421a）、《先秦汉魏晋南北朝诗》（694）校录作"諂"，是也。《周易·系辞下》："子曰：'知几其神乎。君子上交不諂，下交不渎，其知几乎。'"（《十三经注疏》88b）"上交不諂，下交不渎"即出此。"諂"俗书或与"謟"相混，如《可洪音义》"諂"或作"謟"（《可研》378），《龙龛手镜·言部》"諂"俗作"謟"（44），皆其比。《校注》云："謟，超越本分，僭差。"释字既误，注解因而亦非。《丛书集成初编》本（1690/10b）、《校证》（49）亦失校。

12. 卷414后汉王粲《七释》："冻缥玄酎，醴白齐清者以多品，羞以珍名。鯆鱅鲐魮，桂蠹石鱌，鳖寒鲍热，异和殊馨。"（《校证》130）

按："者"弘仁本作"者"（116a），《适园丛书》本校录作"肴"（445b），《北堂书钞》卷一四二亦作"肴"[①]，是也，"者"乃"肴"字俗讹。"肴"与"羞"对文同义。"肴"俗书或与"者"相混，如曹植《七启》"此肴味之妙也"之"肴"作"者"（《文馆词林》124a），《篆隶万象名义·肉部》"脄"字下释文"肴"作"肴"[②]，《广雅》旧本"肴"或作"者"（《广雅疏证》245b），皆其比。《校注》亦失校（255）。

"鱌"弘仁本作"鱌"，《北堂书钞》卷一四二作"瓊"，"鱌"當是"瓊"之类化换旁俗字（受上"鯆鱅鲐魮"等字影响）。"桂蠹"是寄生在桂树上的一种虫，古人渍蜜而食之。"石瓊"盖指石髓（石钟乳）之类，古人用于服食，也可入药。《文苑英华》卷三五一梁简文帝《七励》："桂蠹石瓊，龙胎凤肺。"[③] 正作"桂蠹石瓊"，可以比参。《适园丛书》本亦照录原形而无说。《校注》录作"鰻"，非是。

此处当点作："冻缥玄酎，醴白齐清。肴以多品，羞以珍名。鯆鱅鲐魮，桂蠹石瓊。鳖寒鲍热，异和殊馨。"东汉时"清""名""瓊""馨"皆为耕部字[④]，正合于押韵规律。《校证》《校注》不知"者"是"肴"之讹，以致标点错误。

13. 卷453唐虞世南《左武侯将军庞某碑序》："方当比迹韩、吴，齐功卫、霍，陪王儉之封，翊萝图之驾。"（《校注》318）

按："王儉"，弘仁本作"王""撿"（160a），《唐文拾遗》卷一三校录作"玉檢"（《全唐文》10509b）[⑤]，是也。"玉"俗书常与"王"相混，如魏寇演墓志"玉折琼雕"之"玉"作"王"（《北图》4/62）[⑥]，北齐薛广墓志"琼芳玉润"作"王"（《北图》7/

① 《续修四库全书》第1213册，第37页上栏。

② ［日］释空海：《篆隶万象名义》，中华书局1995年影印日本《崇文丛书》本，第68页下栏。

③ （宋）李昉等编：《文苑英华》，中华书局1966年，第1807页上栏。

④ 参见罗常培、周祖谟《汉魏晋南北朝韵部演变研究》（第一分册），科学出版社1958年，第191页。

⑤ （清）董诰等编：《全唐文》，中华书局1983年。

⑥ 北京图书馆金石组编：《北京图书馆藏中国历代石刻拓本汇编》，中州古籍出版社1989年。简称《北图》。

149），北周拓跋升墓志“成玉壁”作“王”①，隋封祖业妻崔长晖墓志“玉貌婳娟”作“王”（《隋汇》1/274）②，唐于君妻韦耶书墓志“玉垒经九折之危”作“王”③，皆其比。“玉檢”指玉牒书的封篋。《汉书》卷六《武帝纪》：“夏四月癸卯，上还，登封泰山。”颜师古注引孟康曰：“王者功成治定，告成功於天……刻石纪号，有金策石函、金泥玉檢之封焉。”（191）④“陪玉檢之封”，即指陪从帝王封禅泰山。《丛书集成初编》本（1690/48b）、《适园丛书》本（459a）、《校证》（161）皆录作“王檢”，“王”字虽失校，“檢”字尚不误。《校注》将“王檢”改作“王儉”，注云：“王儉，南齐名臣，丞相王导五世孙。追赠太尉、侍中、中书监。”乃是误上加误。

14. 卷453唐褚亮《隋车骑将军庄元始碑铭》：“仁寿元年，越国公总戎出塞，公任在友军，复随莫府，故以再从骠骑，两出定襄。属伯初于偏师，隐子颜于敌国。”（《校注》336）

按：《校注》云：“友军，与本部队协同作战的部队。”“友军”一词出现很晚，大概要到民国时期才产生，故必误。“友”弘仁本作“支”（169b），《丛书集成初编》本照录原形（1690/57b），《适园丛书》本释作“支”（461b），是也。P. 4506《金光明经》卷二“及半支罗”之“支”作“支”（《法藏》31/204a）⑤，隋赵罗墓志“支江之虎翻送”作“支”⑥，唐侯俊墓志“支送安西府焉”作“支”（《北图》25/39），皆可比参。“支军”指主力部队以外的别部，与下文的“偏师”同义。《文馆词林校记》（1937）、《校证》（167）同误。《唐文拾遗》卷一五录作“後”（《全唐文》10525b），亦非。

15. 卷457梁元帝《郢州都督萧子昭碑铭》：“今之樊汉，昔之关辅，盖惟轸牽之野，仍为舆质之邦，楚襄好会之所，刘牧郊天之地，虽非甘泉密畤，实有伏龙凤雏。”（《校注》376）

按：“牽”弘仁本作“牽”（194a），《丛书集成初编》本照录原形（1690/71a），《适园丛书》本释作“⿱夆牛”（469b），是也。《新修玉篇·辵部》“⿺辶⿱夆牛”异体作“⿺辶⿱夆牛”（95a）⑦，“⿱夆牛”旁写法相近，可以比参。“⿱夆牛”字又作“辖”，为星名，属轸宿。《晋书》卷一一

① 齐运通、杨建锋编：《洛阳新获墓志二〇一五》，中华书局2017年，第37页。

② 王其祎、周晓薇：《隋代墓志铭汇考》，线装书局2007年。简称《隋汇》。

③ 西安市长安博物馆编：《长安新出墓志》，文物出版社2011年，第32页。

④ （汉）班固：《汉书》，中华书局1962年。

⑤ 上海古籍出版社、法国国家图书馆编：《法藏敦煌西域文献》，上海古籍出版社1994—2005年。简称《法藏》。

⑥ 齐运通编：《洛阳新获七朝墓志》，中华书局2012年，第44页。

⑦ （金）邢准：《新修絫音引证群籍玉篇》（习称《新修玉篇》），《续修四库全书》229册影印金刻本。此字考释参张涌泉《汉语俗字丛考》，中华书局2000年，第483页。

《天文志上》："轸星明则车驾备，动则车驾用。辖星傅轸两傍，主王侯，左辖为王者同姓，右辖为异姓。"① "樊汉"指今湖北襄樊一带，春秋战国时其地属楚，而轸宿为楚地分星，轸宿又为车舆之象，故称"盖惟轸鞶之野，仍为舆质之邦"。《校证》（185）、《全三国两晋南朝文补遗》（258）② 同误。《校注》云："轸牽，牽即牛宿，星宿名；轸也是星宿名。二者合称代指方位。"释字既误，注解因而亦非。

16. 卷459隋李德林《秦州都督陆杳碑铭》："至是号令无主，城府沦陷，贼徒荷平生之意，黎献念宿昔之恩。冬尽诚节，奉送神柩。"（《校证》195）

按："冬"弘仁本作"冬"（206a），《丛书集成初编》本（1690/77a）、《适园丛书》本（473b）校录作"各"，是也。此处当点作："至是号令无主，城府沦陷。贼徒荷平生之意，黎献念宿昔之恩，各尽诚节，奉送神柩。""各"是针对上文"贼徒""黎献"而言。"各"俗书或与"冬"相混，如《广雅》旧本"胎"字下注音"各"讹作"冬"（《广雅疏证》405b），唐张药墓志"而略之矣"之"略"作"畧"（《北图》12/14），可以比参。《校注》（391）、《全隋文补遗》③ 亦失校。《校证》《校注》不明"冬"乃"各"之误，以致标点失当。

17. 卷459唐李百药《洛州都督窦轨碑铭》："公自杖节华阳，绵历时序，怀荒抚众之勤，定筰存邛之効，固以夜郎款徼，昆弥率俾。非假論蜀之文，宁劳度泸之役。"（《校注》397）

按："論"弘仁本作"諭"（211a），《丛书集成初编》本照录原形（1690/82a），《适园丛书》本（475a）、《唐文拾遗》卷一四（《全唐文》10512b）、《校证》（199）录作"諭"，是也。"諭蜀之文"指西汉司马相如的《喻巴蜀檄》（"喻"同"諭"），见《史记·司马相如列传》和《文选》卷四四。《文选》卷三七诸葛亮《出师表》："故五月度泸，深入不毛。"④ "度泸之役"即出此。此处是说窦轨以怀柔安抚之法平定蜀地，不需要借助司马相如的《喻巴蜀檄》，也不需要像诸葛亮那样的"五月度泸"之征役。《校注》云："論蜀之文，司马相如《难蜀父老》。度泸，未详。"释字既误，注释因而亦非。

18. 卷662北齐文宣帝《征长安诏》："朕以梁邦，旧敦好睦，闻其奸计，乃欲都谋荆、郢之间，望为侥幸，弟亡上党，王涣雄才猛力，气震三军，贼有耳目，岂不委具。"（《校证》234）

---

① （唐）房玄龄等：《晋书》，中华书局1974年，第304页。

② 韩理洲等辑校编年：《全三国两晋南朝文补遗》，三秦出版社2013年。

③ 韩理洲辑校编年：《全隋文补遗》，三秦出版社2004年，第14页。

④ （梁）萧统编，（唐）李善注：《文选》，上海古籍出版社1986年，第1673页。

按："弟""亡"弘仁本作"苐""七"（251b），《丛书集成初编》本（1691/106a）、《适园丛书》本（487b）录作"第""七"，是也。"七"下当脱"弟"字。此处当点作："朕以梁邦，旧敦好睦，闻其奸计，乃欲都谋荆、郢之间，望为侥幸。第七［弟］上党王涣，雄才猛力，气震三军，贼有耳目，岂不委具?"据《北齐书》卷一〇《高祖十一王传》，上党王高涣，是高欢第七子，故文宣帝高洋称其为"第七弟"。《魏书》卷七七《羊深传》："初，尒朱荣杀害朝士，深第七弟侃为太山太守。"①《梁书》卷四一《刘潜传》："第七弟孝先，武陵王法曹、主簿。"② 皆可比参。《校注》同误（469）。《校证》《校注》录文错误，以致标点亦非。

三、《校注》没有很好地吸收针对《校证》的相关成果

《校证》出版后，针对其中的一些疏误，学者们发表论文提出了很多有价值的校订意见。后出的《校注》理应以之作为前车之鉴，尽可能充分吸收这些成果。但非常遗憾的是，《校注》只是吸收了其中的一部分，不少正确意见被摒弃。更让人不解的是，《校注》一书竟然没有列出参考文献，正文部分在吸收了前人意见的地方，也没有任何必要的说明，违反了基本的学术规范。以下分别举例说明。

首先，《校注》摒弃了一些理应吸收的正确意见，例如：

19. 卷158南齐虞羲《敬赠萧咨议》："申辕风雅，邹郏春秋。"（《校注》138）

按："郏"弘仁本作"郏"（62b），王晓平《日藏弘仁本〈文馆词林〉讹字类释》以为"郟"字之讹（11），是也。汉代传《春秋》的有邹氏、郟（《汉书》作"夹"）氏二家。《校注》云："邹郏，邹子和郏子。"其说非是。《丛书集成初编》本（1690/17b）、《适园丛书》本（428a）、《校证》（70）亦失校。

20. 卷158梁到洽《答秘书丞张率》："尔日闻声，余称倾盖。"（《校注》154）

按："日"弘仁本作"曰"（69b），吴金华、季忠平《古写本〈文馆词林〉文字问题三议》指出当是"曰"字（50），是也。《丛书集成初编》本（1690/20b）、《适园丛书》本（430a）、《先秦汉魏晋南北朝诗》（1787）、《校证》（77）亦失校。

21. 卷160梁陆倕《释奠应令》："无论岳跱，岂疋泉淳。"（《校注》174）

按："淳"弘仁本作"淳"（77b），王晓平《日藏弘仁本〈文馆词林〉讹字类释》以为"渟"字之讹，"泉渟"即"渊渟"（9），是也。梁时"渟"与"灵""成""声"

① （北齐）魏收：《魏书》，中华书局1974年，第1703页。

② （唐）姚思廉：《梁书》，中华书局1973年，第595页。

皆为庚部字（《魏晋南北朝韵部之演变》809），正合于押韵规律。“淳”为真部字（《魏晋南北朝韵部之演变》857），作“淳”则失韵。《适园丛书》本（433a）、《校证》（90）亦失校。

22. 卷160隋江总《释奠诗应令》：“奠余币久，辰良景暮。黍稷非馨，苹蘩式昨。崇敬台保，昭彰审谕。翠盖移阴，斑轮徐渡。”（《校注》183）

按：“昨”弘仁本作“**胙**”（82a），吴金华、季忠平《古写本〈文馆词林〉文字问题三议》指出当是“胙”字之讹（50），是也。“胙”有“酬报”义，“苹蘩式胙”指以苹蘩作为祭品酬报鬼神。隋时“胙”与“暮”“谕”“渡”皆为模部去声字（《魏晋南北朝韵部之演变》1107），合于押韵规律。而“昨”为入声药部字（《魏晋南北朝韵部之演变》1181），作“昨”则失韵。《适园丛书》本改作“祚”（434b），“胙”“胙”古字通，但非一字，故作“祚”犹未当。《先秦汉魏晋南北朝诗》（2577）、《校证》（94）亦皆失校。

23. 卷346后汉崔骃《东巡颂》：“于时司典耆耇，戴华抱实，俨尔而造，日盛乎大汉。既重雍而袭熙，累增其德。允优裕而兼该，天人之叙已光。”（《校注》189）

按：“日”弘仁本作“**曰**”（85a），季忠平《〈文馆词林〉韵文的校点问题》指出当是“曰”字之讹，标点当作：“于时司典耆耇，戴华抱实，俨尔而造日（曰）：盛乎大汉，既重雍而袭熙；累增其德，允优裕而兼该。天人之叙已光，”（50）① 是也。《校证》同误（99）。

24. 卷346后汉崔骃《东巡颂》：“烝鸿烟兮洞杳冥，山气升兮捷玄庭。宇清靖兮日晏贞，歙皇和兮扬天光。珍应答兮灵鸟翔，鹫从鸾兮导凤皇。”（《校注》190）

按：季忠平《〈文馆词林〉韵文的校点问题》指出当点作：“烝鸿烟兮洞杳冥，山气升兮捷玄庭，宇清靖兮日晏贞。歙皇和兮扬天光，珍应答兮灵鸟翔，鹫从鸾兮导凤皇。”（50）《校证》同误（101）。

25. 卷346后汉崔骃《东巡颂》：“祥既臻兮宁百福，要帝命兮丰天德。绥庶邦兮延万亿，纡末途兮贯野王。登天柱兮陟太行，临高都兮眺长子。瞰八荒兮目万里，回六龙兮横大河。曜文鹢兮厉素波，扬景祉兮被蒸黎，总休瑞兮怀北归。”（《校注》190）

按：季忠平《〈文馆词林〉韵文的校点问题》指出当点作：“祥既臻兮宁百福，要帝命兮丰天德，绥庶邦兮延万亿。纡末途兮贯野王，登天柱兮陟太行。临高都兮眺长子，瞰八荒兮目万里。回六龙兮横大河，曜文鹢兮厉素波。”（50）是也。《校证》亦误（101）。

---

① 季忠平：《〈文馆词林〉韵文的校点问题》，《古籍整理研究学刊》2006年第4期。

26. 卷346后汉崔骃《北巡颂》：“尚二后之神宇兮，饰珪瓒而虞虔。享隆孝思之圣愤兮，采雅颂而著章。”（《校注》211）

按：季忠平《〈文馆词林〉韵文的校点问题》指出“虞”字为衍文，当点作：“尚二后之神宇兮，饰珪瓒而虔享。隆孝思之圣愤兮，采雅颂而著章。”（52）是也。《适园丛书》本（439b）、《校证》（107）亦失校，《校证》标点同误。

27. 卷346后汉崔骃《北巡颂》：“虽雍容清庙，谧尔无为，垂拱穆穆，神行化驰，犹存灵于有宓之屯。展炎农之阻，饥帝尧之诪咨，大禹之骈胝，故匪居匪遑，勖乎庶黎。”（《校注》211）

按：“展”弘仁本作“展”（96a），季忠平《〈文馆词林〉韵文的校点问题》以为当是“夷”字之讹，此处当点作：“虽雍容清庙，谧尔无为，垂拱穆穆，神行化驰。犹存灵于有宓之屯展（夷），炎农之阻饥，帝尧之诪咨，大禹之骈胝。故匪居匪遑，勖乎庶黎。”（51）是也。《适园丛书》本（439b）、《校证》（107）亦失校，《校证》标点同误。

28. 卷347东晋曹毗《伐蜀颂》：“漏网斯捕，未宾伊振。”（《校注》246）

按：“捕”弘仁本作“捕”（110a），王晓平《日藏弘仁本〈文馆词林〉讹字类释》以为“補”字之讹（14），是也。《丛书集成初编》本（1690/23a）、《适园丛书》本（444b）、《校证》（120）亦失校。

29. 卷348西晋张载《平吴颂》：“于时三隅仰化，八区同轨，西夷纳珍，肃慎贡矢。洪荒大漠，罔有不韪。蠢尔鲸吴，凭山阻水。”（《校注》251）

按：“漠”弘仁本作“漢”（113b），吴金华《〈文馆词林校证〉八议》指出当是“漠”字（292），是也。《校证》（125）、《全三国两晋南朝文补遗》（46）亦失校。

30. 卷414魏傅巽《七诲》：“肥豢正肩，白肤盈尺。豹胎熊蹯，肌懦节沐。双鸡合烝，羔膂豚胎。”（《校注》276）

按：“豚胎”之“胎”，弘仁本作“胎”（131b），季忠平《〈文馆词林〉韵文的校点问题》以为“胉”字之讹（52），可从。《适园丛书》本（450b）、《校证》（140）亦失校。

31. 卷414魏傅巽《七诲》：“流血漂卤，草飞，毛掩云霓。”（《校注》276）

按：吴金华《〈文馆词林校证〉八议》引季忠平说，认为当点作：“流血漂卤草，飞毛掩云霓。”“草”可能是“革”字之讹（313）。其说可从。《校证》同误（141）《校注》云：“‘飞’下当脱二字。”其说非是。

32. 卷452魏收《征南将军和安碑铭》：“英贤居腹心之忉，雄毅当爪牙之重。”（《校注》280）

按：“忉”弘仁本作“忉”（134b），吴金华《〈文馆词林校证〉八议》以为当作

"切"（297），是也。《丛书集成初编》本（1690/24b）、《适园丛书》本（451b）、《校证》（144）亦失校。

33. 卷452隋薛道衡《大将军赵芬碑铭》："高祖逸，壮思高才，云飞飙竖，已挂人摇史笔，不复架屋施床。"（《校注》298）

按："摇"，吴金华《〈文馆词林校证〉八议》以为"谣"之讹，"人谣"即"民谣"（310），是也。《丛书集成初编》本（1690/35b）、《适园丛书》本（455a）、《校证》（151）亦失校。

34. 卷452隋薛道衡《大将军赵芬碑铭》："任忉股肱，诚深启沃。"（《校注》299）

按："忉"弘仁本作"忉"（149b），吴金华《〈文馆词林校证〉八议》以为"切"字（297），是也。北齐元子邃墓志"怛切三荆"之"切"作"忉"（《北图》7/50），写法相同，可以比参。《丛书集成初编》本（1690/38b）、《适园丛书》本（456a）、《校证》（152）同误。

35. 卷507后周武帝《伐北齐诏》："是以一鼓而定晋川，再举而摧逋丑。"（《校注》434）

按："川"弘仁本作"川"（226a），吴金华《〈文馆词林校证〉八议》引季忠平说以为"州"字之讹（296），是也。《校证》亦失校（210）。

36. 卷662汉武帝《答淮南王安谏伐越诏》："夫以眇眇之身，托于三侯之上。"（《校注》441）

按："三"弘仁本作"三"（232a），《汉书》卷六四上《严助传》作"王"（2786），孟森《文馆词林校记》（1955）、吴金华《〈文馆词林校证〉八议》（299）认为当据以校改作"王"，是也。《丛书集成初编》本（1691/98b）、《适园丛书》本（481a）、《校证》（219）亦失校。

37. 卷662汉武帝《答淮南王安谏伐越诏》："使中大夫助論朕意，告王越事。"（《校注》441）

按："論"弘仁本作"論"（232b），《汉书》卷六四上《严助传》作"諭"（2786），吴金华《〈文馆词林校证〉八议》认为当据以校改作"諭"（299），是也。《丛书集成初编》本（1691/98b）、《适园丛书》本（481a）、《校证》（219）亦失校。

38. 卷662魏文帝《论伐吴诏》："或修勾践潜涉之示顽，或图韩信夏□之诳愚。"（《校注》442）

按：缺字吴金华《〈文馆词林校证〉八议》认为当是"阳"字（310），是也。《丛书集成初编》本（1691/98b）、《适园丛书》本（481b）、《校证》（219）亦缺录。

39. 卷662梁沈约《梁武帝北伐诏》："冠军将军绍叔等餐兕四万，飞帆濮湖，席

卷合肥，直指淮汭。”（《校注》463）

按：“餐”弘仁本作“飬”（247a），王晓平《日藏弘仁本〈文馆词林〉讹字类释》以为当是“蒼”字之讹（8），是也。S.328《伍子胥变文》“上蒼靡草总由风”之“蒼”作“蒼”①，P.2237V《安散（伞）文》“永为蒼生之良弘（肱）”作“蒼”（《法藏》9/318a），《新修玉篇·艸部》“蒼”俗作“蒼”（123a）②，皆字形相近，可以比参。《适园丛书》本录作“餋”（486a），“餋兕”不辞，故非是。《校证》（231）、《全三国两晋南朝文补遗》（268）亦失校。

40. 卷666宋孝武帝《讲武原降诏》：“自此以还，贫疾老弱，详所申减所上。伐蚕之家，蠲租税半年。”（《校注》535）

按：吴金华《〈文馆词林校证〉八议》指出“所上”二字应属下读（285），是也。《校证》同误（295）。

41. 卷667西晋武帝《三辰谪见大赦诏》：“犯罪离辜，刑伤者众，何不建之远，朕甚自媿也。”（《校注》559）

按：“建”弘仁本作“逮”（315b），王晓平《日藏弘仁本〈文馆词林〉讹字类释》指出当是“逮”字之讹（13），是也。“何不逮之远”，是说与古之圣王相比，自身不及之处怎么这样远呢？西晋武帝《改元大赦诏》：“上古易简而化成，刑轻而奸改。仰观在昔，何今者不逮之远哉。”（《文馆词林》328a）东晋安帝《平贼大赦诏》：“仰瞻在昔，何不逮之远。”（《文馆词林》352b）皆可以比参。若作“建”，则文意不通，故非是。《校证》亦失校（315）。《丛书集成初编》本（1691/126a）、《适园丛书》本（510a）录作“達”，亦非。

42. 卷667后周宣帝《大旱恩降诏》：“见囚死罪，并降从流，流罪徒五岁刑，以下悉皆原宥。”（《校注》568）

按：吴金华《〈文馆词林校证〉八议》指出，“流罪”下当从《周书·宣帝纪》补“从”字，此处当点作：“见囚死罪并降从流，流罪[从]徒，五岁刑以下悉皆原宥。”（315）是也。《校证》同误（323）。

43. 卷668东晋元帝《改元赦令》：“武皇受终，登陟帝位，光泽天下，九州顺轨。”（《校注》577）

按：“泽”，吴金华《〈文馆词林校证〉八议》以为“宅”之同音误字（306），可

---

① 中国社会科学院历史研究所等编：《英藏敦煌文献（汉文佛经以外部分）》第1册，四川人民出版社1990年，第124页下栏。

② 此字考释参杨宝忠、熊加全《〈汉语大字典〉异体字认同失误辩证》，《语文研究》2013年第2期，第12页。

从。《丛书集成初编》本（1691/132b）、《适园丛书》本（515b）、《校证》（332）亦失校。

44. 卷 668 魏收《北齐废帝即位改元大赦诏》："属当正体，上奉宗祐。"（《校注》595）

按："祐"弘仁本作"祐（344），熊清元《日本影弘仁本〈文馆词林〉中的两个问题》（19）、王晓平《日藏弘仁本〈文馆词林〉讹字类释》（13）指出当是"祏"字之讹，是也。《校证》亦失校（343）。

45. 卷 691 隋文帝《令山东卅四州刺史举人勅》："凡所举者，分为三番。具录官历家状户属姓名，送尚书吏部曹，第一番。二月廿五日仰身到洛阳，受河南道行台吏部曹进止，第二番。待装束备辨，令向京师受吏部曹处分，并仰正职主簿将典送之，第三番。且使在家别听约勅。"（《校注》675）

按：侯旭东《〈文馆词林〉载"隋文帝令山东卅四州刺史举人勅"考》指出此处当点作："凡所举者，分为三番。具录官历家状户属姓名，送尚书吏部曹。第一番，二月廿五日仰身到洛阳，受河南道行台吏部曹进止。第二番，待装束备辨，令向京师受吏部曹处分，并仰正职主簿将典送之。第三番，且使在家别听约勅。"① 《校证》同误（410）。

46. 卷 695 梁任昉《梁武帝掩骼埋胔令》："凡建康城内诸不逆天命自取沦亡者，亦同此科，便可施行。"（《校注》716）

按："逆"弘仁本作"逹"（434a），吴金华、季忠平《古写本〈文馆词林〉文字问题三议》指出当从《梁书·武帝纪》及《南史·梁本纪》作"達"（54），是也。《丛书集成初编》本（1691/163a）、《适园丛书》本（546a）、《校证》（446）亦失校。

47. 卷 699 梁简文帝《北略教》："风烈将军洛州刺史北上洛太守杨杰，精甲锐兵，飞驰应起，纵星舻之轻棹，逐汾水之安流，舟师二千，呼吸便至。"（《校注》749）

按："起"弘仁本作"赴"（458b），吴金华《〈文馆词林校证〉八议》以为当作"赴"（302），是也。《丛书集成初编》本（1691/184b）、《适园丛书》本（554b）、《校证》（474）亦失校。

48. 残简后梁沈君攸《为王湜让再为侍中表》："誓士重其未从，顾臣术而多愧。"（《校注》761）

按："誓"弘仁本作"晢"（465a），王晓平《日藏弘仁本〈文馆词林〉讹字类释》以为当是"哲"之讹（8），可从。《适园丛书》本（556b）、《校证》（482）亦失校。

---

① 侯旭东：《〈文馆词林〉载"隋文帝令山东卅四州刺史举人勅"考》，《中国史研究》2003 年第 2 期，第 144 页。

49. 残简《阙题》："子所谓篇中窥驳，见前蔽后，识左暗右。"（《校注》763）

按："篇"弘仁本作"篃"（466b），姜维公《〈文馆词林〉阙题残篇考证》[①]、吴金华《〈文馆词林校证〉八议》（294）以为"筩"字，是也。《校证》录作"筩"（485），字形尚不误。《校注》作"篇"，则是以不误为误。

50. 残简《阙题》："以震寓燕雀之知，度鸾皇之意，犹坎井鼃黾之思，荚蛟龙之谋。"（《校注》763）

按："震"弘仁本作"震"（466b），蒋晓光《日藏马融〈上林颂〉残篇校勘及考证》指出当作"宸"[②]，是也。《校证》亦失校（485）。"荚"弘仁本作"荚"（466b），蒋晓光释作"策"，是也。《校证》录作"筴"（486），"筴"是个多音多义字，其一同"策"，故录作"筴"犹未尽切当。

51. 残简《阙题》："鲸鲵九婴，封豕长驰，剥落天下，虔刘普加。"（《校注》763）

按："驰"弘仁本作"駞"（466b），吴金华《〈文馆词林校证〉八议》指出当作"虵"（306），是也。《校证》亦失校（486）。

52. 残简《阙题》："亿兆夷人，天昏禮瘥，十有一存，离析奔波。"（《校注》763）

按："天""禮"弘仁本作"夭""札"（466b），吴金华《〈文馆词林校证〉八议》指出乃是"夭""札"二字（294），是也。《校证》同误（486）。

其次，《校注》在吸收前人意见时，基本都没有做必要的说明，缺乏对相关学者的基本尊重。例如：

53. 卷152西晋潘岳《赠王胄》："忠惟行本，恭惟德基。沉此旧痾，不敢屡辞。命彼仆驾，谓之舆之。如彼孙子，膑足乘輜［輜］。"（《校注》2）

按：《校注》云："'輜'，当为'輜'。'輜'，读音zī，指古代有帷盖的载重车，也泛指车辆。'輜'与'基''辞''之'押韵，'乘輜'为是。"此说非《校注》创见，而当本于季忠平《〈文馆词林〉韵文的校点问题》（53）。孟森《文馆词林校记》已释作"輜"（1883），更在季氏之前。

54. 卷152西晋左思《悼离赠妹》："桓山之鸟，四子同巢。将飞将散，悲鸣切切［忉忉］。惟彼禽鸟，犹有号咷。况我同生，载忧载劳。"（《校注》10）

按：《校注》云："'切切'，当为'忉忉'。"此说非《校注》创见，《适园丛书》本已校录作"忉忉"（406b），吴金华、季忠平《古写本〈文馆词林〉文字问题三议》亦认为当作"忉忉"（51）。

① 姜维公：《〈文馆词林〉阙题残篇考证》，《古籍整理研究学刊》2004年第1期，第65页。

② 参见蒋晓光《日藏马融〈上林颂〉残篇校勘及考证》，《文献》2019年第3期，第45—46页。

55. 卷 152 西晋左思《悼离赠妹》："既乖既离，驰情髣髴。何寝不梦，何行不想。静言永念，形留神往。忧思成疚，结在精爽。"（《校注》10）

按：《校注》云："髣髴，隐约，依稀。依韵，此当为'髴髣'。"又云："'疚'，当为'疢'。"此二说皆非《校注》创见，前者当本于季忠平《〈文馆词林〉韵文的校点问题》(52)，后者当本于吴金华《〈文馆词林校证〉八议》(308)。

56. 卷 152 宋谢灵运《答中书》："契阔北京，劬劳西郢。守官末局，年月已永。孰是疲劣，逢此多□［眚］。"（《校注》31）

按：《校注》云："此少一字，今用'□'表示，依文意当是'眚'字，补之。"此说非《校注》创见，而当本于季忠平《〈文馆词林〉韵文的校点问题》(52)。

57. 卷 156 西晋陆机《赠顾令文为宜春令》："人之乘夷，则是惠和。"（《校注》68）

按：《校注》云："乘夷，当是'乘夷（引按：当作"秉彝"）'。秉持常道。《诗·大雅·烝民》：'民之秉彝，好是懿德。'毛诗传：'彝，常。'"此说非《校注》创见，而当本于吴金华《〈文馆词林校证〉八议》(304)。

58. 卷 157 东晋郭璞《答贾九州愁诗》："未若遗荣，闷情其豁。逍遥永年，抽簪牧发。"（《校注》105）

按：《校注》云："牧发，当为'放发'，即将头发散放下来披着。沈约《应诏乐游苑饯吕僧珍诗》：'将陪告成礼，待此未抽簪。'李善注引锺会《遗荣赋》：'散发抽簪，永纵一壑。'此'散发'即'放发'之意。"此说非《校注》创见，而当本于吴金华、季忠平《古写本〈文馆词林〉文字问题三议》(53)。

59. 卷 452 隋薛道衡《大将军赵芬碑铭》："曾祖琰，祖宾育，或频赞藩维，屡腰销艾，立言展事，殁而不朽。"（《校注》298）

按：《校注》云："屡腰销艾，《金石萃编》卷三八《金紫光禄大夫赵芬碑》作'或□腰银艾'，则当为'或屡腰银艾'，意为屡次为银印青绶之官。"此说非《校注》创见，而当本于吴金华《〈文馆词林校证〉八议》(304)。孟森《文馆词林校记》："严辑石刻本销作银。"(1932) 已著先鞭。

60. 卷 695 梁任昉《梁武帝检尚书众曹昏朝滞事令》："直道正议，拥抑弥年，怀冤抱理，莫如（知）谁诉。奸吏因之，笔削自己。"（《校注》696）

按：《校注》云："笔削自己，按着自己的好恶来判案。""己"弘仁本作"已"(420b)，《校证》录作"已"(431)，吴金华《〈文馆词林校证〉八议》指出当从《梁书》《南史》定为"己"，"笔削自己"是指奸吏完全按着自己的好恶来判案 (308)。可见《校注》即本其说。

最后，《校注》在吸收前人正确意见时，由于态度不专业、不认真，还存在误是为非的情况。例如：

61. 卷156西晋陆机《赠武昌太守夏少明》："羽仪既奋，令问不已。庆云烟煴，鸿渐载起。峨峨紫闼，侯戾侯止。彤管有炜，纳言崇祉。"（《校注》70）

按：《校注》云："侯，当为'侯'。侯，指武昌太守夏少明。'侯戾侯止'，化自《诗·鲁颂·泮水》：'鲁侯戾止，言观其旂。'"吴金华《〈文馆词林校证〉八议》云："'侯'当作'侯'。《诗·鲁颂·泮水》：'鲁侯戾止，言观其旂。'毛传：'戾，来；止，至也。'陆诗的'侯戾侯止'，盖化用《诗经》句法，其中'侯'是助词，如《诗·大雅·荡》：'侯作侯祝，靡届靡究。'又《小雅·四月》：'山有嘉卉，侯栗侯梅。'"（309）两相比较，《校注》显然采用了吴先生的说法，却没有真正读懂，从而误将助词"侯"当作了实词，又捕风捉影地以为"侯"指夏少明；吴先生说"侯戾侯止"化用《诗经》句法，并举"侯作侯祝""侯栗侯梅"二例，而《校注》误认为"侯戾侯止"是化用"鲁侯戾止"一句。粗疏若此，真是让人瞠目结舌。

62. 卷453唐褚亮《隋车骑将军庄元始碑铭》："凭九百封，披书五行。"（《校注》337）

按：《校注》云："罗国威本据文意乙之为'凭封九百'，疑误。'凭九'未知何解，当为'凭幾'。《汉书·游侠传》：'（陈遵）既至官，当遣从史西。召善书吏十人于前，治私书，谢京师故人。遵凭幾，口占书吏，且省官事，书数百封，亲疏各有意，河南大惊。'百封，各种书信……与'五行'为对偶。"吴金华《〈文馆词林校证〉八议》引季忠平说，认为"凭九百封"之"九"当是"几"之讹，"凭几百封"事见《汉书·游侠传》（314）。可见《校注》即本季先生说法，却将"几案"之"几"误作"幾"，可叹连抄书都不够认真。

63. 卷457东晋孙绰《江州都督庾冰碑铭》："噏嵩岩之玄精，挹清颍之絜流，贞质侔于白珪，明操厉于南金。"（《校注》355）

按：《校注》校云："'噏'，《艺文类聚》作'喻'。噏，同'噏'，即'吸'字，当是。《类聚》'喻'前有'君'字。"注云："噏，当作'噏'，即'吸'字。"吴金华《〈文馆词林校证〉八议》云："'噏'字显然是误字，古写本作'噏'，即今日通行的'吸'字，文义甚明，无可致疑。《艺文类聚》卷47引作'喻'，也是传写之讹；《校证》本误录作'噏'，尤为不辞。"（293）可见《校注》即本吴先生之说，但由于不专业、不认真，以致有三失：首先，"噏"是《校证》的讹字，弘仁本作"噏"，《校注》应当径录作"噏"，但竟然承袭了《校证》的错误；其次，吴先生明确指出《艺文类聚》的"喻"为"噏"之讹，《校注》却校而不断；再次，《校注》注释部分说"噏"

当作“嗡”，校勘部分却又说“嗡”同“嗡”，前后矛盾。

四、结语

学术研究是一个不断地由已知探索未知的过程，前人研究的终点，就是后人研究的起点。唯有如此，日积月累，世代相承，研究才能不断地向前进步。古籍整理作为学术研究的一部分，虽然有其自身的一些特点，但在充分尊重和吸收前人成果这一点上则毫无二致。就《文馆词林》的整理来说，晚清民国时期的学者已经达到了比较高的水平；《校证》出版后，学界针对《校证》也提出了很好的意见。他们的成绩，就是今人继续整理的起点。但目前国内的两种整理本，都存在明显的缺陷，后出的《校注》反而问题更多。此书的理想的整理本，仍然有待后贤。二书的疏失，后来的整理者应当引以为戒。

（梁春胜：河北大学文学院，071002，保定）